STADTTHEATER

FRITZ RAAB

STADTTHEATER

Roman

1. Auflage 1984
Copyright © by Scherz Verlag, Bern München Wien.
Alle Rechte vorbehalten, auch die der Verbreitung durch Funk,
Fernsehen, fotomechanische Wiedergabe, Tonträger jeder Art,
Übersetzung und auszugsweisen Nachdruck.
Schutzumschlag: Fritz Blankenhorn

1

Rainer Herzig steht vor der Tür mit den verblaßten Goldbuchstaben INTENDANT. Seine Armbanduhr zeigt fünf vor halb zehn. Um halb hat er Termin beim Intendanten. Frau Moll, die Sekretärin, hat gestern angerufen; was er will, hat sie nicht gesagt, vielleicht will er Näheres hören über die Kampagne, die er letzten Freitag in der Konferenz angekündigt hat. Herzig strafft sich, tastet zum Hals und prüft, ob der Kragenschal richtig sitzt, und dreht dann den Siegelring mit dem blauen Lapislazuli an seiner rechten Hand genau in Fingermitte. Auch an sein Gesicht denkt er. Mit dem, was ihm die Natur geliefert hat, helle Augen mit langen Wimpern, kann er durchaus zufrieden sein, wenn auch das Kinn etwas schwach geraten ist. Dafür besitzt es ein Grübchen. Versuchsweise hat er sich mal einen Bart stehen lassen, aber in der Branche macht sich das nicht gut. Um so wichtiger ist der Haarwuchs, und da hat er Dusel gehabt, dunkelblond, kräftig, natürliche Locke. Aber nicht die Natur ist entscheidend, sondern das, was man aus ihr macht. Das Geheimnis besteht im richtigen Ausdruck, genau der jeweiligen Lage angepaßt. Das muß gekonnt sein. Er kann es, setzt sich ein frisches Morgenlächeln ins Gesicht, klopft an und tritt schwungvoll ein.

Frau Moll ist nicht im Vorzimmer. Schade. Er hätte gern vorher noch mit ihr gesprochen, vor allem ihr Aussehen gelobt, das macht jede graue Maus gesprächig, schon oft hat er so einen Tip erhalten. Na, nichts zu machen. Er blickt auf die Tür zum Intendantenzimmer, sie ist nur angelehnt, aber dahinter gibt es noch die Polstertür. Reingehen? Nein, er wartet bis halb. Eine Weile steht er still, schaut zum Fenster hinaus auf die große einsame Kastanie, deren Geäst die kahle Mauer des Bühnenhauses verdeckt. Die Knospen sind prall und glänzen, der Frühling naht. Aber was ist hier Frühling mitten in der Stadt, die Kastanie ist der einzige Baum weit und breit, die nächsten stehen im Schloßpark. Nein, den Vergleich mit der Bonbonfabrik hält das nicht aus. Die war auf der grünen Wiese errichtet worden, und die Firma hatte viel Geld ausgegeben, um ringsum Bäume, Sträucher und Blumen pflanzen zu lassen, die reinste Gartenschau. Er brauchte bloß aus seinem Fenster in der Werbeabteilung zu blicken und war fröhlich. Aber das Kapitel Bonbonfabrik ist erledigt.

Rainer Herzig fängt an, auf den Fußballen zu wippen, langsam auf, langsam ab, und mustert dabei das Büro. Genauso schäbig ausgestattet wie sein eigenes, auch hier die Wände ewig nicht gestrichen, dabei hat das Haus eine eigene Malerwerkstatt. Als er mal eine entsprechende Bemerkung zu Verwaltungsleiter Rühl machte, hat der nur mitleidig gelächelt und erklärt, die Malerwerkstatt eines Theaters wäre für die Kunst zuständig, für Verschönerungsarbeiten jedoch die Stadt, und die hätte kein Geld.

Er wippt weiter, sein Blick fällt auf den unaufgeräumten Schreibtisch der Frau Moll. Auf einem Papierstapel liegt ein Brief, dessen gedruckten Kopf er zu lesen versucht. Zu weit weg. Er hört auf zu wippen, tritt zum Schreibtisch und liest: Stadtverwaltung, Schul-und Kulturdezernat, adressiert an Herrn Intendant Alfred Settler, Stadttheater. Er will sich grade den Text vornehmen, als er seinen Namen hört.

Offenbar ist auch die Polstertür nicht ganz geschlossen. Er geht rasch zur Tür, hält das Ohr dicht an den Spalt. Wer spricht da? Frau Moll? Nein, eine Männerstimme. Rühl? Ja, aber zu leise, nicht zu verstehen. Desto lauter die Stimme Settlers: «Glauben Sie mir doch, der ist unbrauchbar, der bringt das ganze Haus in Mißkredit.» Gemurmel. Wieder Settler: «Dann müssen Sie eben suchen. Herrgott, wir werden doch einen anderen Werbeleiter finden. Inserieren Sie meintwegen.» Gemurmel. Settler: «Ja, das weiß ich, ich nehme das auf meine Kappe. Aber ich will den Kerl los sein, so schnell wie möglich.»

Herzig zuckt von der Tür zurück, als habe ihn ein Schlag erwischt. Für Sekunden steht er unbeweglich, hört nichts, sieht nichts, dann dreht er sich zum Schreibtisch, grapscht den Brief von der Stadtverwaltung, faltet ihn, ohne hinzusehen, stopft ihn in die Jackentasche. Im nächsten Augenblick steht er draußen im Flur und späht zum Treppenhaus. Da ist niemand. Er hastet in die entgegengesetzte Richtung, öffnet die nächstbeste Tür, sie führt in Garderobe VII.

Herzig lehnt sich an die Wand und haut mit der rechten Faust hinter sich gegen den harten Putz. Das beruhigt ihn. Nach einer Minute atmet er wieder fast normal, auch das Herz klopft nicht mehr so wild. Keine Panik mehr, keine Angst. Wirklich nicht, keine Angst. Wovor auch? Er ist neunundzwanzig, körperlich fit, auch geistig auf der Höhe. Wenn die Typen hier auf seine Fähigkeiten verzichten wollen, bitte, sollen sie.

Die Bonbonfabrik hat zwölftausend Mark Abfindung gezahlt, damit er ging, ohne vorm Arbeitsgericht zu klagen. Nur weil Garbrecht, dem Werbechef, seine Nase nicht gefiel; denn seine Arbeit war erstklassig, das kann er beweisen, schwarz auf weiß, das steht im Zeugnis. Garbrecht hat es büßen müssen. Während der drei Wochen, in denen er noch arbeiten mußte, hat er ihm fleißig Sand ins Getriebe gestreut. Das Beste war die Sache mit der Reiseabrechnung: Die lag im Ausgangskorb, schon unterschrieben. Da hat er mal schnell die Zahlen verändert, einfach kräftig erhöht, und Garbrecht hat an der Kasse das Geld bar eingesackt, ohne einen Ton zu sagen. Bis die Revision eine Woche später dahinterkam und der große Garbrecht ganz klein dastand, blamiert bis auf die Knochen. Ach, war das schön. Dann die Briefe, die er hat verschwinden lassen, alles wichtige Sachen. Was daraus entstanden ist, hat er nicht mehr erlebt, da war er schon weg.

Briefe.

Er greift in die Jackentasche, tastet Papier. Jetzt hat er doch schon wieder einen Brief geschnappt. Das ist ja krankhaft, den legt er zurück. Niemals das gleiche zweimal machen, das hat er bereits in der Werbeagentur in Frankfurt gelernt. Dort, fällt ihm ein, hat er zum erstenmal einen Brief verschwinden lassen.

Als er ins Vorzimmer zurückkehrt, sitzt Frau Moll auf ihrem Drehstuhl. Der Brief muß also in der Tasche bleiben. Sie sagt: «Herr Settler wartet schon.»

Herzig kennt das Intendantenzimmer von den Freitagskonferenzen. Settler, hinter seinem Schreibtisch thronend, macht eine Handbewegung, und Herzig zieht einen Stuhl vom Konferenztisch mit den sechzehn gepolsterten Stahlrohrstühlen weg, setzt sich, wartet ab.

Settler sieht piekfein aus wie immer, heute im hellen Anzug mit Ziertuch, beiges Hemd und zartblaue Seidenkrawatte. Darüber das volle rosige Gesicht mit den silbergrauen Augenbrauen und das dichte Haar im gleichen Farbton. Ließe sich prima als Dressman verkaufen, hat Herzig schon bei seiner ersten Begegnung gedacht, für Herrenmode oder für Werbespots im Fernsehen. Stimme hat er auch, er soll früher selbst auf der Bühne gestanden haben.

Settler sagt, er müsse über Grundsätzliches mit ihm sprechen, dazu gebe es leider verschiedene Anlässe. Schon ganz zu Anfang habe er ihm klarzumachen versucht, daß das, wofür er werben solle, kein Waschpulver sei, sondern ein ganz besonderes Erzeugnis, eine Ware, die Empfindungen auslöse wie kein anderes Produkt.

Herzig nickt. Diesen Quatsch hat ihm Settler tatsächlich schon vor acht Monaten eintrichtern wollen. Jeder Hersteller von Elektrorasierern oder Fertigsuppen verbreitet sich ähnlich. Die Werbeleute hören höflich zu und haben das Gehörte, wenn sie die Chefzimmertür schließen, bereits wieder vergessen. Das sagt doch schon das kleine Einmaleins: Es gibt keinen grundsätzlichen Unterschied zwischen Seife, Bratpfanne, Theater oder Motorboot. Und es sagt auch, daß es ganz sinnlos ist, einem Hersteller das begreiflich machen zu wollen.

Herzig schweigt.

«Was war eigentlich los bei Küll & Lempfert?» fragt Settler plötzlich.

Herzig wird aufmerksam. Küll & Lempfert heißt die Druckerei, die Plakate, Programme und alles andere fürs Theater herstellt, ein müder Laden, milde gesagt. Termine werden selten eingehalten, teuer sind sie außerdem.
«Was soll da losgewesen sein?» fragt er zurück.
«Herr Lempfert hat mich gestern angerufen und sich bitter beschwert.»
«Über mich?»
«Sie sollen herumgebrüllt haben, und Sie hätten sogar gedroht, die Druckerei zu wechseln.»
«Ach, das meinen Sie. Von Brüllen kann keine Rede sein, ich hab nur protestiert, daß wieder mal anderes Papier als vereinbart genommen worden ist. So was habe ich noch nie erlebt, was die sich leisten. Und dann noch unverschämt.»
«Es stimmt also.»
«Was stimmt? Wollen Sie, daß die uns bescheißen?»
Settler verzieht das Gesicht. «Bitte nicht diese Sprache, Herr Herzig. Da kommen wir auch gleich zu einer anderen Sache. Leider habe ich das erst vor einigen Tagen gehört, als ich zufällig Frau Schatz getroffen habe, Frau Schatz, unsere Agentin in Freudenbach.»

Herzig erinnert sich sofort: Tabakwaren, Schnaps und Zeitschriften. Eine dicke Kuh, entsetzlich onduliert und parfümiert. Sie verkauft nebenbei Theaterkarten an die Einwohner ihres Kaffs und der umliegenden Dörfer, karrt sie mit dem Bus zum Theater. Gehört auch zu seinen Aufgaben, diesen sogenannten Agenten Stücke zu verkaufen, die wahre Pest.

«Frau Schatz hat mir gesagt, daß Sie unsere ‹Nacht in Venedig› eine – äh – Scheißoperette genannt haben. Wenn das stimmt, und Frau Schatz erfindet so etwas nicht, also dafür habe ich kein Verständnis mehr.»

«Dann hören Sie erstmal den Zusammenhang. Frau Schatz wollte drei Stücke nehmen: Als erstes den ‹Bettelstudent›, als zweites die ‹Minna› und als drittes wollte ich ihr das Ding von dem Curt Goetz verkaufen, wie Sie und Herr Rühl mir befohlen haben – auf eine Operette immer zwei Schauspiele. Hab ich versucht. Ich hab mir das Maul fusselig gequatscht, mir die allergrößte Mühe gegeben. Aber auf jeden Satz von mir hat Frau Schatz immer nur geantwortet: ‹Eine Nacht in Venedig›. Mindestens zehnmal hat sie so geantwortet. Da ist mir schließlich der Kragen geplatzt, das geb ich zu, und ich hab ihr gesagt, dann soll Sie in Gottes Namen die Scheißoperette nehmen.» «Offenbar haben Sie Frau Schatz damit tief gekränkt.» Herzig starrt Settler an. Meint der das im Ernst? Gekränkt, diese Kuh? Darf ja nicht wahr sein. «Tut mir aufrichtig leid», sagt er. «Hab ich nicht geahnt, daß sie so empfindlich ist. Warum fällt es ihr aber erst nach sieben Monaten ein, sich darüber zu beschweren? Bei mir hat sie nur zufrieden gegrinst.»

«Jedenfalls gehört Frau Schatz zu unseren zuverlässigsten Agenten, sie macht das schon seit über zwanzig Jahren. Und was Herrn Lempfert angeht, wissen Sie denn nicht, daß er im Stadtrat sitzt und sogar im Kulturausschuß?»

«Nee», sagt Herzig erstaunt. «Das hat mir noch keiner gesagt. Gut, dann weiß ich jetzt Bescheid. In Zukunft können die machen, was sie wollen. Ist Ihnen das recht?»

Er sieht, daß Settlers Gesichtsfarbe vom Rosigen ins Rötliche übergeht. Gleich wird er losbrüllen. Na bitte, das verdaut er spielend. Und wegen diesem Blödsinn soll er rausfliegen? Lachhaft.

«Sonst noch was?» fragt er.

«Das war alles. Danke.»

Während Herzig aufsteht und den Stuhl an den großen Tisch rückt, beobachtet er Settler, der sich angelegentlich mit Papieren auf seinem Schreibtisch beschäftigt. Aber er hat vergessen, die Brille aufzusetzen, und ohne die kann er nicht mal die Schlagzeile in «Bild» lesen.

Herzig verkneift sich ein Grinsen, sagt höflich auf Wiedersehn und geht hinaus. Als er an Frau Moll vorbeikommt, fällt ihm der Brief in seiner Tasche wieder ein. Draußen wendet er sich nach rechts zum Treppenhaus, da ist das Klo. Er schließt sich ein und liest den Text. Es geht um den Spielplanentwurf und eine Besprechung, nichts Bedeutendes. Herzig reißt den Bogen in kleine Stücke, wirft sie ins Becken und zieht an der Kette. Er muß noch zweimal ziehen, bis kein Schnipsel mehr im Wasser schwimmt.

Settlers Stimmung hat sich nicht gebessert. Zuerst der Brief des Kulturdezernenten, dann dieser Kerl, der wie ein Elefant im Porzellanladen herumtrampelt. Es war absolut falsch, daß er Rühl bei den Bewerbungen die Auswahl überlassen hat, das passiert ihm nicht noch einmal. Auch das neue Inserat will er sehen, bevor es rausgeht. Am besten schreibt Junghans den Text, der kann so was. Junghans, wo bleibt der wieder? Er schaut auf die Uhr neben dem Bühnenlautsprecher. Gleich Viertel vor.

«Hilde, ist Junghans noch nicht da?» ruft er ins Vorzimmer raus. Die Moll bleibt ruhig sitzen. Sie war schon bei seinem Vorgänger Sekretärin. Für Settler arbeitet sie im fünfzehnten Jahr.

«Ich hab Herrn Schiller Bescheid gesagt, er schickt ihn, sobald er kommt», ruft sie zurück.

Settler setzt seine Brille auf und sichtet die restliche Post. Nichts Wichtiges dabei, er schiebt den Stapel beiseite. Dann überfliegt er den Kassenrapport. Großes Haus mit «Martha», Volksbühne und freier Verkauf, voll besetzt. Studiobühne mit «Ein Ehemann zur Ansicht», freier Verkauf, von 104 Plätzen sind 23 frei geblieben.

Er fröstelt und gibt seinem Rollsessel einen Stoß, bis er mit ausgestreckter Hand die Heizung erreichen kann. Sie ist wieder mal nur lauwarm. Er überlegt, ob er Schimansky, den Technischen Leiter, anrufen soll. Nein, sinnlos. Die Heizungsanlage ist uralt, sollte längst erneuert werden, aber die Stadt hat kein Geld. Erst in zwei Jahren ist sie dran. Dann fällt ihm ein, daß Schimansky einmal etwas von einer Pumpe gesagt hat, die man zwischenschalten könnte. Ist das geschehen? Settler macht sich eine Notiz. Er wird ihn Freitag bei der Konferenz danach fragen.

Chefdramaturg Bernd Junghans erscheint kurz vor zehn, schwenkt eine FAZ und fragt: «Haben Sie schon über Bochum gelesen, was Peymann sich wieder geleistet hat?»

Junghans öffnet die Zeitung und legt sie vor Settler auf den Schreibtisch. Dann zieht er sich seine Cordhose hoch und streicht den Pullover glatt; böse Zungen behaupten, nur am veränderten Farbton sei zu erkennen, daß er die beiden Kleidungsstücke manchmal wechsle. Junghans ist mittelgroß und drahtig. Seine grauen Augen beherrscht er wie ein Pokerspieler. Um so deutlicher sprechen seine feingliedrigen Hände, die fast immer in Bewegung sind. Junghans ist seit neun Spielzeiten im Haus, und niemand glaubt ihm so richtig, daß er einmal Lektor in einem Bühnenverlag war und täglich acht Stunden still gesessen und gearbeitet hat. Die Kostümbildnerin Camilla Herbst behauptet, er habe früher Staubsauger verkauft. Daß er dem Chef die Zeitung hingelegt hat, ist kein Zufall. Er bewundert Claus Peymann tief und hofft immer noch, Settler davon zu überzeugen, daß man Theater auch anders machen kann.

Settler weiß das und hat es längst aufgegeben, darüber mit Junghans zu diskutieren, der doch niemals verstehen wird, daß man Theater nicht gegen das Publikum machen darf. Vielleicht geht das in Bochum, aber hier bestimmt nicht.

Settler schiebt die Zeitung beiseite und fingert in dem Poststapel herum. «Da ist ein Brief von Dr. Weinholtz gekommen. Wo ist er denn?» Ihm fällt ein, daß er ihn der Moll gegeben hat, die den Termin bestätigen sollte. «Hilde, kann ich den Brief von Dr. Weinholtz wiederhaben?»

«Sofort!»

Junghans hat sich auf den Konferenztisch gesetzt, die Füße auf dem Polster eines der Stühle.

«Was schreibt er denn?»

«Müssen Sie selbst lesen.»

Settler wartet ungeduldig, dann ruft er: «Wo bleibt der Brief, Hilde?»

«Ich suche noch», tönt die Moll.

Nach einer Minute erscheint sie selbst in der halbgeöffneten Polstertür, sieht noch bekümmerter aus als von Natur aus und erklärt: «Ich finde ihn nicht.»

«Was heißt das?»

Sie bewegt hilflos die Hände. «Ich weiß auch nicht. Der Brief ist weg.»

«Der kann doch nicht weg sein. Haben Sie im Papierkorb nachgeguckt?»

«Bei mir kommen Briefe in die Ablage, nicht in den Papierkorb.»

«Aus Versehen vielleicht...»

«Auch nicht aus Versehen. Im Papierkorb ist er nicht.»

«Sie können mir den Inhalt doch erzählen, Chef», sagt Junghans beschwichtigend.

«Sie sollen ihn selbst lesen. Es geht auch um den Ton, der ist genauso wichtig. Also suchen Sie weiter, Hilde. Der muß ja irgendwo sein. Haben Sie den Termin schon bestätigt?»

«Hab ich», sagt die Moll und geht hinaus.

Auch nach weiteren fünf Minuten ist der Brief noch nicht gefunden, und so berichtet Settler Junghans kurzgefaßt den Inhalt. Dr. Weinholtz bestätige den Eingang des Spielplanentwurfs, habe mehrere Fragen dazu und lade den Intendanten für 15 Uhr zu einer Besprechung ein.

«Wann?» fragt Junghans.

«Heute. Dabei kann er den Spielplanentwurf erst gestern erhalten haben. Den Brief hat heute früh ein Bote gebracht.»

Junghans schnippst mit den Fingern. «Der hat's aber eilig. Will er mitmischen?»

«Ich hatte bisher nicht den Eindruck.»

Junghans überlegt laut. Seit Weinholtz das Amt angetreten habe, meint er, sei er in jeder Premiere gewesen, habe aber nie ein Wort der Kritik geäußert, weder positiv noch negativ, ihm gegenüber jedenfalls nicht. Vielleicht habe er nur sein Pulver trocken halten wollen. Neuerdings stecke er seine Nase in die Museen und verlange die Einrichtung von Kinderabteilungen. Ob Settler das gelesen habe?

Settler nickt. Auch ihm gegenüber hat sich Dr. Weinholtz immer distanziert verhalten, nur Geplapper, kein richtiges Gespräch. Wenn er jetzt damit anfangen will, hat er sich das falsche Objekt ausgesucht. Am Spielplanentwurf wird nichts mehr geändert, das ist klar. Den hat er zusammen mit Junghans ausgearbeitet, ein Puzzlespiel, das sich über acht Wochen hingezogen hat, von Mitte Januar bis jetzt. Er umfaßt sieben Schauspiele fürs Große Haus, fünf für die Studiobühne, drei Stücke fürs Jugendtheater, außerdem sechs Opern und fünf Operetten.

«Soll ich mitkommen?» fragt Junghans.

«Nein, das muß ich allein durchstehen. Sagen Sie, wie viele Exemplare des Spielplanentwurfs haben Sie noch?»

«Da müßte ich nachschauen. Fünfundzwanzig haben wir kopiert.»

«Ich möchte, daß alle Mitglieder des Kulturausschusses ein Exemplar kriegen.»

Junghans wehrt ab. «Aber Chef, bisher haben Sie sich die Leute doch immer vom Hals gehalten!»

Das werde sich in Zukunft eben ändern, meint Settler. Als Junghans die Füße vom Polsterstuhl nimmt, aufsteht und gehen will, hält Settler ihn zurück: «Noch etwas, Bernd. Setzen Sie sich doch bitte mit Rühl in Verbindung. Er soll eine Anzeige aufgeben, und ich möchte, daß Sie den Text formulieren. Wir suchen einen neuen Werbeleiter.»

«Schon wieder?»

«Es läßt sich nicht vermeiden. Herzig muß weg.»

«Der ist doch recht rührig und hat viel angekurbelt. Was ist denn los mit ihm?»

«Herzig muß weg», wiederholt Settler ohne weiteren Kommentar. Bis Ende der nächsten Spielzeit müsse ein neuer Werbeleiter her. Besser noch zwei, drei Monate früher, damit er sich einarbeiten könne.

Junghans kehrt nicht gleich in sein Büro zurück, sondern wandert zum Bühnenhaus hinüber und steigt die Treppen bis zum vierten Stock hinauf, wo die Kostümbildnerin Camilla Herbst ihr Atelier hat.

«Höchstens fünf Minuten», ruft sie ohne aufzusehen, als er eintritt.

«Ich muß mit den Figurinen fertig werden.»

Dann dreht sie sich doch um. «Warum fragst du eigentlich nie, woher ich weiß, daß du es bist?»

«Das verbietet mir der Takt.»

«Bild dir bloß nichts ein.» Camilla wendet sich wieder ihrer Arbeit zu. «Du bist der einzige im Haus, der hier reinschleicht, anstatt zu gehen. Jetzt weißt du's.»

Junghans verzieht nur die Mundwinkel und setzt sich in den Korbsessel, den sich Camilla leihweise vom Bühnenbild zu «Charlys Tante» ins Atelier geholt hat. Sonst enthält der Raum nur nüchterne Arbeitsmittel: einen großen Tisch zum Zeichnen, ein fast berstendes Regal mit Büchern über Kostümkunde, Zeitschriften und Musterbänden für Stoffe. In einem offenen Schrank hängen einige Kostüme. Auffällig ist eine große Pinnwand, an der getrocknete Blumen stecken, Entwürfe und verschiedenfarbige Karten, auf denen mit Druckbuchstaben Sprüche stehen wie «Das Schlimmste im Leben einer Frau ist ihr Mann, Colette» und «Der rechte Augenblick zur Scheidung liegt vor der Verlobung, Reuben Hill» und ein halbes Dutzend ähnlicher Weisheiten. Sie sind die Antwort auf die Sprüche in Junghans' Zimmer. Bei ihm heißt es: «Wehret den Frauen, sie klammern und kleben, klägliche Kletten am männlichen Leben, Alfred Kerr» und «Es gibt zwei Sorten Frauen auf der Welt, vor denen man sich um jeden Preis hüten muß; solche, die uns lieben, und solche, die uns nicht lieben. Aber die vielen tausend übrigen sind wirklich köstlich, Erich v. Stroheim» und «Frauen sind wie Zigaretten. Zuletzt sammelt sich das ganze Gift im Mundstück, G. B. Shaw». Wer einen neuen Spruch entdeckt und an die Wand gepinnt hat, lädt den anderen zum ersten Lesen und einer Flasche Sekt ein. Es ist der Abgesang einer kurzen großen Liebe, die weder Camilla noch Bernd Junghans sich jemals eingestanden haben, deren Abschied nun schon zwei Spielzeiten lang dauert, und bei dem beide sich nicht unglücklich fühlen.

«Der Chef bekommt wahrscheinlich Ärger», sagt Junghans, nachdem er Camilla eine Weile beim Zeichnen zugesehen hat. Dabei fasziniert ihn immer wieder ihre Zungenspitze, die jede Bewegung des Stiftes ausdrucksvoll begleitet.

«Dafür wird er bezahlt.»

«Es geht um den Spielplan.»

«Wenn er damit Ärger kriegt, freut's mich. Für eure sechs Opern und fünf Operetten muß alles neu angefertigt werden. Das ist weder technisch noch zeitlich zu machen, und schon gar nicht mit unserem Etat. Bei der Sitzung am Freitag kriegt ihr was zu hören, darauf kannst du den Chef schon vorbereiten. Von mir kriegt er jedenfalls keine Garantie. Hast du verstanden?»

«Ja», antwortet Junghans gleichmütig. Er kennt das. Bei jedem neuen Spielplan ist es das gleiche. Zuerst großes Geschrei, dann das Versprechen des Intendanten, das nächste Mal werde es bestimmt anders, und wenn's dann soweit ist, klappt es doch immer wieder.

«Ich möchte dich was fragen.»

«Frag doch.»

«Wie stehst du eigentlich zu Weinholtz?»
«Wer ist das?»
«Stell dich nicht dumm, Camilla. Kulturdezernent Dr. Weinholtz.»
«Ach der.» Sie lehnt sich zurück und betrachtet kritisch ihre Zeichnung. Dann schaut sie ihm plötzlich voll ins Gesicht. «Warum interessiert dich das?»
Ihre Augen, wenn sie so hellwach sind wie jetzt, das beeindruckt Junghans immer noch. Dann vergißt er sogar die Holzwolle, wie er ihren Afrolook bezeichnet. Er schwärmt für langes seidiges Haar, aber diese grünlich schimmernden Augen machen alles wett.
Es interessiere ihn nicht persönlich, sagt er wegwerfend. Er hätte nur gern etwas mehr über den Mann erfahren, und sie sei die einzige im Haus, die ihn näher kenne.
Camilla konzentriert sich schon wieder auf ihr Blatt.
«Er hat den Chef für heute nachmittag in sein Amt zitiert», fährt Junghans fort. «Wegen des Spielplans.»
«Na, wunderbar. Hoffentlich ist er der gleichen Meinung wie ich.»
«Du kannst das ruhig ernst nehmen. Acht Wochen haben wir an dem Spielplan herumgedoktert. Wir kennen die Schwierigkeiten. Aber es ist etwas anderes, wenn ein Betriebsfremder seine Nase reinsteckt. Das fehlte uns noch. Also was ist er für ein Typ?»
«Er ißt gern Lammkotelett.»
«Und sonst?»
«Ich war zweimal mit ihm essen, und geschlafen habe ich nicht mit ihm, falls dich das interessiert.»
«Bist du sicher?»
«Ja.»
«Warum?»
«Herrgott, weil ich nicht wollte. Er hat dauernd versucht, mich über all den Quatsch hier auszufragen, übers Haus, die Kollegen, den Betrieb. Aber charmant ist er, daß muß man ihm lassen.»
«Und was ist er noch?» fragt Junghans nach einer Weile.
«Intelligent. Das heißt, das kann ich noch nicht beurteilen. Er weiß eine Menge, und hat viel gelesen, das fällt auf. Er sieht übrigens gut aus.»

«Gesehen habe ich ihn selbst.»

«Findest du nicht, daß er gut aussieht? Für mich wäre der ein prima Tellheim.»

Junghans erlaubt sich einen kleinen Seufzer. Was ihm Camilla da erzählt, ist unergiebig, damit kann er dem Chef nicht helfen. Er möchte wissen, ob der neue Kulturdezernent weich ist oder hart, verschlagen oder offen, welche Vorlieben er hat, wieviel er vom Theater versteht, ob er Oper, Operette oder Schauspiel mag, lieber ins Kino geht, oder nur fernsieht. Als Weinholtz vor gut drei Monaten das Schul- und Kulturdezernat übernahm, hat Junghans natürlich aufmerksam alles gelesen, was die Zeitungen über ihn brachten. Er war auch auf dem Empfang, den der Oberbürgermeister im Januar für Weinholtz gab. Weinholtz hat offenbar Politik und Soziologie studiert und soll drei Jahre Referent im Kultusministerium gewesen sein.

«Mir fällt noch was ein», sagt Camilla und hält den Karton mit der fertigen Figurine hoch: Kosakenhauptmann Mazeppa aus der gleichnamigen Oper von Tschaikowsky. «Er trinkt gern Kognak, und seine Frau kommt nach, sobald er eine Wohnung gefunden hat.»

Die Büros des Schul- und Kulturdezernates liegen im fünften Stock des neuen Rathauses, einem klotzigen Neubau am Kornmarkt, schräg gegenüber dem alten. Wer beide Bauten von der Westseite des Marktes, etwa vom Café Krapp aus gleichzeitig ins Auge faßt, dem offenbart sich auf einen Blick der Niedergang der deutschen Architektur.

Oberbürgermeister Umland selbst hat Weinholtz bei seinem ersten Besuch darauf aufmerksam gemacht, wobei er nicht zu erwähnen vergaß, daß der Bau vor Beginn seines eigenen Wirkens entstanden sei. Daß Weinholtz drei Monate später zum Dezernenten gewählt wurde, auch mit den meisten Stimmen der Opposition, war nur noch Formsache. Einmal gab es keinen Mitbewerber, und zum andern hatte Weinholtz dank seiner strahlenden blonden Erscheinung und seinem Redetalent sehr rasch alle Herzen gewonnen. Einigen erschien es allerdings etwas merkwürdig, daß dieser Mann seine Karriere im Ministerium mit dem Amt in einer Provinzstadt tauschte. Um sich an der Front zu bewähren, hatte Weinholtz verbindlich lächelnd verkündet. In Wirklichkeit wählte er diesen scheinbaren Umweg, um rascher an die Spitze zu gelangen; als Rädchen im ministeriellen Getriebe wäre ihm das nur schwer gelungen.

Für Aufsehen sorgte Weinholtz bereits, als er den Plan bekanntgab, in allen städtischen Museen Kinderabteilungen einrichten zu lassen. Das Fernsehen hat sich angesagt und wird kommen, sobald das Friedrich-Ernst-Museum die Vorbereitungen in der Kulturhistorischen Sammlung abgeschlossen hat. Die Leiter der beiden anderen Museen sperren sich noch, aber sie werden seiner Anregung folgen, da ist Weinholtz ganz sicher. Ebenso sicher weiß er aber auch, daß für ihn das Theater wichtiger ist als alle Museen. Ohne das Theater wäre er gar nicht hergekommen. Theater bedeutet Öffentlichkeit, bundesweit, gelegentlich sogar weltweit.

Von seinem Schreibtischsessel aus kann Weinholtz das Theater sehen, «sein» Theater, wie er es insgeheim nennt, ein dem Barock nachempfundener Bau, in der Mitte des 19. Jahrhunderts entstanden und während des Bombenkriegs kaum beschädigt. Allerdings, das weiß er aus den Akten, gibt es darin fast nichts, was nicht renovierungsbedürftig wäre. Das Stadtbauamt hat vor einigen Jahren einen Plan vorgelegt, das Haus völlig auszuweiden und neu zu bauen. Da das aber runde dreißig Millionen kosten würde, ist es bei dem Plan geblieben. Sollte das Haus während seiner Amtszeit den Erfolg haben, zu dem er ihm verhelfen will, dann dürfte auch das Interesse der Stadt so wachsen, daß sie das Geld für den Neubau aufbringt.

Erfolg haben, das ist der springende Punkt. Weinholtz schaut auf seine Armbanduhr. Noch eine halbe Stunde, bis der Intendant kommt. Vor ihm auf dem Schreibtisch liegen der Spielplanentwurf, die Personalakte Settlers und eine Liste des Personals, das im Theater beschäftigt ist: 211 Personen, einschließlich Orchester. Bisher hat er nur einige davon kennengelernt, beim Empfang des Oberbürgermeisters und bei den Premieren. Aber es war keiner dabei, der einen besonderen Eindruck bei ihm hinterlassen hätte. Bis auf die Herbst natürlich.

Nach der zweiten Abendessenseinladung hat sie ihn in ihre Wohnung eingeladen. Auf einen Kaffee, wie es so schön heißt. Aber er war standhaft geblieben. Keine Affäre mit dem eigenen Personal, hatte ihm der alte Ministerialdirektor Kleffel im Ministerium dringend ans Herz gelegt. Recht hat er. Genau betrachtet gehört die Herbst freilich nicht zu seinem Personal. Er beschließt, sie abends wieder einmal anzurufen.

Im übrigen dürfte ziemlich klar sein, daß sich mit diesem Intendanten das Theater kaum zum Erfolg führen lassen wird. Eine typisch provinzielle Karriere: ehemaliger Operntenor, später Regisseur, dann Oberspielleiter des Musiktheaters in Koblenz, erste Intendanz in Lüneburg, dann ans hiesige Haus, wo er jetzt sage und schreibe schon fünfzehn Jahre sitzt. Inzwischen ist er achtundfünfzig, und mit der nächsten Spielzeit läuft sein Vertrag aus. Aus einer Aktennotiz seines Vorgängers geht hervor, daß er gern verlängern möchte.

Verheiratet ist er auch. Wie heißt die Dame? Maria, geborene Löfflund, Künstlername Mia Lund, Sängerin. Singt die etwa auch hier?

Weinholtz greift zum Telefon und sagt seiner Sekretärin, daß er Settler Punkt fünfzehn Uhr empfangen werde und bei der Unterredung nicht gestört werden möchte. Dann nimmt er sich den Spielplanentwurf noch einmal vor und holt aus dem Schreibtisch Reclams Theaterführer und das Handbuch der Oper von Kloiber. Sachkundig sein, das hat er im Ministerium gelernt. Der Herr Intendant soll sich wundern.

Aber als Settler ihm später gegenübersitzt, läßt der sich nichts anmerken. Er geht verbindlich auf alles ein und macht eine gute Figur, das muß Weinholtz zugeben. Als er wissen möchte, ob die Ouvertüre zu Lortzings «Undine» in der Wiener Fassung mit dem neuen Schluß gebracht werden solle (wovon er eben im Kloiber gelesen hat), bemerkt Settler ungerührt, der sogenannte neue Schluß sei bereits über hundertdreißig Jahre alt und werde selbstverständlich verwendet. Jedoch müsse man die Oper kürzen. Von den achtzehn Musiknummern könne man nur vierzehn bringen, auch auf das Ballett müsse man verzichten.

«Trägt die Musik die vollen drei Stunden nicht mehr?» will Weinholtz die peinliche Schlappe auswetzen.

«Der Grund ist ganz prosaisch, Herr Doktor Weinholtz. Wir müssen auf die öffentlichen Verkehrsmittel Rücksicht nehmen. Unsere Aufführungen haben pünktlich zwanzig Minuten nach zehn zu Ende zu sein, sonst kommt eine ganze Anzahl Besucher nicht mehr nach Hause. Das hat früher immer wieder Ärger gegeben, und wir haben uns mit der Volksbühne auf diesen Kompromiß geeinigt. Die einzige Alternative ist, früher anzufangen. Das können wir uns mal bei Wagner leisten, aber sonst ist das nicht drin.»

«Die Kunst richtet sich hier also nach dem öffentlichen Verkehr.»

Weinholtz lächelt, Settler lächelt mit und meint, der Verkehr sei ihm noch das liebste, wonach er sich richten müsse, da gebe es anderes, was ihm weit mehr Kopfschmerzen mache.

«Und das wäre?»

«Sie haben ja den Spielplanentwurf vor sich liegen, Herr Doktor Weinholtz. Finden Sie nicht, daß er sehr konservativ ist?»

Weinholtz schluckt überrascht. Genau darauf hatte er hinmarschieren wollen, und nun nimmt ihm Settler den Wind aus den Segeln. «Allerdings», sagt er, noch immer mit sanfter Stimme, aber ohne Lächeln. «Ganz offen gesagt, wenn Sie gestatten, ich finde ihn provinziell.»

«Freut mich, daß Sie das so klar aussprechen. Ich bin da völlig Ihrer Meinung.»

«Aber mein Gott, Sie haben es doch in der Hand, das zu ändern.»

«Habe ich das?»

«Wer denn sonst!»

Settler streicht sich mit der Hand übers Haar, eine Geste, die im Theater gefürchtet ist, denn sie bedeutet einen flüssigen Vortrag von mindestens zehn Minuten. Und den kriegt Weinholtz jetzt auch. Über Besucherstruktur, Erwartungen und Verhalten des Publikums, über Gründe für Mißerfolge, die Wechselwirkung von künstlerischen und finanziellen Belangen.

Weinholtz ist fast verblüfft. Aber verblüfft sein kommt von Bluffen, und darauf fällt er schon lange nicht mehr rein.

«Wenn das so wäre, Herr Settler, und, wie Sie meinen, unabänderlich ist, müßte das woanders doch auch so sein.»

«Das ist es ja auch.»

«Aber denken Sie doch an Bremen beispielsweise. Das war doch eine ganze Zeitlang eine richtige Theatermetropole. Oder nehmen wir Heidelberg, mit uns von der Größe her vergleichbar. Da wird großartiges Theater gemacht. Ich habe selbst einiges gesehen.»

Settler nickt und meint, da sei eben mehreres zusammengekommen: ein neu gebautes Haus, ein neuer Intendant, dem man die Chance gegeben habe, Versuche zu machen, junge Regisseure auszuprobieren, Gäste zu holen.

«Wer hindert Sie daran, ebenfalls Versuche mit jungen Regisseuren und mit Gästen zu machen? Haben Sie Angst vorm Risiko?»

Settler hebt die Augenbrauen und verzichtet auf die Erwiderung, daß er wohl kaum Intendant geworden wäre, wenn er ein Risiko scheute. Er sagt lediglich: «Unser Musiktheater wäre ohne Gäste gar nicht zu machen. Und begabte junge Regisseure? Na schön, mit der Lupe wird man einen finden. Aber wenn ich wirklich mal etwas Besonderes machen wollte, bedeutete das längere Probezeit, aufwendigere Ausstattung und eine Menge mehr. Dadurch würde der ganze Betrieb aus der Balance gebracht. Wir haben sechsundzwanzig Produktionen im Programm, das sind mehr als zwei Premieren pro Monat, wenn Sie die Ferien abrechnen. Da bleibt keine Luft mehr für Besonderheiten. Es sei denn, wir würden auf ein oder zwei eigene Produktionen verzichten und dafür Gastspiele reinnehmen.»

«Warum tun Sie das nicht?»

«Ihr Herr Vorgänger hielt davon nicht viel.»

«Aber wenn wir dafür doch etwas Hervorragendes machen könnten, sagen wir zum Beispiel ein Musical. Darauf haben Sie übrigens in Ihrem Spielplan ganz verzichtet. Das wäre doch auch was für die Jugend. Sie haben doch selbst gesagt, das Publikum würde von Jahr zu Jahr älter. Ist das ein Wunder?»

«Wir haben in den vergangenen Spielzeiten sechs Musicals produziert. Wenn Sie die Besucherzahlen mit denen der Operetten vergleichen, ist das nur deprimierend. Und von mehr jugendlichen Zuschauern kann nicht die Rede sein.»

«Wollen wir's nicht doch noch einmal auf einen Versuch ankommen lassen? Nehmen Sie meinetwegen zwei Gastspiele rein, da gibt es ja hervorragende Sachen. Und was das Sprechtheater angeht: Ich sage nichts gegen die beiden Klassiker, die brauchen wir für die Schulen, aber das andere? Keine einzige Erstaufführung, von Uraufführung ganz zu schweigen. Das Stück eines deutschen Autors, das wäre doch ein Bonbon. Mal der erste zu sein, reizt Sie das gar nicht?»

Junghans sitzt an seinem Schreibtisch und schüttelt den Kopf. Er hat den Text vor sich, den sein Assistent Hartmut Schiller fürs Programmheft zu «Minna von Barnhelm» verfaßt hat. Schiller, trotz seiner sechsundzwanzig Jahre noch immer ein empfindsamer Jüngling, absolviert gerade seine zweite Spielzeit als Dramaturg.

«Friedrich, du lernst es nie», sagt Junghans.

«Hartmut», knurrt Schiller von nebenan, wo das Archiv untergebracht ist und er seinen Arbeitsplatz hat. Die Tür steht immer offen.

«Für mich bleibst du so lange der falsche Friedrich, bis du endlich deine verdammten Texte anständig schreibst.»

«Was ist denn jetzt schon wieder?»

«‹Lessing war der erste große Antimilitarist der deutschen Literatur seit Grimmelshausen›, heißt es hier. Sag mal, bist du noch zu retten?»

Junghans hört, wie Hartmut Schiller aufsteht, aber er kommt nicht rüber. Er bleibt in der Verbindungstür stehen, das sommersprossige Gesicht verzogen, als würde er gleich losweinen. Aber statt Tränen kommen Worte, ein kochender Ausbruch unterdrückter Wut. Er werde nichts, nichts an seinem Text ändern, stößt er hervor, nicht einen Buchstaben, kein Komma, er habe die Schnauze voll, Junghans' Gemecker stehe ihm bis da, er kotze ihn an mit seinem Getue und Gelabre, und was er selbst zu Papier bringe, finde er von vorn bis hinten beschissen, hochtrabend und verquollen. Junghans könne sich darauf verlassen, daß das einzige, was er, Hartmut Schiller, heute noch schreibe, seine Kündigung sei.

Junghans ist völlig überrascht von dieser Szene und betrachtet Schiller zunächst mit Empörung, die sich aber rasch in Neugier wandelt. Der rasende Schiller hat etwas Rührendes an sich. Junghans will was Nettes sagen, aber da dreht Schiller sich schon um und hastet zur Außentür.

«Hartmut! Warte doch mal, Hartmut!»

Schiller ist schon draußen, und Putz fällt von der Decke, als die Tür hinter ihm zuknallt.

Junghans macht sich dann selbst an die Verbesserung des Textes. Er ist fast fertig, als das Telefon klingelt und die Moll ihn auffordert, mal gleich zum Chef zu kommen.

«Ist er schon zurück von Weinholtz?»
«Seit einer Stunde. Kommen Sie gleich?»
«Bin schon unterwegs.»

Bei Settler sitzt blaß und ernst Hartmut Schiller. Er sieht Junghans nicht an und knetet seine Finger.

«Setzen Sie sich», sagt Settler und deutet auf einen Stuhl, als Junghans sich wie gewohnt auf den Konferenztisch setzen will.

Er sei ja allerhand gewohnt, beginnt Settler, und nichts Menschliches sei ihm fremd, und ohne Streit im Haus könne er schon gar nicht mehr leben, aber das betreffe das Volk von der Bühne. Daß nun aber auch noch die Dramaturgen anfingen, sich zu zanken, das gehe über seinen Horizont.

Junghans fragt freundlich: «Darf ich dazu vielleicht etwas sagen?»
«Nein. Ich will nichts mehr davon hören. Schiller hat mir versprochen, nicht mehr so empfindlich zu sein, und von Ihnen möchte ich das Versprechen, seine Texte in Zukunft nur noch nach Rechtschreibungsfehlern durchzusehen.»

«Tut mir leid, das kann ich nicht. Solange ich als Verantwortlicher im Programmheft stehe, will ich auch den Inhalt verantworten können.»

«Gut. Dann haben wir zwei Möglichkeiten. Entweder werden die einzelnen Texte namentlich gezeichnet, oder wir schreiben als Verantwortlichen meinen Namen ins Programmheft. Was ist Ihnen lieber?»

Junghans schluckt. Das ist ein harter Brocken. Das Programmheft ist das Aushängeschild des Chefdramaturgen, das einzige, womit er an die Öffentlichkeit treten kann. Darauf will er nicht verzichten, nur weil der Jüngling Schiller so empfindlich ist. «Ich finde das unfair, Chef», sagt er. «Schließlich verantworte ich das Heft jetzt schon in der neunten Spielzeit.»

Settler überlegt einen Augenblick. «Also schön, wir machen es in

Zukunft so, daß die einzelnen Beiträge namentlich gezeichnet werden und als verantwortlicher Herausgeber Ihr Name erscheint. Einverstanden?»

Als Junghans noch zögert, wird Settler scharf. «Verdammt noch mal, Bernd, ich habe keine Lust, wegen dieser Sache mit Ihnen hier ein Tauziehen zu veranstalten. Es wird so gemacht, basta. Im übrigen können Sie Ihre Köpfe jetzt für Wichtigeres gebrauchen. Wir ändern den Spielplan. ‹Fledermaus› fliegt raus, ebenfalls ‹Ratten› und in der Studiobühne der Kroetz.»

«Da liegt doch schon der Vertrag vor», ist alles, was Junghans vor Überraschung herausbringt.

«Aber er ist noch nicht unterschrieben. Im Großen Haus bringen wir statt dessen ein Musical und auf der Studiobühne die Uraufführung eines deutschen Autors.»

«Aha. Und was für eine, bitte?»

«Das ist Ihre Aufgabe.»

«Höre ich richtig, Chef? Sie wollen also einen deutschen Autor aufführen, den es noch gar nicht gibt?»

«Werden Sie nicht spitzfindig. Sie sollen einen suchen und finden.»

«Das ist doch sinnlos, das wissen Sie genau so gut wie ich. Was irgendwo neu erschienen ist, war auf meinem Schreibtisch, und Sie können Gift darauf nehmen, ich habe nichts übersehen, was auch nur den Anschein von Bedeutung hätte. Und was für ein Musical wollen Sie bringen? Darüber haben wir doch schon stundenlang gequasselt. Da ist für uns nichts drin. Das gibt nur wieder eine Riesenpleite.»

«Darf ich mal was sagen?» meldet sich Schiller. «Ich wüßte vielleicht was für eine Uraufführung. Ich kenne da jemand, der hat –»

«Name?» unterbricht ihn Junghans.

«Horst Krecker.»

«Nie gehört.»

«Er ist Schauspieler.»

«Wo?»

«Früher in Berlin und in Hamburg, jetzt frei. Er ist nicht mehr darauf angewiesen, seit er geerbt hat.»

Junghans schüttelt den Kopf und blickt gegen die Decke.

«Er hat schon drei oder vier Stücke geschrieben», sagt Schiller.
«Welcher Verlag?»
«Mit Verlagen will er nichts zu tun haben. Er hält die alle für blöde, nachdem er's mit seinem ersten Stück versucht hat.»
«Also ein Schubladenschreiber. Mann, das muß doch ein Spinner sein.»
«Zwei Stücke habe ich gelesen, die waren gut.»
«Und warum hast du mir nie was davon erzählt?»
Schiller schweigt und sieht hilfesuchend Settler an.

Der bricht die Diskussion kurzerhand ab und entscheidet: «Sie kümmern sich um das Stück für die Studiobühne, Schiller, und Sie, Bernd, suchen mir ein Musical mit Pepp. Es muß etwas sein, was auch Jugendliche anspricht.»

Junghans erlaubt sich ein kleines Grinsen. «Sie haben noch gar nichts erzählt, wie es bei Weinholtz war. Ist das mit dem Musical seine Idee?»

«Genau», sagt Settler.
«Ohne Rücksicht auf Verluste?»
«Sie haben es erfaßt.»
«Dann hätte ich vielleicht etwas, sogar eine deutsche Erstaufführung. ‹Mario Miracolo›, italoamerikanisch mit Orchester und zusätzlicher Jazzband.»

Settler wird scharf. «Und wieso höre ich davon erst jetzt?»
«Mein Gott, ich trage Ihnen doch nicht jede Absurdität vor. Orchester und Jazz, der Schora springt uns doch mit dem nackten Hintern ins Gesicht, wenn wir ihm das zumuten.»

«Wir haben noch zwei andere Kapellmeister.»
«Ich fordere das Stück gleich an. Ich sage Ihnen aber gleich, die Produktion wird teuer, und einen Regisseur, der das hinkriegt, haben wir auch nicht.»

Das solle er ihm überlassen, meint Settler und bittet abschließend die beiden, ausnahmsweise einmal den Mund über diese Änderung zu halten, er werde sie zu gegebener Zeit selbst mitteilen.

Aber Freitag morgen bei der Wochenkonferenz weiß es natürlich bereits jeder, ausgenommen Verwaltungsleiter Rühl, der sofort sei-

nen skeptischen Zug um den Mund kriegt, als Settler eine kleine Variation des Spielplanentwurfs verkündet.
Generalmusikdirektor Ludwig Schora reagiert sofort. «Ich möchte hier nur feststellen, daß ich jede Verantwortung ablehne, wenn tatsächlich eine Jazzband mitwirkt, und ich bezweifle sehr, daß unser Orchester bei so einem Zirkus mitmacht.»
Settler schießt einen Blick zu Junghans. Der hebt entschuldigend die Schulter. Er hat nur mit dem Chorleiter und mit dem zweiten Kapellmeister Trittmacher über das Musical gesprochen, natürlich unter dem Siegel der Verschwiegenheit.
«Entscheidungen ohne Ihre Mitwirkung gibt es grundsätzlich nicht, Herr Schora», sagt Settler. «Das wissen Sie doch.»
Der Generalmusikdirektor hört nicht mehr zu. Für den Rest der Konferenz hat er sich wieder in sein Innenleben zurückgezogen.
Wie immer in der Freitagskonferenz trägt nun jeder seine Probleme vor. Verwaltungsleiter Rühl beginnt mit seinen Verkaufszahlen, es folgen der Werbeleiter, der Ausstattungsleiter, die Kostümbildnerin, erster und zweiter Kapellmeister, der Oberspielleiter, der Orchestervorstand. Der Leiter des Künstlerischen Betriebsbüros und die beiden Dramaturgen verzichten. Zuletzt kommt Heinz Schimansky, der Technische Leiter, der einzige, mit dem Settler sich duzt.
«Bevor du loslegst, Heinz», sagt Settler. «Was ist mit der Heizung? Die ist hier immer wieder nur lauwarm. Hast du nicht mal was von einer Pumpe erzählt?»
«Wieso? Die ist längst eingebaut. Geht die nicht? Ich kümmere mich sofort drum.» Er macht sich eine Notiz. Schimansky ist mit seinen zweiundsechzig Jahren der älteste im Raum, hat die längste Erfahrung. Schon vor dreißig Jahren hat er aufgehört, sich über irgend etwas aufzuregen. Er stellt nur noch fest und überläßt den Ärger den anderen. Er habe heute ein Problem, sagt er, das allgemein von Bedeutung sei, veranlaßt durchs Orchester.
Orchestervorstand und Holzbläser Wettig hebt ruckartig seinen Nußknackerkopf und ist bereit, jedem Angriff sofort schärfstens zu begegnen.
Das Orchester habe beantragt, eine Steckdose in die große Garde-

robe zu verlegen, da man beabsichtige, dort einen Kühlschrank für Getränke aufzustellen.

«Ist das etwa verboten, gekühlte Cola zu trinken?» giftet Wettig.

«Bitte nicht aufregen, Herr Wettig. Ich gönne Ihrem Magen die eiskalte Cola von Herzen. Soviel mir bekannt ist, können Sie in der Kantine noch immer so viel davon haben, wie Sie wollen.»

«Sie wissen genau, daß die Kantine in der Pause gar nicht in der Lage ist, alle rechtzeitig zu bedienen. Das ist doch schon immer das Problem gewesen. Würtz lehnt es ab, eine zusätzliche Bedienung anzustellen. Gut, wir verzichten drauf, wenn wir unsern eigenen Kühlschrank haben.»

«Reden wir nicht um den heißen Brei herum», sagt Schimansky. «Im Kühlschrank werden nicht nur Cola und Limo stehen, Schnaps wird drin sein, das wissen wir doch. Wir haben den gleichen Fall bei der Bühne gehabt. Die haben sich vor Jahren auch mal einen Kühlschrank aufgestellt. Die Folgen waren katastrophal. Seitdem herrscht bei uns, wie bekannt, Alkoholverbot, ausgenommen Bier. Gut, soll das Orchester saufen, so viel und so oft es will, das geht mich nichts an. Das ist Herrn Schoras Sache, wenn bei ihm in ‹Figaros Hochzeit› ein Bratschist vom Stuhl fällt.»

«Das war ein Schwächeanfall! Das hat der Arzt eindeutig festgestellt.»

«Ich habe daneben gestanden, Herr Wettig, als der Arzt ihn untersucht hat. Die Schnapsfahne des Geschwächten hat mich selbst fast umgeworfen. Aber wie gesagt, das interessiert mich nicht, für mich ist nur von Bedeutung, daß Ihr Kühlschrank ein Präzedenzfall wäre. Wenn Sie einen haben, kommen alle anderen auch, jede Gruppe will ihren eigenen Kühlschrank. Ich bin dagegen.»

Die Diskussion dauert fast eine Stunde. Es gibt ein halbes Dutzend Trinker im Haus, bei denen jede Liebesmüh vergebens ist, nur bei zweien ist es gelungen, sie zu einer Entziehungskur zu bewegen. Sie haben ein halbes Jahr durchgehalten und sind wieder rückfällig geworden. Der eine, er war Schauspieler, mußte entlassen werden, weil er seinen Text nicht mehr behielt. Das war vorübergehend ein heilsamer Schock für die anderen.

Der zweite Kapellmeister schlägt vor abzustimmen.

Alle außer Wettig sind gegen das Aufstellen des Kühlschranks. Wettig erklärt, daß er sich gegen eine solche Manipulation verwahre. Er werde den Antrag nun schriftlich an den Intendanten richten und, falls dieser ablehne, sich zur Wahrung der berechtigten Interessen des Orchesters an den Personalrat wenden.

Nach der Konferenz bittet Hartmut Schiller Verwaltungsleiter Rühl um Genehmigung für eine Reise. Er habe gestern mit einem Autor wegen eines neuen Stückes telefoniert, müsse aber hinfahren, um es an Ort und Stelle zu lesen. Mit dem Intendanten sei das schon besprochen.

«Sie wissen, Herr Schiller, daß Reisen vom Kulturamt genehmigt werden müssen und daß Dramaturgenreisen fast immer abgelehnt werden», wendet Rühl sofort ein.

«Deshalb möchte ich Sie ja bitten, diese Reise dringend zu befürworten.»

Als Weinholtz am nächsten Morgen die Unterschriftenmappe öffnet, findet er darin den Dienstreiseantrag des Dramaturgen Hartmut Schiller. Mit einer Büroklammer ist ein Vordruck angeheftet, auf dem der Sachbearbeiter seine Empfehlung gibt. Er hat die Zeilen «Erledigung schriftlich» und «Erledigung fernmündlich» unterstrichen und hinter die Zeile «Antrag ist abzulehnen» ein Kreuz gemacht.

Weinholtz läßt sich mit dem Sachbearbeiter verbinden und erkundigt sich, warum er die Ablehnung empfehle. «Haben Sie sich mit Herrn Schiller in Verbindung gesetzt?»

«Ich? Nein, das ist nicht meine Sache, Herr Doktor. Ich richte mich nur nach den Vorschriften.»

«Welche kommt hier in Frage?»

«Vorgänge, die schriftlich oder telefonisch erledigt werden können, dürfen nicht per Dienstreise erledigt werden.»

«Woher wissen Sie denn, daß der Vorgang telefonisch erledigt werden kann?»

«Das geht aus dem Antrag hervor. Verhandlung wegen der Aufführung eines Theaterstücks.»

«Es handelt sich aber um eine Uraufführung. So steht es im Antrag. Ist das nicht ein Unterschied, den Sie berücksichtigen müßten?»

«Herr Stadtkämmerer Schober hält uns ständig an, schärfste Maßstäbe anzulegen, Herr Doktor. Ich muß Sie darauf aufmerksam machen, daß alle Fälle, in denen nicht der Empfehlung des Sachbearbeiters gefolgt wird, Herrn Schober persönlich vorzulegen sind.»
«Legen Sie vor. Ich halte die Reise für notwendig und genehmige sie.»
Weinholtz ist keineswegs verärgert. Er genießt es geradezu, allmählich in die Feinheiten einer städtischen Verwaltung einzudringen, die sehr verschieden ist von der Bürokratie eines Ministeriums. Die hier regieren, stammen fast alle aus der Stadt, sind hier aufgewachsen, besitzen dutzendfache Bindungen durch Verwandte, Freunde, Bekannte, von der Schule her, vom Geschäft, den Vereinen, der Kirche, von den Parteien ganz zu schweigen. Wenn Stadtkämmerer Schober bei Dienstreisen so strenge Maßstäbe anlegt, steckt vielleicht mehr dahinter als gewöhnliche Sparsamkeit. Der Anlaß könnte, zum Beispiel, ein zurückliegender Skandal sein; da wird Weinholtz sich mal vorsichtig umhören.

Ansonsten scheint die Sache Theater prächtig anzulaufen. Der Intendant bemüht sich tatsächlich um eine Uraufführung, vor allem aber hat sich die attraktive Kostümbildnerin Camilla Herbst bereit erklärt, noch einmal mit ihm essen zu gehen. Er hat einen Tisch im Grillraum des Berghotels «Waldhof» bestellt, das liegt etwa zwanzig Kilometer außerhalb. Die Autofahrt vorher und nachher ist wichtig, denn nirgendwo kommt man sich rascher näher.

Camilla sieht fabelhaft aus an diesem Abend. Sie hat ihren Pelzmantel lässig über die Schulter gelegt, trägt lange schwarze Stiefel und einen kurzen Rock. Die Stiefel wirken auf Weinholtz ungemein aufreizend. Trotzdem verläuft die Fahrt zum «Waldhof» anfangs recht schweigsam. Schließlich erkundigt sich Camilla nach seiner Frau.

«Sie töpfert», sagt Weinholtz.

«Ach, wirklich?»

«Sie hat eine Freundin, die Teller und Figuren macht, hübsche Sachen. Meine Frau hat sich schon immer dafür interessiert. Sie ist für drei Wochen nach Salzburg zu einem Töpferkurs gefahren.»

«Und wie steht's mit Ihrer Wohnung? Haben Sie schon was gefunden?»
«Wenn meine Frau wirklich anfängt zu töpfern, braucht sie ein Atelier und einen Brennofen. In einer Wohnung geht das nicht, da müßten wir uns schon nach einem Haus umsehen. Aber erzählen Sie doch mal von sich. Was arbeiten Sie eigentlich so?»
«Entwerfen, Figurinen zeichnen, Stoffe auswählen, anprobieren, ändern lassen.»
«Für welches Stück?»
«Für ‹Mazeppa›.»
«Kenne ich nicht, ehrlich gesagt.»
«Eine Oper von Tschaikowsky. Die Premiere ist im Mai.»
«Da bin ich ja gespannt.»
Ungeachtet des schlechten Wetters ist der Grillraum im «Waldhof» gut besetzt. Erst als er sitzt und sich umsieht, entdeckt Weinholtz einige Tische entfernt Oberbürgermeister Umland mit Frau, zusammen mit mehreren Gästen. Frau Umland hat Weinholtz sofort erspäht. Er grüßt, und sie stupst ihren Mann an. Umland dreht sich halb um und grüßt, wobei er mit kurzem Blick Camilla mustert.
«Ist das nicht unser Oberbürgermeister?» fragt Camilla.
«Mit Frau», sagt Weinholtz und versucht zu lächeln, was ihm schwerfällt. Ausgerechnet Umland. Warum, zum Teufel, ist er nicht in eine der vielen kleinen Kneipen in der Stadt gegangen, Camilla hätte es bestimmt nichts ausgemacht.
«Einen Apéritif?» fragt der Ober, als er die Speisekarte vorlegt.
«Einen Sherry?» schlägt Weinholtz vor.
«Ja, gern», sagt Camilla und wird richtig fröhlich, als sie die Verlegenheit ihres Tellheims spürt. «Stehen Sie gut mit ihm?»
«Mit wem?»
«Mit dem Oberbürgermeister.»
«O ja, wir verstehen uns ausgezeichnet.»
«Seine Frau soll sehr in der evangelischen Kirche engagiert sein. Sie ist auch zweite Vorsitzende der Aktion gegen die Abschaffung des Paragraphen zweihundertachtzehn.»
«Sie sind ja bemerkenswert gut informiert, Camilla.» Zum erstenmal spricht er sie mit ihrem Vornamen an.

«Manche Dinge merkt man sich eben. Sie hat ja auch Grund, gegen die Abschaffung von zweihundertachtzehn zu sein, sie hat selbst sechs Kinder. Haben Sie eigentlich auch Kinder?»

Weinholtz schüttelt den Kopf und ist dankbar, daß gerade der Ober mit dem Sherry kommt.

Weinholtz beginnt sich erst wieder wohlzufühlen, als Umland mit seiner Begleitung endlich aufbricht, nicht ohne vorher noch einmal gegrüßt und Camilla, diesmal recht ausführlich und ganz ohne Wohlwollen, betrachtet zu haben.

«Der mag mich nicht», meint Camilla, schon leicht beschwipst. «Oder er ist neidisch.»

«Bitte was? Neidisch, wer?»

«Ihr Oberbürgermeister auf Sie. Schließlich könnte seine Frau meine Mutter sein.»

Weinholtz blickt in Camillas grünlich schimmernde Augen. Sie hält seinem Blick stand, erwidert ihn aber nicht. «Sagen Sie mir doch bitte, Camilla, was macht Sie eigentlich so verdammt sicher?»

Camilla überlegt kurz und lächelt. «Vielleicht, daß ich mir nie habe sagen lassen, was ich zu tun habe.»

«Nie?»

«Schon als Kind nicht.»

«Dann sind Sie wirklich zu beneiden. Würde es Ihnen was ausmachen, mich mit Vornamen anzureden?»

«Wie heißen Sie denn?»

«Gerd», sagt Weinholtz vorwurfsvoll. «Das wissen Sie doch.»

«Hoffentlich verwechsle ich das nicht zu oft mit Bernd.»

«Wer heißt Bernd?»

«Unser Chefdramaturg.»

Damit sind sie wieder beim Theater, und Weinholtz fragt nach allem und jedem, wie er es die letzten Male auch schon getan hat. Camilla antwortet zurückhaltend, obwohl sie echtes Interesse zu spüren glaubt. Aber sie gibt nicht gerne preis, woran ihr wirklich liegt.

Sie blickt auf ihre Armbanduhr und sagt, sie müsse nach Hause, weil sie morgen einen harten Tag habe.

Weinholtz ist einverstanden. Auf der Rückfahrt redet Camilla nicht

mehr. Sie kuschelt sich in ihren Pelzmantel und beobachtet Weinholtz manchmal von der Seite. Er fährt aufmerksam und vorsichtig. Ihr fällt wieder Tellheim ein, und sie versucht, sich Weinholtz mit Perücke und in Uniform vorzustellen. Würde sehr gut aussehen, allerdings den Charakter Tellheims hat er nicht, aber ist sie eine Minna? Sie lacht unterdrückt bei der Vorstellung.
«Lachst du?»
«Ja.»
«Darf ich wissen, worüber?»
«Nein.»
«Schade.»
Nach einer Pause fragt sie: «Haben Sie mich eben geduzt?»
«Das kam spontan. Dabei habe ich dich noch nicht mal geküßt.»
«Und Sie wissen auch nicht, ob ich mich lasse.»
Weinholtz fährt den Wagen auf einen Parkplatz. Nachdem er den Motor abgestellt hat, küßt er Camilla, und sie lädt ihn ein, sie zu begleiten. Von Kaffee spricht sie diesmal nicht.

Als Hartmut Schiller von seiner Reise zurückkehrt, ist er wie verwandelt. Er strahlt und bewegt sich leichtfüßig wie ein Tänzer. Junghans merkt nichts davon. Er hat inzwischen das Textbuch des Musicals bekommen und findet es nach erneutem und diesmal sorgfältigem Lesen sehr geeignet.
«Das kann eine wirklich gute Sache werden», sagt er zu Schiller.
«Und du, hast du dein Stück?»
«Eine Bombe», antwortet Schiller begeistert.
«Wieso warst du eigentlich so lange weg?»
«Ich mußte doch lesen.»
«Drei Tage?»
«Ich hab ja nicht nur das eine Stück gelesen. Diskutiert haben wir natürlich auch. Krecker will selbst spielen, wenn wir sein Stück bringen. ‹Das Fest der Wölfe› heißt es.»
Mehr sagt Schiller nicht. Tatsächlich hat er für das Stück vielleicht eine Stunde gebraucht. Anschließend hat ihm Krecker ein paar Schnäpse serviert, dann sind sie ins Bett gegangen. Später kam noch Kreckers neuer Freund dazu. Traumhaft war es, und das alles auf

dem platten Land bei Bremervörde, wo Krecker sich ein Bauernhaus ausgebaut hat und wie ein Lord residiert.

«Melde dich bloß gleich beim Chef, der hat schon zweimal nach dir gefragt», sagt Junghans.

«Ich kopiere erst mal das Stück, dann kannst du es gleich lesen.»

«Nein, nein, das ist dein Bier», wehrt Junghans ab. «Ich kümmere mich um das Musical.»

Schiller meldet sich telefonisch bei Settler, und der bittet ihn gleich zu sich. Schiller überreicht ihm das Manuskript.

«Ich lese es über Mittag», sagt Settler. «Um was geht es?»

«Um die Ermordung Schleyers.»

«Mein Gott, ausgerechnet. Links außen, was?»

Schiller schüttelt den Kopf und meint, Krecker sei kein Extremist, er lasse sich nur schwer politisch einordnen. Aber er sei fanatisch ehrlich. «Und das Stück ist gut», fährt er fort. «Es ist dramaturgisch gekonnt, hat Spannung und kommt mit einem Minimum an Dekoration aus. Nur mit dem Licht dürfte es auf der Studiobühne einige Schwierigkeiten geben.»

«Können wir's besetzen?»

«Auf jeden Fall. Für den Schleyer habe ich auch schon eine Idee. Den müßte Hackmann spielen.»

«Hackmann?» fragt Settler verdutzt. «Unser Richard Hackmann?»

Schiller nickt.

Richard Hackmann ist Charakterbariton, ein erstklassiger Sänger, um den Settler jedes Jahr aufs neue zittert aus Angst, er könnte seinen Vertrag nicht verlängern. Jedes große Haus würde ihn mit Kußhand engagieren. Glücklicherweise hat Hackmann einen ausgeprägten Familiensinn und Zwillingstöchter, die das Abitur machen sollen. Bis dahin wird er, hoffentlich, bleiben. Hackmann als Schleyer ist natürlich ein Witz. Erstens hat er, soweit bekannt, nie Sprechtheater gemacht, zweitens würde er ihnen was husten.

«Ich muß erst mal lesen», sagt Settler. Als Schiller gehen will, hält er ihn zurück: «Augenblick bitte, da war noch was.» Settler sucht auf seinem Schreibtisch herum und findet das Bühnenprotokoll vom vergangenen Abend, das ihm Busse, der Leiter des Künstlerischen

Betriebsbüros, morgens hingelegt hat. «Sie müssen heute Abendregie in der Studiobühne machen. Die haben sich gestern ein tolles Ding geleistet.»

Settler liest vor, was der Inspizient im Protokoll notiert hat: «Im 2. Akt, 21.05 Uhr, sagt Herr Lepper zu Herrn Drignat ‹Ich knall dir gleich eine›. Der Satz gehört nicht zum Text. Die Szene wurde verkürzt zu Ende gespielt. Hinter der Bühne später lautstarke Diskussion.» Settler blickt auf. «Die beiden kriegen Strafzettel.»

«Was war denn da los?» wundert sich Schiller.

«Ach, lächerlich. Drignat soll Lepper mehrmals angespuckt haben. Dabei weiß der doch genau, daß Drignat manchmal ein bißchen sprüht. Gestern war Vollmond, vielleicht liegt's daran. Geben Sie bekannt, daß Sie Abendregie mit anschließender Kritik machen. Klar?»

Schiller, der das haßt, aber vertraglich dazu verpflichtet ist, nickt ergeben.

Es ist die vorletzte Aufführung von «Ein Ehemann zur Ansicht», und natürlich wird diszipliniert gespielt, nachdem Kritik angekündigt worden ist. Außer Kleinigkeiten gibt es nichts zu kritisieren. Nach fünf Minuten ist Schiller fertig und will gehen, als Hemke, der Inspizient, kommt und ihn zum Telefon bittet.

«Jetzt? Hier? Wer ist es denn?»

«Settler», sagt Hemke und begleitet Schiller zum Inspizientenpult. Hemke ist zehn Jahre älter als Hartmut Schiller und sieht mit seinen dunklen Augen und dem kräftigen Haarwuchs gut aus. Die beiden hatten mal ein Verhältnis. Das war kurz nachdem Schiller ans Haus gekommen war. Als es auseinanderging, war Schiller sehr enttäuscht über Hemkes Treulosigkeit. Hemke spürt sofort, daß Hartmut ein Erlebnis gehabt haben muß, und das reizt ihn. Als sie über die halbdunkle Bühne gehen, drückt er Schillers Unterarm und fragt leise: «Bist du heute abend frei?»

Schiller schüttelt die Hand energisch ab und nimmt den Telefonhörer. Settler bittet ihn dringend, in sein Büro zu kommen. Es gehe um das Stück.

«Was ist, Hartmut?» fragt Hemke, nachdem Schiller aufgelegt hat.

«Ich habe meine Wohnung renoviert. Alles neu, auch das Bad, die eine Wand ganz mit Spiegelfliesen, phantastisch. Das mußt du sehen.»

«Ich muß zu Settler.»

«Und nachher?»

«Weiß ich noch nicht.»

«Ich warte auf dich, Hartmut», sagt Hemke.

Settlers silbergraues Haar ist unordentlich, das sieht Schiller als erstes, und Junghans, der wie gewohnt auf dem Konferenztisch sitzt, hat gepafft wie ein Schlot, obwohl im Chefbüro sonst Rauchverbot herrscht.

«Mensch, da haben Sie uns ja was aufgehalst», sagt Settler. «Heute nachmittag war ich fest entschlossen, die Sache zu vergessen. Dann hat Bernd es gelesen, und deshalb sitzen wir noch hier. Zunächst mal ganz klar: so geht's nicht.» Er klatscht auf das Manuskript. «Wenn überhaupt, dann nur unter einer Bedingung.»

Aus den Augenwinkeln beobachtet Schiller, daß Junghans kaum merkbar den Kopf schüttelt.

«Die Namen müssen geändert werden, das ist Ihnen doch wohl auch klar.»

«Welche Namen?»

«In diesem Stück treten auf –» Settler liest ab: «Hanns Martin Schleyer, Helmut Schmidt, Werner Maihofer, Horst Herold, Hanns Eberhard Schleyer, Klaus Bölling –» Er blickt auf. «Das genügt ja wohl.»

«Ich verstehe nicht», sagt Schiller. «Das sind doch die Namen der Beteiligten. Was soll daran geändert werden?»

«Herrgott, jetzt fangen Sie auch noch an! Kapieren Sie das denn nicht? Hier werden noch lebenden Personen Sätze in den Mund gelegt, die sie nie gesagt haben und wahrscheinlich nie gesagt haben würden.»

«Krecker hat sich an die Dokumentation der Bundesregierung gehalten, das hat er mir versichert.»

«Darum geht's nicht. Es geht um die Personen, ich meine, um die Namen.»

Junghans steckt sich mit zitternder Hand eine neue Zigarette in den Mund und zündet sie an. «Seit Stunden versuche ich, dem Chef klarzumachen, daß es sich um Personen der Zeitgeschichte handelt, und daß die es sich gefallen lassen müssen, abgebildet und dargestellt zu werden.»

«Das sehe ich auch so», pflichtet Schiller ihm bei.

«Das sehen Sie eben falsch.»

«Wieso? Das wird immer schon so gemacht, die ganze Dramenliteratur rauf und runter. Denken Sie doch an Peter Weiß und an Hochhuth.»

«Gehn Sie mir weg mit Hochhuth! Sie wissen selbst, daß das vorn und hinten nicht stimmt.»

«Aber er verwendet auch die Namen von Personen der Zeitgeschichte.»

«Ja, wenn sie tot sind und sich nicht mehr wehren können. In dreißig, vierzig Jahren kann dieser Krecker meinetwegen die Originalnamen verwenden.»

«Ich bin da nicht Ihrer Meinung, Herr Settler. Und das können wir ja auch nachprüfen.»

«Was nachprüfen?»

«Da muß es doch mal ein Urteil oder ein Gutachten geben, wo das geklärt ist.»

«Gut, Hartmut», sagt Junghans. «Darum kümmere ich mich. Hauptsache, wir machen erst mal Vertrag mit Krecker, damit uns nicht irgendwer zuvorkommt.»

«Ich mache keinen Vertrag, bevor das mit den Namen nicht geklärt ist», sagt Settler.

«Das können wir hinterher noch klären.»

«Und wenn sich Krecker weigert?»

«Ein Risiko müssen wir schon auf uns nehmen. Jedenfalls ist das Stück genau das, was Sie gesucht haben.»

«Das mit den Namen kann ja später der Regisseur machen, das sollten wir dem überlassen», sagt Schiller.

«Stimmt», sagt Junghans. «Übrigens – die Regie übernehme ich selbst.» Er grinst. «Du kannst den Mund wieder zumachen. Das ist mit dem Chef schon abgemacht.»

Schiller weiß, daß Junghans vertraglich das Recht auf zwei Inszenierungen pro Spielzeit hat, aber er verzichtet fast immer. Bisher hat er nur eine Sache von ihm gesehen, einen Pinter, nicht schlecht, aber gar kein Erfolg.

«Darf ich mal ein Fenster aufmachen?» fragt er.

«Natürlich», sagt Settler. «Und Sie könnten mal aufhören zu qualmen, Bernd.»

«Die Sache ist also geklärt?»

«Was ist geklärt?»

«Ich schicke Krecker morgen den Vertrag.»

«Damit warten Sie noch. Auf einen Tag wirds ja wohl nicht ankommen.»

Junghans blickt zum Fenster, wo Schiller nach frischer Luft schnappt. «Hast du mir nicht gesagt, daß Krecker auch mit Hamburg verhandelt, mit dem Thalia-Theater?»

Schiller hat zwar nichts dergleichen gesagt, antwortet aber prompt: «Nein, mit dem Ernst-Deutsch-Theater. Bis Samstag haben wir aber Option. Das tut er mir zu Gefallen, weil wir uns schon so lange kennen.»

«Wir machen Schluß für heute», sagt Settler und steht auf. «Schlafen wir erst noch mal drüber.»

Am nächsten Vormittag schickt Junghans den Vertrag an Krecker.

2

Offizielle Premierenfeiern sind nicht üblich. Bei sechsundzwanzig Premieren im Jahr käme man aus dem Feiern nicht heraus. Auch sind im Etat dafür keine Mittel vorgesehen. Jeder müßte seine Getränke selbst bezahlen, und das wäre für Ehrengäste unzumutbar. Selbstverständlich laufen die Schauspieler und Sänger nach einer Premiere nicht einfach auseinander, sie treffen sich bei «Döhle» in der Herderstraße im Hinterzimmer. Da sind sie unter sich. An den Wänden hängen ihre Bilder, und Polizeistunde findet nicht statt. Gewissermaßen zur Entschädigung gibt es Ende Januar dann den großen Theaterball für die künstlerischen Mitarbeiter und die Prominenz der Stadt.

Um so überraschender kommt die Einladung zu einer kleinen Feier im oberen Foyer nach der Premiere von «Mazeppa», der letzten Operninszenierung der auslaufenden Spielzeit. Eingeladen ist, neben den beteiligten Solisten und den künstlerischen Vorständen, auch die sogenannte «Liste». Sie enthält die regelmäßigen Empfänger von Ehrenkarten, unter ihnen der Oberbürgermeister, der Kulturdezernent und der Vorsitzende des Kulturausschusses, insgesamt zweiundzwanzig Personen mit jeweils einer Begleitperson.

Ist schon die Teilnahme am Theaterball, trotz Unkostenbeitrag, eine heiß begehrte Sache, so gehört ein Platz auf der «Liste» zu den größten Auszeichnungen, die im gesellschaftlichen Leben der Stadt erworben werden können. Naturgemäß haben die Beneidenswerten häufig keine Zeit, einige auch keine Lust, zu jeder Premiere zu gehen. Sie verschenken die Karten an Söhne oder Töchter, die ihre Freunde mitnehmen und nicht selten in Jeans und Pullis und sogar in Tennisschuhen erscheinen, was selbst tolerante Besucher als sehr ungehörig empfinden.

Der Kulturausschußvorsitzende Bernhard Happe ist einer der wenigen, die keine Premiere auslassen. Seine schimmernde Halbglatze bildet Mitte der ersten Reihe stets einen natürlichen Fixpunkt, bevor der Vorhang sich öffnet. Vor siebzehn Jahren hat er den Gedichtband «Abdrücke» veröffentlicht, 38 Seiten stark. Seither fühlt er sich als Künstler. Nur aus tiefem Pflichtgefühl seiner Familie und der Öffentlichkeit gegenüber, so glaubt er, beugt er sich unters Joch seines Berufes; er ist Direktor der Volksbank.

Settler mag ihn nicht.

Settler unterhält sich, ein Glas Orangensaft in der Rechten, mit Helma Weinholtz, die ein auffallend rotes Flatterkleid trägt und ihm strahlend erklärt, daß sie zwar alles auf der Bühne wunderbar gefunden habe, besonders die Kostüme, daß ihr das Gesinge aber sehr auf die Nerven gehe. Sie liebe Oper gar nicht und sei nur ihrem Mann zuliebe mitgegangen. Ob der Herr Intendant ihr das übelnehme? Settler ist nicht nur nicht gekränkt über ihre Äußerung, er ist sogar erleichtert, denn nichts kann lästiger werden als die opernsüchtige Ehefrau eines einflußreichen Mannes. Außerdem gefällt ihm Frau Weinholtz. Ihr natürliches Wesen hebt sich wohltuend von der verklemmten Würde der meisten anderen Ehefrauen städtischer Würdenträger ab.

«Hörst du mir eigentlich zu?» fragt Junghans, der mit Camilla am Büffet steht, das Theatergastronom Würtz in üblich schlampiger Art aufgebaut hat und hinter dem er selbst die Getränke einschenkt.

Camilla dreht sich um. «Hast du was gesagt?»

Jetzt erst fällt Junghans auf, wohin Camilla die ganze Zeit wie gebannt geschaut hat: zu der Dame im roten Flatterkleid, die eben auf Weinholtz zugeht, der mit Frau Umland plaudert.

«Eifersüchtig», sagt Junghans. «Nicht zu fassen.»
«Du spinnst.»
«Daß ich das erleben darf.»
«Idiot.»
«Wie findest du sie denn?»
«Hab noch nicht mit ihr gesprochen.»
«Eifersüchtig zu sein, ist ja keine Schande. Übrigens finde ich sie ein bißchen zu laut, das Kleid, die Stimme.»
«Das Kleid ist gut.»
Camilla läßt sich von Würtz ein Glas Wein geben und trinkt es aus, bevor Junghans etwas sagen kann. Er nimmt ihr das leere Glas aus der Hand, stellt es ab und versucht, sie vom Büffet wegzuziehen.
«Laß mich gefälligst los», faucht Camilla.
«Bitte, Camilla, nicht hier. Wir können zu ‹Döhle› gehen.»
«Ich will nicht zu ‹Döhle›.»
«Dann in mein Büro, ich hab da noch Sekt stehn.»
«Trink deinen Scheißsekt allein.»
Jetzt wird Junghans ernsthaft besorgt. Er hat Camilla schon einigemal betrunken erlebt, und es war jedesmal eine mittlere Katastrophe, weil sie dann anfing, allen Leuten die Wahrheit zu sagen. Was tun? Er selbst kann sie nicht bremsen, das schafft höchstens der Chef. Also sieht er sich nach Settler um und entdeckt ihn in einer Fensternische, blockiert von Happe, der heftig auf ihn einredet. Herrgott, auch das noch, da muß er ebenfalls eingreifen. Er kommt sich allmählich vor wie der Fährmann, der Wolf, Ziege und Kohlkopf heil über den Fluß bringen soll.
«Du, der Chef will dich sprechen», beginnt er bei Camilla.
«Was? Jetzt? Wo ist er?»
«Drüben, er hat gewinkt.»
«Quatsch, der hat dich gemeint.»
«Dann komm doch wenigstens mit.»
«Nein.» Camilla schaltet auf stur.
Die Rettung naht auf unerwartete Weise! Weinholtz mit Frau steuern auf sie zu. «Du kriegst Besuch», flüstert Junghans Camilla zu und macht sich davon.
Erleichtert nimmt Settler wahr, daß Junghans im Anmarsch ist.

Seit zwei Jahren nervt Happe ihn mit dem Ansinnen, einen Lyrikabend im Großen Haus zu bringen, mit Orchester und Will Quadflieg. Er will sogar dafür sorgen, daß dessen Gage nicht den Etat belastet. Settler weigert sich aus mehreren Gründen. Erstens ist sein Theater keine Mehrzweckhalle, zweitens hat er für wandernde Vortragskünstler nichts übrig, und drittens ist Programmgestaltung seine Sache.

«Störe ich?» fragt Junghans harmlos. «Bitte um Entschuldigung. Herr Settler, Herr Oberbürgermeister Umland möchte Sie gern noch sprechen, bevor er geht. Er ist schon im Aufbruch.»

«Wir sprechen noch darüber, Herr Settler», sagt Happe. «Ich melde mich.» Dann gibt er den Weg frei.

«Danke», murmelt Settler. «Wo ist Umland?»

«Schon die Treppe runter, war nur 'ne Ausrede. Aber Sie müssen sich bitte um Camilla kümmern, Chef, die läßt sich vollaufen. Sie wissen ja, was dann passiert.»

«Menschenskind, mit der werden Sie doch wohl selbst fertig. Wo steckt sie denn?»

Camilla steht inmitten einer Gruppe, die sich um das Ehepaar Weinholtz und Richard Hackmann gebildet hat. Hackmann hat heute abend die Titelpartie gesungen. Seine massige Gestalt ist auch ohne Kostüm und Maske eindrucksvoll; seine Zähne sind tadellos und er zeigt sie gerne, wenn er spricht oder lacht. Alle hören ihm interessiert zu, während er eine Schnurre aus seiner Anfängerzeit in Bielefeld erzählt.

Nur Camilla läßt ihre Augen immer wieder für einige Sekunden zu Helma Weinholtz wandern. Helma ist einen Kopf größer als Camilla und trägt ihr brünettes Haar streichholzkurz. Sie ist schlank, hat nur eine Andeutung von Brust und gerade lange Beine, eine Knabenfigur, die es wirklich nicht nötig hätte, sich unter einem Flatterkleid zu verbergen. Oder ist gerade dies das Raffinierte?

Camilla hat, bevor Hackmann kam, nur wenige Worte mit ihr gewechselt, wobei sie bei Weinholtz nicht die geringste Spur von Verlegenheit bemerkte. Dafür aber etwas von heimlichem Besitzerstolz. Seine Weiber, wahre Prachtexemplare, nicht wahr? Weinholtz hatte ihr mit keinem Ton verraten, daß Helma zur Premiere kommen würde, nicht einmal, daß sie in der Stadt ist. Mistkerl, dafür wird sie ihn noch bezahlen lassen. Im Bett, das hat er ihr öfter versichert, und zwar glaubhaft, wäre sie, Camilla, einsame Spitze. Gut, dann wird er mal eine Weile auf Spitzenleistungen verzichten und mit seiner Gazelle turnen müssen.

Nachdem Settler festgestellt hat, daß Camilla im Moment kein Unheil anrichtet, hält er Ausschau nach seiner Frau und entdeckt sie auf der anderen Seite des Foyers. Aber noch ein anderes Gesicht hat er gesehen, und nur mit Mühe kann er seinen plötzlich aufwallenden Zorn unterdrücken. Rasch geht er auf die Säule zu, neben der Rainer Herzig steht, adrett im dunklen Anzug, ein leeres Weinglas in der Hand drehend, angeregt plaudernd mit Florence Drew, die die Maria gesungen hat, und Helga Tanner, der Frau des Regisseurs.

Lächelnd bittet Settler die beiden Damen um Nachsicht und sagt zu Herzig: «Würden Sie bitte einen Moment mitkommen?» Sie gehen bis zur Treppe, wo Settler stehenbleibt, den Rücken zum Foyer und keine Spur von Lächeln mehr im Gesicht.

«Was tun Sie hier? Wer hat Sie eingeladen?»

«Sie haben doch ein Rundschreiben rausgegeben», sagt Herzig erstaunt.

«Im Rundschreiben sind die Ensemblemitglieder und die Vorstände eingeladen.»

«Aber als Werbeleiter —»

«Sie gehören zur Verwaltung, nicht zum künstlerischen Personal. Das sollten Sie allmählich wissen. Sie wissen doch sonst alles. Ihre Anwesenheit ist überflüssig, hier gibt es nichts zu werben.»

«Ich hab extra noch mal Herrn Rühl gefragt. Der sagte, ich sollte teilnehmen, das wäre wichtig.»

«*Ich* habe eingeladen, nicht Herr Rühl. Also bitte, gehn Sie jetzt.»

«Wie soll ich das verstehen?»

«Wörtlich.»

Rainer Herzig nimmt es wörtlich. Er tritt drei Stufen rückwärts die Treppe hinunter und sagt: «Ich bitte vielmals um Entschuldigung. Selbstverständlich komme ich auch für die Unkosten auf.» Er greift in die linke Seitentasche, holt eine Handvoll Kleingeld hervor und fingert nach einem Fünfmarkstück. «Für zwei Glas Wein wird das wohl genügen.» Mit schneller Bewegung stellt er das Glas vor Settlers Lackschuhe und legt den Fünfer daneben. «Guten Abend.»

Settler sieht ihn die Treppe hinuntereilen und verschwinden und begreift erst richtig, als er vor seine Füße schaut. Er will das Glas stehen lassen, aber das ist unmittelbar an der Treppe zu gefährlich. Er bückt sich, nimmt Glas und Münze und trägt beides unauffällig zum Büffet. Dabei beobachtet er verstohlen die Gäste, aber offenbar haben sie nichts bemerkt. Er stellt das Glas ab und gibt Würtz das Fünfmarkstück. «Von einem Gast.»

Settler will zu seiner Frau hinübergehen, die sich mit Schiller und Kneifel, dem Vorsitzenden des Volksbühnenvereins, unterhält, da wird ihm plötzlich bewußt, wie lächerlich er sich benommen hat. Unbegreiflich, eine solche Fehlleistung ist ihm noch nie passiert. Selbstverständlich nimmt der Werbeleiter an einem Empfang teil, das war immer so, aber irgend etwas reizt ihn an diesem Burschen, schon von Anfang an, wenn er bloß wüßte, was.

Mia Settler, deren neues ärmel- und rückenfreies Abendkleid den heimlichen Neid aller Damen hervorgerufen hat, ist das umwölkte Gesicht ihres Mannes auch in der Entfernung aufgefallen; sie überlegt, wie sie Kneifel ablenken kann. Das erweist sich als unnötig. Settler strahlt wieder Entgegenkommen aus und lächelt verbindlich, als Kneifel ihn begrüßt.

«Eine wundervolle Aufführung, Herr Settler», sagt Kneifel und schüttelt ihm mit bedeutungsvollem Druck die Hand.

Settler bedankt sich und vermeidet es, dabei Mia anzublicken; in der Loge hat sie die Aufführung als traurig bezeichnet, und perfekt war sie wirklich nicht.

«Herr Kneifel hat mich gerade nach dem neuen Spielplan gefragt», sagt Schiller, der daneben steht.

«Ich habe gehört, Sie bringen ein Musical als Erstaufführung – und dazu noch eine Uraufführung», fragt Kneifel wichtig.

Settler nickt.

«Eine Uraufführung mit Sprengstoff, stimmt das? Oder hat Herr Schiller übertrieben?»

«Herr Schiller übertreibt immer.»

Kneifel lacht, faßt Schiller freundschaftlich am Arm und schüttelt ihn leicht.

«Außerdem haben wir mit dem Stück noch Probleme», fährt Settler fort. «Wenn die nicht gelöst werden, müssen wir verzichten, wir bringen dann Ersatz.»

«Das ist ja hochinteressant. Was sind das für Probleme?»

Schiller ist einen Schritt beiseite getreten, um Kneifels Griff loszuwerden, bei gewissen Männern ist er darin empfindlich. Dabei sagt er, es handle sich um künstlerische Probleme, sie stünden mit dem Autor in Verbindung, das gehe schon alles klar.

Während sich Kneifel über die bewundernswerte Arbeit der Dramaturgen ausläßt, die so wichtig sei für die Autoren, was natürlich Unsinn ist, beobachtet Settler aus den Augenwinkeln Schiller, der alle paar Sekunden nach den Aufgängen links und rechts schielt und mit den Füßen unruhig auf dem Teppichboden scharrt.

Plötzlich sieht Settler, der mit leicht vorgeneigtem Oberkörper scheinbar aufmerksam Kneifels Gerede zuhört, daß auf Mias Stirn die bekannte kleine Falte erscheint. Aufmerksam schaut sie an ihm vorbei, und auch Schiller reckt den Kopf und steht jetzt bewegungslos. Dann entschuldigt er sich unvermittelt und entfernt sich ohne weitere Erklärung.

Settler benutzt die Gelegenheit, um an Mias Seite zu treten und sieht sofort, was ihre Aufmerksamkeit erregt hat. Am jenseitigen Aufgang des Foyers steht ein ihm unbekannter Mann, der von der versammelten Gesellschaft absticht wie ein Papagei von einer Rabenschar. Er trägt eine großkarierte helle Hose mit gleicher Weste, darüber eine abgewetzte braune Lederjacke, offenes grünes Hemd, einen gelblichen Schal und zu all dem Schuhe mit hohen Absätzen.

«Wer ist denn das?» flüstert Mia.

«Keine Ahnung.»

Sie sehen, daß Schiller den Fremden herzlich begrüßt, eine Weile mit ihm spricht und zu ihnen hinüberblickt. Dann setzen die beiden sich in Bewegung.

Kneifel spürt, daß er keine Zuhörer mehr hat, hört auf zu reden und dreht sich um.

Fast alle Gäste blicken mehr oder weniger erstaunt auf den so unvermittelt aufgetauchten bunten Vogel, dann beginnen sie zu tuscheln, und Settler befällt eine Ahnung, wer das sein könnte. Er ist deshalb nicht mehr so sehr überrascht, als Schiller vorstellt: «Unser Autor Horst Krecker.»

Kreckers volles dunkles Haar bedeckt die Ohren, sein Gesicht ist gebräunt, und seine kleinen flinken Augen strahlen Sicherheit aus. An der gestützten Stimme erkennt Settler den gelernten Schauspieler.

Krecker erklärt lauter als nötig, er sei auf der Durchreise, bleibe nur über Nacht und benutze die Gelegenheit, den Intendanten persönlich kennenzulernen, was ja nicht unwichtig sei, da man demnächst eng zusammenarbeiten werde. Er wirft einen Blick durchs Foyer und sagt: «Sie haben ein schönes Haus, Herr Settler.» Dann sieht er Kneifel an, den er noch nicht begrüßt hat. «Sind Sie der Chefdramaturg?»

Settler ist sicher, daß Schiller seinen Freund darüber aufgeklärt hat, wer neben ihm steht. Um so mehr verblüfft ihn diese unverfrorene Frage. Daß sie ins Schwarze trifft, erkennt er an der Reaktion Kneifels, der sich geschmeichelt fühlt und sogar leicht errötet, als er erwidert, daß er leider nicht die Ehre habe, er vertrete die Interessen der Volksbühne.

«Dann sind Sie für mich noch wichtiger», sagt Krecker. «Ich freue mich, Sie kennengelernt zu haben.»

Eine Viertelstunde später weiß jeder im Foyer, wer Horst Krecker ist und daß das Stadttheater in der kommenden Spielzeit sein Stück «Das Fest der Wölfe» uraufführen wird. Helma Weinholtz ist hingerissen, nachdem sie einige Sätze mit ihm gewechselt hat, und als sie hört, daß er selbst mitspielen und deshalb eine Zeitlang in der Stadt wohnen werde, lädt sie ihn schon jetzt ein, sie bald zu besuchen.

Camilla spricht nicht mit Krecker. Sie läßt nur prüfend ihren professionellen Blick über seine Figur wandern und versucht, seine Bühnenwirkung abzuschätzen. Junghans, den Schiller als den Regisseur vorgestellt hat, gratuliert Krecker zu seinem Stück, und Krecker sagt, er wisse bereits jetzt, daß Junghans hundertprozentig der richtige Mann für ihn sei.

Auf dem Heimweg fragt Settler seine Frau: «Was hältst du von Krecker?»

Mia erwidert: «Willst du wissen, was ich von ihm halte oder was du von ihm halten möchtest?»

«Was du von ihm hältst.»

«Der reißt dir ein Ohr ab, wenn du nicht aufpaßt.»

«Ach, du mit deiner Schwarzseherei.»

«Du wolltest meine Meinung hören.»

«Das Ehepaar Weinholtz war sehr angetan, ebenso Happe. Daß er heute abend aufgetaucht ist – was Besseres konnte uns gar nicht passieren.»

«Das Ensemble dürfte anderer Meinung sein.»

«Für die habe ich den Empfang ja nicht gegeben.»

Sie setzen ihren Weg stumm fort, nur ihre Schritte hallen von den Häuserwänden wider. Schließlich sagt Mia: «Du glaubst doch nicht etwa, daß er zufällig da war?»

«Wieso? Wie kommst du darauf? Er ist doch auf der Durchreise.»

«Ach, Alfred», sagt sie nur.

Settler weiß, daß Mia meistens recht hat. Sie besitzt einen sechsten Sinn für Menschen; in den beiden ersten Ehejahren in Lüneburg, wo sie zum Ensemble gehörte, traf stets alles ein, was sie vorausgesagt hatte. Auf die Dauer war das so lästig, daß er ganz erleichtert war, als sie aufhörte zu spielen, weil die Kinder kamen. Andererseits schätzt er ihre Meinung. So würde er zum Beispiel gern wissen, wie sie den jungen Giersberg einordnet, den er als Regisseur für das Musical engagiert hat. Mit seinen fünfundzwanzig Jahren hat er bereits ein Dutzend Opern und Operetten inszeniert. Aber man kennt ja keinen, bevor man nicht selbst seine Erfahrung mit ihm gemacht hat. Als sie vor der Haustür stehen und er den Schlüssel aus der Tasche zieht, sagt Settler: «Wir könnten ihn mal zum Essen einladen.»

«Wen?»

«Den jungen Giersberg. Er kommt nächste Woche zur Besetzung und zur Bauprobe.»

«Gern.»

Beim Mantelausziehen in der Diele sagt er dann: «Besser doch nicht. Wenn was schiefläuft, habe ich mehr Abstand. Oder was meinst du?»

Sie werde Ungarisches Gulasch mit Spätzle machen, sagt Mia, dazu Preiselbeeren.

Im Bett liegt Settler noch lange wach. Er hätte das eine Glas Wein nicht trinken dürfen vor dem Orangensaft, immer das gleiche; wann wird er endlich klug. Ihm fällt ein, daß er Mia nichts von Herzig und seiner Unverschämtheit gesagt hat. Ist wohl auch besser so. Aber mit Krecker hat sie unrecht. Die Sorte kennt er, die Sichselbstspieler, das ganze Leben eine Bühne, die erst aufwachen, wenn sie auf den richtigen Brettern stehn und Leistung bringen sollen. Dann freilich kann es Ärger geben, aber damit soll sich Junghans vergnügen.

Horst Krecker sitzt mit nacktem Oberkörper am Couchtisch und ißt belegte Brote, die ihm Hartmut Schiller in der kleinen Küche seiner Einzimmerwohnung zurechtgemacht hat. Dazu trinkt er Bier.

«Das Timing war gut, was?»

Schiller nickt und kämpft noch immer mit seinem schlechten Gewissen. Es war seine Idee, Horst in den Empfang platzen zu lassen. Jetzt dürfte es dem Chef schwerer fallen, womöglich noch im letzten Augenblick abzuspringen.

«Hast du noch etwas von dem Schinken?»

Schiller geht in die Küche und schmiert Butter auf eine Scheibe Brot. Er tut das gern und freut sich schon auf die Wochen, in denen Horst hier arbeitet. Er kann dann für sie beide kochen, richtige Mahlzeiten, nicht nur Brote und mal Suppe.

«Hartmut?»

«Ja!»

«Du, ist das hier schwierig mit Wohnungen?»

Schiller steckt den Kopf ins Zimmer. «Bitte leiser, Horst, man hört dich im ganzen Haus.»

Er macht das Brot fertig und bringt es Krecker. «Wohnungen? Du wohnst doch bei mir.»

Krecker läßt seinen Blick durchs Zimmer wandern, während er ins

Schinkenbrot beißt. Bettcouch, zwei Sessel, ein Bücherregal, Fernseher, mehr steht nicht drin. Viel mehr paßt auch nicht hinein. Für zwei Nächte gehe das schon, meint er dann, aber nicht für ein paar Wochen. Er brauche Platz. Krecker trinkt sein Bier aus und schaut Schiller an.

«Mach nicht so ein Gesicht. Wir kommen trotzdem zusammen. Sag mal, der große Blonde, wer war denn das? Er stand mit diesem Reh in Rot zusammen.»

«Meinst du Weinholtz? Der ist hier Kulturdezernent, und das Reh ist seine Frau.»

«Richtig verheiratet?» Krecker schenkt sich Bier nach und sieht Schiller scharf an. «Du machst ja schon wieder dein Gesicht. Herrgott, man wird doch noch fragen dürfen?»

Schiller schluckt. «Der ist richtig verheiratet», sagt er. «Da hast du keine Chance.»

Krecker lächelt, wischt sich mit der Papierserviette den Mund ab, schaut auf seine Armbanduhr und sagt, er werde jetzt duschen. Währenddessen könne Hartmut das Bett fertigmachen.

Die Besetzung ist schwierig.

Sie sitzen am Konferenztisch im Intendantenzimmer, Settler am Kopfende, zur linken Hand Hartmut Schiller, zur rechten Ulrich Giersberg. Die Moll hat Kaffee serviert. Vor jedem liegt ein Textbuch des Musicals «Mario Miracolo». Als Busse zwischendurch das Zimmer betritt, um den eben fertiggestellten Probenplan für den nächsten Tag vorzulegen, erfreut ihn der Anblick: wie ein Vater mit seinen Söhnen sitzt Settler da. Der Vater sehr gepflegt im grauen Anzug mit Ziertuch und Seidenkrawatte, die Söhne lässiger, in heller Lederjacke Giersberg, im schwarzen Samtsakko Schiller, selbstverständlich beide mit offenem Hemd. Die drei kommen ihm vor wie in einer Szene von – Busse fällt nicht ein, von wem. Er ist Disponent und Leiter des Künstlerischen Betriebsbüros, leitet darin aber nur sich selbst; früher war er Tänzer, jetzt ist er dicklich und lebensfroh. Als er das Intendantenzimmer verlassen hat und durchs Vorzimmer geht, sagt er zur Moll: «Sehr erfreulich.»

«Was?»

Busse deutet mit dem Daumen auf die Tür.

«So?» sagt die Moll gedehnt. «Wir werden sehn.»

Ulrich Giersberg sagt wenig. Meist hat er sein Gesicht Settler zugewandt, mit aufmerksamem Blick und immer respektvoll.

Schiller, der ihn unauffällig beobachtet, kann sich nur schwer vorstellen, daß dieser zurückhaltende junge Mann nicht nur als einfallsreicher, sondern auch als eisenharter Regisseur gilt. Das glaubt er erst, wenn er es selbst gesehen hat. Von Settler weiß er, daß Giersberg ein Studium an der Musikhochschule hinter sich hat und zwei Jahre Regieassistent an der Kölner Oper war; seine erste Regie hat er vor drei Jahren in Lübeck gemacht.

In einem fremden Haus kann der Gastregisseur bei der Besetzung meist nicht viel mehr als Amen sagen. Den Mario, die Titelrolle, soll der einunddreißigjährige Christian Lück übernehmen.

Giersberg kennt ihn nicht. In den drei Stücken, die er sich bei seinem ersten Besuch vor sechs Wochen und gestern abend angeschaut hat, war er nicht drin. Schiller versichert guten Gewissens, daß Lück genau richtig sei, und Settler ergänzt, daß Lück eine Musicalausbildung besitze und schon den Freddy in «My Fair Lady» und den Nestor in «Irma La Douce» gespielt habe.

Das größere Problem ist seine Partnerin, die Friseuse Flora, ein junges Ding, für das Settler die Schauspielerin Sigrid Kammers vorschlägt. Schiller verzieht das Gesicht und schüttelt den Kopf.

«Sie hat Ausdruck, sie hat Ausstrahlung, sie hat Stimme», sagt Settler mit Nachdruck.

«Sie ist vierzig», wehrt Schiller ab.

«Auf der Bühne wirkt sie sehr viel jünger, das wissen Sie.»

«Aber nicht mehr wie eine Zwanzigjährige. Sie müssen sie doch gesehen haben, Herr Giersberg. Waren Sie nicht in unserer ‹Minna›? Sie hat die Franziska gespielt.»

Giersberg nickt, gibt Schiller in vorsichtigen Worten recht und fragt, ob es denn keine Alternative gebe.

«Nein», sagt Settler entschieden. «Sie war eine ausgezeichnete Eliza, und Sie können es mir wirklich abnehmen, sie schafft auch die Flora.»

«Gut. Einverstanden», sagt Giersberg, ohne die Miene zu verziehen. «Sie wird dann wohl auch tänzerisch das bringen, was ich brauche. Das geht allerdings bis ins Artistische, so wie ich das Stück anlege.»

«Gestorben», sagt Schiller. «Das kann sie nicht.»

«Ach was», fährt Settler auf. «Da gibt's doch Möglichkeiten. Agnes muß mit ihr trainieren.» Giersberg erklärt er: «Agnes Stumpf ist unsere Ballettmeisterin, sie kann was.»

«Aus einem Stock kann auch Agnes keine Gerte machen», bemerkt Schiller.

Längeres Schweigen, Giersberg blickt angelegentlich ins Textbuch.

«Ich wüßte vielleicht jemanden», sagt Schiller nach einer Weile. «Beim letzten Vorsprechen hatten wir eine Anfängerin dabei, die singen und tanzen konnte. Erinnern Sie sich nicht? Sie hat die Marie aus ‹Woyzeck› vorgesprochen.»

«Das war doch gräßlich! Ich weiß, wen Sie meinen, die mit dem Pferdeschwanz, der die Stimme wegblieb.»

«Sie hat aber später noch gesungen und getanzt, und da war sie fabelhaft. Da sind Sie nicht mehr dabei gewesen.»

«Wieso nicht?»

«Weiß ich nicht mehr. Wir haben Ihnen aber berichtet, Bernd Junghans und ich, daß weiß ich genau. Agnes und Trittmacher waren noch dabei, denen hat's auch gefallen.»

«Sie können doch keine Anfängerin in so einer Rolle auf die Bühne stellen, Herr Schiller. Ausgeschlossen. Ganz unmöglich.»

«Nicht unbedingt», sagt Giersberg und lächelt jungenhaft.

In seiner Inszenierung der «Verkauften Braut» habe er für die Marie auch eine Anfängerin gehabt, eine Amerikanerin, die außer dem Text kein Wort Deutsch gesprochen hätte. Sie habe nicht nur die Rolle geschafft, sie sei hervorragend gewesen. Wieder lächelt Giersberg und sagt: «Daß die Arbeit für uns beide kein Vergnügen gewesen ist, können Sie sich wohl denken.»

«Wie heißt die Person, Herr Schiller?» fragt Settler.

«Müßte ich bei Frau Moll nachsehen.»

Schiller verschwindet im Vorzimmer, kommt mit einem Aktenordner zurück, in dem er blättert, und findet rasch, was er sucht: Ira

Kleinschmidt, 22 Jahre alt, privat ausgebildet, Abschluß vor der Paritätischen Kommission in Düsseldorf. Tagsüber zu erreichen im Gymnastikstudio «Gloria» in Hagen in Westfalen. Auch als Heilgymnastin ausgebildet.

«Bis wann bleiben Sie, Herr Giersberg?» fragt Settler.

«Ich habe noch die Bauprobe und möchte dann noch mit der Kostümbildnerin und der Ballettmeisterin sprechen. Bis übermorgen bestimmt.»

Settler beauftragt Schiller, die Kleinschmidt anzurufen und sie zu bitten, möglichst morgen, auf Kosten des Hauses noch einmal zum Vorsprechen zu kommen. Man habe eventuell eine Rolle in einem Musical für sie.

Während Schiller im Vorzimmer telefoniert, macht Settler weitere Vorschläge für die Besetzung. Für den Priester nennt er den Namen Will Tanner.

«Ist das nicht Ihr Oberspielleiter?» fragt Giersberg überrascht.

«Richtig. Haben Sie ihn schon kennengelernt?»

«Ja, bei meinem ersten Besuch. Ist denn Herr Tanner damit einverstanden?»

«Er hat das selbst vorgeschlagen. Ihm macht es Spaß, gelegentlich mal selbst zu spielen. Mit ihm werden Sie keine Probleme haben.»

Settler fällt ein, daß er Giersberg zum Abendessen einladen wollte, das könnte er jetzt tun, wo Schiller draußen ist. Aber dieses Experiment mit der Anfängerin, nein, da will er lieber Abstand halten, das ist auf jeden Fall besser.

Kurz darauf kehrt Schiller zurück und meldet, daß die Kleinschmidt morgen mit der Bahn kommen werde. Sie könne zwei Sachen aus «My Fair Lady» vortragen, außerdem noch was aus «Annie Get Your Gun».

Nach der Sitzung steigt Schiller zum Dramaturgenbüro hinauf. Er ist ein bißchen aufgedreht und sehr mitteilsam. Junghans sitzt an seinem Schreibtisch, vor sich einen Text, den er reglos betrachtet. Brütet er? Ist er deprimiert? Das weiß man bei ihm nie genau. Schiller macht in solchen Fällen gewöhnlich einen Bogen um ihn und vermeidet es, auch nur einen Ton zu sagen. Diesmal riskiert er es aber doch. Er berichtet von der Sitzung und von der Idee, die Hauptrolle mit einer Anfängerin zu besetzen. «Das ist die, der die Stimme weggeblieben ist, weißt du, die die Marie aus ‹Woyzeck› vorgesprochen hat. Sie kommt morgen noch mal zum Vorsprechen.»

Mehr als ein kaum vernehmbares «Aha» läßt Junghans nicht von sich hören. Erst als Schiller erwähnt, daß der Chef lieber die Kammers genommen hätte, hebt Junghans den Kopf.

«Sigrid?»

«Er hat sich wahnsinnig stark für sie gemacht. Aber sie ist einfach zu alt, und was Giersberg tänzerisch verlangt, bringt sie besimmt nicht.»

Junghans starrt ihn eine Weile an, dann fragt er: «Weiß Sigrid, daß sie die Rolle kriegen sollte?»

«Keine Ahnung.»

«Natürlich weiß sie das», sagt Junghans, augenscheinlich aus seiner Versunkenheit aufgetaucht. «Der Chef hat bestimmt schon mit Busse darüber geredet, und wenn der es weiß, weiß es auch Sigrid. Die Flora? Das kann sie doch, das schafft sie doch. Mit Alter hat das gar nichts zu tun. Außerdem ist sie beliebt.»

Schiller macht ein dummes Gesicht und bemüht sich zu verstehen, aber er versteht gar nichts. Natürlich ist die Kammers gut, sie hat ein komisches Talent, manchmal sogar Witz, darin ist sie die einzige im Haus. Aber sich deshalb so aufzuregen, findet er reichlich übertrieben.

«Ausgerechnet jetzt, wo wir diesen Weinholtz am Hals haben. Das gibt genau die Katastrophe, die wir vermeiden wollten.» Junghans ist aufgestanden und läuft in beiden Büros herum. «Wer ist bloß auf die Idee mit der Anfängerin gekommen?»

«Ich», sagt Schiller und ist stolz darauf.

Junghans bleibt stehen und sagt: «Ein Idiot bist du. Weißt du denn nicht, daß der Chef und Sigrid mal liiert waren?»

«Der Chef? Unser Alfred Settler und die Kammers? Das ist nicht dein Ernst.»

Es ist Junghans bitter ernst, und sein Gesicht zeigt kein bißchen Schadenfreude, als er Schiller das Drama dieser ganz großen Liebe erzählt, das vor sechs Jahren stattgefunden hat. Settler hatte seine

Familie verlassen und war mit der Kammers zusammengezogen, ein perfekter Skandal. Wenn er nicht die Vertragsverlängerung in der Tasche gehabt hätte, wäre er seine Intendanz losgeworden. Nach zehn Monaten ging die Sache zu Ende, von ihm aus, und Mia Settler war klug genug, ihn wieder aufzunehmen. Um nach außen hin so zu tun, als wäre gar nichts gewesen, blieb auch die Kammers im Haus.

«Mein Gott», sagt Schiller.

«Draußen ist Gras über die Sache gewachsen», fährt Junghans fort. «Niemand spricht mehr drüber. Aber Sigrid hat das nicht vergessen, und wenn ihr etwas gegen den Strich geht, macht sie Krach.»

Schiller kennt mindestens ein Dutzend Geschichten von Intendantenaffären, aber die geschahen stets in der Ferne und waren komisch. Daß sie in der Nähe auch bedrohlich sein können, daran hat er nie gedacht. Davon abgesehen, ist ihm aber gerade die Kammers immer als sehr vernünftig vorgekommen. Man müßte an ihre Vernunft appellieren, das wäre am besten.

«Sag mal, könnten wir die Kammers nicht zum Vorsprechen mitnehmen, unauffällig, daß es keiner merkt? Dann sieht sie selbst, was Giersberg verlangt. Sie wird einsehen, daß sie das nicht kann.»

Junghans nickt und hat auch eine Idee, die er aber für sich behält. Er wird morgen die Anfängerin, und wenn sie eine zweite Julie Andrews wäre, für völlig unbegabt erklären. Er wird sie abschießen.

Der Zug fährt pünktlich im Hauptbahnhof ein. Ira Kleinschmidt steht im nächsten Augenblick auf dem Bahnsteig und blickt sich um, einige Sekunden lang hoffend, jemand hole sie ab. Natürlich Unsinn. Abgemacht ist, daß sie sich um 14 Uhr im Theater meldet. Die Bahnhofsuhr zeigt 13.20 Uhr, also noch viel Zeit.

Sie geht durch die Unterführung, dann durch die Bahnhofshalle. Männer sehen sie an und schauen ihr nach. Ihre graziöse Haltung und ihr leichtfüßiger Gang sind ein Anblick, der nicht aufreizt, sondern fröhlich macht; wie selten gibt es das.

Ira geht langsam auf das nahe Theater zu. Keine schöne Stadt ist das. Kaum Grünes, nur traurige Betonkübel mit botanischem Allerlei. Aber einen Schloßpark mit alten Bäumen gibt es, der war schön, erinnert sie sich, obwohl damals Winter war.

Bei diesem ersten Vorsprechen hat sie alles falsch gemacht, das weiß sie jetzt. Das fing schon an mit Sven. Er hatte sie mit dem Auto hergefahren, und im Auto kann man sich nicht sammeln. Sie waren einen Tag früher gekommen, machten einen Stadtbummel, aßen gut zu Abend, übernachteten im Hotel, hatten dann morgens gemütlich gefrühstückt – alles falsch. Ruhig und zuversichtlich war sie ins Theater gegangen. Nein, Sven hatte sie hingefahren, aber ruhig war sie, und sie hatte sich gewundert, wie toll die andern, die auch zum Vorsprechen gekommen waren, vor Lampenfieber gezittert hatten. Hätte sie nur auch gezittert. Vor der Abschlußprüfung in Düsseldorf hatte sie, und wie.

Nach dem Pech mit der Stimme war sie dann noch einmal bei ihrem Schauspiellehrer gewesen, und Oswin Pfeiffer machte ihr klar, daß Lampenfieber normal sei. Es zeige an, daß sich Körper und Geist zu höchster Leistungsbereitschaft steigerten. Fehlte es, dann wiege man sich in trügerischer Sicherheit. Die Folge könnte sein: Stimme weg, Text weg oder anderes Unheil. Als sie ihm dann beiläufig noch erzählte, daß sie mit ihrem Freund zum Vorsprechen gefahren wäre, war er geradezu schockiert. Jetzt weiß sie, daß man sich vorher nicht zerstreuen darf, und seit dem Anruf gestern hat sie an nichts anderes mehr gedacht als an ihren Text und ihre Schritte. Das sitzt. Sie hat hart daran gearbeitet.

Ira erreicht das Theater, bleibt unschlüssig stehen. Auf der Armbanduhr ist es erst halb. Ihr Blick fällt auf die Schaukästen an der Mauer neben der Freitreppe. Sie tritt näher, betrachtet das Opernplakat mit «Mazeppa», daneben Bühnenfotos, aber sie kennt weder Namen noch Gesichter. Sie sucht unter den Regisseuren vergeblich den Namen Schiller. Bei Herrn Schiller soll sie sich melden. Er war nett am Telefon und hat «Prima» gesagt, als sie vorschlug, was sie vorspielen könnte.

Fünf nach halb.

Ira entschließt sich reinzugehen. Vielleicht ist Herr Schiller schon da. Allmählich tut ihr der Arm weh von der Tasche. Der Bühneneingang liegt auf der Rückseite, daran erinnert sie sich noch. Sie meldet sich beim Pförtner. Der muß im Telefonverzeichnis nachsehen, wartet lange, den Hörer am Ohr und legt wieder auf. «Da meldet sich keiner.»

«Ich werde aber erwartet.»

«Von Herrn Schiller?»

«Ich soll vorsprechen. Das geht vom Intendanten aus.»

Der Pförtner greift wieder zum Hörer, wählt und spricht. Dann sagt er: «Sie sollen sich bei Frau Moll melden.»

Er beschreibt ihr den komplizierten Weg. Ira zögert und hat Angst, sich zu verlaufen. Der Pförtner ruft eine ältere Frau heran, die an seinem Glaskasten vorbei zur Treppe geht. «Könnten Sie das Fräulein mal zum Intendantenbüro bringen, Frau Steffen?»

«Mach ich», sagt Frau Steffen.

Sie führt Ira durch ein Labyrinth matt erleuchteter Gänge und Treppen, zuletzt durch das seitliche Foyer im Rang. Die Türen zum Zuschauerraum stehen offen. Ira wirft im Vorbeigehen einen Blick hinunter, sieht auch ein Stück Bühne, auf der einige Bühnenarbeiter herumstehen. Sie merkt, wie sich ihre Hand am Taschengriff verkrampft, und daß sie dringend aufs Klo muß.

Frau Steffen führt sie bis zur Tür mit den Goldbuchstaben und zeigt ihr auch die Toilette. Ira bedankt sich und fragt, was sie im Hause mache.

«Ich arbeite in der Schneiderei, ich nähe Kostüme.»

«Ich bin zum Vorsprechen hier.»

«Ach, Sie Ärmste», sagt Frau Steffen. «Toi, toi, toi.»

Frau Moll nimmt Ira unter ihre Fittiche und ruft im Abstand von fünf Minuten in der Dramaturgie an. Zehn vor zwei meldet sich Schiller. Er kommt sofort runter und strahlt Ira an.

«Das Vorsprechen ist um drei. Wir können vorher noch in die Kantine gehen.»

Die Kantine liegt im Keller. Man braucht nur dem Geruch nachzugehen: Kohl, Bierdunst, Zigarettenrauch. Zwei häßliche Räume, erhellt durch Leuchtstofflampen, die Tische mit gelblichem Resopal, rotes Plastikpolster auf den Stühlen. Nur drei sind besetzt.

«Haben Sie schon gegessen?» fragt Schiller und wendet sich an Würtz, der hinter der Theke Gläser spült. «Haben Sie noch was?»

«Essen ist alle. Frikadellen oder Würstchen und Kartoffelsalat können Sie noch kriegen.»

«Danke, ich möchte nichts essen», wehrt Ira ab.

Schiller holt zwei Tassen Kaffee vom Automaten, und sie setzen sich in eine Ecke. Während Ira den Raum mustert, betrachtet Schiller sie und findet sie noch hübscher, als er sie in Erinnerung hatte. Fein geschnittenes Gesicht, das blonde Haar zum Pferdeschwanz gebunden, große dunkle Augen, der Mund ein wenig groß, aber schöne Zähne. Am meisten beeindruckt ihn aber ihre Stimme, die von ganz unten kommt. Unbegreiflich, daß sie ihr damals keine zweite Chance gegeben haben.

«Daß Sie hier sind, ist meine Idee», sagt er. «Der Intendant hat Sie damals leider nicht mehr gesehen, als Sie gesungen und getanzt haben.»

Ira nippt an dem heißen Kaffee und überwindet sich zu fragen: «Wofür suchen Sie denn jemand?»

«Das Musical heißt ‹Mario Miracolo›. Wir machen die deutsche Erstaufführung. Die Rolle gefällt Ihnen bestimmt. Die Regie macht Ulrich Giersberg, ein Gast, auch zum erstenmal bei uns.»

Als Ira um halb drei nach dem letzten Schluck Kaffee die Tasse zurücksetzt, merkt sie, daß ihre Hand zittert. «Ist es nicht Zeit?» fragt sie schüchtern. «Ich muß mich noch umziehen und schminken.»

Schiller führt sie zu den Garderoben und öffnet eine der Türen. «Hier können Sie sich zurechtmachen. Aber lassen Sie bitte alles so stehn und liegen, sonst gibt's heut abend Krach.»

Ira schließt die Tür, setzt ihre Tasche ab, sieht sich um und schnuppert. Es riecht intensiv nach Schweiß und Schminke, aber anders als in Hagen im Gymnastikstudio «Gloria», nicht so ekelhaft.

Ira packt ihre Tasche aus, zieht das Kleid mit den Seitenschlitzen an und die leichten Schuhe, in denen sie gut tanzen kann. Dann setzt sie sich an den langen Schminktisch. Fünf Plätze mit fünf Spiegeln, und an jedem hängt oder klebt etwas. Sie wird auch etwas dranhängen, wenn sie einmal ihren Spiegel hat. Ja, wenn. Beim Ankleben der Wimpern zittert ihre Hand so stark, daß sie den Ellenbogen aufstützen muß. Als sie sich seitlich mit dem Handspiegel betrachtet, klopft es, Schiller öffnet die Tür einen Spalt.

«Sind Sie fertig? Herr Giersberg möchte Sie vorher noch kurz sprechen.»

Giersberg wartet auf der Seitenbühne am Inspizientenpult. Ira nimmt sich zusammen, damit er nicht merkt, wie sie jetzt am ganzen Leib zittert.

«Herr Schiller hat mir gesagt, daß Sie tanzen können», empfängt Giersberg sie. «Wie gut?»

«Nicht klassisch.»

«Können Sie Spagat?»

«Ja, kann ich.» Giersberg blickt sie abwartend an. Muß sie noch mehr können? Was kann sie denn noch? Fast verzweifelt sagt sie schließlich: «Auch Radschlagen.»

«Radschlagen? Wunderbar. Trauen Sie sich zu, so etwas noch in Ihr Programm einzubauen, sagen wir bei ‹Annie Get Your Gun›? Vielleicht zum Schluß?»

«Wenn Sie wollen.»

«Das wäre schön.»

Giersberg geht zur Bühne, dreht sich aber noch einmal um. «Sie müssen aufpassen, hier liegt schon das Bodentuch der Abenddekoration. Vorn haben Sie Platz genug, das Orchesterpodium ist hochgefahren.»

Ira hat ihr Zittern vergessen. Sie ist stinkwütend. Was denkt sich der Kerl eigentlich? Wo soll ich denn da radschlagen, das paßt doch gar nicht da rein. Verdammte Scheiße, warum hab ich bloß ja gesagt.

«Guten Tag. Sind Sie das, die vorsingen will?»

Ira fährt herum. Ein jüngerer Mann mit schwarzem Bart steht vor ihr. Er trägt Notenblätter unterm Arm und grinst freundlich.

«Mein Name ist Trittmacher, ich begleite Sie.»

Er macht einige Schritte zur Bühne, und Ira folgt ihm zum Flügel. Er schlägt seine Noten auf und zeigt mit dem Finger. «Erst das Vorspiel, von hier bis da, dann wiederhole ich noch mal, und Sie kommen raus und legen los. Klar?»

Ira nickt. Dann schluckt sie und sagt: «Bei ‹Annie Get Your Gun› soll ich zum Schluß noch etwas mehr machen, radschlagen und so was.»

Trittmacher hebt die Augenbrauen. «Aha», sagt er. «Ich improvisiere dann ein bißchen. Recht so?»

«Ja, danke.»

«Na schön. Sobald wir Licht kriegen, geht's los.»

Schiller hat im Seitengang gewartet, bis Giersberg von der Bühne zurückkommt. Er folgt ihm in die sechste Reihe, wo Gaby, die Regieassistentin, sitzt. Settler ist auch da, zwischen Junghans, Agnes und Tanner in der elften oder zwölften Reihe. Als Schiller sich im Sitzen noch einmal umdreht, entdeckt er, daß ganz hinten Sigrid Kammers und Christian Lück hereinschleichen und, tatsächlich, auch noch Armin Lauken. Was will der denn hier? Lauken ist Schauspieler und Obmann der Bühnengenossenschaft, eine echte Nervensäge. Ob die Kammers den mitgeschleppt hat?

Das Licht im Zuschauerraum verdunkelt sich, Scheinwerfer tauchen die Bühne ins Licht. Vor der Dekoration zu «Der Diener zweier Herren» hängt ein Nesselschleier; wer sich davor bewegt, ist so deutlich zu sehen wie ein Insekt unter der Lupe.

Schiller hat seine Hände zwischen die Knie geschoben, reibt sie und spürt, daß sie feucht werden. Ja, er hat Lampenfieber. Nicht nur, weil das Mädchen seine Idee ist und er sich mit blamiert, wenn sie versagt; er findet Vorsprechen an sich widerwärtig. Er selbst hat es nie gekonnt, und das ist ein Grund dafür gewesen, warum er die Schauspielerei aufgegeben hat.

Rolf Trittmacher, 2. Kapellmeister und Korrepetitor, spielt gedämpft die ersten acht Takte zu dem Song «Wart's nur ab, Henry Higgins», läßt den letzten Ton verklingen. Ira tritt auf, geht mit raschen Schritten quer über die Bühne bis zur anderen Seite. Trittmacher hat gleichzeitig neu begonnen, diesmal kräftig, und mit einer halben Drehung zum Flügel hin beginnt Ira zu singen. Trittmacher schaut von den Noten auf, sieht sie an und nickt lächelnd. Der Einsatz war gut. Ira wendet sich voll zum Zuschauerraum. Ihre Bewegungen sind beherrscht, ihre Stimme fest.

Schillers Hände liegen jetzt still auf den Knien. Er hat den Mund etwas geöffnet und bewegt leise den Kopf, als singe er mit. Haut hin, denkt er, das haut hin. Sie schafft es, sie ist fabelhaft.

Junghans sitzt schräg im Sessel, die Beine ausgestreckt, die Hände in den Hosentaschen. Er hat die Augen leicht zusammengekniffen und nimmt sich wieder einmal vor, zum Augenarzt zu gehen. Mit der Sehschärfe in die Ferne wird es immer schwieriger. Aber gut aussehen tut das da oben ohne Zweifel, auch die Stimme sitzt. Das hat er ja schon damals gesagt. Pech für die Kleine. Er wird ihr ein paar nette Worte sagen und ihr vielleicht einen Tip geben. In Bruchsal suchen sie ja ewig. Nein, das will er ihr nicht antun. In Regensburg war doch auch eine Vakanz, das wäre was. Schön, und jetzt auf den Fehler warten, wo er einhaken kann.

Nach dem Ende des Lieds spielt Trittmacher wieder einen gedämpften Übergang, während Ira, den Kopf leicht gesenkt, ganz still steht. Mit dem ersten kräftigen Ton erwacht sie, ändert mit vier schnellen Schritten ihren Standort und beginnt ihre nächste Nummer.

Settler fühlt sich am rechten Arm angestoßen und blickt zur Seite, wo Agnes sitzt. Die Ballettmeisterin hat die Lippen geschürzt und nickt ihm zu. Aber er reagiert nicht, sondern dreht den Kopf wieder zur Bühne. Er bleibt skeptisch. Was die junge Dame zeigt, ist zwar nicht schlecht, gute Choreographie, wahrscheinlich hat sie monatelang probiert. Was aber, wenn für eine ganze Rolle nur sechs Wochen zur Verfügung stehen? Sechs Wochen sind schon zwei mehr als normal, das hat er Giersberg zugestehen müssen. Alter, Figur, Bewegung paßt alles zur Rolle der Flora. Aber kann man sich auf eine Anfängerin verlassen? Das ganze Musical ist schon ein Risiko. Noch ein zweites dazu wäre einfach zu viel. Er hätte sich zu der Sache hier nicht breitschlagen lassen dürfen, verdammt noch mal.

Ira ist mit dem Ende des Lieds zur Seitenbühne abgetreten. Im Zuschauerraum bleibt es still, während Trittmacher seine Notenblätter wechselt. Ihm macht die Sache jetzt Spaß. Richtig singen kann sie zwar nicht, aber für das Musical reicht es. Da wird er sie schon hinkriegen und zwar gern. Endlich mal nicht so ein altes Schlachtroß, das immer alles schon kann und nur gerade jetzt nicht disponiert ist. Trittmacher fängt jetzt an mit «Annie Get Your Gun».

Ira tritt singend auf, fegt nach vorn, zieht imaginäre Pistolen aus den Halftern, wirbelt sie um die Zeigefinger, bewegt sich durch den Raum, nicht vorhandenen Hindernissen ausweichend. Zum Schluß wirf sie im Takt zuerst die eine, dann die andere Pistole hinter sich und stemmt die Hände in die Hüften. Der Song ist zu Ende. Trittmacher geht in einen scharfen Rockrhythmus über.

Ira nimmt den Rhythmus wie selbstverständlich auf, findet nach einigem Suchen eine Bewegungsfolge, die den ganzen Körper von den Zehen bis in die Fingerspitzen beteiligt, tanzt so über die 18 Meter Bühnenbreite hinweg, kehrt um, biegt in der Bewegung plötzlich den Körper seitlich und wirbelt radschlagend den ganzen Weg zurück. Trittmacher schätzt das Ende genau ab, und als sein letzter Ton verklingt, steht Ira aufrecht und bewegungslos. Mit einem kleinen Knall schließt Trittmacher den Deckel des Flügels.

«Danke, vielen Dank!» ruft Settler zur Bühne hinauf. «Wir sprechen uns später. Herr Schiller wird sich um Sie kümmern.»

Schiller wandert mit Giersberg und Gaby an der Sitzreihe entlang zum Seitengang. Settler spricht eifrig auf Junghans ein, erhebt sich dann aber auch.

Im Seitengang treffen sich alle. Settler sagt: «Würden Sie mit mir ins Büro kommen, Herr Giersberg?»

«Jetzt gleich?»

«Ja, bitte.»

In diesem Augenblick spürt Schiller Gefahr. Er hält Giersberg am Arm fest und flüstert ihm zu: «Passen Sie auf, der hat was vor. Lassen Sie sich nicht einwickeln.»

Giersberg lächelt nur. Dann verläßt er hinter Settler den Zuschauerraum.

Settler sitzt hinter seinem Schreibtisch und beglückwünscht sich noch einmal dazu, daß er Giersberg nicht zum Essen eingeladen hat. Der höfliche, gut erzogene junge Mann, den er bisher gekannt hat, zeigt auf einmal scharfe Zähne; er wird, man muß das schon so nennen, unverschämt. Als Settler ihm ruhig und sachlich mitteilt, daß aus mehreren Gründen ein Engagement der Kleinschmidt nicht in Frage komme und daß Frau Kammers die Rolle der Flora übernehmen

werde, antwortet Giersberg: «Sie sprechen von mehreren Gründen. Könnten Sie mir die vielleicht nennen?»
«Das sind hausinterne Gründe.»
«Keine künstlerischen?»
«Doch, auch.»
«Sie halten Frau Kammers für geeigneter als Frau Kleinschmidt?»
«Ja.»
«Ich kann die Leistungen von Frau Kammers nicht beurteilen. Aber vom Alter her kann sie eindeutig diese Beweglichkeit nicht mehr haben. Oder täusche ich mich? Ich habe darauf meine Konzeption aufgebaut. Frau Kleinschmidt ist ein Glücksfall, sie entspricht genau meiner Vorstellung.»
«Sie haben nur diese paar Szenen gesehen, an denen sie monatelang gearbeitet hat.»
«Mir genügt das.»
«Seien Sie doch nicht so absolut, Herr Giersberg. Sie wissen doch auch, daß wir Kompromisse machen müssen.»
«Wenn Sie glauben, daß ich mit meinem Urteil falsch liege, lassen Sie bitte auch die anderen zu Wort kommen. Ich möchte gern, daß wir Herrn Schiller hören, die Ballettmeisterin und auch den Kapellmeister.»
«Gut. Ich lasse sofort Herrn Junghans rufen. Er ist selbst Regisseur und hat Erfahrung.»
«Aber er kennt meine Konzeption nicht. Kompetent ist Herr Schiller. Ich bitte um Herrn Schiller, die Ballettmeisterin und den Kapellmeister.»
Settler preßt die Lippen zusammen. Er fühlt sich in die Ecke gedrängt. Jetzt muß er ein Machtwort sprechen, anders läßt sich der Fall nicht mehr lösen. Auch auf die Gefahr hin, daß der Bursche ihm den Kram hinwirft. Das ist ja heute so üblich bei den jungen Leuten.
Fast dankbar bemerkt er in diesem Augenblick, daß sich die Polstertür öffnet. Aber nicht Junghans tritt ein, sondern Schiller, vom Rennen außer Atem und immer noch begeistert. Er meldet, daß Frau Kleinschmidt noch beim Duschen sei und daß Gaby sie herbringen werde. Dann sieht er Settler voll an und sagt: «Ich habe eben Armin Lauken getroffen, der war ja mit Frau Kammers auch drin. Haben Sie

gesehen? Frau Kammers findet die Kleinschmidt großartig, sagt Lauken. Finde ich toll, daß sie so was sagt. Aber sie hat ja recht.»

Eine halbe Stunde später unterschreibt Ira im Vorzimmer den Stückvertrag, Monatsgage DM 2100 brutto und DM 300 Übernachtungspauschale. Probenbeginn ist am 3. August, dem ersten Tag nach den Theaterferien, die Premiere am 18. September. Gespielt wird bis 20. November. Frau Moll hat frischen Kaffee gekocht und gratuliert als erste. Draußen auf dem Flur haben Schiller und Gaby gewartet. Auch sie gratulieren herzlich.

Schiller fragt: «Haben Sie keine Schwierigkeit, sich aus Ihrem Gymnastikstudio freizumachen?»

«Gar keine, ich habe monatliche Kündigung. Aber wo kann ich hier wohnen?»

«Bei uns in der Klosterstraße, wenn du willst», sagt Gaby. «In unserer Wohngemeinschaft wird am ersten Juli ein Zimmer frei. Altbauwohnung, hundertachtzig Quadratmeter. Wir sind zu fünft.»

3

Die Kantine ist gerammelt voll. Auf den Gängen und vor der Theke warten zwei Dutzend Leute darauf, daß ein Platz frei wird. Als Tellergericht gibt es Pichelsteiner, das ist Tradition am ersten Tag nach den Ferien. Gebräunte Gesichter, laute Stimmen, Gelächter, und nicht einer jammert, daß die Arbeit wieder beginnt.

Junghans war auf Ibiza, schon zum viertenmal.

«Wieder mit der Clique?» fragt Camilla, die ihm gegenübersitzt.

«John hat eine neue Jacht mit acht Plätzen. Wir sind bis nach Casablanca gesegelt, phantastisch. Und du?»

«Ich war in den Dolomiten. War auch sehr schön.»

«Seit wann findest du die Berge schön? Das ist ja ganz was Neues.»

Camilla lächelt und schweigt. Die Dolomiten hat Gerd Weinholtz vorgeschlagen. Sie waren vierzehnmal vierundzwanzig Stunden zusammen, einschließlich der beiden Tage in Florenz. Es war herrlich, aber heiraten würde sie ihn nie.

«Wo hat er denn seine Frau gelassen?» fragt Junghans beiläufig und sieht vom Teller auf.

«Du mußt nicht so neugierig sein», erwidert Camilla. Gerd war vorher mit Helma auf Sylt und hat sie später bei ihren Eltern in Göttingen abgesetzt. Organisieren kann er großartig.

Lautes Lachen läßt Junghans und Camilla zum Nebentisch blicken. Dort sitzen Schiller und Giersberg mit einem Teil des Musical-Ensembles. Sie haben morgens zum erstenmal probiert. Ira Kleinschmidt hat im Elternhaus in Plettenberg ihren Text gelernt und erzählt, wie sie Eltern und Geschwister dazu gebracht hat, beim Abhören die anderen Rollen zu übernehmen. Sie ahmt ihren Vater nach, der sauerländisch spricht. Es klingt wie vom einstigen Bundespräsidenten Lübke.

«Haben Sie früher auch so gesprochen?» fragt Schiller.

Ira seufzt. «Das war für mich das Schwerste, mir den Akzent abzugewöhnen. Aber ich habe schon während der Schulzeit schwer geübt.»

Während nun die anderen anfangen, mit ihren Mundarten zu prahlen, bemerkt Ira, daß sie scharf beobachtet wird. Über drei Tische hinweg starrt eine gutaussehende Frau in knapp sitzendem grauen Pulli zu ihr herüber. «Du, wer ist das?» flüstert sie der rechts neben ihr sitzenden Gaby zu.

«Sigrid Kammers», sagt Gaby nach kurzem Blick.

«Warum starrt die mich so an?»

«Weil du neu bist. Außerdem hast du ihr eine Rolle weggeschnappt. Sie hat bisher alle Musicals bei uns gespielt.»

Ira legt erschrocken die Gabel auf den Teller. «Das hab ich nicht gewußt. Das tut mir leid.»

«Braucht dir nicht leid zu tun. Das ist nun mal so. Kümmere dich gar nicht drum.»

Ira versucht, sich aufs Essen zu konzentrieren, aber ihr Blick wandert immer wieder hinüber zu Sigrid Kammers. Sie muß an die vierzig sein. Dunkelblond und sorgfältig frisiert wirkt sie sehr beherrscht und beeindruckt Ira durch ihre ruhigen und sicheren Bewegungen. Den Trubel um sie herum scheint sie gar nicht wahrzunehmen. Sie schaut jetzt nicht mehr her, sondern unterhält sich mit ihrem Nebenmann.

«Das ist Armin Lauken», sagt eine Stimme neben Ira, und Christian Lück grinst sie an.

«Wie-wer?» stottert sie.

«Willst du nicht wissen, wer neben Sigrid sitzt?»

Ira nickt nur.

«Na also. Armin Lauken, ein Kollege, außerdem unser Obmann von der Bühnengenossenschaft. Bist du eigentlich schon Mitglied?»

«Nein. Muß man das sein?»

«Ja, das muß man», sagt Lück ernsthaft. «Iß mal fertig, dann mache ich dich mit Lauken bekannt.»

Ira gabelt eilig ihr Pichelsteiner. Christian Lück ist ein netter Kollege, das hat sie schon nach den wenigen Probenstunden gemerkt. Sie will ihn nicht verärgern. Nach zwei Minuten meldet sie: «Fertig.»

«Dann komm mit.»

Sie drängen sich zwischen den Stühlen hindurch zum Tisch der Kammers. Lück legt Lauken die Hand auf die Schulter. Lauken sieht sich um und steht auf. Er ist über fünfzig und hat sein ölig glänzendes schwarzes Haar streng nach hinten gekämmt. «Freut mich», sagt er, als er Iras Hand schüttelt, und zeigt dabei seine Jacketkronen, die nicht mehr ganz im Zahnfleisch stecken. «Wie lange probieren Sie heute noch?»

«Bis siebzehn Uhr.»

«Gut. Ich erwarte Sie anschließend im Büro vom Personalrat. Sie können dann den Antrag gleich ausfüllen.»

«Ja, gern», sagt Ira und sieht an Lauken vorbei auf Sigrid Kammers. Aber die dreht sich nicht um, und Lück ist schon zur Ausgangstür gegangen.

«Also bis später», sagt Lauken und zeigt noch einmal seine Kronen.

Ira will zu ihrem Tisch zurückkehren, aber die anderen sind dabei aufzustehen. Also wartet sie beim Ausgang.

Schiller geht noch schnell zu Junghans rüber. «Entschuldige, Bernd. Muß ich dabei sein um fünfzehn Uhr? Ich möchte bei der Probe bleiben, heute ist doch erster Tag.»

«Was ist denn um fünfzehn Uhr – ach so, die Pressekonferenz. Da solltest du schon dabei sein.»

«Na gut, ich beeil mich.»

Junghans hat nicht die geringste Lust, an der Pressekonferenz teilzunehmen, denn da spricht nur einer, der Chef. Selbst wenn Fragen kommen, die er selbst viel besser beantworten könnte, antwortet der Chef. Dabei hätte er diesmal wirklich was zu sagen. Er hat sich während der Ferien eingehend mit dem Stück «Das Fest der Wölfe» befaßt und schon eine Menge daran gearbeitet. Die Uraufführung, das steht fest, wird der Höhepunkt der Spielzeit werden, und ob Settler das richtig verkauft – nein, der preist bestimmt wieder mal nur seine Opern.

«Was bebrütest du denn?» fragt Camilla.

«Ich? Nichts. Ich überlege, ob ich noch einen Kaffee trinken soll.»

«Ach, Bernd», lacht Camilla. «Wenn du doch wenigstens richtig lügen könntest.»

Als der Feuilletonchef und ein Bildreporter der «Nachrichten» erscheinen, das einzige ganz in der Stadt produzierte Blatt, flitzt Schiller hinter dem Korrespondenten der «Süddeutschen» ins Zimmer und stellt sich rasch neben Junghans. Settler macht den neuen Korrespondenten mit seinen Dramaturgen bekannt.

Sie bleiben vorerst stehen und unterhalten sich, während sie auf die anderen Presseleute warten. Es erscheinen noch drei Herren, freie Mitarbeiter, und zuletzt Frau Annette Jacobs, die Kritikerin der «Tagespost», einem Kopfblatt mit örtlicher Redaktion. Junghans spricht mit dem Korrespondenten der «Süddeutschen», einem jüngeren Mann, der ihm seine Visitenkarte überreicht. Er heißt Andreas Stache und ist, wie er bald offenherzig gesteht, kein Theaterfachmann, sondern ein Diplompolitologe, der sich als Allroundjournalist betätigt. Junghans findet ihn sympathisch und sorgt dafür, daß er sich neben ihn setzt, als Viertel nach drei die Pressekonferenz beginnt.

Settler begrüßt noch einmal offiziell, streicht sich über sein Haar und beginnt dann flüssig das gesamte Programm vorzustellen, einschließlich der Uraufführung. Er endet nach zwanzig Minuten, wie Junghans mit einem unauffälligen Blick auf die Wanduhr feststellt, und beantwortet dann noch ein paar Fragen.

Viertel nach vier ist die Konferenz beendet, und genau so verlaufen, wie Junghans befürchtete. Settler hat allein gesprochen. Junghans fragt Andreas Stache: «Zufrieden? Alles mitbekommen?»

«Na ja», sagt Stache und lächelt verlegen. «Ehrlich gesagt, was ich schreiben soll, weiß ich noch nicht.»

«Kommen Sie, ich begleite Sie hinaus.» Auf der Treppe sagt Junghans: «Sie suchen einen Aufhänger, was?»

«Sie sagen es. Könnten Sie mir nicht noch einen Tip geben?»

Junghans zögert einen Augenblick, dann sagt er entschlossen: «Ich glaube, ich habe was für Sie. Kommen Sie doch bitte mit.»

Er macht kehrt und führt den Journalisten nach oben ins Dramaturgenbüro. «Sieht hier ein bißchen chaotisch aus», entschuldigt er sich und rückt einen Stuhl an seinen Schreibtisch.

Stache setzt sich.

Junghans steckt sich eine Zigarette an, raucht einige Züge und sagt: «Sie haben gehört, daß wir eine Uraufführung bringen.»

Stache nickt lebhaft. «Genau danach wollte ich schon vorhin fragen. Was ist damit?»

Junghans erzählt ihm den Inhalt vom «Fest der Wölfe» und beobachtet zufrieden, wie wachsam sein Gegenüber plötzlich wird. Emsig notiert Stache auf seinem Block.

«Wann ist die Premiere?»

«Steht im Spielplanheft, im Februar.»

«Sagen Sie, ist darüber schon irgend etwas geschrieben worden?»

«Meines Wissens nicht.»

«Dann wäre ich der erste?»

«Sieht so aus.»

«Haben Sie die Adresse von Krecker?»

«Kann ich Ihnen geben.»

«Hat er Telefon? Haben Sie die Nummer?»

«Ja, auch.»

Stache notiert sich beides. Dann fragt er: «Könnten Sie mir vielleicht das Stück zu lesen geben?»

«Leider nicht. Wir haben nur ein Exemplar, und da das Stück noch nicht erschienen ist, kann das nur mit Erlaubnis des Autors geschehen. Sie können ihn ja selbst fragen, ob er Ihnen eins geben will.»

«Wie sind Sie eigentlich daran gekommen? Hat er Ihnen das angeboten?»

«Nein, das verdanken wir meinem Kollegen Hartmut Schiller. Er kennt den Autor. Wir sind diesmal die ersten und einzigen.»

Stache schiebt seinen Block in die Tasche. «Dann hätte ich noch eine Frage. Diese Uraufführung ist doch ein Knüller, so wie Sie mir das geschildert haben.»

Junghans nickt.

«Weshalb hat dann Ihr Intendant vorhin so gut wie nichts darüber gesagt?»

Junghans schlägt eine Zigarette aus der Packung, zündet sie an, raucht einen Zug. «Also, das war keine besondere Absicht. Herr Settler fühlt sich vor allem dem Musiktheater verbunden, Oper und Operette, und wenn Sie den finanziellen Aufwand und die Publikumswünsche bedenken, hat er völlig recht damit. Das soll aber auf keinen Fall heißen, daß er das Sprechtheater vernachlässigt. Das bekommt alles, was es braucht, das betone ich ausdrücklich.»

Stache erhebt sich. «Dann kann ich mich nur noch herzlich bei Ihnen bedanken. Jetzt hab ich doch was Brauchbares.»

«Freut mich, wenn ich Ihnen helfen konnte», sagt Junghans und geleitet ihn zur Tür. «Finden Sie allein hinunter?»

«Kein Problem. Ach so, sagen Sie mir bitte noch, kriegen Sie Ärger mit Ihrem Intendanten, wenn ich unser Interview erwähne?»

Junghans weiß, daß Settler explodieren wird, aber er schüttelt den Kopf.

Stache hat ihn prüfend angesehen. «Also gut, ich laß Sie da raus. Ich telefoniere mit dem Autor und berufe mich dann auf ihn.»

«Wie Sie wollen», sagt Junghans, öffnet die Tür und läßt Stache hinaus. Nachdem er die Tür wieder geschlossen hat, atmet er tief durch und schlägt mehrmals mit der rechten Faust in die linke Hand. Das läuft, denkt er, besser kann es gar nicht laufen. Dann tritt er rasch ans Fenster und klopft dreimal auf Holz.

Als Ira Kleinschmidt kurz vor sechs ihr Zimmer in der Klosterstraße betritt, ist sie so fertig, daß sie noch im Gehen ihre Tasche fallen läßt und die Schuhe von den Füßen schleudert. Sie wirft sich aufs Bett und liegt eine halbe Stunde bewegungslos auf dem Rücken. Dann schlägt sie langsam die Augen auf, und nach einer Weile sieht sie auch etwas: die Stuckdecke, schmutzig grau und voller Fliegendreck. Wenn sie geweißt ist, wird sie wunderschön aussehen. Das wird sie als erstes machen. Dann die schreckliche Blumentapete. Wenn man die länger vor Augen hat, wird man bestimmt krank davon. Aber die neuen Vorhänge sind prima, ein Glück, daß Mutti die noch genäht hat. Und die Möbel sind noch immer fleckig, da hat das Abseifen nicht viel genützt, da muß sie mit Politur ran. Ihren Vormieter hätte sie zu gern mal gesehen. Besser nicht, der war Fachhochschulstudent und, laut Gaby, ein echtes Hausschwein.

Gaby ist Klasse. Schon zweiunddreißig, aber das sieht man ihr nicht an. Lang und dünn, das schwarze Haar straff zum Knoten zurückgekämmt; Nickelbrille mit runden Gläsern, ihr Gesicht durch die fast weiße Haut und die rasierten Augenbrauen fast nackt.

Gaby weiß alles. Sie hat hier im Theater als Schauspielerin angefangen, aber das war nichts für sie. Sie käme einfach nicht über die Rampe, sagt sie. So was gibt's wohl, aber Gaby leidet nicht drunter, jedenfalls merkt man ihr nichts an. In der achten Spielzeit macht sie jetzt Regieassistenz, und im Personalrat sitzt sie auch.

Der einzige Fehler, den Ira bisher an Gaby festgestellt hat, ist dieser Rainer, der Werbeleiter, mit dem sie zusammenlebt. Dabei sieht er gar nicht so schlecht aus. Aber wie und was er spricht, da graust es einen.

Ira schaut auf den Wecker. Halb sieben vorbei. Hunger? Nicht besonders. Ein Wurstbrot genügt. Aber erst später, wenn die Scheibles nicht mehr in der Gemeinschaftsküche sind. Ob die jeden Abend solche Kocherei veranstalten? Ein komisches Paar ist das. Als Lehrer verdienen beide gut, wohnen aber in den zwei kleinsten Zimmern. Sie hat bisher kaum zehn Sätze mit ihnen gesprochen. Sie sind nur abends da. Morgens gehen sie in die Schule, nachmittags fahren sie zum Grundstück und helfen beim Bau ihres Einfamilienhauses. Gaby hat erzählt, daß sie jeden Pfennig für das Haus sparen. Auch Kinder wollen sie sich erst leisten, wenn es fertig und die zweite Hypothek abbezahlt ist.

Ira schließt wieder die Augen, döst vor sich hin, denkt an Giersberg. Aus dem wird sie noch nicht schlau. Er ist jung und leise, nur manchmal und ganz plötzlich klingt seine Stimme, als knallte eine Peitsche. Ira ist jedesmal zusammengezuckt. Aber es war ja erster Tag, und sie haben nur gestellt, nicht richtig gespielt. Christian ist prima. Er lacht viel und behandelt sie nicht von oben herab. Exakt ist er auch, schon beim erstenmal merkt er sich alles, was ihm gesagt wird.

Es klopft. Ira schreckt hoch. «Ja?»

Rainer Herzig steckt den Kopf zur Tür herein. «Schläfst du?»

«Nein.»

Ira schwenkt die Beine zur Seite und setzt sich auf. «Was ist denn?»

«Ich wollte nur mal fragen, ob du mit mir essen willst. Gaby kommt erst später, die hängt noch im Personalrat. Ich hab alles fertig.»

Ira merkt, daß sie vorhin die Jeans geöffnet hat, und nestelt mit der Hand, um sie zu schließen. Aber das geht im Sitzen nicht.

«Soll ich helfen?» fragt Herzig grinsend.

«Danke, ich kann mich allein anziehen.» Sie steht auf und zieht den Reißverschluß hoch. Dabei sieht sie die Schuhe und die Tasche auf dem Fußboden. Die Tasche hat sich beim Aufschlagen geöffnet, Papiertaschentücher, Lippenstift, Kamm, Papiere sind rausgerutscht. Sie schämt sich wegen der Schlamperei. Und Herzig steht da und grinst unverschämt. Sie mag nicht mit ihm essen, schon gar nicht allein. Was er in Wirklichkeit will, hat er ihr schon am zweiten Tag in der Wohnung zu verstehen gegeben, beim Vorhangaufhängen. Gaby hatte ihn zum Helfen abkommandiert. Er brachte die Leiter und hielt sie, während Ira oben arbeitete. Als sie runterkletterte und sich umdrehte, fand sie sich plötzlich zwischen seinen ausgestreckten Armen gefangen. Es sei ihm ein Vergnügen, ihr zu helfen, sagte er, zu jeder Zeit und in jeder Position, sie brauche nur zu rufen, aber bitte nicht zu laut.

Ira muß unwillkürlich an die Männer denken, die manchmal im Gymnastikstudio «Gloria» aufgetaucht waren und einfach nicht akzeptieren wollten, daß sie und ihre Kolleginnen nur mit Frauen arbeiteten. Nach einigen Wochen hatte es ihr richtig Spaß gemacht, die geilen Böcke rauszuschmeißen.

Unwillkürlich verändert Ira bei diesen Gedanken ihre Haltung, und siehe, Rainer Herzig hört auf zu grinsen und wird unsicher. «Entschuldige», sagt er und tastet rückwärts nach der Türklinke. «Wenn du nicht willst... war nur so eine Idee.»

«Was hast du denn zu bieten?»

«Pizza und Salat.»

«Na gut, ich komme.»

Als Ira fünf Minuten später auf den Flur hinaustritt, hat sie ihr Haar gebürstet und die Lippen nachgezogen. Sie geht an der geschlossenen Küchentür vorbei zu Gabys Zimmer, dessen Tür offensteht. Der Raum ist als Wohnzimmer eingerichtet, der zweite, durch Schiebetüren davon getrennt, als Schlafzimmer. Der runde Tisch ist gedeckt, eine Schüssel Kopfsalat steht drauf, Teller, Bestecke, Servietten, Weingläser. Fehlen nur noch die Kerzen, denkt Ira und ruft: «Rainer?»

Keine Antwort. Sie geht zur Küche. Eine keineswegs wohlduftende Dunstwolke überfällt sie, als sie eintritt. Herzig bemerkt sie nicht, er hantiert in einer Schürze am Gasherd. Ira geht zum Fenster, reißt beide Flügel auf und wartet, wobei sie vergnügt die Küche betrachtet, deren Einrichtung fast ein ganzes Jahrhundert umfaßt. Die gelblichen Wandfliesen, in der obersten Reihe mit Ornamenten verziert, stammen wohl noch von 1904, als das Haus gebaut wurde. Das Datum ist über dem Eingang verewigt. Auch der ausgelaugte Holzfußboden ist noch original, zum Teil mit braunem Linoleum belegt, wahrscheinlich während der zwanziger Jahre. Die Kanten bröckeln und zeigen das Fasernetz.

Der zweieinhalb Meter lange Küchenschrank mit Aufsatz hat zweifellos noch den 1. Weltkrieg erlebt. An einer seiner Ecken sind die verschiedenen Farbschichten bis aufs nackte Holz abgewetzt. Zur Zeit ist er grün. Alt und grün sind auch der Tisch, die beiden Stühle und das Wandbrett, auf dem Töpfe jeglichen Alters stehen. Dazwischen manifestiert sich die Neuzeit in Form eines mächtigen weißen Kühlschranks, auf dem zwei Kaffeemaschinen stehen, und einer Nirostaspüle mit Boiler. Freie Wandflächen gibt es nicht, sie sind besetzt mit Gewürzregalen, Kalendern, Sperrholzkästchen mit Bestecken und Holzlöffeln, dazwischen an Haken Topflappen, Geschirrtücher, Kartoffelreibe, Gurkenhobel, Kräuterbündel, an einem Bindfaden sogar ein Kochbuch. Und alles ist überzogen von eingetrocknetem Küchendunst. Schon beim ersten Anblick hat sich Ira vorgenommen, sehr bald mit «General» ans Werk zu gehen.

«Warte doch im Zimmer», sagt Herzig, der die frische Luft gespürt hat. «Ich hab da schon gedeckt.»

«Ich möchte hier essen.»

«Warum? Hier kann man doch nicht sitzen. Außerdem kommen gleich die Scheibles, die wollen kochen.»

Ira bleibt hartnäckig, und Herzig gibt nach. Sie wischt Tisch und Stühle ab, hilft neu decken, und Herzig kann endlich seine Pizzas servieren, die aus der Tiefkühltruhe stammen und niemals so aussehen wie auf dem Farbfoto der Verpackung, vom Geschmack ganz zu schweigen.

Aber der Rotwein ist gut.

Herzig vergißt bald, wo er sich befindet, hört nicht mehr das Rattern des Kühlschrankkompressors hinter sich, sieht nur Ira, die noch reizvoller aussieht als sonst, da sie sich, ohne besondere Absicht, vors Fenster gesetzt hat. Das Gegenlicht macht ihre Züge weich und plastisch und läßt ihr Haar duftig schimmern. Ob sie eigentlich wisse, fragt Herzig, wie phantastisch sie aussehe, und daß sie in der Werbung als Modell einen Haufen Geld verdienen könne, verbunden mit tollen Reisen in die ganze Welt. Er sei bereit, ihr diese Karriere zu vermitteln, er habe Beziehungen zu den besten Agenturen im In- und Ausland.

«Ich bin Schauspielerin», sagt Ira.

«Das macht ja nichts, im Gegenteil. Die meisten Modelle sind blöd. Es dauert endlos, bis die kapieren, was man will, welche Geste, was für einen Ausdruck. Du kannst so was auf Anhieb. Ich sage dir, da verdienst du leicht das Zehnfache von dem, was du jetzt kriegst.»

«Ich will aber nicht.»

«Was willst du nicht? Viel Geld verdienen?»

«Ich rede nicht vom Geld, ich rede von der Arbeit. Ich will Theater spielen. Das wollte ich schon immer. Darauf hab ich mein ganzes Leben lang gewartet. Und jetzt hab ich gleich die schöne Rolle gekriegt, die Flora.»

Herzig trinkt sein Glas leer. «Trink mal aus!» Ira trinkt aus, er schenkt ihr neu ein und fragt: «Was passiert eigentlich in dem Stück?»

Sie blickt ihn ungläubig an. «Weißt du das wirklich nicht?»

«Ich kann doch nicht jedes Stück kennen. Ich weiß nur, daß es ein Musical ist mit Rockmusik.»

Ira erzählt ihm die Geschichte vom fröhlichen Mario, der in einem

Gemüseladen Mädchen für alles ist, bis er sich in die Friseuse Flora verliebt und nun als Handlanger im Supermarkt Karriere machen will, um sie heiraten zu können. Leider hat Mario einen Tick, der damit zusammenhängt, daß er seine geistige Nahrung nur aus Comics bezieht. So verwandelt sich häufig seine Umgebung in eine Comicszene, in der er dann Mario Miracolo ist, der Wunder-Mario, der Unüberwindbare. Nachdem weder Papa noch Mama, selbst Pater Bernardo ihn nicht von seinem Wahn erlösen können, gelingt es schließlich Flora.

«Ja, und?» fragt Herzig.

Ira hat sich bemüht, den Inhalt so knapp wie möglich zu erzählen, und auch das ist ihr noch zu lang vorgekommen. Herzig hat gar nicht zugehört, sie nur angesehen und mit dem Messer gespielt.

«Wenn du mehr wissen willst, mußt du schon das Stück lesen oder Gaby fragen.»

«So meine ich das nicht. Ich meine, du singst doch auch. Was singst du denn?»

Bevor Ira antworten kann, sind von draußen Schritte zu hören. Die Tür geht auf und Christa und Volker Scheible, schmutzig und verschwitzt vom Hausbau kommend, bestaunen sprachlos das Idyll.

«Was ist denn hier los?» fragt Scheible endlich.

«Wir haben gegessen», antwortet Herzig, ohne sich umzudrehen.

«Seit wann denn hier? Wir wollen jetzt kochen. Das ist unsere Zeit.»

«Wart ihr schon im Bad? Wascht euch erst mal.»

Christa Scheible, in ihrem Parka noch stämmiger aussehend, als sie schon von Natur aus ist, schiebt ihren Volker aus der Tür. «Geh schon. Ich mach das hier.»

Sie geht zur Spüle, kippt aus einem mitgebrachten Plastikbeutel Kartoffeln ins Becken und läßt Wasser drüber laufen. Dann reißt sie mit Geklapper Herzigs Pfannen und Deckel vom Herd und stellt sie auf den Fußboden. Nachdem sie die Kartoffeln in einem ihrer eigenen Töpfe auf dem Herd aufgesetzt hat, dreht sie sich um.

«In zehn Minuten seid ihr draußen, ja?»

«Entschuldige bitte», sagt Ira. «Das war meine Idee. Rainer wollte im Zimmer essen. Ich räume sofort alles weg.»

«Ach so», sagt Christa. «Mit Rainer würde ich auch nicht allein im Zimmer essen. Wenn die Kartoffeln kochen, stell bitte das Gas klein.»

Ira besteht darauf, allein abzuwaschen und aufzuräumen. Herzig verzieht sich, kommt aber fünf Minuten später wieder an die Tür und sagt, er müsse noch mal dringend mit dem Wagen weg. Es könne spät werden, Gaby solle nicht auf ihn warten.

Gaby kommt kurz vor acht. Ira richtet ihr Herzigs Bestellung aus.

«Willst du bei mir die Tagesschau sehen?» fragt Gaby.

«Gern.»

Während sie auf den Bildschirm schauen, erzählt Ira, daß sie mit Herzig in der Küche zu Abend gegessen hat und daß Scheibles darüber sauer waren.

«Ach die», sagt Gaby. Nach der Wetterkarte schaltet sie aus und fragt: «Hat es Rainer bei dir schon versucht?»

«Was?»

«Mit dir ins Bett zu gehn.»

Ira weiß nicht, was sie antworten soll.

«Zier dich nicht. Wenn nicht, tut er's noch, er probiert's bei jeder. Christa hat er's auch schon angeboten. Mich regt das nicht mehr auf, weißt du, er ist halt so. Im Urlaub, als wir dauernd zusammen waren, da war er ganz brav.»

«Wieso ist Rainer eigentlich beim Theater?» fragt Ira. «Ich hab den Eindruck, er hält gar nicht so viel davon.»

«Theater interessiert ihn nicht. Er geht auch in keine Vorstellung. Er sagt, wenn ich für Knorr-Suppe werbe, muß ich ja auch nicht Knorr-Suppe essen.»

Gaby geht in die Küche und kommt mit einer halben Honigmelone zurück. «Mein Abendessen», erklärt sie, während sie die Melone auslöffelt. Dann erzählt sie von der Personalratssitzung. Zweieinhalb Stunden habe man darüber diskutiert, ob es richtig wäre, eine Dienstvereinbarung über das Aufstellen eines Kühlschranks abzuschließen.

«Kühlschrank?» fragt Ira verdutzt.

«Das Orchester will in der Garderobe einen Kühlschrank haben.»

«Wozu brauchen die einen Kühlschrank?»

«Für Getränke. Kantinenpächter Würtz ist natürlich dagegen. Er behauptet, die Genehmigung des Kühlschranks bedeutet einen Bruch des Pachtvertrags, und dagegen würde er klagen.»

«Und was weiter?»

«Jetzt müssen wir beim Rechtsamt erst mal ein Gutachten einholen, ob der Kühlschrank wirklich gegen den Pachtvertrag verstößt. Dann wird weiter verhandelt. Darüber vergeht bestimmt die ganze Spielzeit.»

Junghans verbringt nervöse Tage. Er kann sich auf keine Arbeit konzentrieren, läuft ziellos im Theater herum, kreuzt mehrmals bei Camilla auf, verrät aber auch ihr nicht den Grund seiner Unruhe. Jeden Morgen geht er zum Bahnhof, kauft am Kiosk die «Süddeutsche» und kann es kaum erwarten, bis er an seinem Schreibtisch sitzt und die Zeitung durchblättert.

Seine Enttäuschung ist groß, wenn er wieder nichts findet. Die anderen Zeitungen haben längst ihre Berichte über den neuen Spielplan gebracht, den üblichen Schmus. Nur die «Süddeutsche» läßt sich Zeit. Während des Urlaubs hat Junghans sich fest vorgenommen, gleich am ersten Tag Krecker anzurufen und einen Termin mit ihm zu vereinbaren, um noch einige Kleinigkeiten im Manuskript zu bereinigen. Aber vorher will er den Artikel sehen.

Genau eine Woche nach dem Interview erscheint er endlich. Überschrift: «Schleyer-Mord auf der Bühne.»

Junghans' Herz fängt an, schneller zu klopfen, während er liest. Auf seinen Wangen erscheinen, trotz Urlaubsbräune sichtbar, dunkle Flecken. Dabei findet er zunächst gar nichts Sensationelles in dem Text. Erst im letzten Viertel steht das von der Uraufführung, und Korrespondent Stache erlaubt sich dabei die kühne These, daß so etwas in der Provinz nur möglich sei, wenn das betreffende Theater keine provinziellen Dramaturgen besitze, sondern solche, die über weitreichende Beziehungen verfügen. Kein direkter Hinweis auf ihn und das Interview, Gott sei Dank.

Eine halbe Stunde später erscheint Schiller im Büro.

«Hast du schon in der ‹Süddeutschen› gelesen?» fragt Junghans sehr beiläufig.

«Nein. Ist was über uns drin?»

Junghans reicht ihm die aufgeschlagene Zeitung. Schiller liest im Stehen und ist sogleich begeistert. «Mensch, phantastisch! Aber warum erwähnt er nicht unsere Namen? Hat der Chef das schon gelesen?»

«Keine Ahnung.»

«Der kriegt doch die ‹Süddeutsche›. Willst du ihn nicht anrufen?»

«Das wird er schon selbst finden. So wichtig ist es auch nicht.»

«Dann rufe ich an. Ich sag's der Moll.»

Schiller telefoniert, und eine Viertelstunde später klingelt Junghans' Apparat. Die Moll bittet ihn, sofort zum Chef zu kommen.

Schlechtes Wetter, stellt Junghans schon beim Eintreten fest. Er läßt sich nichts anmerken und setzt sich auf den Konferenztisch, seinen Stammplatz.

«Ich verstehe nicht, ich begreife das nicht», sagt Settler, dabei rutscht seine Stimme hoch, was Junghans noch nie erlebt hat. «Wie ist das bloß möglich? Da gebe ich mir die größte Mühe, das Stück so unauffällig wie möglich unter die Leute zu bringen, und dann knallt einem dieser Titel ins Gesicht: Schleyer-Mord! Wir hatten ausdrücklich abgemacht, daß die Namen nicht im Original erscheinen, das wissen Sie, darüber haben wir hier Stunden gesprochen.»

Junghans hebt die Hände. «Tut mir leid, Chef. Damit habe ich nichts zu tun. Das muß er von Krecker selbst haben. Stache hat ihn angerufen, das geht ja aus dem Artikel hervor.»

Hinter ihm klappt die Polstertür zu, die er wie üblich offengelassen hatte. Das macht die Moll nur in ernsten Fällen. Junghans fährt fort: «Ich verstehe nicht, warum Sie sich darüber aufregen, Chef. Das Stück dreht sich um die Ermordung Schleyers. Selbst wenn wir die Namen ändern, bleiben die Tatsachen bestehen. Jeder Zuschauer wird wissen, um was es geht.»

Settler starrt mit zusammengepreßten Lippen auf die Zeitung, die vor ihm liegt. Dann sagt er, wieder ganz beherrscht: «Haben Sie mit Krecker wegen der Namensänderung gesprochen?»

«Noch nicht.»

«Tun Sie das bitte so bald wie möglich.»

«Dazu müßte er herkommen.»

«Einverstanden.»

Nach nur fünf Minuten ist Junghans wieder im Dramaturgenbüro. Schiller quittiert seinen Bericht mit Kopfschütteln. «Manchmal hat der Chef sie nicht alle.» Als er hört, daß Krecker kommen soll, strahlt er wieder. «Grüß ihn bitte und sag ihm, er kann bei mir wohnen.»

Krecker meldet sich sofort. Er verspricht, in der kommenden Woche zu erscheinen.

Junghans ist so erleichtert, daß er sich zum erstenmal nach den Ferien wieder das Textbuch vornimmt. An der Besetzung knobelt er noch immer, obwohl er sich längst entschlossen hat, einige Schauspieler zwei und sogar drei Rollen spielen zu lassen. Das geht in diesem Stück ohne weiteres. Aber selbst dann braucht er noch zwei Damen und zehn Herren. Der Probenbeginn ist auf den 14. Dezember festgelegt.

Bei den Männerrollen ist so gut wie alles klar. Den Bundeskanzler übernimmt Jochen Witt, Armin Lauken den Maihofer. Ein wahres Glück ist, daß Richard Hackmann im Februar nicht singt, für den Schleyer ist er wie geschaffen. Und Sigrid Kammers übernimmt Frau Schleyer, nur ein Auftritt, der aber haften bleiben wird. Sigrid hat das sofort kapiert. Genauso wichtig ist die Gudrun Ensslin, von der Dramaturgie her noch wichtiger. Die Darstellerin muß zusätzlich die Rolle einer Terroristin in Schleyers Gefängnis übernehmen. Vielleicht die Neue, die Kleinschmidt? Erst mal abwarten, was sie im Musical bringt. Was quatscht denn Schiller dauernd?

Junghans schaut ins andere Büro hinüber. Schiller telefoniert mit Händen und Füßen. Jetzt legt er auf und sagt entschuldigend: «Das war Gaby. Ich muß mal zur Probe, die haben Probleme.»

Ein Einfall durchzuckt Junghans. «Moment mal, warte! Ich such doch jemand für die Rolle der Ensslin. Jetzt weiß ich, wer da paßt: Gaby.»

Schiller schüttelt den Kopf. «Macht sie nicht, das weißt du doch. Sie spielt nicht mehr. Aus Prinzip nicht.»

«Ach was. Ich rede mit ihr, ich mach ihr das klar. Wir haben niemand anderes.»

«Dein Wort in Gottes Ohr», sagt Schiller und verschwindet.

Junghans vertieft sich jetzt so sehr in seine Arbeit, daß er das Telefon erst nach dem dritten Klingeln hört.

«Sitzt du auf den Ohren?» fragt Camilla.

«Ach, du bist es. Ich war ganz weggetreten, ich arbeite am ‹Fest der Wölfe›.»

«Das paßt ja prima. Deshalb rufe ich an. Man hat dich gelobt. Hörst du nicht? Man hat dich gelobt!»

«Ich hab's gehört. Wer ist ‹man›?»

«Dreimal darfst du raten.»

«Weinholtz?»

«Er hat mich eben angerufen. Sag mal, was steht eigentlich in dem Artikel in der ‹Süddeutschen›?»

«Über mich? Da steht nur, daß ich kein Provinzdramaturg bin.»

«Das ist doch was.» Camilla lacht. «Ist das wirklich wahr?»

«Ich kann's dir schwarz auf weiß zeigen.»

«Bring die Zeitung morgen abend mit, falls wir uns vorher nicht mehr sehen.»

«Wohin mitbringen?»

«Zu meiner Party.»

«Party? Lieber Gott, du hast ja morgen Geburtstag.»

«Aber bitte keine roten Rosen. Wenn schon Rosen, nur gelb oder rosa. Hast du verstanden?»

Gerd Weinholtz steht im Schlafzimmer vor dem geöffneten Kleiderschrank und kommt sich ausgesprochen dämlich vor. So etwas hat er noch nie erlebt, höchstens bei Helma, aber die sitzt längst fertig angezogen im Wohnzimmer, lackiert sich die Fingernägel und hört Roy Black. Wieder viel zu laut. Verdammt, wann begreift sie endlich, daß die Wohnung Papierwände hat.

Er rennt durch die Diele ins Wohnzimmer, kurvt um Sessel und Couchtisch und dreht die Musik leiser.

«Das ist zu leise», protestiert Helma. «Man hört ja nichts mehr.»

«Sollen die Nachbarn wieder gegen die Wand klopfen?»

«Die machen selbst Krach.»

Weinholtz hat keine Lust, sich zu streiten und geht ins Schlafzimmer zurück. Wieder steht er vor dem Schrank und kann sich nicht entschließen, was er anziehen soll: dunkler Anzug, den grauen oder den hellgrauen, eine Kombination oder einfach Hose und Pullover? Der beige Rollkragenpullover aus Shetlandwolle steht ihm besonders gut, den würde er am liebsten nehmen. Aber kann ein Schul- und Kulturdezernent zu einer Abendeinladung im Rollkragenpullover erscheinen? Andererseits sind Theaterleute ungezwungen, kommen wahrscheinlich in Jeans. Er wäre dann der einzige, der im weißen Hemd mit Schlips herumläuft.

Komischerweise hat Helma diesmal sofort gewußt, was sie anziehen soll. Sie hat sich auch nicht darüber gewundert, daß die Kostümbildnerin Camilla Herbst sie zu einer Party eingeladen hat. Tagelang hat er vorher überlegt, wie er ihr die Einladung begründen soll, und dann hat sie gar nicht danach gefragt. Seit sie töpfert, fühlt sie sich selbst als halbe Künstlerin. Obwohl – die Teller und Vasen, die sie bisher gestaltet, nein, angefertigt hat, also das ist bestenfalls ungelerntes Handwerk. Einen dieser Teller wollte sie als Geschenk mitnehmen. Er hat Mühe gehabt, ihr das auszureden. Sie könne doch nicht, hat er argumentiert, als einzige mit einem Geschenk aufkreuzen, außer Blumen. Daß Camilla Geburtstag feiert, hat er ihr natürlich nicht gesagt.

Er tritt auf die Diele hinaus. «Liebling, hast du die Blumen besorgt?»

«Ja!»

«Was für welche?»

«Bunte!»

Das ist in Ordnung. Gestern hat er fünfundzwanzig langstielige rote Rosen gekauft, das Stück zu dreißig. Sie sind heute morgen pünktlich geliefert worden, zusammen mit dem neuen Roman von Siegfried Lenz. Ein Armreif, eine Brosche oder so etwas wäre natürlich angemessener gewesen. Er hat mehrmals vor Juweliergeschäften gestanden. Aber was wirklich hübsch und wertvoll ist, kann man nicht bezahlen, nicht bei Besoldungsgruppe A 16, vor allem wenn man bedenkt, was auf einen zukommt, wenn sie erst das richtige Haus gefunden haben.

Die Party ist schon in vollem Gang, als sie eintreffen, sie sind die letzten. Weinholtz, im dunkelgrauen Anzug und dünnen hellgrauen

Rollkragenpullover, sieht blendend aus mit seiner Bräune und dem von der Sonne fast weiß gebleichten blonden Haar. Er läßt sich nichts anmerken, tut ganz fremd, als er die Diele mustert, und hütet sich, länger als nötig auf die Porzellanvase mit dem prachtvollen Rosenstrauß zu blicken, die auf einem runden Tischchen neben der Tür zu den beiden Wohnräumen steht. Unter den Blumen liegen sein Buch und andere Geschenke.

Helma überreicht Camilla die Blumen und bedankt sich für die Einladung. Dann entdeckt sie die Geschenke auf dem Tischchen.

«O Gott, haben Sie etwa Geburtstag?»

Camilla läßt sich gratulieren und bedankt sich im voraus für den selbst hergestellten Keramikteller, den ihr Helma schicken will.

«Stellen Sie sich vor, den wollte ich sogar mitbringen, aber mein Mann hat mir das ausgeredet. Ist das nicht verrückt?»

«Man soll nicht auf die Männer hören», sagt Camilla und nimmt die Mäntel entgegen, um sie im Schlafzimmer abzulegen.

Helma sieht sich um, betrachtet die Bilder an den Wänden und flüstert: «Hübsche Wohnung, nicht?»

«Ja, sehr hübsch», antwortet Weinholtz und braucht gar nicht zu lügen. Die Dachwohnung mit den schrägen Wänden gefällt ihm: zwei ineinandergehende Wohnräume, Schlafzimmer, Küche, Bad, alles geschmackvoll eingerichtet, vielleicht etwas zu weiblich.

«Guck doch mal das Bett! Das ist ja toll.»

Sie blicken durch die geöffnete Schlafzimmertür auf das Prachtstück, zwei Meter mal einsachtzig, oben und unten Messing und, was Weinholtz besonders beeindruckt hat, völlig geräuschlos. Nur der Fußboden vibriert manchmal, dann zittern die Gläser auf der Platte des Nachttischs.

Camilla führt die beiden in die Wohnräume. Ein Dutzend Gäste sitzt auf den beiden Couches und den Sesseln, einige auch auf Kissen auf dem Teppichboden. Die laute Unterhaltung stockt nur kurz, als sie vorgestellt werden. Weinholtz bemüht sich, Gesichter wiederzuerkennen, findet aber nur den Chefdramaturgen Junghans. Er begrüßt ihn betont herzlich und sagt ihm, daß er sich nachher gern einmal mit ihm unterhalten würde. Dann trinken sie den Begrüßungscocktail, den ihnen Camilla reicht.

«Danach gibt's erst mal was zu essen», kündigt sie an.

Weinholtz findet Platz auf der einen Couch neben einer etwas männlich wirkenden Frau mittleren Alters. Ihr halblanges dunkles Haar sieht aus, als habe sie es selbst mit einer Gartenschere gestutzt. Ihren Namen hat er schon wieder vergessen.

«Entschuldigen Sie bitte, darf ich Sie noch einmal nach Ihrem Namen fragen?»

«Traute Wirsch.»

«Auch vom Theater?»

«Und ob. Ich bin die Gewandmeisterin.»

«Aha.»

«Keine Ahnung, was das ist, wie?»

«Verwalten Sie die Kostüme?»

«Den Fundus auch, ja, aber vor allem sorge ich dafür, daß Kostüme gemacht werden. Ich bin Chefin der Schneiderei.»

«Sehr interessant», sagt er höflich.

«Ach, wissen Sie, ich find's viel interessanter, daß Sie hier sind. Das haben wir nämlich noch nie gehabt, daß mal ein Bonze von der Stadt bei uns aufkreuzt. Also Bonze meine ich natürlich nicht wörtlich, das ist mir nur so rausgerutscht.»

«Macht nichts», sagt Weinholtz.

«Sagen Sie bitte, stimmt das wirklich, daß unser Etat nicht erhöht wird?»

«Darüber ist noch nicht entschieden worden.»

«Allmählich ist das nämlich zum Kotzen. Immer nur die miesesten Stoffe, nichts Solides mehr, keine Qualität, nur noch sparen, sparen. Und kein Mensch denkt dran, daß die billigen Fetzen nur einmal gebraucht werden können, verstehen Sie. Wenn die in den Fundus wandern, sind sie schon hin. Dabei kostet doch der Arbeitslohn viel mehr als das Material. Ich nenne das schlicht Schwachsinn.»

Weinholtz murmelt etwas von Verständnis haben für die schwierige Lage und wendet sich nach rechts, wo eine jüngere Frau sitzt, etwas verkrampft mit angelegten Ellenbogen, die Hände auf dem Schoß gefaltet. Sie hat niedliche runde Augen, aus denen sie ihn erwartungsvoll anschaut. Er fragt auch sie, welche Tätigkeit sie im Theater ausübe.

«Gar keine», erwidert sie. «Ich bin nur verheiratet. Mein Mann ist Bühnenbildner.»

Sie zeigt kurz mit dem Finger auf einen gemütlich aussehenden Vierziger, der sich gerade mit Helma unterhält.

Weinholtz versucht, ein Gespräch zu beginnen, aber das ist nicht einfach. Sie beantwortet nur seine Fragen, und so erfährt er schließlich, daß sie zwei Kinder hat und das ältere, ein Sohn, aufs Gymnasium gehe. Sie wird jetzt lebhafter und beklagt sich, daß immer wieder Stunden ausfielen, und ob er nicht etwas dagegen tun könne, er sei doch nicht nur fürs Theater, sondern auch für die Schulen zuständig.

Erleichtert hört Weinholtz in diesem Augenblick Camilla aus der Küche zum Essen rufen.

«Dann wollen wir mal», sagt die Gewandmeisterin Wirsch neben ihm und stemmt sich aus der Couch hoch.

Es gibt belegte Brote mit Schinken, Braten und Käse, heiße Würstchen, verschiedene Salate, harte Eier, Tomaten, Oliven, Gewürzgurken, alles in großen Mengen. Man bedient sich auf Papptellern und nimmt sich Bier mit. Weinholtz wartet, bis das größte Gedränge vorbei ist und steht dann zufällig dicht hinter Camilla, die für jemanden, der ihr den Teller hinhält, Würstchen aus dem Kochtopf fischt. Er kann nicht widerstehen und kneift sie zärtlich in den Hintern. Sie antwortet mit einem kleinen Stoß. Ein rascher Blick überzeugt ihn, daß niemand sie beobachtet hat.

Er ißt gleich in der Küche und steht am Tisch mit zwei Gästen, die auch keine Lust haben, ihre Teller auf den Knien zu balancieren. Camilla stellt ihm die beiden noch einmal vor: Der Schwarzbärtige namens Trittmacher ist Kapellmeister, der andere, sehr jungenhaft wirkende heißt Giersberg und inszeniert das Musical.

Weinholtz erinnert sich, daß das Musical eine deutsche Erstaufführung sein wird, und meint, das sei doch wohl ein Glücksfall, daß sie so etwas hier herausbrächten.

«Das muß sich erst noch erweisen», sagt Trittmacher. «Es hat schon seine Gründe, warum bei uns niemand angebissen hat.»

«Ist es denn nicht ganz neu?»

«Die Uraufführung in New York war vor vier Jahren.»

«Kein Erfolg?»

«Doch, doch. In London läuft's auch schon seit einem Jahr. Da haben sie eben Möglichkeiten.»

Weinholtz wartet, bis Trittmacher das Würstchen aufgegessen hat, und fragt dann, was für Möglichkeiten er gemeint habe.

«Die richtige Besetzung. Die Schauspieler müssen singen können, auch Jazz, und tanzen und alles perfekt. In New York gibt's davon jede Menge, in London nicht so viele, aber immer noch genug. Bei uns sind's im ganzen Land vielleicht vier oder fünf.»

«Übertreib nicht so, Rolf», sagt Camilla, die im Hintergrund auf dem Küchenstuhl sitzt.

«Übertreibe ich?»

«Was sagen Sie, Herr Giersberg?» fragt Weinholtz.

Giersberg hat die Bierflasche in der Hand und schenkt sich ein. «Sie auch?»

«Ja, bitte.»

Giersberg füllt Weinholtz' Glas, stellt die Flasche hin und sagt: «Trittmacher hat schon recht. Aber man sollte auch sagen, warum es so ist.»

«Warum?»

«Erstens liegt das an der Ausbildung, die durchweg dilettantisch ist. Dazu müßte man schon mal ein paar Amerikaner als Lehrer holen. Zweiter Grund ist, daß Musicals bei uns nicht gut gehen. Natürlich hängt das eine vom anderen ab. Aber selbst wenn wir die Leute hätten, würden unsre Theater weiter ihre Operetten bringen und das Musical als Ausnahme, weil es, wie es heißt, das Publikum so will.»

«Das ist eben der Schwachsinn in der Logik», sagt Trittmacher und grinst. «Wie kann das Publikum etwas wollen können, was es gar nicht kennt? Daß sie's trotzdem mögen, beweist doch der Riesenerfolg, den die Musicalfilme bei uns haben.»

Weinholtz möchte noch mehr wissen, aber er hört jetzt Helmas Stimme. «Nicht so viel, Herr Meyer. Nur ein kleines bißchen.»

In der Küchentür erscheint ein älterer, zierlicher Mann mit grauer Mähne, der einen Pappteller hochhält und Geflügelsalat für Frau Weinholtz wünscht.

«Der ist leider alle, Roland», sagt Camilla. «Nudelsalat haben wir noch reichlich.»

Roland Meyer deutet auf Helma, die in der Tür erschienen ist. «Willst du diese schlanke Figur mit Nudeln verkorksen?» Er fixiert Giersberg. «Wie ich dich einschätze, hast du den ganzen Geflügelsalat weggeputzt.» Er wendet sich wieder Helma zu. «Vor dem mußt du dich in acht nehmen, der ist rücksichtslos und egozentrisch, liefert täglich eine Leiche, mindestens.»

Offenbar ist Meyer, obwohl ziemlich betrunken, harmlos, denn die andern lachen. Camilla nimmt ihm den Teller ab.

«Geh mal, Roland, ich mach das schon.»

«Das könnte dir so passen. Ich geh nicht allein. Ich laß sie nicht aus den Augen.»

«Bitte keinen Salat mehr», sagt Helma. «Nur ein Käsebrot.»

«Und Bier!» sagt Meyer und ergreift zwei Bierflaschen. Er blickt Giersberg noch einmal drohend an und führt Helma hinaus, die vergnügt zurückwinkt.

Roland Meyer sei der Ausstattungsleiter, erfährt Weinholtz. Er habe schon im Theater mit dem Trinken angefangen, und in spätestens einer Stunde werde er schlafen.

«Ich bin froh, daß er das Musical macht», sagt Giersberg. «Er kann etwas.»

«Und vor Frauen hat er Angst», sagt Camilla und lacht. «Deshalb trinkt er sich vorher Mut an.»

Weinholtz hat auch schon einiges getrunken, als er zwei Stunden später mit seinem Rotweinglas über die ausgestreckten Beine des im Sessel schlafenden Roland Meyer steigt, um sich auf den frei gewordenen Couchplatz neben Junghans zu setzen.

Junghans hält eine Schale mit Erdnüssen in der Hand.

«Mögen Sie?»

Weinholtz nimmt sich Erdnüsse. Während er sie nach und nach in den Mund steckt, entdeckt er, daß Camilla, die im anderen Raum am Plattenspieler steht, über eine Plattenhülle hinweg hersieht. Auch Junghans hat das gesehen.

«Macht Frau Herbst auch die Kostüme für das neue Stück?»

«Aber ja, sie ist schon dran, die probieren ja schon.»

«Ich meinte die Uraufführung.»
««Das Fest der Wölfe»? Na, damit hat sie's einfach.»
«Ich habe den Bericht in der ‹Süddeutschen› gelesen und mich ein bißchen gewundert. In Ihrem Programmheft steht nichts davon, daß es in dem Stück um die Ermordung Schleyers geht.»

Weinholtz merkt, daß Junghans unruhig wird.

«Das hat seine Gründe», sagt Junghans zögernd und schiebt mit den Fingern das Weinglas hin und her. «Wir werden alle Namen des Stücks ändern, die Figuren werden anonym sein, beschränkt auf ihre Funktionen.»

«Warum? Dann ist ja der ganze Reiz weg.»

Junghans hebt die Schultern. «Wunsch des Intendanten.»

«Das verstehe ich nicht.»

«Der Intendant meint, es könnte rechtliche Schwierigkeiten geben.»

«Und was sagt der Autor dazu?»

«Der weiß noch nichts. Kann sein, daß er sein Stück zurückzieht.»

Vor Weinholtz' Augen taucht Settler auf, jovial lächelnd und glatt rasiert, mit Ziertuch und angenehm duftend. Verdammt noch mal, er hat sich doch nicht getäuscht, als er damals seine Personalakte durchsah und sofort spürte, daß man mit diesem Mann kein modernes Theater machen kann. Hier tritt es offen zutage. Der Herr bekommt eine Uraufführung auf den Tisch gelegt, die Aufsehen erregen wird. Und was tut er? Er fängt sofort an, sie zu verharmlosen, selbst auf die Gefahr hin, daß der Autor abspringt. Unglaublich. Die Dramaturgen können einem leid tun, eine Zumutung, für so einen Mann arbeiten zu müssen. Aber sie sollen wissen, daß er auf ihrer Seite steht.

«Was meinen Sie?» fragt er. «Soll ich mal Herrn Settler in der Sache ansprechen?»

«Wie wollen Sie das begründen? Daß wir uns hier getroffen und ich Ihnen mein Herz ausgeschüttet hätte?»

Weinholtz lächelt und fühlt sich sehr überlegen. «Sie lassen wir da völlig raus, Herr Junghans. Da finde ich schon einen Weg. Und wenn mein Anruf nichts nützen sollte, was kaum anzunehmen ist, sagen Sie mir bitte Bescheid. Ich möchte, daß das Stück so gespielt wird, wie es

der Autor geschrieben hat, mit allen Namen. Kann man den Autor notfalls telefonisch erreichen?»
«Horst Krecker kommt nächste Woche hierher.»
«Noch besser. Wir haben uns ja schon kennengelernt. Also machen Sie sich keine Sorgen, das kriegen wir schon hin.»
Als um halb zwölf die ersten Gäste aufbrechen, schließt sich Weinholtz mit Helma an. Sie gehen, begleitet von Camilla, ins Schlafzimmer, um ihre Mäntel zu holen. Helma kann sich nicht zurückhalten, setzt sich auf den Bettrand und wippt, um die Matratze zu prüfen.
«Das Bett ist wunderbar.»
«Ich bin zufrieden», sagt Camilla und lächelt.

Sie haben beim Frühstück über Happes Vorschlag mit dem Lyrikabend gesprochen, und Mia meinte, das wäre doch sehr praktisch und sicher auch billig. Billiger als ein Konzert ist so ein Abend mit Quadflieg auf jeden Fall. Feste Gage kommt sowieso nicht in Frage, der soll sich gefälligst am Risiko beteiligen, 75% der Abendeinnahme für den Gast, 25% fürs Theater, ein guter Satz.
Jetzt sitzt Settler im Büro am Schreibtisch, nimmt die Brille ab und massiert gedankenvoll seine Stirn. Er würde die Entscheidung gern hinausschieben, aber es ist ohnehin schon reichlich spät. Der einzige noch freie Abend ist im März. Da findet vormittags die 2. Hauptprobe von «Kabale und Liebe» statt, und für den Quadflieg-Abend könnte das Bühnenbild stehenbleiben. Und der lästige Happe wäre endlich zufriedengestellt. Mia hat recht, für die Verlängerung von Settlers Vertrag ist der Vorsitzende des Kulturausschusses sehr wichtig. Aber Quadflieg und großes Orchester? Nein, da genügen ein paar Stücke auf dem Flügel. Vielleicht kann man einen guten Pianisten dazuengagieren. Darüber wird er mit Schora sprechen.
Settler setzt die Brille wieder auf und macht sich eine Notiz. Als er aufblickt, steht Busse im Zimmer, tragisch blickend, Unheil verkündend. Er wird mit leiser Stimme sprechen, das weiß Settler im voraus und macht sich auf alles gefaßt.
«Die Drew hat eben angerufen», meldet der Leiter des Betriebsbüros fast flüsternd. «Sie ist heiser.»

«So?» sagt Settler und ist im nächsten Augenblick hellwach. Abends ist «Eine Nacht in Venedig» angesetzt, zum letztenmal, und Florence Drew singt die Barbara. Blitzschnell überlegt er alle Möglichkeiten. Die Vorstellung ausfallen lassen? Ausgeschlossen, achtzig Prozent der Besucher kommen mit Bussen von außerhalb.

«Was sagt der Arzt? Ist der Arzt schon dagewesen?»

«Sie will gleich hin.»

«Um Gotteswillen, sie soll zu Hause bleiben! Rufen Sie Doktor Schwabe an, er soll sofort hinfahren und ihr eine Spritze geben.»

«Doktor Schwabe hat jetzt Sprechstunde. Und sie ist wirklich sehr heiser, ich hab sie kaum verstanden. Auch mit Spritze schafft sie das nicht bis heute abend.»

«Sarah Greaves?»

«Hat die Partie nicht drauf, nur die Anina.»

«Elfi Losch! Sie hat die Barbara schon gesungen, das weiß ich. Wo steckt sie? Noch in Kassel?»

«Ich glaube nicht.»

«Los, stellen Sie fest, wo sie engagiert ist. Ich will sie sprechen.»

Erst jetzt blickt Settler auf die Wanduhr, zehn vor zehn. Noch gut neun Stunden bis zur Vorstellung. Eine Verständigungsprobe muß angesetzt werden. Busse muß sofort den Regisseur und den Dirigenten benachrichtigen, auch die Herbst fürs Kostüm. Aber erst die Zusage von der Losch. Was trödelt Busse wieder so lange herum? Er hört das Telefon im Vorzimmer klingeln und will der Moll zurufen, daß er jetzt keine Gespräche haben will, außer von Busse, da klingelt es schon bei ihm.

«Herr Doktor Weinholtz möchte Sie sprechen.»

«Was? Jetzt?»

«Er ist am Apparat, ich verbinde.»

Settler nimmt sich zusammen und meldet sich betont ruhig: «Settler.»

«Augenblick bitte, ich verbinde», hört er eine Frauenstimme.

«Weinholtz. Guten Morgen, Herr Settler.»

«Guten Morgen, Herr Doktor Weinholtz», echot Settler und wird sogleich mißtrauisch. Dieser Morgengruß klang ein bißchen zu forschfröhlich.

Weinholtz bedankt sich wortreich für die Übersendung des neuen Spielplanheftes, das er mit größtem Interesse studiert habe. Er finde das Programm insgesamt ausgezeichnet und freue sich schon jetzt auf die Premieren. Er habe da nur eine kleine Frage betreffend die Uraufführung «Das Fest der Wölfe». In der Zeitung habe er gelesen, daß es in dem Stück um die Schleyer-Affäre gehe, und das habe ihn doch sehr verwundert, denn im Programmheft sei darüber nichts zu finden. Ob es dafür bestimmte Gründe gebe.

Settler muß antworten. Er sagt: «Im Spielzeitprogramm müssen die Inhaltsangaben so knapp wie möglich gehalten werden, sonst reicht der Platz nicht. Deshalb haben wir uns beim ‹Fest der Wölfe› auf das Wesentliche beschränkt. Wenn ich mich recht erinnere, heißt es – äh – –»

«Ich habe den Text vor mir liegen», sagt Weinholtz. «Darin steht etwas über den Autor und sein Thema, Terror und Staat, Terroristen und Politiker, aber nichts, wo das Stück spielt, kein Hinweis. Das kann in Chile sein, in El Salvador oder, vielleicht, auch in der Bundesrepublik Deutschland. Es geht doch um den Fall Schleyer? Oder war das falsch, was in dem Artikel stand?»

«Nein, das ist schon richtig. Man hätte im Programmheft tatsächlich etwas deutlicher werden können.»

«Der Name Schleyer hätte genügt, dann wäre jedem klargeworden, um was es geht. Finde ich. Na ja, war nur eine Frage. Im Programmheft zum Stück wird das ja wohl anders aussehen, und das Stück selbst – ich bin wirklich sehr gespannt.»

Noch ein paar Floskeln, dann beendet Weinholtz das Gespräch. Settler knallt den Hörer auf die Gabel. Im selben Augenblick schießt Busse herein.

«Ich hab die Losch drangehabt, aber bei Ihnen war besetzt. Hier ist die Nummer, sie ist in Bremerhaven.»

«Um Gotteswillen, das schafft sie ja nicht.» Settler wählt schon. «Hat sie ein Auto?»

«Hab ich nicht gefragt.»

«Nein, kein Auto. Sie fliegt bis Frankfurt, da holen wir sie ab. Hilde soll das Reisebüro anrufen, Bremen-Frankfurt buchen und den Flugschein in Bremen hinterlegen lassen.»

Die Losch meldet sich beim ersten Klingeln.

Sie machen es kurz und sachlich. Elfi Losch hat die Woche frei, die Genehmigung von ihrem Intendanten erhält sie auch. Settler atmet auf.

«Und die Gage?» fragt sie.

«Darüber sprechen wir, wenn Sie hier sind.»

«Das könnte Ihnen so passen. Ich will fünfhundert netto, bar in der großen Pause.»

«Netto?» sagt Settler empört. «Das ist eine Stargage. Das ist nicht drin bei uns.»

«Und ein Zimmer im Parkhotel. Keine Bruchbude in einer Pension. Parkhotel, darauf bestehe ich.»

«Gut, Parkhotel. Aber mit der Gage müssen wir —»

«Fünfhundert in der Pause auf die Hand. Sonst bleibe ich hier. Ich bin froh, daß ich mal etwas Zeit für mich habe. Wenn ich komme, dann nur Ihnen zu Gefallen. Wer dirigiert denn?»

«Leo Weiss.»

«Der gute alte Leo, immer noch da. Und wie komme ich hin?»

«Sie fliegen Bremen-Frankfurt, da holen wir Sie ab.»

Busse legt ihm gerade einen Zettel hin.

«Der Flug ist auf Ihren Namen gebucht, der Flugschein liegt beim Lufthansa-Stationsschalter. Flugnummer 718, Abflug 14.30 Uhr.»

«Wunderbar», sagt Elfi Losch. «Die Quittung fürs Taxi zum Flughafen bringe ich mit. Also bis heute abend.»

Alles zusammengerechnet dürfte dieser Tag das Theater runde tausendfünfhundert Mark zusätzlich kosten.

Beim Mittagessen fällt Settler der Anruf von Weinholtz wieder ein.

«Was ist?» fragt Mia.

Settler schüttelt den Kopf und ißt langsam weiter. Er wird nicht nachgeben, die Namen bleiben draußen, auch wenn Herr Weinholtz höchstpersönlich sie sehen und hören möchte. Ich trage die Verantwortung, denkt Settler. Wenn etwas schiefgeht, hilft mir keiner, ausbaden muß ich es, ich allein.

Junghans hat schlecht geschlafen. Ein plötzlicher Luftdruckanstieg, er kennt das und verflucht die Wetterecke, in die es ihn verschlagen hat. Am liebsten bliebe er liegen. Er könnte die Moll anrufen und ihr sagen, daß er erst mittags kommt. Aber das hat er erst vergangene Woche getan, und wenn Settler ihn gerade braucht, ist er gereizt und wird später sehr ironisch. Außerdem kriegt er vom Liegenbleiben einen trägen Kopf, und den kann er sich heute auf keinen Fall leisten. Für vierzehn Uhr hat sich Krecker angesagt.

Junghans wälzt sich aus dem zerwühlten Bett und schlurft im Schlafanzug aus dem Zimmer. Als er im Flur am großen Spiegel vorbeikommt, denkt er: Mein Gott, das ist ja grauenhaft. Er trinkt den ersten Schluck Kaffee im Stehen in der Küche und setzt sich dann, die Tasse haltend, an den Tisch, der vollsteht mit dem schmutzigen Geschirr von mehreren Tagen. Er trinkt die Tasse mit kleinen Schlucken leer und spürt, daß seine Benommenheit langsam weicht.

Leicht angeekelt mustert er die Küche, die wieder wie ein Saustall aussieht, er muß Frau Walz unbedingt dazu bringen, dreimal in der Woche zu kommen, zweimal genügt nicht. Oder er darf nicht mehr so großzügig sein und Karin daran hindern, nach dem Essen das Geschirr abzuspülen. Warum eigentlich? Er überlegt und kommt zu dem Schluß, daß er offenbar befürchtet, sie könnte dadurch zu heimisch werden. Da ist was dran. Mit Gertraud hat es seinerzeit auch so angefangen: Geschirr abwaschen, ein bißchen putzen, Hemden bügeln und zuletzt auch noch selbständig einkaufen und kochen. Dann ist sie zu ihm gezogen und zwei Jahre geblieben. Wie lang ist das her? Eine Ewigkeit, sechzehn Jahre. Inzwischen hat sie drei Kinder von einem Apotheker und ruft auch nicht mehr zum Geburtstag an.

Aber bei Karin besteht da ja keine Gefahr. Sie ist gut mit einem Oberamtmann der Bundespost verheiratet, der dienstags abends gleich vom Dienst zu seinen Skatfreunden geht und nie vor Mitternacht nach Hause kommt. Er hat Karin vor gut einem Jahr auf einer Party kennengelernt, übrigens auch an einem Dienstag, sie ist appetitlich und anschmiegsam und kocht begeistert. Er sitzt meistens dabei, unterhält sie und tut manchmal auch etwas für ihre Bildung. Ob das, was er ihr vorliest, auch in ihren Verstand dringt, hat er noch nicht ergründen können. Eigenartigerweise macht sie das Zuhören aber sinnlich, einmal hat sie sogar etwas anbrennen lassen. Gestern hat er ihr aus Hebbels Tagebüchern vorgelesen und gar nicht bemerkt, daß sie die Kochplatten ausschaltete und die Töpfe vom Herd schob. Sie wollte gleich ins Bett gehen und nachher weiterkochen. Vielleicht liegt's an der späten Mahlzeit, daß er sich noch so bleiern fühlt. Er trinkt eine zweite Tasse Kaffee.

Später im Bad beim Rasieren denkt Junghans plötzlich an Hartmut Schiller. Der wurde gestern ganz aufgedreht, als sie davon sprachen, daß Krecker kommen würde. Er sprach mit so leuchtenden Augen von Krecker, als wäre er Apoll und käme geradewegs vom Olymp. Unwillkürlich schaltet Junghans den Rasierer aus. Herrgott, daß er darauf nicht gleich gekommen ist. Krecker ist schwul, und Hartmut hat sich in ihn verliebt. Er schaltet den Rasierer wieder ein und bearbeitet sein Kinn, wobei er sich bemüht, ein Grinsen zu unterdrücken. Er kann nichts dafür, aber Verliebtheit bei anderen bewirkt bei ihm nur noch Schadenfreude. Dann kommen ihm die Konsequenzen in den Sinn. Stirnrunzelnd nimmt er sich vor, in Zukunft vorsichtig in seinen Äußerungen über Krecker und sein Stück zu sein. Bisher war Hartmut zwar immer verschwiegen, aber Verliebte sind unberechenbar.

Der Vormittag verläuft wie gewöhnlich. Er holt seine Post bei der Moll ab, schaut ins Intendantenzimmer und sagt Settler guten Tag, geht dann zu Busse, um sich den Probenplan zu holen. Trittmacher ist da und spricht ihn wegen des Musicals an. Junghans hebt abwehrend die Hand. Das sei nicht mehr sein Bier, er solle sich an Schiller wenden.

«Der ist doch neu in der Stadt. Es geht um die Jazzband. Können Sie mir nicht helfen? Sie sind am längsten hier.»

Junghans will nicht ungefällig sein, vor allem Trittmacher gegenüber nicht, der ihm von den Kapellmeistern am sympathischsten ist. Er überlegt und erinnert sich an seine erste Spielzeit, als er neugierig die unbekannte Stadt erforschte. Damals kannte er alle Lokale, wo etwas los war, und in einem spielte eine wirklich fabelhafte Jazzband. Keine Ahnung mehr, wie sie hieß, bestimmt existiert sie nicht mehr. Er schüttelt den Kopf. «Tut mir leid, ich bin ganz raus aus der Szene. Aber Popgruppen gibts doch sicher jede Menge.»

«Es müßte schon mehr dahinterstecken, ein bißchen Gitarreklimpern genügt nicht.»

Junghans hebt bedauernd die Schultern und will zur Tür, da fällt ihm doch noch etwas ein. «Da gab's mal einen Studienrat, der uns wahnsinnig genervt hat, erinnern Sie sich? Er wollte was Musikalisches in seiner Schule aufführen, wir sollten ihm helfen.»

Busses Miene deutet sofort tiefes Nachdenken an. Dann erhellt sich sein Gesicht. «Er hat mit Herrn Schora verhandelt. Der müßte wissen, wie er heißt und an welcher Schule er ist.»

«Na also. Wenn er Fachlehrer ist, kennt er sich wohl auch in der Musikszene aus.»

«Danke für den Tip», ruft Trittmacher ihm nach.

Junghans geht bei Camilla vorbei, aber die erwartet die Gewandmeisterin und hat keine Zeit. Ob es etwas Besonderes gebe, fragt sie.

«Heute vormittag kommt der Autor der Uraufführung.»

«Was will der denn schon? Ich denke, ihr fangt erst im Dezember an?»

«Kann sein, wir fangen gar nicht an.»

«Wieso?»

«Ich muß Krecker heute beibringen, daß er die Namen rausnehmen soll. Wenn er nein sagt, platzt der Laden.»

«Hast du nicht mit Weinholtz darüber gesprochen?»

«Ja. Ob er schon was unternommen hat, weiß ich nicht.»

«Soll ich ihn fragen?»

«Kannst du tun, aber bitte unauffällig.»

«Warum unauffällig? Entweder ich frage ihn, oder ich frage ihn nicht. Du mit deiner Leisetreterei. Krach mußt du machen, sonst erreichst du gar nichts.»

Junghans will den Vorwurf der Leisetreterei zurückweisen, schließlich ist Diplomatie etwas anderes, nämlich eine Kunst, aber da trampelt die Gewandmeisterin ins Zimmer, und er schenkt sich weitere Worte.

Schiller ist nicht im Büro. Wahrscheinlich steckt er auf der Probe. Auch beim Mittagessen sieht er ihn nicht. Erst um vierzehn Uhr, als er Krecker erwartet, taucht Schiller plötzlich auf, öffnet weit die Tür und sagt: «Besuch!»

Horst Krecker rauscht herein, gleich bis in die Mitte des Büros, wirkt auf diese Weise raumfüllend und kann, da Junghans noch sitzt, auf ihn herabsehen. Mit ausgestreckter Hand kommt er auf Junghans zu und sagt lauter als nötig, es freue ihn sehr.

Kreckers Kleidung ist diesmal nicht bunt, sondern elegant. Unter dem offenen taillierten Mantel mit breitem Kragen sieht Junghans einen dunklen Anzug samt Weste. Schiller hilft Krecker beim Mantelausziehen, schiebt einen Stuhl an Junghans' Schreibtisch, setzt sich dann im vorderen Raum an seinen eigenen und schwenkt den Drehstuhl, bis er beide sehen kann.

Daß Schiller dabei sein will, stört Junghans im ersten Augenblick. Dann aber denkt er an die intime Beziehung zwischen den beiden. Er hat jetzt gar keinen Zweifel mehr und wüßte nur zu gern, ob Schiller Krecker schon verraten hat, was auf ihn zukommt. Zunächst bittet Junghans um Entschuldigung für die kurzfristige Einladung, aber je früher sie einige Punkte klären könnten, desto besser liefen die Vorbereitungen.

Ihm sei das nur recht, sagt Krecker und lächelt. «Ich habe auch noch einige Änderungen vorzuschlagen. Das darf Sie nicht verwundern. Wenn man ein Stück geschrieben hat, ist man wahnsinnig erleichtert, legt es weg und denkt möglichst nicht mehr dran. Aber jetzt steckt's mir wieder im Kopf, und ich habe dauernd das Gefühl, da kannst du noch was besser machen. Aber keine Angst, es sind keine grundsätzlichen Änderungen. Und das wichtigste: Sie sparen sich eine Rolle, nämlich Schleyer. Den möchte ich ganz rausschmeißen.»

Junghans wird hellwach. Die Szenen mit Schleyer hält er für die eindrucksvollsten im ganzen Stück, für die hat er auch schon eine genaue Vorstellung. Die sollen wegfallen? Ausgeschlossen. Da muß er hart bleiben.

Krecker lächelt wieder. Aber das Lächeln steht nur im Gesicht, die Augen behalten ihren wachsamen Blick. Junghans fühlt sich dadurch gestört, wird kribbelig, bemüht sich, ruhig zu bleiben und sagt: «Ich halte die Szenen für außerordentlich stark. Die können Sie nicht einfach rausnehmen, ohne dem ganzen Stück zu schaden. Warum wollen Sie denn das?»

«Sehn Sie, das Gesicht Schleyers ist so ausgeprägt, daß man es nicht einfach durch einen Schauspieler mit Maske ersetzen sollte. Das wirkt peinlich.»

In diesem Augenblick durchzuckt Junghans eine Idee. Damit könnte er zwei Fliegen mit einer Klappe schlagen. Als habe er tief nachgedacht, sagt er zögernd: «Es gäbe eine Möglichkeit, Ihre Befürchtung auszuräumen, ohne auf die Szenen zu verzichten.»

«Nur los», sagt Krecker. «Für gute Ratschläge bin ich immer zu haben.»

«Wir könnten doch die Originalnamen durch neutrale Namen ersetzen. Dann wären alle Probleme mit Übereinstimmung oder Ähnlichkeit gelöst.»

«Meinen Sie das im Ernst?»

«Ich denke, das ist logisch.»

Diesmal lächelt Krecker nicht, er lacht. «Entschuldigen Sie, Herr Junghans. Ihre Logik in allen Ehren, aber glauben Sie wirklich, ich würde auf die Namen verzichten? Vielleicht verlangen Sie auch noch einen Text im Programmheft: Jede Ähnlichkeit ist zufällig! Nein, das kommt nicht in Frage. Außerdem will ich die Szenen ja nicht ersatzlos streichen. Hören Sie doch erst mal an, was ich mir vorstelle. Die Dialoge der Entführer mit Schleyer sind knapp, das haben Sie ja gelesen. Ich möchte die Szenen jetzt im Raum nebenan spielen lassen, wo die Entführer unter sich sind. Dort beraten sie, was sie jeweils mit Schleyer vorhaben. Alles dreht sich wie zuvor um Schleyer, man spürt ihn ständig hinter der Wand, aber man sieht ihn nicht. Und dadurch wird er, finde ich, viel lebendiger, als säße er leibhaftig vor einem.»

Noch während Krecker redet, stellt Junghans sich die Szenen vor, und er muß sich eingestehen, daß Krecker recht hat. Zudem handelt es sich bei dieser indirekten Darstellung um einen alten Theatertrick, der seine Wirksamkeit noch nie verfehlt hat.

«Finde ich Klasse, ehrlich», läßt sich Schiller plötzlich vernehmen, der bisher stumm zugehört hat.

Auch Junghans nickt und erklärt sich überzeugt. Er fragt, ob Krecker die neuen Szenen schon geschrieben habe.

Krecker verneint, aber Junghans solle sich keine Sorgen machen, er bekomme sie rechtzeitig. Dann spricht er über weitere Änderungen, die jedoch nur Kleinigkeiten betreffen und so klar begründet sind, daß Junghans sie ohne Widerspruch annimmt. Daß Krecker was vom Handwerk versteht, ist ihm längst klar. Verwunderlich ist nur, daß er bisher noch nie was von ihm gehört hat. Als er ihn danach fragt, lacht Krecker wieder.

«Ich fange ja erst an mit dem Stückeschreiben, das ist mein drittes. Ich hab's nicht eilig. Ich will nicht um jeden Preis aufgeführt werden. Nein sagen zu können ist auch was Schönes.»

Diese Antwort erinnert Junghans brennend an Settlers Auftrag, Krecker zur Namensänderung zu bewegen. Am liebsten würde er jetzt ganz offen sprechen, aber das geht nur unter vier Augen, und Schiller denkt gar nicht daran, das Büro zu verlassen. Junghans wartet noch eine Viertelstunde, dann bittet er Schiller, bei der Moll frischen Kaffee zu holen. Schiller will anrufen, aber Junghans schüttelt den Kopf. Schiller wisse doch, daß die Moll sauer sei, wenn sie auch noch für die Dramaturgen Mamsell spielen müsse. Er solle den Kaffee selbst frisch aufbrühen. Widerstrebend zieht Schiller ab.

Junghans klopft sich umständlich eine Zigarette aus der Packung, steckt sie an und sagt beiläufig: «Da ist noch etwas, Herr Krecker. Ich möchte aber gern, daß das unter uns bleibt.»

«Na klar.»

«Was ich jetzt sage, ist nicht meine Meinung, sondern die des Intendanten. Herr Settler sieht Gefahr, wenn wir Ihr Stück mit den echten Namen herausbringen. Er meint, wir könnten juristische Probleme kriegen, angefangen von einstweiligen Verfügungen bis zum fetten Prozeß. Deshalb bittet er Sie dringend, daß Sie die Namen ändern.»

Krecker bleibt bei diesen Worten genauso lässig sitzen wie vorher, ein Bein übergeschlagen, eine Hand in der Hosentasche. Er schweigt und sieht Junghans abwartend an.

«Wie gesagt, ich teile diese Meinung nicht. Ich finde, wir haben das Recht, das Stück so zu bringen, wie es ist. Aber ich habe mich bisher nicht durchsetzen können, und ich möchte auf keinen Fall, daß Sie das Stück zurückziehen. Verstehen Sie? Ich will es bringen, wie es geschrieben ist, mit den richtigen Namen.»

Krecker schweigt noch immer.

«Ich bin davon überzeugt, daß mir das auch gelingt», fährt Junghans nach einem hastigen Zug aus der Zigarette fort. «Es gibt da

Möglichkeiten, von anderer Seite auf den Intendanten einzuwirken. Das geht aber nicht von heute auf morgen, dazu brauche ich Zeit. Wenn Sie jetzt sofort definitiv ablehnen, kann ich nichts machen.»

Jetzt endlich bewegt sich Krecker, nimmt die Hand aus der Tasche und stellt das Bein auf den Boden. Wie nebenher sagt er: «Immerhin habe ich einen unterschriebenen Vertrag.»

Junghans nickt.

«Wenn er nicht erfüllt wird, kann das teuer werden.»

«Alles richtig», sagt Junghans. «Ich befürchte nur, der Intendant wird zahlen, ohne daß Sie erst klagen müssen. Aber so weit darf es nicht kommen. Ich möchte Ihnen einen Vorschlag machen.»

«Bitte.»

«Geben Sie mir freie Hand. Lassen Sie mich dem Intendanten sagen, Sie überließen die endgültige Entscheidung mir.»

Jetzt, zum erstenmal, kommt Bewegung in Horst Krecker. Er fährt sich mit der Hand übers Haar und fängt an, auf dem Stuhl herumzurutschen. «Mein Gott, Sie können einem aber ganz schön die Pistole auf die Brust setzen. Wir haben uns ja praktisch erst vor einer Stunde kennengelernt.»

«Hartmut Schiller kennen Sie doch schon länger.»

«Was hat Hartmut damit zu tun?»

«Er kann Ihnen bestätigen, daß ich keine leichtfertigen Versprechungen mache.»

«Was versprechen Sie mir denn?»

«Daß ich das Stück unter den echten Namen herausbringe.»

«Und wenn Ihr Settler das verbietet? Der kommt doch irgendwann mal zu einer Probe, oder?»

«Wenn er bis dahin noch nein sagen sollte, was ich für ausgeschlossen halte, können Sie immer noch einen Rückzieher machen. Sie behaupten dann einfach, ich hätte Sie angelogen, ich hätte Ihnen kein Wort von der Bedingung des Intendanten gesagt.»

«Und was behaupten Sie?»

«Daß das stimmt.»

Junghans spürt, daß sein Gesicht heiß geworden ist, wahrscheinlich sind auch die dunklen Flecken wieder da. Na wenn schon, ihm ist plötzlich alles egal, auch der Riesenkrach, der dann kommen wird.

Wahrscheinlich wird Settler ihn vor die Tür setzen, oder noch besser, er kündigt selbst. Er spürt, daß die Zigarette seine Fingerspitzen anbrennt. Er drückt sie aus und fühlt sich auf einmal wahnsinnig erleichtert. Kaum hört er noch, was Krecker sagt.

«Ich habe eine stille Vorliebe für Verrückte», sagt Krecker, und sein Lächeln wird zum Grinsen. «Von Ihnen hatte ich eigentlich nicht diesen Eindruck, aber ich lasse mich gern überzeugen. Ich bin einverstanden und Sie haben freie Hand. Im übrigen bin ich ja bei den Proben dabei.»

Als Schiller den Kaffee hereinbalanciert, spürt er die veränderte Atmosphäre. Er strahlt und ist neugierig: «Na, seid ihr klargekommen?»

«Danke für den Kaffee», antwortet Junghans. «Wieso klargekommen? War was unklar?»

«Ich dachte nur.»

«Was du immer denkst. Bei uns ist alles klar. Übrigens kannst du Herrn Krecker gratulieren, er spielt den Bölling.»

«Mensch, das ist ja prima. Da liegst du genau drauf, Horst, gratuliere.»

Um halb fünf ruft die Moll an und bittet Junghans, Herrn Krecker, bevor er gehe, zum Chef zu bringen.

«Krecker ist schon längst weg.»

«Hm», macht die Moll. «Augenblick bitte.»

Krecker ist um vier gegangen, begleitet von Schiller. Im Dezember, bei Probenbeginn, werden sie sich wiedersehen. Krecker hat versprochen, die Änderungen so rasch wie möglich zu schicken. Junghans preist es als gutes Geschick, daß Krecker schon weg ist. Aber wieso hat der Chef überhaupt daran gedacht? Er hat ihn doch absichtlich nicht an Kreckers Besuch erinnert.

Die Moll meldet sich wieder: «Sie möchten bitte gleich mal kommen.»

«Bin schon unterwegs.»

Settler ist milde gestimmt, obwohl er wenig Anlaß dazu hat. Nicht nur weil Krecker bereits auf und davon ist. Er hat seine Reiseabrechnung abgezeichnet, deshalb wußte er, daß er im Haus war. Ärgerlicher ist die Aufstellung, die Verwaltungsleiter Rühl ihm auf besonderen Wunsch gemacht hat: Die Kosten für das Einspringen von Elfi Losch betragen genau 1 687,29 Mark. Heller Wahnsinn. Beim nächstenmal wird er die Vorstellung ausfallen lassen. So was ist im Etat einfach nicht drin. Zudem war die Aufführung schlecht, er hat sie sich selbst angesehen. Das lag aber nicht an der Losch, die hat sich erstaunlich gut gehalten. Das Orchester war hundsmiserabel, so was hat er noch nicht erlebt. Leo Weiss, der Dirigent, hat nachher nur mit den Schultern gezuckt. Es gäbe eben solche Tage, bei der Probe hätte alles bestens geklappt.

«Tut mir leid, Chef», sagt Junghans beim Eintreten. «Ich wußte nicht, daß Sie Krecker selbst noch sprechen wollten.»

Settler blickt über die Brille hinweg. «Sie hätten ja auch mal fragen können. Oder ist das zu viel verlangt?»

Junghans setzt sich auf den Tisch. Er fühlt sich frei und unbefangen, ein Gefühl, das er lange vermißt hat. Kommt es daher, daß er sich nicht loyal verhält?

«Und?» fragt Settler. «Wie sieht es aus?»

«Gut, Chef, gut. Wir haben uns ausgesprochen und alle Probleme geklärt.»

«Es gab doch nur eins, wenn ich mich nicht irre. Werden die Namen geändert oder nicht?»

«Krecker hat mir freie Hand gegeben.»

«Das heißt?»

«Ich kann mir die Namen aussuchen.»

«Haben Sie das schriftlich?»

«So was mache ich doch nicht schriftlich.»

«Sie müssen wissen, was Sie tun», sagt Settler friedlich und nimmt seine Brille ab. «Da fällt mir ein, unser Kulturdezernent hat vor einigen Tagen angerufen und mich auf das Stück angesprochen. Warum der Text im Jahresprogramm so allgemein gehalten wäre, er hätte einen Hinweis auf die Schleyer-Affäre vermißt.»

«Sie haben doch darauf bestanden, daß wir das weglassen.»

«Ich mache Ihnen keinen Vorwurf, Bernd, ich stelle nur fest. Ach ja, noch etwas anderes. Wissen Sie eine gute Jazzband in der Stadt? Trittmacher hat mich gefragt, er kennt sich hier nicht aus. Ich habe auch keine Ahnung, aber Sie müßten das doch eigentlich wissen.»

4

Die Probebühne 1 ist ein großer Raum, kahl und häßlich wie eine alte Lagerhalle, mit ewig schmutzigen Fenstern in der einen Schmalseite. Auch wenn die Sonne scheint, kommt Licht nur von den Leuchtstoffröhren. Auf dem abgewetzten Linoleum markieren Versatzstücke und Kreidestriche das Bühnenbild des zweiten Akts von «Mario Miracolo». Davor stehen zwei Tische, der eine für Giersberg und Gaby, der andere für Gunda Preuss, die Souffleuse. Für den Inspizienten gibt es einen weiteren Tisch an der Wand. Udo Hemke bedient dort das Tonbandgerät. Die Bänke neben der Tür sind für Schauspieler, die auf ihren Auftritt warten.

Ira Kleinschmidt sitzt dort auch nach dem Abgang.

Anfangs ist sie brav mitgelaufen, wenn die Kollegen nach ihrem Auftritt ins «Konver» eilten; daß das Konversationszimmer Konver genannt wird, hat sie schon am ersten Tag gelernt. Voller Erwartung sperrte sie die Ohren auf, um nur ja kein Wort zu überhören, wenn über die Arbeit gesprochen wurde, über die Szene, die sie eben probiert hatten, über die Fehler, über eine ganz unverständliche Regieanweisung. Besonders gespannt wartete sie darauf, was die Kollegen von ihr selbst hielten, was sie schlecht und was sie gut fanden. Vielleicht verrieten sie ihr auch ein paar Tricks, denn es mußte viele Tricks geben, die sie noch nicht kannte. Da war zum Beispiel Jochen Witt, der den Ernesto spielte und immer die gleichen Fehler machte, Textsprünge und falsche Gänge. Endlos, viele Tage lang nervte er so das ganze Ensemble, bis er urplötzlich gar keinen Fehler mehr machte, nicht einen einzigen, und damit wiederum die anderen verwirrte, die ja auch noch nicht sicher waren. Wie war das möglich? Ein Wunder oder ein Trick?

Im Konver verlor niemand auch nur ein Wort darüber. Alle, die dort eintraten, schienen unterwegs die Probebühne völlig vergessen zu haben. Sie sprachen über ihre Autos und Wohnungen, über Kochrezepte, Krankheiten und Fußball, gelegentlich auch, und dann meistens laut, über Politik.

Schließlich fragte Ira: «Sag mal, Gaby, ist das immer so?»

«Fast immer», antwortete Gaby.

Seitdem bleibt Ira während der ganzen Probenzeit auf der Bank kleben, hört und sieht alles, paßt auf wie ein Schießhund und lernt, so hofft sie, in jeder Minute etwas dazu.

Sie probieren die letzte Szene des zweiten Akts, den Aktschluß vor der großen Pause.

Es soll eine große Szene mit Chor und Ballett sein. Aber so weit ist es noch nicht. Zwar sitzt die Szene, jeder beherrscht seinen Text, und die Lieder sind einstudiert. Schwierigkeiten machen aber immer noch die Bewegungsabläufe, die Agnes Stumpf in ihrer Choreographie festgelegt hat. Ganz genau genommen gibt es nur eine Schwierigkeit: Pater Bernardo, gespielt von Oberspielleiter Will Tanner, der einen Exorzismus vornehmen soll, kann seine Gestik nicht mit seinem Text in Einklang bringen.

Auf ein Zeichen Giersbergs schaltet Hemke das Tonband ein, aus den Lautsprechern knallt Klaviermusik, Pater Bernardo beginnt den rhythmisch der Musik angepaßten Text zu sprechen: *«Exorcizo te...»*

Müde winkt Giersberg Hemke zu, das Band abzuschalten. Es war die elfte Wiederholung an diesem Morgen. Ira hat mitgezählt und begreift immer noch nicht, warum Tanner die Arme nicht so bewegt, wie es ihm die Ballettmeisterin schon ein dutzendmal gezeigt hat. Tanner soll doch schon selbst viele Opern und Operetten inszeniert haben.

«Sollen wir eine Pause machen, Herr Tanner?» fragt Giersberg.
«Wozu? Dadurch ändert sich doch nichts.» Tanner wendet sich verzweifelt an die Ballettmeisterin, die hinter Giersberg steht. Agnes Stumpf, eine zierliche Frau Mitte Fünfzig, bleibt ganz ruhig. Daß sie von älteren Schauspielern nicht viel verlangen kann, weiß sie, das kalkuliert sie von vorneherein ein. Aber hier wird ja nicht einmal Tänzerisches verlangt, nur einfache Gestik. Das muß er doch können.
«Ich zeig's dir noch mal», sagt sie geduldig. «Du sprichst den Text. Band ab, Udo!»

Auch das ist schon mehrmals so abgelaufen: Agnes Stumpf zeigt Gestik und Schritte, während Tanner seinen Text spricht. Diesmal schweigt er. Als Hemke auf einen Wink Giersbergs das Band stoppt, sagt er: «Ich möchte Sie allein sprechen, Herr Giersberg.»

Giersberg winkt den anderen zu. «Wir machen zehn Minuten Pause.»

Alle verlassen den Raum, nur Gaby und Ira bleiben.

«Ich habe mich bisher zurückgehalten, Herr Giersberg, das müssen Sie zugeben. Ich habe keine Kritik geäußert, kein Wort, auch außerhalb nicht. Aber so geht das nicht. Was Sie aus meiner Rolle machen – eine gute Rolle, ich habe sie mir ja selbst ausgesucht, und das hätte ich bestimmt nicht getan, wenn es keine gute Rolle wäre –, darüber sind wir uns wohl einig. Sehn Sie das denn nicht? Das müssen Sie doch sehen.»

«Was muß ich sehen, Herr Tanner?»

«Der Priester spricht ein Gebet. Er ist nicht irgendein Schamane, der im Urwald Geister beschwört. Er ist ein katholischer Priester, der ein liturgisch festgelegtes Gebet spricht.»

Tanner greift in seine Tasche, zieht ein dünnes Buch hervor, schlägt es bei einem Lesezeichen auf. «Ich habe hier den offiziellen Text aus dem *Rituale Romanum*, das habe ich mir besorgt, die Mühe habe ich mir gemacht. Hier ist der lateinische Text und hier die deutsche Übersetzung. Ich lese Ihnen den deutschen Text vor. Sie werden sofort begreifen, daß ich recht habe.»

«Augenblick, Herr Tanner. Wozu wollen Sie mir das vorlesen? Im Stück sprechen Sie lateinisch, und das Stück ist ein Musical. Die

Szene ist musikalisch aufgebaut, und wir setzen die Musik gleichzeitig in Bewegung um. Das ist alles.»

«Für mich ist das nicht alles.»

«Frau Stumpf hat gezeigt, daß es geht, und daß die Gestik genau synchron ist.»

«Das heißt also, daß ich unfähig bin, die Rolle zu spielen?»

«Das sagt doch keiner. Vielleicht brauchen Sie ein bißchen länger, bis Sie drin sind. Das kann jedem mal passieren. Ich schlage vor, daß wir die Szene erst mal aussetzen. Sie probieren noch mal allein mit Frau Stumpf, bis Sie sicher sind. Am besten machen wir gleich mit ihr die Termine fest. Holen Sie bitte Frau Stumpf, Gaby?»

Tanner winkt energisch ab, Gaby bleibt sitzen.

Giersberg unterdrückt einen Seufzer. «Also bitte, machen Sie selbst einen Vorschlag. Sie wissen, wie knapp wir mit der Zeit sind.»

«Ich schlage vor, daß wir meine Gestik streichen. Die Schritte lassen wir, aber mehr nicht.»

«Herr Tanner, ich fasse eine Inszenierung als Einheit auf. Bisher ist diese Einheit gewahrt, es gibt keinen Bruch. Ihr Auftritt ist einer der Höhepunkte, sogar der wichtigste Höhepunkt, wenn Sie an die Pause denken. Außerdem korrespondiert Ihre Gestik mit dem Ballett, Sie sind so etwas wie der Vortänzer. Ich kann und will das nicht verschenken. Das können Sie nicht von mir verlangen.»

«Gut. Dann spreche ich mit dem Intendanten. Sie können an dem Gespräch teilnehmen, wenn Sie wollen.»

«Was soll der Intendant dabei? Ich inszeniere hier, nicht der Intendant.»

«Ich habe Ihnen angeboten, daß Sie teilnehmen können. Wenn Sie ablehnen, ist das Ihre Sache.»

«Wir machen in fünf Minuten weiter, Herr Tanner. Machen Sie mit oder nicht?»

«Eben haben Sie vorgeschlagen, daß Sie aussetzen wollen.»

«Gut, setzen wir aus. Wie lange brauchen Sie?»

«Zuerst spreche ich mit dem Intendanten.»

«Wie viele Tage, Herr Tanner?»

Tanner gibt keine Antwort mehr. Als er an Ira vorbeirauscht, macht sie sich so klein wie möglich. Er sieht sie gar nicht. Mit leisem Plop schließt sich die Eisentür hinter ihm.

«Was jetzt?» fragt Giersberg.

Gaby blättert im Regiebuch. «Erster Akt, dritte Szene, da sind alle drin, die wir hierhaben.»

Giersberg nickt. «Sagen Sie den andern Bescheid, ich geh mal pinkeln.»

Als er draußen ist, fragt Ira: «Kannst du mir erklären, was mit dem Tanner ist?»

Gaby zuckt mit den Schultern. «Der spinnt manchmal.»

«Und was macht er jetzt?»

«Schmeißt die Rolle hin», antwortet Gaby und stutzt im nächsten Augenblick. «Nee, kann er ja nicht. Das ist seine letzte Chance in diesem Jahr.» Sie lacht. «Mensch, das freut mich.»

Dann erklärt sie Ira, daß Tanner die Rolle nur übernommen habe, um wenigstens einmal als Schauspieler auf der Bühne zu stehen und dafür bei der Steuer 25 Prozent Freibetrag beanspruchen zu können. Als Oberspielleiter stehe ihm der nicht zu, und die 25 Prozent bedeuteten für ihn sechstausend Mark Freibetrag jährlich. Darauf würde er nie verzichten.

Settler besucht keine Proben, das hat er immer eisern durchgehalten. Wenn was schiefläuft, hört er es ohnehin, entweder von den Dramaturgen oder von Busse, nur ganz selten von einem der unmittelbar Beteiligten, es sei denn, der Regisseur verlangt Ausstattungsspezialitäten, deren Kosten weit über dem Durchschnitt liegen. Aber das kommt so gut wie nie vor. Die hauseigenen Regisseure wissen, wo die Grenzen liegen, und die Gastregisseure klärt er auf, bevor sie den Vertrag unterschreiben dürfen. Was aber Streitigkeiten zwischen Schauspieler oder Sänger und dem Regisseur angeht, da mischt er sich nicht ein, das weiß jeder im Haus. Er lehnt es auch ab zu vermitteln. Umbesetzungen aus solchen Gründen gibt es nicht. Natürlich besteht die Möglichkeit, daß ein Schauspieler sich einfach krankschreiben läßt. Das kommt vor. Allerdings tut das jeder nur einmal, denn im nächsten Stück wird er nicht die erhoffte große Rolle bekommen. Er kriegt bestenfalls eine kleine, eine Wurzen, so einfach ist das.

Mit Will Tanner ist es nicht *so* einfach. Scheinbar geduldig hat sich Settler angehört, wie Tanner seine Rolle auffaßt. Er hat sich über das Exorzieren belehren lassen, sogar den Text aus dem *Rituale Romanum* auf Latein und Deutsch über sich ergehen lassen, ohne zu unterbrechen. Es ist schon erstaunlich, was für Argumente Tanner vorbringt. Er umkreist das Problem von allen Seiten. Na ja, das hat er gelernt. Als Regisseur ist er brauchbar, in den Sand gesetzt hat er noch keine Inszenierung. Andererseits hat er aber auch noch nie jemanden vom Sessel gerissen.

Während Tanner nun anfängt, Giersberg zu loben – er nennt ihn einen «wirklich sehr begabten Mann» und will damit andeuten, wie hoch die Auseinandersetzung angesiedelt ist, nämlich auf allerhöchstem Niveau –, findet es Settler an der Zeit, die Sache zu Ende zu bringen.

Mit ermunterndem Handzeichen, nur ja weiterzusprechen, greift er zum Telefonhörer und sagt ungeduldig: «Was ist denn mit dem Brief, Hilde? Sind Sie immer noch nicht fertig?»

«In fünf Minuten?» fragt die Moll leise zurück.

«Ja, gut.» Settler legt den Hörer auf. In spätestens fünf Minuten wird die Moll die Tür öffnen und eindringlich an einen Termin erinnern. Dabei erfindet sie immer etwas Neues, und jeder Besucher sieht ein, daß der Intendant das Gespräch abbrechen muß. Jetzt fehlt ihm nur noch eine Idee, wie er die Nuß knacken kann. Das muß gleich geschehen, denn sonst hat er Tanner weiterhin am Hals.

Umbesetzen? Nein, da ist zur Zeit niemand, der die Rolle übernehmen könnte. Außerdem ist Tanner mit seinem weißen Haar und der sonoren Stimme bestimmt ein eindrucksvoller Pater. Also, er bleibt drin. Was er über die Sache sagt, ist natürlich Quatsch. Keinen Zuschauer interessiert es, daß der Pater in Wirklichkeit nur ganz ruhig ein Gebet sprechen würde. Wer den Teufel beschwört, braucht die Hände, sonnenklar.

Tanner redet immer noch. Er ist jetzt bei Vergleichen mit Operninszenierungen, er spricht über Lohengrin, wo er Ähnliches ausprobiert haben will. Herrgott, denkt Settler, es muß mir doch was einfallen. Dann fällt ihm was ein.

Er lehnt sich zurück, legt die Hände zusammen und runzelt

bedeutungsvoll die Stirn. Tanner spürt, daß er endlich Gehör gefunden hat, und schließt ab, indem er fragt: «Oder liege ich da falsch?»

«Kommt drauf an», sagt Settler. «Das ist, wie Sie wissen, immer eine Sache des Standpunkts. Allerdings sehe ich nur noch eine Möglichkeit, wie wir die Sache regeln können, um Ihren Freibetrag zu sichern. Sie übernehmen eine Rolle in unserer letzten Inszenierung, das setze ich durch bei Lauken. Sie spielen den König, nichts Großes, aber darauf legen Sie ja auch keinen besonderen Wert.»

«König? Welchen König?» fragt Tanner argwöhnisch.

«In unserem Weihnachtsmärchen, in ‹Dornröschen›, im wichtigsten Stück des Jahres, wie Sie ja selbst immer sagen. Übrigens auch meine Meinung. Ich fände es auch taktisch klug, wenn Sie einmal im Märchen spielten. Das wird im ganzen Haus Eindruck machen.»

In diesem Augenblick öffnet sich die Tür, und die Moll blickt herein. «Herr Settler, denken Sie an Ihren Termin mit Herrn Happe? Sie müssen gehen, wenn Sie pünktlich sein wollen.»

«Ja, danke. Geben Sie mir doch bitte mal die Besetzung vom Märchen.»

«Nein, nein, nicht nötig», sagt Tanner eilig. Er dreht sich zur Moll um und wiederholt: «Nicht nötig.»

Als die Tür geschlossen ist, sagt er: «Das ist ein Mißverständnis, Herr Settler. Ich will doch nicht umbesetzt werden. Kommt gar nicht in Frage.»

«Bitte sehr, ich wollte Ihnen nur entgegenkommen. Wenn Sie glauben, sich doch noch mit Herrn Giersberg arrangieren zu können, um so besser.»

Tanner steht auf, er lächelt gequält. «Da wird's schon einen Weg geben. Ich spreche noch mal mit Agnes, vielleicht fällt ihr was ein, was alle zufriedenstellt. Danke, daß Sie sich die Zeit genommen haben.»

Als Tanner draußen ist, sinnt Settler noch eine Weile vor sich hin. Soll er doch mit Giersberg sprechen und ihn zum Verzicht auf seine gestenreiche Geisterbeschwörung bewegen? Nein. Dem Regisseur Tanner tut es ganz gut, wenn er wieder mal am eigenen Leib erfährt, wie das ist, gegen den Strich spielen zu müssen. Plötzlich fällt ihm Happe ein. Er springt auf und eilt zur Tür.

«Wann ist der Termin bei Happe?»

«Morgen», sagt die Moll. «16.30 Uhr im Rathaus, Sitzungsraum vier.»

Settler kehrt zum Schreibtisch zurück. Er weiß nicht, was Happe von ihm will. Um den Lyrik-Abend kann es nicht gehen; um darüber zu sprechen, würde Happe zu ihm ins Theater kommen. Am Telefon hat er nur gesagt, daß um 17.30 der Kulturausschuß tage und er, als Vorsitzender, und seine beiden Stellvertreter Settler gern vorher sprechen würden.

Die Proben verlaufen genau nach Plan. Die erste ist morgens von 10 bis 14 Uhr angesetzt, dann folgt die im Tarifvertrag festgelegte Ruhezeit von vier Stunden, anschließend, von 18 bis 21 Uhr, die zweite Probe.

Ganz zu Anfang hat Ira einmal das Wort Ruhezeit wörtlich genommen. Sie ging ins Schwimmbad, legte sich in die Sonne und entspannte sich völlig. Nie wieder, schwor sie sich. Während der anschließenden Probe hatte sie in den ersten beiden Stunden nur Mist gemacht, obwohl sie glaubte, sie wäre besonders gut. So geht sie jetzt, nach dem Essen in der Kantine, immer gleich nach Hause, duscht, legt sich eine Stunde aufs Bett und beginnt dann wieder mit der Arbeit. Sie spricht ihren Text, probiert jeden Schritt und jede Geste, singt ihre Lieder.

An diesem Mittag dauert das Essen etwas länger. Die Kantine ist gerammelt voll. Das ist immer so, wenn das Orchester probiert. Ira muß ziemlich lange warten, bis ein Platz frei wird. Sie ißt, ohne auf die fremden Gesichter am Tisch zu achten. Dann spürt sie einen Blick, hebt den Kopf und sieht genau in zwei graue Augen, die sie ein wenig spöttisch mustern, wie ihr scheint. Sie kennt den Mann, weiß aber nicht, wohin sie ihn tun soll. Vorsichtigerweise nickt sie ihm mit einem kleinen Lächeln zu.

«Wie läuft's denn?» fragt der Grauäugige wohlwollend.

«Danke, gut», antwortet sie und überlegt krampfhaft, wer das ist. Der Pullover kommt ihr bekannt vor, der ist ihr schon mal aufgefallen. Dann erinnert sie sich: Chefdramaturg Junghans, er war beim Vorsprechen dabei. Mensch, der ist wichtig, zu dem muß sie nett sein.

Sie riskiert einen raschen Blick. Er schaut sie noch immer an, grinst jetzt ein bißchen herablassend.

Sie ärgert sich darüber und sagt nicht besonders höflich: «Sie können ja mal kommen und zugucken.»

«Danke für die Einladung. Aber ich warte lieber bis zur Hauptprobe.»

Glatte Abfuhr, denkt sie. Ich war zu frech, verdammt, ich wollte doch nett sein.

«Herr Schiller hat mir gesagt, daß Sie das Musical ausgesucht haben. Ich finde es wirklich Klasse, ganz toll. Meine Rolle finde ich auch ganz prima.»

So, sie hat ihn gelobt, das ist schon mal gut. Das schluckt er auch gern, das sieht man. Aber ich muß noch was anderes bringen, denkt sie, etwas, worauf er eingehen kann und wo er zeigen kann, wie klug er ist.

«Darf ich Sie mal was fragen?» Ihre Stimme sollte ein bißchen schüchtern klingen.

«Aber bitte.»

«Also es geht um den Sinn des Stücks. So ganz kapiert hab ich's immer noch nicht. Wenn zum Schluß die Flora den Mario von seinem Tick mit den Comics erlöst hat, müßte er sich doch eigentlich freuen. Aber sein letzter Song ist ein richtiges Trauerlied, finde ich. Das versteh ich nicht.»

«Im Ernst? Verstehen Sie wirklich nicht?»

«Ehrlich. Vielleicht bin ich zu doof. Ich meine, er kriegt doch nun Flora und kann heiraten und glücklich sein. Das müßte doch auch irgendwie rauskommen.»

Das meint sie übrigens wirklich so. Sie versteht den Schluß nicht, es sei denn, das Stück hat mit Absicht kein Happy-End. So was gibt's ja.

«Was Sie beunruhigt, ist das tragische Moment des Stücks.»

«Tragisch? Ich sehe das eher komisch.»

Chefdramaturg Junghans, jetzt ganz ernsthaft, erklärt ihr, daß das Musical tatsächlich eine Tragikomödie sei. Es zeige, wie ein junger Mann, der sich die Träume seiner Kindheit erhalten wolle, dazu gezwungen werde, das Träumen aufzugeben und sich in die triste

Welt der Erwachsenen einzufügen. Während Flora an die Dauer der großen Liebe glaube, die alle Widrigkeiten überwinde, ahne Mario den großen Trug.

«Danke», sagt Ira und lächelt zerknirscht. «Jetzt hab ich's kapiert. Beim Lesen bin ich nicht dahintergekommen.»

«Kriegen Sie deswegen nicht gleich Komplexe. Stücke zu lesen und zu verstehen ist eine Sache für sich. Warum haben Sie nicht den Regisseur gefragt oder Schiller?»

«Das hab ich mich nicht getraut», gibt Ira zu.

«Die freuen sich doch, wenn einer fragt. Was glauben Sie, wie viele Schauspieler Rollen spielen, ohne sie zu verstehen, und wie wenige das zugeben. Trinken wir noch eine Tasse Kaffee?»

«Ja, gern.»

Ira bringt ihren Teller weg und holt Kaffee vom Automaten. Sie ist sehr erleichtert und findet Junghans jetzt auch ganz anziehend, nicht nur weil er Chefdramaturg ist. Allerdings ist er schon reichlich alt, an die fünfzig bestimmt.

Als sie später in ihrem Zimmer in der Klosterstraße probiert, stockt sie mehrmals mitten im Text und überlegt, wie alt er wirklich ist. Vielleicht ist er doch noch nicht so alt. Sie weiß aus Erfahrung, wie schwierig es für Jüngere ist, das Alter von Älteren zu schätzen. Für Kinder ist sie selbst zum Beispiel uralt, die können kaum einen Unterschied zu ihrer Mutter erkennen. Verrückt, aber so ist das. Nach der vierten Unterbrechung ruft sie sich energisch zur Ordnung und geht zum Singen über. Singen ist besser, die Musik zwingt zum Weitermachen. Sie hat sich ein Kassettenband mit Trittmachers Klavierbegleitung aufgenommen und kann damit das richtige Tempo einhalten. Nachmittags kann sie auch in voller Lautstärke singen, dann ist sie allein in der Wohnung.

Das Singen macht ihr jetzt Spaß. Zu Anfang war es eine echte Quälerei. Manchmal war sie ganz verzweifelt, wenn Trittmacher immer wieder unterbrach und «Fis» schrie und dabei den Ton ein halbes dutzendmal anschlug. Er war unerbittlich, blieb aber immer sachlich. Ohne ihn, das weiß sie jetzt, hätte sie's nicht geschafft.

Sie singt und überhört das Klopfen an der Tür. Erst als das Klopfen zum Hämmern wird, stutzt sie. Während das Band weiterläuft, geht sie zur Tür und öffnet. Vor ihr steht, flammende Empörung im Gesicht, Christa Scheible.

«Kannst du das nicht leiser machen? Das ist ja nicht auszuhalten.»

Ira hat angenommen, die Scheibles wären draußen bei ihrem Haus, aber Christa zischt, mittwochs seien sie nie draußen, sie müßten ja auch mal am Schreibtisch arbeiten, und sie solle gefälligst nicht so schreien.

«Das geht nicht. Ich muß so laut singen, sonst ist das Üben sinnlos.»

Gaby hat ihr schon gleich beim Einzug gesagt, sie sollte sich nichts von den Scheibles gefallen lassen, die wären egoistisch bis zum Gehtnichtmehr.

Christa dreht sich brüsk um und verschwindet mit langen Schritten in ihrem Zimmer.

Ira stellt den Rekorder ab und läßt das Band zurücklaufen. Sie will auf den Startknopf drücken, da dröhnt von nebenan Musik. Titatataa-wumm! Christa hat ihren Plattenspieler in Betrieb gesetzt und voll aufgedreht. Titatataa-wumm! Tschaikowskys Klavierkonzert Nummer zwei. Ira muß unwillkürlich lachen, dann schüttelt sie den Kopf über so viel Dämlichkeit. Sie wird trotzdem weitersingen. Aber sie kommt gegen Tschaikowsky nicht an.

Um halb sechs macht Ira sich wieder zur Probe fertig. Beim Hinausgehen klopft sie bei Gaby an, die mitkommt. Unterwegs erzählt Ira vom Krach mit Christa Scheible. «Kümmer dich nicht drum», sagt Gaby nur.

Dann fragt Ira, ob Will Tanner weiter mitmache.

«Na klar. Der Chef hat ihm angeboten auszusteigen und dafür eine Rolle in ‹Dornröschen› zu übernehmen.»

«Ist das wahr? Woher weißt du das?»

«Und ob das wahr ist», sagt Gaby. Wie sie es erfahren hat, sagt sie nicht. Ganz gut, wenn Ira rechtzeitig lernt, daß es in einem Theater keine Geheimnisse gibt. Natürlich haben weder Settler noch Tanner etwas über ihr Gespräch verlauten lassen. Aber für Hilde Moll genügte der zurückgezogene Auftrag, die Besetzung des Märchens vorzulegen, um Lauken, mit dem sie gelegentlich schlief, anzurufen. Lauken, der das Märchen inszenieren soll, hat daraufhin bei Gaby angefragt, ob es mit Tanner im Musical Schwierigkeiten gäbe. So fügte sich eins zum anderen.

Als Tanner zehn Minuten nach Probenbeginn kommt, wissen es alle und grinsen sich eins. Tanner erscheint kommentarlos mit der Ballettmeisterin, mit der er drei Stunden solo geübt hat. Als sie einen Szenendurchlauf machen, beherrscht er die Gestik fast fehlerfrei, nur seine Stimme klingt auf einmal dünn und gekünstelt. Giersberg läßt es durchgehen.

Junghans hat die Unterhaltung mit Ira Kleinschmidt nicht vergessen. Als er um halb sieben noch mal ins Büro geht, um das neue «Heft der Deutschen Bühne» zu holen, das er zu Hause lesen will, findet er Schiller an seinem Schreibtisch sitzen.

«Machst du Überstunden?»

«Ich will gleich noch mal zur Probe. Giersberg hat Schwierigkeiten mit Tanner. Aber sonst läuft alles prima. Trittmacher hat auch endlich seine Rockband gefunden, die ‹Firecrackers›. Kennst du die?»

Junghans schüttelt den Kopf.

«Eine Freizeitband, fünf Mann. Sie treten nur am Wochenende auf. Zwei können sogar Noten lesen.»

Sie lachen. «Armer Trittmacher», sagt Junghans. «Was ich dich noch fragen wollte, wie macht sich eigentlich die Kleinschmidt?»

«Ira ist gut. Die schafft das prima.»

«Und wie ist sie in den Dialogen?»

«Ich sag doch, prima.»

«Ich suche immer noch jemanden für die Rolle der Ensslin.»

«Frag sie doch.»

«Das muß ich zuerst mit dem Chef bereden. Sie müßte einen Anschlußvertrag kriegen. Ich weiß nicht, ob er das macht.»

«Er soll ihr gleich einen festen Vertrag geben. So was wie sie brauchen wir doch dringend. Sag ihm das mal.»

Junghans beschließt abzuwarten. Er wird sich die Hauptprobe ansehen oder noch besser die Generalprobe, die ist Mitte September, also in drei Wochen. Dann ist es immer noch früh genug, sich zu entscheiden.

Die Katastrophe in der zweiten Szene des dritten Akts trifft Ira aus heiterstem Himmel. Es ist eine Dialogszene mit Mario Miracolo, Ira kann den Text im Schlaf. Aber nach den ersten Sätzen unterbricht Giersberg.

«Nicht so schreien, Ira. Noch mal von vorn, bitte! Mario tritt aus der Tür, bleibt stehen. Flora sieht ihn und geht zügig auf ihn zu, aber nicht rennen. Los!»

Ira bemüht sich, nicht zu schnell und nicht zu langsam zu gehen. Bewußt setzt sie Schritt vor Schritt.

«Noch mal zurück, Ira! Nicht so steifbeinig, normal locker gehen. Bitte.»

Ira wiederholt den Gang. Sie wiederholt ihn noch sechsmal, dann darf sie endlich sprechen. Sie spricht klar und deutlich, ohne zu schreien. Nach fünf Sätzen unterbricht Giersberg.

«Nein, Ira, so nicht. Das ist kein Sprechen, das ist Textaufsagen. Denk mit, wenn du sprichst. Noch mal bitte.»

Nach einer halben Stunde ist Ira klitschnaß. Einmal greift sie sogar daneben, als sie Marios Arm anfassen will. Christian Lück gibt ihr ein Papiertaschentuch, mit dem sie sich den Schweiß aus den Augen wischt. Christian Lück hält sich großartig, er verzieht keine Miene, obwohl er der Hauptleidtragende ist. Aber die Blicke der andern im Probensaal brennen wie Pfeile in ihrem Körper. Sie weiß längst nicht mehr, was sie sagt. Sie kommt sich vor wie ein Automat, dessen Federwerk immer wieder aufgezogen wird und der sich dann rasselnd in Bewegung setzt.

Plötzlich hat sie das Gefühl, neben sich zu stehen und sich selbst zu beobachten. Atme mit dem Zwerchfell, befiehlt sie ihrem anderen Ich, sprich nicht mit dem Mund, sprich mit dem Körper. Das hat nicht Giersberg gesagt, das hat ihr Schauspiellehrer gesagt, immer wieder, in jeder Unterrichtsstunde. Jetzt fällt es ihr ein. Sie macht vor dem ersten Satz eine Pause, die nicht vorgesehen ist, aber dann spricht sie plötzlich anders. Sie fühlt, daß der Ton besser trifft, sie merkt es auch am Gesicht Christian Lücks, dessen Augen sich etwas weiten, als erlebe er ein Wunder. Sie spielt die ganze Szene zu Ende, ohne daß Giersberg unterbricht. Als sie fertig ist, sagt er: «Bitte noch einmal.»

Sie wiederholt die Szene, diesmal ohne die kleine Pause.

Giersberg sagt: «Danke, das war's.»

Ira verzichtet an diesem Mittag aufs Essen in der Kantine, sie geht gleich nach Hause, wirft sich aufs Bett und ist Sekunden später eingeschlafen. Als sie nach anderthalb Stunden aufwacht, fühlt sie sich elend und zerschlagen. Das schreckliche Versagen bei der Probe wird ihr wieder bewußt. Daß sie es schließlich doch noch geschafft hat, führt sie nicht auf ihr Können zurück, sondern auf den Zufall. Irgendwann mußte es ja klappen. Aber wie soll das weitergehen? Wird sich das bei jeder Dialogszene wiederholen? Wenn sie bloß mit jemandem darüber sprechen könnte. Mit Giersberg? Das geht nicht, dem darf sie nicht offenbaren, wie unsicher und unfähig sie sich fühlt. Gaby? Ja, die hört zu, aber dann kommt die übliche Handbewegung, mit der sie Schwierigkeiten abtut; sie würde sagen, das sei normal, darüber solle sie sich nicht aufregen, das müsse man nehmen, wie es komme. Schiller? Nein, mit dem darf sie auf keinen Fall sprechen, der findet alles großartig und prima. Wie kann einer immer nur so optimistisch sein, das ist doch nicht normal.

Dann fällt ihr doch einer ein, mit dem sie gern darüber spräche. Er würde sie mit seinen grauen Augen spöttisch anblicken, aber er würde zuhören und ganz ernsthaft werden und ihr sicher Mut machen.

Scheiße, denkt Ira. Ausgerechnet zu dem konnte sie nicht gehen. Der hatte nichts mit dem Stück zu tun und mit ihr schon gar nicht. Aber schon der Gedanke, daß da einer in der Nähe existierte, erfrischt sie auf wundersame Weise. Ihre Niedergeschlagenheit ist plötzlich verschwunden.

Sie hört das Telefon klingeln und hat keine Lust dranzugehen. Der Apparat steht draußen im Flur und hat eine so lange Schnur, daß jeder ihn mit in sein Zimmer nehmen kann. Man muß Münzen einschieben, wenn man selbst wählen will. Das Klingeln bricht ab. Dann klopft es an ihre Tür.

«Ja, bitte?»

Die Tür öffnet sich, Rainer Herzig hält ihr den Apparat hin. «Für dich.»

«Für mich?» Einen heißen Augenblick lang hofft sie, es sei Junghans.

«Er ist es nicht», sagt Herzig grinsend. «Leider nur dein Mütterchen.»

«Danke», sagt Ira ärgerlich, reißt ihm Apparat und Hörer aus den Händen, zieht die Schnur ins Zimmer und schiebt mit der Hüfte die Tür zu.

«Hier ist Ira», meldet sie sich, während sie den Apparat auf den Teppich stellt und sich mit untergeschlagenen Beinen daneben niederläßt. Daß ihre sparsame Mutter nachmittags, in der teuren Zeit anruft, muß etwas zu bedeuten haben.

«Das ist ja schrecklich mit dir, Kind! Man kann dich ja gar nicht mehr erreichen. Hast du denn jeden Abend Probe?»

«Ja, bis 21 Uhr. Wie geht's euch? Ist was passiert?»

«Was soll denn passiert sein?»

«Ich dachte, weil du jetzt anrufst. Du kannst doch Sonntag anrufen.»

«Wegen Sonntag rufe ich ja an. Stell dir vor, Papa hat die Idee gehabt. Wir waren alle sprachlos, sonst ist er doch kaum aus dem Haus zu kriegen. Auf einmal fängt er ganz von selbst damit an, niemand hat gefragt oder was gesagt.»

«Ja, was ist denn?»

«Wir kommen Sonntag.»

«Wohin kommt ihr?»

«Zu dir, Kind. Wir besuchen dich. Die ganze Familie, sogar Stefan will mitkommen. Wir fahren Samstag zuerst zu Tante Lore und Onkel Herbert nach Darmstadt, da können wir alle übernachten. Die freuen sich schon. Und Sonntag früh fahren wir dann los und sind gegen neun bei dir. Frühstücken tun wir dann mit dir zusammen in einem Hotel, auch zum Essen gehen wir irgendwohin. Überleg dir schon mal was, du kennst dich doch sicher aus. Und in der Zwischenzeit kannst du uns dein Theater zeigen und wo du wohnst und so, und gegen vier fahren wir wieder los. Ira? Bist du noch da, Ira?»

Ira schluckt. «Ja, Mama.»

«Papa würde auch gern deinen Chef, den Intendanten, kennenlernen. Geht das wohl, was meinst du?»

Lange Pause.

«Ira? Ira, warum sagst du denn nichts?»

«Das geht nicht, Mama.»
«Was geht nicht?»
«Ihr könnt mich nicht besuchen. Ich hab Sonntag Probe, morgens, nachmittags und abends. Ich hab überhaupt keine Zeit.»
«Auch Sonntag? Den ganzen Sonntag?»
«Ja, Mama. Den ganzen Tag.»
Das Lügen geht ihr flott von der Zunge. Der Intendant sei verreist, sagt sie, und sonntags könne man auch das Theater nicht besichtigen, und ihr Zimmer sei winzig, da könne sie keinen Besuch empfangen. Sie sollten zur Premiere kommen, das seien doch nur noch drei Wochen. Dann habe sie auch Zeit für alles andere.

Die Enttäuschung in Plettenberg ist groß. Es tut ihr schon fast wieder leid. Aber es geht nicht.

«Ja, wenn das so ist, kann man nichts machen. Ich hatte mich so gefreut, Papa auch. Übrigens, vor ein paar Tagen hat Sven angerufen und sich nach dir erkundigt.»
«Wer, Mama?»
«Sven Schulte.»
«Was will der denn?»
«Er hat sich sehr nett erkundigt, wie's dir geht. Er freut sich, daß du es doch noch geschafft hast. Ich soll dich vielmals von ihm grüßen.»
«Danke, Mama. Ich muß jetzt Schluß machen, ich muß zur Probe. Das wird auch viel zu teuer.»

Aber sie muß noch Auskunft geben, ob sie ganz gesund sei, ob sie genug esse, ob sie noch Bettwäsche brauche; sie habe im Sonderangebot eine sehr schöne Garnitur bekommen, die werde sie ihr schicken, und sie solle nur ja immer früh schlafen gehen und vor allem nicht wieder mit dem Rauchen anfangen.

Ira raucht seit zwei Jahren nicht mehr.

Nachdem sie den Hörer aufgelegt hat, bleibt sie noch auf dem Teppich sitzen. Sie stellt sich vor, worüber Papa wohl sprechen würde, wenn er den Intendanten Settler besuchte. Über die Fertigung und den Vertrieb von Muffen und Flanschen? Über die Niederwildjagd? Oder Kegeln? Oder Fußball?

Settler ist zum erstenmal im Sitzungsraum IV im neuen Rathaus.
An einem Tisch sitzen Bernhard Happe, der Vorsitzende des Kulturausschusses, und seine beiden Stellvertreter. Happe kommt Settler einige Schritte entgegen, begrüßt ihn und will ihn mit den beiden Herren bekannt machen. Aber den einen kennt Settler bereits: Martin Lempfert, Mitinhaber der Druckerei Küll & Lempfert, seit vielen Jahren dem Theater geschäftlich verbunden; Settler fällt ein, daß das letzte Telefongespräch mit Lempfert sehr unangenehm gewesen ist. Es ging um Herzig, diesen Dummkopf von Werbeleiter. Lempfert, liberal vom Scheitel bis zur Sohle, gibt sich vertraut und freundschaftlich. Den anderen Stellvertreter kennt Settler bisher nur vom Hörensagen und aus der Zeitung. Es ist eine Frau, Liselotte Witka, die sitzenbleibt, als er ihr die Hand reicht.

Settler setzt sich dieser Witka gegenüber und mustert sie verstohlen, während Happe die ungewöhnliche Einladung begründet. Es gehe um schwerwiegende Entscheidungen beim kommenden Kulturetat, der wahrscheinlich massive Kürzungen hinnehmen müsse.

Frau Witka hält einen Kugelschreiber in der Hand und blickt in die vor ihr liegenden Papiere, während Happe spricht. Settler weiß, daß sie Sozialpädagogin ist, verheiratet mit einem in der Industrie tätigen Chemiker, Mutter zweier Kinder, politisch eine schon fast radikale Linke, die sich stark in der alternativen Kulturarbeit engagiert hat. Was darunter zu verstehen ist, weiß Settler nicht genau, will es auch gar nicht wissen. Das ungepflegte Äußere Frau Witkas, ihr strähniges langes Haar, ihr unreiner Teint, durch keinerlei Make-up kaschiert, sagt ihm genug über diese Art von Kultur.

In diesem Augenblick sieht Frau Witka auf und wirft ihm einen bohrenden Blick zu. Settler hält stand, ohne die Miene zu verziehen.

Aber er zuckt überrascht zusammen, als sie den Mund aufmacht. Er hat entsprechend ihrem Äußeren ein schrilles Organ erwartet, doch sie spricht mit wohlklingendem Alt.

«Wir wollen hier von morgen reden und nicht von gestern, das möchte ich zunächst mal feststellen, das halte ich für das Wichtigste, daß wir uns den Gedanken mal als erstes zu eigen machen, dann können wir über alles reden, darüber, was notwendig ist und was wünschenswert ist, und vor allem darüber, was machbar ist und was nicht, was nichts damit zu tun hat, daß wir weniger Geld zur Verfügung haben werden, im Gesamthaushalt meine ich, denn das heißt ja nicht unbedingt, daß deshalb auch der Kuretat kleiner sein muß, vielmehr bin ich der Meinung, daß der Kulturetat endlich mal aufgestockt werden muß.»

Mein Gott, denkt Settler nach diesem ohne Pause gesprochenen Satz, wann atmet sie eigentlich?

Er bekommt in der nächsten halben Stunde noch reichlich Gelegenheit, über die Atemtechnik der Frau Witka zu staunen. Was sie allerdings mit unendlich langen Sätzen und verschlungenen Wörtern sagen will, muß er sich dann selbst herausfiltern. Nach Frau Witkas Meinung ist das instituierte Theater das Relikt einer versunkenen bürgerlichen Epoche. Um die Ansprüche einer verschwindenden Minderheit zu befriedigen, verbrauche es den weitaus größten Teil der Mittel, die alle Steuerzahler für kulturelle Zwecke aufbrächten. Die große Mehrheit habe einen Anspruch darauf, daß auch ihre eigenen Bedürfnisse befriedigt würden. Mit den frei werdenden Mitteln sollte vor allem ein Kulturhaus finanziert werden. Unterstützt werden sollten ferner Vereine, die sich der Volkskunst widmen, freie Theater- und Musikgruppen und kulturelle Veranstaltungen aller Art, die besonders der Kinder-, Jugend- und Altenarbeit zugute kommen. Zusätzliche Mittel sollten die Volkshochschule und die Büchereien erhalten.

Settler bemerkt, daß Happe und Lempfert ihn erwartungsvoll ansehen. Er soll also darauf antworten.

«Ich gehe davon aus», sagt er liebenswürdig lächelnd, «daß wir das gleiche wollen, nämlich kulturelle Bedürfnisse befriedigen. Selbstverständlich halte auch ich eine alternative Kulturarbeit für wichtig. Alternativ setzt aber voraus, daß etwas zur Wahl steht, und da möchte ich nun doch das Theater auf den ersten Platz stellen.» Dieser Person kann er nur mit harten Fakten kommen.

«Sprechen wir doch über die Mittel, die uns zur Verfügung stehen. Daß wir damit sparsam umgehen, versteht sich von selbst. Sechsundachtzig Prozent aller Einnahmen einschließlich Subvention werden für Gehälter und Löhne verbraucht, für 211 Arbeitsplätze. Wenn Sie die einsparen wollen, wie sollten wir das praktizieren? Das Orchester verkleinern? Das geht nicht, dann müßten wir es schon ganz abschaffen, und das würde bedeuten: kein Musiktheater mehr, keine Oper, keine Operette, kein Musical, kein Ballett, kein Chor, keine Konzerte mehr. Wollen Sie das?»

Die Witka sieht Settler ungerührt an. «Gibt es nicht zahlreiche Städte in der Bundesrepublik, die ein Theater besitzen ohne eigenes Personal?»

«Einige.»

«Wo trotzdem Theateraufführungen angeboten werden?»

«Das ist richtig. Sie behelfen sich mit Gastspielen.»

«Wieso ist das Behelf? Werden die Gastspiele von Laiengruppen bestritten? Oder sind es ausgebildete Schauspieler, die auf der Bühne stehen?»

«Selbstverständlich sind es ausgebildete Schauspieler. Aber ich möchte Sie darauf aufmerksam machen, daß es für das Musiktheater so gut wie keine Angebote gibt. Die Operetten sind abgemagert, die Orchester selten ganz besetzt. Das ist mit einer eigenen Produktion gar nicht zu vergleichen. Und eine Oper bekommen Sie gar nicht.»

«Weil Oper am meisten kostet.»

«Ja.»

«Haben Sie schon mal daran gedacht, Ihren Opernbetrieb mit dem eines anderen Theaters zusammenzulegen?»

«Sie meinen wie die Deutsche Oper in Düsseldorf und Duisburg? Oder wie das Städtebundtheater Hof? Darüber ist schon, ich glaube vor acht Jahren, ausführlich gesprochen worden.»

«Den ablehnenden Ratsbeschluß können Sie jederzeit nachlesen», wirft Happe ein.

«Den habe ich gelesen.» Sie tippt auf die Papiere, die vor ihr liegen. «Ich habe hier eine Kopie davon. Dazu möchte ich nur feststellen, daß damals erstens die finanzielle Situation völlig anders war, zweitens niemand an alternative kulturelle Aktivitäten gedacht hat und drittens mich die Argumente gegen eine Kooperation nicht im mindesten überzeugen. Das ist alles Wischiwaschi.»

«Das Wischiwaschi, wie Sie es nennen, ist von einer ganz überwiegenden Mehrheit angenommen worden.»

«Einer Mehrheit von gestern mit Argumenten von gestern. Das dürfte heute anders aussehn, das werden wir noch feststellen.»

Lempfert räuspert sich.

«Wenn ich dazu etwas bemerken darf. Ich meine, wir haben Herrn Settler zu uns gebeten, damit er uns fachkundige Auskünfte gibt. Was Sie jetzt ansprechen, Frau Witka, sind grundsätzliche Erwägungen, die wir doch nicht jetzt und hier erörtern müssen.»

Frau Witka würdigt Lempfert nicht mal eines Blickes. «Ich möchte Sie fragen, Herr Settler, sind Sie auch heute noch der Meinung, daß eine Kooperation mit einem anderen Theater ausgeschlossen ist? Und wenn ja, warum.»

Settler überlegt, bevor er antwortet. Natürlich ist er gegen eine Zusammenlegung. Das heißt, wenn er selbst Chef des gemeinsamen Unternehmens würde, wäre das vielleicht eine interessante Aufgabe. Strikte Ablehnung wäre also falsch. Andererseits erwarten Happe und Lempfert natürlich, daß er sich sperrt. Sie würden es als Verrat empfinden, wenn er hier Konzessionen macht. Verdammte Situation.

Er versucht es mit einem gewinnenden Lächeln. «Diese Frage läßt sich nicht so ohne weiteres beantworten. Dazu bedarf es, glaube ich, zunächst einer gründlichen Analyse. Das Problem ist zu komplex, als daß Ihre Frage sofort schlüssig beantwortet werden könnte.»

Settler entdeckt erst jetzt, daß Frau Witka Augen wie eine Katze besitzt, hellblau und nicht bohrend, wie er vorhin empfunden hat. Es sind Augen, die nur sehen, aus denen aber nichts zu lesen ist. Es entsteht eine unangenehme Pause. Dann fragt Frau Witka: «Wie lange läuft eigentlich noch Ihr Vertrag, Herr Settler?»

Happe ruckt so heftig mit dem Kopf, daß seine Haare sich vom Kragen abheben. «Das steht jetzt überhaupt nicht zur Debatte, Frau Witka. Bitte, Herr Settler, beantworten Sie diese Frage nicht. Im übrigen erkläre ich die Befragung für beendet. Ich danke Ihnen namens des Ausschusses herzlich für Ihr Kommen, Herr Settler, Sie sind uns sehr hilfreich gewesen.»

Als Settler wieder zu Frau Witka hinsieht, hat sie den Blick gesenkt. Aber sie lächelt, zum erstenmal. Settler gäbe was dafür, könnte er ihre Gedanken lesen. Nur eins weiß er sicher: Sie ist gefährlich. Frauen sind immer gefährlicher als Männer. Sie kochen ihre Abneigungen ein wie Marmelade, lagern sie kühl, und irgendwann öffnen sie das Glas, und dann guten Appetit. Sigrid Kammers ist auch so ein Fall. Hat keinen Ton gesagt, als sie auf die Rolle der Flora verzichten mußte, doch da kommt noch was, irgendwann, wenn er's am wenigsten erwartet.

Aber bei Frau Witka darf er nicht warten, da muß er selbst aktiv werden, rechtzeitig Gegenminen legen. Wer kann ihm dabei helfen? Happe ist kein starker Mann, den markiert er nur. Lempfert? Eine liberale Flasche, in die sich jeder Saft einfüllen läßt. Weinholtz, schießt es ihm durch den Kopf. Ja, der muß sein Mann werden. Er wird ihn künftig anders behandeln, ihm öfter ein bißchen Zucker geben, seine Bedeutung fürs Theater betonen.

Die Weinholtz haben endlich das passende Haus gefunden: einen Bungalow mit achthundert Quadratmeter Garten; alles sehr gepflegt, und, ganz wichtig, voll unterkellert. Da das Haus am Hang liegt, hat die eine Kellerseite sogar richtige Fenster, ideal für das Atelier, das Helma sich einrichten will. Der Besitzer lebt in Norddeutschland. Er hat das Haus geerbt und will es langfristig vermieten, monatlich 1200 Mark. Das ist viel, aber Weinholtz ist bereit, diese Last zu tragen. Helma solle auch was vom Leben haben, hat er ihr mittags bei der Besichtigung gesagt. Der Makler war gern bereit, den Bungalow ihnen zu geben, obwohl ihm, sagte er, die Interessenten die Bude einliefen. Einen Beamten im höheren Dienst zöge er jedem anderen vor.

Abends sagt Helma, sie wolle das Haus lieber doch nicht haben. Sie bereitet in der Küche das Abendessen vor, er steht im Bad und wäscht sich die Hände. Er hat eine ekelhafte Besprechung mit dem Direktor der Neuen Galerie im Schloß hinter sich, der sich nach wie vor weigert, eine Kinderabteilung einzurichten. Das heißt, er wäre sofort bereit, wenn ihm drei zusätzliche Planstellen für Aufsichtspersonal bewilligt würden.

Drei neue Planstellen sind bei der schwierigen Finanzlage natürlich ein Witz, und das weiß der Museumsdirektor genau. So ein sturer Hund, die beiden anderen Museen haben es ohne zusätzliches Personal geschafft.

Was hat Helma da gesagt? Sie will das Haus nicht? Mit dem Handtuch tritt er auf die Diele hinaus.

«Was hast du gesagt?»

«Ich hab's mir überlegt, Schatz. Ich will das Haus lieber doch nicht.»

Er geht bis zur Küchentür.

Sie wäscht Kopfsalat und redet dabei so munter, als handle es sich um irgendeine belanglose Sache. «Mir ist das heute nachmittag ganz klar geworden. Weißt du, das Haus liegt einfach zu weit draußen, ich komme mir dann vor wie eine von den grünen Witwen.»

«Bis zur Bushaltestelle sind es drei Minuten.»

«Das meine ich ja. Wenn ich was brauche, muß ich jedesmal den Bus nehmen.»

«Ich habe dir doch versprochen, daß du den Wagen kriegst, wenn du ihn brauchst, daß ich dann mit dem Bus reinfahre.»

«Ja, Schatz, das ist lieb gedacht. Aber sollen wir jeden Morgen erst mal überlegen, wer den Wagen dringender nötig hat?»

Weinholtz merkt nicht, daß seine Hände das Frottiertuch langsam zu einer Wurst zusammendrehen. «Du wolltest doch das Haus. Wegen dir besichtigen wir jetzt seit Wochen ständig Häuser.»

«Übertreib nicht. Bisher waren es nur fünf.»

«Immerhin fünf. Aber du wolltest das Haus, oder?»

«Können wir gleich weiterreden, Schatz? Ich muß jetzt Krach machen.»

Sie schaltet den Mixer ein.

Als sie am Tisch sitzen, schweigt Weinholtz eisern, obwohl Helma ihn ein paarmal fragend ansieht. Sie soll ruhig spüren, daß er sauer ist. Er will das Haus auf jeden Fall. Daß es so weit draußen liegt, ist gerade das Bestechende daran, das hat er schon mittags bei der Besichtigung gedacht. Er kann sich dann freier bewegen, wenn er in der Stadt ist. Günstig für seine Besuche bei Camilla. Und ein Haus bindet, da ist immer was zu tun; wenn sie dann töpfert – er wird ihr den großen Brennofen kaufen – ist sie voll ausgelastet.

Er sieht sie an. «Wenn ich richtig verstehe, willst du die Töpferei aufgeben?»

«Nein. Wieso?»

«Heute mittag hast du gesagt, der Keller wäre für ein Atelier wie geschaffen.»

«Ist er auch. Aber ich brauche nicht unbedingt ein Atelier.»

«Was bedeutet denn das schon wieder?»

Sie lacht. «Lieber Gott, mach nicht so ein Gesicht. Freu dich doch, wenn wir den Brennofen nicht zu kaufen brauchen. Ich wollte dir's schon längst sagen, aber heute ist mir das erst richtig klargeworden. Das ist ja immer so, wenn man sich entscheiden muß, wird auf einmal alles klar.»

«Was wird klar?»

Sie fischt die letzten Salatblätter aus der Schüssel und legt sie auf ihren Teller. «Die Sache ist so. Wenn das Kulturhaus eingerichtet wird, soll auch eine Töpferei reinkommen, mit allem Drum und Dran. Wahrscheinlich kriegen wir auch einen Fachmann, der uns Tips gibt. Das ist doch besser, als wenn ich allein rumwurstle. Es ist auch viel lustiger. Verstehst du?»

«Was für ein Kulturhaus?» fragt Weinholtz verständnislos.

«Ach, Schatz, du bist heute richtig durcheinander. Was ist bloß los mit dir? Das ist doch deine eigene Idee. Das hast du in deinem Vortrag angekündigt, weißt du nicht mehr?»

Weinholtz hat bisher nur einen Vortrag gehalten, vor einigen Wochen vor dem Bürgerverein, Thema «Kultur und Politik». Der Vortrag war gut besucht, die Presse berichtete ausführlich und recht freundlich darüber und Bürgermeister Umland gratulierte ihm. In dem Vortrag hat er sich über die Möglichkeiten ausgelassen, auch jene Bevölkerungskreise in das kulturelle Leben der Stadt einzubeziehen, die bisher aus verschiedensten Gründen abseits standen. Er nannte Einzelheiten, wie und wo das gemacht werden könnte, aber von einem Kulturhaus hat er nicht gesprochen, da ist er sich ganz sicher.

«Tut mir leid», sagt er. «Da weißt du mehr als ich. Das Wort Kulturhaus habe ich nie gebraucht, das ist mir ganz fremd.»

Helma runzelt die Stirn. Das gefällt ihm sonst immer sehr, sie sieht dabei aus wie ein erstauntes Kind. Ihre Stirn glättet sich wieder. «Entschuldige, Schatz, du hast recht. Entschuldige vielmals. Mir ist eingefallen, ich hab's von Liselotte Witka.»

«Du kennst die Witka?»

«Du hast mich doch selbst nach dem Vortrag mit ihr bekannt gemacht, weißt du nicht mehr? Wir haben uns schon ein paarmal wieder getroffen. Hab ich dir das nicht erzählt?»

«Nein», erwidert Weinholtz und ist sich gar nicht sicher. Er hört oft nicht zu, wenn er abends abgespannt nach Hause kommt und sie wie ein Wasserfall ihre Erlebnisse berichtet, wobei sie keinen Unterschied macht, ob sie etwa markenfreie Spaghetti zum halben Preis im Supermarkt entdeckt hat oder ob ein wichtiger Anrufer dringend auf seinen Rückruf wartet.

«Kennst du eigentlich ihren Mann? Harald ist wirklich süß. Er sagt, er hält sich ganz raus aus ihrer Politik, er kocht lieber, damit könnte er mehr Lebensqualität schaffen als mit Ausschußsitzungen. Wir sollten die beiden unbedingt mal einladen, Schatz. Was meinst du?»

Weinholtz überlegt, bevor er antwortet. Helmas Kontaktfreudigkeit sowohl zu Männern wie zu Frauen ist mit ein Grund gewesen, warum er sie geheiratet hat; nichts schadet einer Karriere mehr als eine verkniffene Ehefrau. Wenn sie bloß auch ein bißchen mitdenken würde. Mit der Witka kann er keine persönliche Freundschaft pflegen, damit würde er sich bei den Konservativen in die Nesseln setzen, und die bilden den großen Block. Andererseits ist die Witka natürlich nützlich. Ihre penetrante Hartnäckigkeit zermürbt selbst zähesten Widerstand, und wenn sie seine Ideen übernimmt, hat er den besten Bundesgenossen, den er sich wünschen kann. Aber was soll dieses Kulturhaus? Warum hat er davon noch nichts gehört? Von wem geht das aus? Wer steckt dahinter?

Er sagt: «Wir können nicht jeden einladen, Helma, den du irgendwo kennenlernst. In dieser Wohnung schon gar nicht. Wenn wir das Haus haben, sieht das anders aus.»

«Die sind nicht so, die setzen sich auch auf 'ne Apfelsinenkiste.»

«Sag mal, was ist das mit dem Kulturhaus? Was hat sie darüber gesagt?»

«So was wie die Hamburger Fabrik oder die Wuppertaler Börse. In Berlin gibt's auch eins. Sie hat auch schon einen Haufen Künstler, die mitmachen. Hauptsächlich geht's jetzt um die Finanzierung.»

«Wer soll das übernehmen?»
«Na, die Stadt», sagt Helma. Dann stutzt sie. «Das bist ja du. Du mußt das Geld geben.» Sie lacht. «Mensch, ist das komisch, daran habe ich noch gar nicht gedacht.»
«Herrgott, du weißt genau, daß ich nur verteile, ich geb das aus, was der Stadtrat bewilligt. Und mit Sicherheit gibt er keinen Pfennig dafür. Schon deshalb nicht, weil kein Geld da ist. Das mit dem Kulturhaus und der Töpferei kannst du dir aus dem Kopf schlagen. Das ist ein Hirngespinst.»
«Das werden wir ja sehn. Liselotte sagt, daß sie das Geld kriegt.»
«Woher denn?»
«Zum Beispiel, wenn das Theater weniger kriegt. Die kriegen doch jedes Jahr Millionen.»
«Neunmillionendreihundertfünfundsechzigtausend», sagt Weinholtz wie aus der Pistole geschossen.
«Wahnsinn.»
«Das ist die unterste Grenze. Was glaubst du, was allein das Orchester kostet.»
«Dann schaff es doch ab, wenn's so teuer ist. Die Leute hören sowieso lieber Platten.»
«Sag so was bloß nie in der Öffentlichkeit, damit machst du uns unmöglich. Ist dir das klar?»
«Mein Gott, was regst du dich so auf? Du bist früher ja auch nie ins Konzert gegangen und hast lieber Platten gehört.»
«Da war ich noch kein Kulturdezernent.»
«Mußt du deswegen deinen Verstand abgeben?»
«Das hat mit Verstand nichts zu tun, höchstens mit Vernunft. Ich bin gern bereit, dir den Unterschied zu erklären.»
«Ich scheiß auf deine Erklärung.»
«Werd nicht ordinär.»
«Ich bin aber ordinär und doof und ungebildet, und du bist das große Genie und kommst gleich nach Einstein und Doktor Faust.»
Weinholtz schweigt und läßt die folgende Beschimpfung über sich ergehen wie einen Regenguß. Diese Ausbrüche sind fast regelmäßig einmal im Quartal fällig, fast immer aus geringfügigem Anlaß. Ihr Minderwertigkeitskomplex bricht dann durch, obwohl sie dazu

keinen Grund hat. Sie ist als physikalisch-technische Assistentin ausgebildet und hatte einen gutbezahlten Job, als sie heirateten. Die Schimpftirade endet gewöhnlich mit großer Heulerei und anschließendem wilden Getobe im Bett. Dazu hat er heute nicht die geringste Lust. Aber dann fällt ihm der Bungalow ein.

Als sie zwei Stunden später nebeneinander auf dem zerwühlten Bett liegen, streichelt er sie sanft und fragt dicht an ihrem Ohr, ob er morgen den Makler anrufen solle.

Sie hat die Augen geschlossen, lächelt selig und flüstert: «Mach alles, was du willst, Schatz.»

Am nächsten Tag, nachmittags um drei, unterschreiben sie beim Makler den Mietvertrag.

Daß er sich leicht für etwas begeistern läßt, weiß Hartmut Schiller selbst am besten. Leider hält seine Begeisterung meistens nur kurze Zeit an. Die Vorbereitung einer neuen Produktion findet er herrlich. Beginnen dann aber die Proben, wird es fast immer langweilig, die Begeisterung ist futsch. Nur das Textschreiben fürs Programmheft reißt ihn noch mal hoch.

Bei diesem Musical ist das anders.

Wie Uli Giersberg das macht, hat er noch nicht rausgefunden. Die besondere Atmosphäre entsteht schon, wenn er nur da ist, die reinste Hexerei. Kaum zu glauben, wie die Typen, die man schon so lange kennt, plötzlich auf verblüffende Art lebendig werden.

Auch die nicht direkt Beteiligten lassen sich anstecken. Schimansky hat technische Extravaganzen fürs Bühnenbild genehmigt, was er sonst nie tut. Und Trittmacher hat sich mit ganzem Einsatz in das schwierige Geschäft gestürzt, das Orchester mit den «Firecrackers» unter einen Hut zu bringen. Die Musik ist schmissig und packend und weit entfernt vom alten Operettenschmus.

Schade, denkt Schiller, daß so etwas wieder nur die Abonnenten und Volksbühnenmitglieder zu hören kriegen, all die Omis und Opas, die das über sich ergehen lassen und hinterher sagen werden, es sei ja ganz hübsch gewesen, aber doch nichts im Vergleich zum «Land des Lächelns» oder dem «Bettelstudent». Junges Volk müßte rein, denkt Schiller, aber wie kriegt man's? Plakate gucken die erst gar nicht an,

Kritiken lesen sie nicht, und Mundpropaganda nützt nur, wenn sie von Gleichaltrigen kommt. Höchstens über die Rockband könnte man sie locken. Wenn die «Firecrackers» groß angekündigt würden, müßten sie sich angesprochen fühlen. Das ist was für den Werbeleiter, dazu muß Herzig sich was einfallen lassen.

Schiller geht auf gut Glück in Herzigs Büro hinüber und trifft ihn auch an, allerdings in einem ungünstigen Augenblick. Rainer Herzig hat den Telefonhörer am Ohr und sagt: «Das Theater hier ist ein toter Hund. Für die ist Kreativität ein Fremdwort, vor was Neuem haben die immer nur Angst.»

Herzig stockt und sieht seinen Besucher abweisend an. Aber Schiller nickt nur freundlich und läßt sich in einem Sessel nieder. Sehr peinlich. Herzig telefoniert nämlich mit dem Chef einer Werbeagentur in Hannover, bei der er sich schriftlich beworben hat und wo er nun, nach gebührender Wartezeit, mündlich nachhakt. Es ist der vierte Versuch, den Chef selbst an die Strippe zu bekommen. Diesmal hat es endlich geklappt, und er ist dabei, ihm klarzumachen, warum es ihn drängt, den Job zu wechseln. Daß er seinen jetzigen Arbeitgeber mies machen muß, gehört unbedingt dazu, zumal der große Chef in Hannover bereits erwähnt hat, daß Theater für ihn eine fremde Welt ist.

Herzig spürt, daß sich die Pause überdehnt, er muß weitersprechen. Wenn er jetzt abbricht und um Vertagung bittet, sinkt seine Chance auf Null. Was tun, verdammt?

Rainer Herzig spricht weiter und dreht seinen Sessel dabei so, daß er Schiller ins Auge blicken kann. Bestimmen tue hier nur der Intendant, sagt er, und der habe keine blasse Ahnung von Marketing. Der orientiere sich noch an Goethe, der sei ja auch mal Direktor gewesen und habe Theaterzettel schreiben lassen. Und irgendwann werde der Laden wohl endgültig zugemacht, weil die Stadt die Millionen Subventionen nicht mehr rausschmeißen könne, das sei nur noch eine Frage der Zeit.

So spricht Rainer Herzig und tut sich keinen Zwang an. Als er nach zehn Minuten endet, hat er das freudige Gefühl, daß Hannover an ihm wirklich interessiert ist. Er grinst Schiller an und sagt: «Entschuldigen Sie, ich konnte da nicht einfach aufhören.»

«Ich muß mich entschuldigen», erwidert Schiller und grinst zurück. «War ja echt spannend. Wollen Sie wirklich weg?»

«Wundert Sie das?»

«Eigentlich nicht, wenn Sie das alles so sehen.»

«Ich seh das so. Aber ich wär Ihnen dankbar, wenn Sie's vorerst nicht verbreiten würden.»

«Ehrenwort», sagt Schiller. «Und dann hätte ich noch was für Sie. Da könnten Sie mal richtig auf die Pauke hauen, und ich sorg dafür, daß der Chef Ihnen keine Knüppel zwischen die Beine wirft. Hätten Sie Lust?»

Herzig hat Lust und läßt sich von Schillers rasch aufgedrehter Begeisterung anstecken. Wie lang hat er auf so etwas gewartet! In einer knappen halben Stunde entwickeln die beiden einen Werbefeldzug, der sich vornehmlich an Jugendliche richtet, und als besondere Attraktion planen sie darin die «Firecrackers» und Ira Kleinschmidt ein.

Als Herzig anschließend einen groben Kostenvoranschlag macht, kommt er auf viereinhalbtausend Mark.

«Unmöglich», sagt Schiller sofort. «Das kriegen wir nie durch. Ganz ausgeschlossen. Da müssen wir streichen.»

«Was denn?» fährt Herzig auf. «Das ist alles schon Gott weiß wie scharf kalkuliert.»

«Das Geld für die Druckerei ist Wahnsinn. Geht das nicht billiger?»

«Klar geht das billiger. Mit 'n bißchen Suchen findet man bestimmt eine Druckerei, die das für die Hälfte macht.»

«Mensch, dann tun Sie das doch.»

Herzig sieht Schiller mitleidig an. «Wie lange sind Sie eigentlich schon hier?»

«Die zweite Spielzeit. Wieso?»

«Dann müßten Sie doch allmählich wissen, was hier läuft. Wir drucken bei Küll & Lempfert, alles zu Apothekenpreisen. Aber woanders darf ich nicht. Weil nämlich Lempfert im Kulturausschuß sitzt und unser Herr Intendant vor ihm auf den Knien rutscht. So ist das.»

«Woher wissen Sie das?»

«Hat er mir selbst offenbart.»

«Der Chef?»

Herzig nickt. «Er hat mir sogar verboten zu reklamieren.»

Schillers Gesicht wird plötzlich ernst. Wenn wirklich stimmt, was Herzig sagt, ist das eine Riesenschweinerei. Davon hat er nichts gewußt, das hätte er nicht mal für möglich gehalten. Aber er hat sich ja immer aus allem rausgehalten, was nicht unmittelbar die Dramaturgie betraf, und damit ist er gut gefahren. Abgesehen von den Scharmützeln mit Junghans hat er sich kaum ärgern müssen. Weltklug ist er sich vorgekommen, aber war's nicht einfach pure Feigheit? Er merkt nicht, daß sein Gesicht sich rötet. Er schluckt und sagt: «Suchen Sie doch mal eine Druckerei, die's für die Hälfte macht. Wenn der Chef dann in der Konferenz über die Kosten meckert, geben Sie die andere Druckerei an und nennen deren Kosten. Darauf werden wir andern schon anspringen.»

«Mach ich», sagt Herzig.

Später fertigt Schiller eine kleine Liste an, auf der alle verzeichnet sind, die regelmäßig an der Freitagskonferenz teilnehmen. Dann sucht er mit jedem einzelnen scheinbar zufällig ins Gespräch zu kommen, das er schließlich auf die Werbeaktion fürs Musical «Mario Miracolo» lenkt. Seine lebhafte Schilderung findet Gefallen, alle versprechen ihm, sich in der Konferenz dafür zu verwenden oder wenigstens nicht dagegen zu sprechen.

Nur Generalmusikdirektor Schora findet ein Haar in der Suppe. «Was soll denn das kosten?» will er wissen.

«Das ist noch nicht kalkuliert, aber es hält sich im Rahmen.»

«In welchem Rahmen?»

«Was man für so was ausgeben kann.»

«Sehr interessant. Bisher wurde mir jede Extrawerbung strikt abgelehnt, selbst wenn wir im Konzert ausnahmsweise mal einen Star als Solisten vorweisen konnten. Zu teuer, kein Geld.»

«Vielleicht schaffen wir damit den Durchbruch auch für Ihre Konzerte», sagt Schiller, obwohl gerade die Einmaligkeit das stärkste Argument gegen die Einwände des Intendanten sein soll.

«Ein Präzedenzfall, wie?» meint Schora und blickt sinnend in die Richtung, wo im Orchestergraben die Pauke steht. Dann sagt er seine Unterstützung zu.

Bei Bernd Junghans macht Schiller keine Umschweife. Er erklärt ihm offen, was er und Herzig vorhaben.

«Weiß der Chef schon davon?»

«Wir überraschen ihn in der Konferenz. Du machst doch mit, oder? Mit den anderen habe ich schon gesprochen, die sind alle dabei.»

Junghans sagt ja, aber er weiß schon jetzt, daß ihn der Chef später unter vier Augen fragen wird, ob er vorher davon gewußt habe. Besser, er gibt ihm vorher einen kleinen Wink.

Rainer Herzig hat sich gut vorbereitet, das kann er, das hat er gelernt. Er bringt ein Lächeln hervor, sein Grübchen im Kinn vertieft sich, und er blickt in die Gesichter, die ihm erwartungsvoll zugewandt sind. Er spricht von Besucherstatistiken, bei denen die Jungen fehlen, von der einmaligen Chance, das mit dem Musical zu ändern, und dann stellt er sein Programm vor: Plakate mit den «Firecrackers» und Ira Kleinschmidt, außerdem Handzettel in so großer Zahl, daß jeder Jugendliche einen erhält. Die Verteilung soll von den Jugendlichen selbst übernommen werden, kostenlos, gegen Freikarten. Eingesetzt werden soll auch der große LKW des Theaters, der die Kulissen zu den Abstecherorten transportiert und in der übrigen Zeit nutzlos herumsteht. Die gesamten Seitenflächen und die Rückseite sollen knallige Werbetafeln werden, der LKW wird dreimal täglich durch die ganze Stadt rollen. Wünschenswert wäre darüber hinaus eine Kinowerbung mit Ton.

«Und das kostet?» fragt Verwaltungsleiter Rühl, als Herzig endet.

«Abgesehen von der Kinowerbung handelt es sich hauptsächlich um die Papier- und Druckkosten, die belaufen sich auf viertausendzweihundert Mark.»

«Haben Sie die noch in Ihrem Etat?»

«Nein. Der ist bis Ende der Spielzeit verplant.»

«Also Extrakosten. Woher wollen Sie die nehmen?»

«Es gibt eine Möglichkeit, die Druckkosten radikal zu senken. Ich habe eine Druckerei an der Hand, bei der die Herstellungskosten einschließlich Papier nur bei zweitausendsechshundert Mark liegen. Die Druckerei wäre auch bereit, künftig unsere anderen Aufträge zu übernehmen. Die Ersparnis bis Ende der Spielzeit wäre dann so groß, daß unsere Sonderaktion im Rahmen des Etats bliebe und wir noch einen Überschuß hätten.»

«Donnerwetter!» platzt Schora heraus und gibt damit das Signal zur allgemeinen Diskussion.

«War das alles?» übertönt Settlers Stimme die andern. Großes Schweigen senkt sich nieder.

«Das war alles», bestätigt Herzig und zeigt noch einmal sein vertieftes Grübchen.

«Gut. Ich danke Ihnen. Ich lasse mir die Sache durch den Kopf gehen. Wir sehen uns dann am nächsten Freitag wieder. Danke!»

Gewöhnlich ist das das Zeichen zum Aufbruch, meist sehnsüchtig erwartet. Diesmal rührt sich niemand. Nur Busse schiebt den Stuhl zurück und erhebt sich halb, sinkt aber sofort aufs Polster zurück.

Schimansky sagt: «Ich glaube, Alfred, wir müssen wohl gleich darüber sprechen. Die Werbung hat doch nur Zweck, wenn Herr Herzig sofort mit der Arbeit beginnt. Oder hat das Zeit bis nächsten Freitag?»

«Das muß heute entschieden werden.»

«Also, was mich angeht, den LKW kann er haben. Mit den Malern dürfte es auch klargehen. Die freuen sich, wenn sie mal was anderes als Kulissen pinseln dürfen.»

«Warum ist da nicht schon früher einer drauf gekommen?» fragt Ausstattungsleiter Meyer. «Das ist doch 'ne fabelhafte Idee. Ich bin gern bereit, Entwürfe beizusteuern.»

Auch Schora, der sich sonst nie an Diskussionen beteiligt, wenn es nicht um musikalische Probleme geht, macht diesmal den Mund auf. Mit erhobener Stimme fragt er nach der Druckerei, er will wissen, wie es zu einem so unglaublichen Preisunterschied kommen kann.

«Das ist nichts Besonderes», antwortet Herzig. «Das ist ganz normal.»

«Wieso normal?» Der Generalmusikdirektor schreit jetzt fast. Die anderen fahren zusammen. Niemand von ihnen hat jemals an einer seiner Proben im Orchestersaal teilgenommen, die Musiker kennen diesen Ton und regen sich nicht im geringsten darüber auf.

«Das ist normal in der Marktwirtschaft», sagt Herzig ungerührt.

«Man vergleicht die Preise und nimmt den billigsten. Küll & Lempfert, unsere jetzige Druckerei, ist am teuersten.»

«Seit wann wissen Sie das?»

«Das war mir klar, als ich den ersten Voranschlag gesehen habe, im vorigen Jahr schon.»

«Und da haben Sie nichts unternommen?» Schora funkelt Herzig an, als habe der zum drittenmal einen Einsatz verpaßt.

Herzig zuckt mit den Schultern, will etwas sagen, da greift Settler ein. «Das gehört nicht zur Aufgabe eines Werbeleiters», sagt er mit betont ruhiger Stimme.

Gewöhnlich verstummt Schora, wenn es Meinungsverschiedenheiten zwischen ihm und Settler gibt, abgesehen natürlich vom Musikalischen. Er respektiert die Stellung des Intendanten, wie er auch seine eigene respektiert sehen möchte. Diesmal scheint ihn der Teufel zu reiten.

«Wieso nicht?» faucht er. «Er läßt doch drucken, er ist verantwortlich für die Werbung. Oder läßt noch jemand anders drucken?»

«Ich zum Beispiel», sagt Junghans. «Die Programmhefte gehen über mich.»

«Und Sie kontrollieren auch die Rechnungen?»

«Darum kümmert sich Herr Rühl.»

Schoras Kopf fährt herum. «Sie, Herr Rühl! Seit wann wissen Sie, daß wir die teuerste Druckerei benutzen?»

Rühl schüttelt den Kopf. «Das ist nicht meine Sache, Herr Schora. Ich prüfe nur, ob die in Rechnung gestellte Leistung erbracht ist.»

«Herrgott», regt sich Schora auf, «das heißt doch, niemand ist zuständig. Das wird ja immer schöner. Ich knapse mit dem Geld, ich halte mich bei allen Ausgaben zurück bis zum Äußersten, ich bin immer bereit, Einsicht zu zeigen, wenn man mir was abschlägt, und hier wird das Geld zum Fenster rausgeschmissen. Ich bin em-pört!»

Die letzte Silbe tönt wie der abschließende Paukenschlag einer Beethovenschen Sinfonie. Schora verstummt, läßt sich zurücksinken. Seine Darbietung ist beendet. Aber sie hat Nachhall. Die Blicke richten sich auf Settler.

Diesmal sitzt er drin, denkt Schiller. Der Ausbruch Schoras hat ihn selbst völlig verdutzt, nie hätte er erwartet, daß ausgerechnet der

Generalmusikdirektor sich so einsetzen würde. Offenbar hat er da einen Nerv getroffen, von dem er nichts wußte. Jedenfalls ist die Werbeaktion gesichert, jetzt kann der Chef nicht mehr nein sagen, ohne sich zu blamieren.

«Beginnen wir mit der Druckerei», sagt Settler. «Selbstverständlich hat hier niemand die Absicht, Geld zum Fenster rauszuwerfen, Herr Schora. Ich bin allerdings verwundert, daß ich erst jetzt von diesem günstigen Angebot erfahre. Wo sitzt die Druckerei?»

«In Schwalfeld», antwortet Herzig.

Schwalfeld liegt zwanzig Kilometer nordöstlich und ist eines der Dörfer, deren Bewohner die Agentin Schatz mit dem Bus ins Theater karren läßt.

«Und das Unternehmen heißt?»

«Sofortdruck HEICO, das bedeutet Heidecker und Co.»

«Einen Augenblick bitte», sagt Settler. Er steht auf, tritt zum Schreibtisch und nimmt den Telefonhörer. «Hilde, bringen Sie mir bitte das Branchentelefonbuch. Ja, sofort.»

Wenig später öffnet sich die Tür, die Moll hat das Branchentelefonbuch in der Hand und überreicht es Settler.

«Danke, Hilde.»

Settler blättert und findet die Seite, auf der die Druckereien aufgeführt sind.

«Die werden noch nicht drinstehn», sagt Herzig. «Die haben sich erst vor einem halben Jahr in Schwalfeld niedergelassen.»

«Wo war die Firma vorher?» fragt Settler, die Nase noch im Buch.

«Die sind neu, die haben erst angefangen.»

«Ach, so ist das.» Settler klappt das Buch zu. «Eine neue Druckerei, die mit Kampfpreisen ins Geschäft kommen will.»

«Wir können einen Festpreis für die ganze Spielzeit kriegen.»

«Ehe ich's vergesse, Herr Rühl. Sie holen bitte eine Bankauskunft ein», ordnet Settler an.

«Wird gemacht», sagt Rühl.

«Wozu Bankauskunft?» fragt Herzig. «Wir zahlen doch erst nach Lieferung.»

«Die Geschäftsführung müssen Sie schon Herrn Rühl und mir überlassen, Herr Herzig. Sehn wir mal davon ab, daß alle städtischen

Betriebe gehalten sind, ihre Aufträge an hier ansässige Unternehmen zu vergeben, so sind wir auch aus anderen Gründen auf eine Druckerei am Ort angewiesen. Wo lesen Sie Ihre Korrekturen, Herr Junghans?»

«In der Druckerei.»

«Wie kommen Sie dahin?»

«Zu Fuß.»

Dieses läppische Argument bewirkt nicht viel mehr als ein verstohlenes Grinsen ringsum. Junghans kommt sich blöd vor und sieht den Chef vorwurfsvoll an. Settler achtet nicht darauf. Er streicht sich über sein Haar und legt los. Flüssig spricht er über die Wichtigkeit einer nahe gelegenen, alteingesessenen, gutausgestatteten, zuverlässigen Druckerei, deren einer Inhaber zudem einen unschätzbaren Wert für die Belange des ganzen Hauses darstelle und der, das sei wohl weitgehend unbekannt, durch seine zahlreichen Verbindungen dafür sorge, daß die Programmhefte stets prall gefüllt mit geldbringenden Inseraten seien. Man solle doch, bitte schön, nicht so naiv sein zu glauben, diese Inserate kämen von allein oder würden durch die blauen Augen eines Werbeleiters herbeigeschafft.

Als Settler endet, ist die Sofortdruckerei HEICO gestorben.

«Nun noch kurz zu der Sonderwerbung für das Musical. Wie war die Platzausnutzung bei unserem letzten Musical? Haben Sie die Zahlen im Kopf, Herr Rühl?»

Selbstverständlich hat Rühl sie nicht im Kopf. Trotzdem sagt er: «Mit freiem Verkauf durchschnittlich zweiundneunzig Prozent.»

«Und das war gegen Ende der Spielzeit, wenn ich mich recht erinnere. Jetzt kommen wir zur besten Zeit heraus und dürften kaum darunter liegen. Zusätzliches Publikum könnten wir also gar nicht unterbringen, und verlängern können wir auch nicht. Sind außerplanmäßige Nachmittagsvorstellungen möglich, Herr Busse?»

Busse schlägt seine Terminkladde auf, blättert rasch und erklärt: «Soweit ich sehen kann, ist da nichts drin. Ständig Bühnenproben. Außerdem dürften wir auch keine Technik haben.»

«Bleibt die Frage», fährt Settler fort, «ob wir wegen der möglichen Leerquote von acht oder meinetwegen zehn Prozent so aufwendig werben sollen. Wenn das Musical wirklich die versprochene Qualität aufweist, und das werden wir frühestens bei der Hauptprobe beurteilen können, spricht sich das von ganz allein herum, auch bei der begrenzten Anzahl Jugendlicher, die die Schwellenangst vorm Theater überwinden kann. Das sind nach allgemeinen Erfahrungen etwa zehn Prozent der jugendlichen Kinogänger. Die restlichen neunzig Prozent kriegen wir auch durch noch so aufwendige Werbung nicht ins Haus.»

«Das glaube ich nicht», unterbricht Schiller mit knallrotem Kopf. «Das müßten wir erst mal versuchen. Man kann doch nicht einfach sagen, wir kriegen sie nicht, wenn man es nie probiert hat.»

Settler dreht den Kopf zu Schiller und sagt milde: «Es ist versucht worden, Herr Schiller. An zahlreichen Häusern in der ganzen Bundesrepublik. Darüber gibt es ausführliche Berichte, sogar wissenschaftlich fundierte. Wenden Sie sich an irgendein Seminar, man wird Ihnen die diesbezügliche Literatur gern zur Verfügung stellen.»

Betretenes Schweigen am Tisch, jeder blickt vor sich hin. Endlich läßt Schimansky ein Räuspern hören. «Ich finde, die Werbung mit dem LKW sollten wir trotzdem machen. Das kostet uns doch nichts außer dem Diesel.»

«Das ist richtig, Heinz. An die Kosten denke ich auch gar nicht. Überleg aber bitte, daß diese knallige Werbung nicht nur von den Jugendlichen beachtet wird, die Erwachsenen gucken doch auch hin, und da sehe ich die große Gefahr für uns. Stell dir unser Publikum vor. Wenn die Leute von einer Rockband lesen, von Jazz, von ‹Firecrakkers›, kriegen sie doch Angst, sagen sich: Jetzt fangen die im Theater auch noch an wie im Radio und im Fernsehen, das ist ja schrecklich, nein danke, ohne uns. Die Folge wäre das genaue Gegenteil von dem, was wir uns wünschen. Zusätzliche jugendliche Besucher kommen nicht, und die andern verzichten. Am Ende spielen wir vor halbleerem Haus.»

«Na ja», sagt Schimansky. «Wenn man es so sieht...»

Schiller, hochrot, hat die Augen niedergeschlagen und hofft inständig, daß keine Tränen kommen. Das ist ihm schon mehrmals passiert, wenn er von ohnmächtiger Wut gepackt ist. Und eins steht fest: Hier bleibt er nicht, er kündigt zur nächsten Spielzeit.

Bei einem seiner Besuche war Weinholtz, nachdem er sich im Bad gewaschen hatte, eine Weile nackt durch Camillas Wohnung spaziert. Eine gewisse Mattigkeit hatte sich bei ihm eingestellt, und die wollte er verscheuchen.

Camilla lag angenehm erschöpft auf dem breiten Messingbett und betrachtete ihn, wenn er auf seiner Wanderung wieder die Diele erreichte. Sie freute sich über seinen wohlgebildeten Körper, der nirgendwo Fett zeigte, abgesehen von dem kleinen Bauch. Ein bißchen behaarter könnte er allerdings sein, fand sie.

Als Weinholtz Camillas Blick spürte, richtete er sich unwillkürlich auf, und aus dem unbefangenen Gehen wurde Stolzieren. Seltsamerweise hatte sich Camilla durch diese unnatürliche Bewegungsart erregt gefühlt und Weinholtz gebeten, weiter auf- und abzugehen. Nach einiger Zeit forderte ihre belegte Stimme ihn dann auf, rasch zu ihr zu kommen.

Diese Dielenspaziergänge gab es nun regelmäßig, und später erfand Weinholtz noch eine Steigerung. Er blieb stehen, reckte sich, stellte sich auf die Zehen und spannte seine Arm- und Beinmuskeln wie ein Bodybuilder. Wenn sie ihn dann rief, genügte schon die bloße Berührung seiner Hand, daß ihr Verstand aussetzte, und es dauerte nur Sekunden, bis sie in einer Intensität den Gipfel erreichte, die sie vorher noch nie erlebt hatte.

Eine ganze Woche lang hat sie darauf nun schon verzichten müssen. Der Umzug ließ Weinholtz einfach keine Zeit für Besuche bei Camilla. Sie hat es eingesehen und ihm keine Vorwürfe gemacht, außerdem rief er täglich an.

An diesem Freitagabend hat sich Weinholtz endlich freigemacht. Helma will Gläser auspacken, spülen und in die Vitrine einräumen. Da kann sie ihn sowieso nicht brauchen. Weinholtz kommt aufgeschlossen und fröhlich in Camillas Wohnung, hat zwei Flaschen Wein mitgebracht und begreift nicht, warum Camilla nicht in Fahrt zu bringen ist. Als er sich endlich auf das bewährte Rezept besinnt und in der Diele posiert, schaut sie nur kurz hin und dreht dann, ohne etwas zu sagen, den Kopf weg. Er kommt sich lächerlich vor.

Er geht ins Wohnzimmer, trinkt ohne abzusetzen ein Glas Wein und läßt sich in einen Sessel fallen. Irgendwas stimmt nicht. Schon als sie ihn an der Wohnungstür empfangen hat, war sie steif und zurückhaltend. Ein neuer Liebhaber? Das kann nicht sein, das hätte er gemerkt, bei ihren täglichen Telefonaten ist sie wie immer gewesen. Nach einer Weile hört er auf, darüber nachzugrübeln, rutscht auf dem Sessel so weit nach vorn, bis sein Kopf auf dem Polster der Rückenlehne liegt, und schließt die Augen.

Schlafend findet Camilla ihn vor, als sie zehn Minuten später das Zimmer betritt. Sie hat sich das nächstbeste Kleidungsstück übergezogen, und das ist sein blauweißgestreiftes Hemd; mit untergeschlagenen Beinen läßt sie sich auf der Couch nieder, trinkt ihr Glas aus und schenkt sich wieder ein.

Dann betrachtet sie ihn. Er atmet durch den offenen Mund und hat, aus dieser Perspektive gesehen, so gar nichts von Tellheim an sich. Seine Nasenlöcher sind ungewöhnlich groß, das ist ihr noch gar nicht aufgefallen. Ihr Blick wandert den Körper abwärts, macht kurz halt bei seinem Glied, das ebenfalls schläft. Richtig niedlich sieht es aus in seiner Kleinheit. Die Füße dagegen, na ja, die müßten dringend mal mit Bimsstein bearbeitet werden.

Nach fünf Minuten schlägt sie eine Zigarette aus der Packung, zielt und trifft ihn mitten auf den Bauch. Er rührt sich nicht. Erst bei der dritten Zigarette, die diesmal auf seinem Hals landet, schreckt er zusammen, öffnet die Augen und blinzelt. Er entdeckt sie, lächelt etwas verlegen und schiebt sich im Sessel hoch.

«Sitzt du schon lange da?»

«Eine ganze Weile.»

«Wieviel Uhr haben wir?»

«Gleich halb elf.»

Er reibt sich die Augen. «Entschuldige bitte. Warum hast du mich nicht geweckt?»

«Hab ich doch.»

Er schaut an sich herunter und entdeckt in seinem Schoß eine Zigarette. Während er sie auf den Tisch legt, stellt er erstaunt fest: «Du hast ja mein Hemd an.»

«Stört es dich?»

«Gar nicht. Steht dir gut.» Er ist jetzt wieder ganz wach, strafft sich und in seinem Blick ist Lust.

«Gib dir keine Mühe», sagt sie. «Ich mag nicht mehr.»
«Was ist los? Du bist heute so anders.»
Camilla nimmt ihr Weinglas und trinkt. Ihre grünlich schimmernden Augen sehen an Weinholtz vorbei. Das stimmt, sie weiß es selbst, ihre Verstimmung dauert schon den ganzen Tag, und sie kennt auch den Grund. Die Konferenz hat sie geärgert. Wütend und traurig zugleich ist sie gewesen, und wiedermal ist ihr klargeworden, warum sie nie heiraten wird. Offenbar gibt es nur zwei Sorten Männer, die aufgeblasenen Herrscher und die Waschlappen. Nur bei Hartmut Schiller ist sie sich nicht ganz sicher, er ist anders, vielleicht weil er schwul ist. Er tut ihr leid. Als er ihr gestern morgen von seinem Plan erzählte, hatte sie sich von seiner Begeisterung anstecken lassen. Endlich mal einer, der noch nicht im Gewohnheitstrott dahintrabt, hatte sie gedacht und ihm versprochen, sich für die Werbeaktion einzusetzen. Hat sie nicht getan. Sie hat gar nichts gesagt. Sie hat sich rausgehalten wie immer.

Camilla greift wieder zum Glas. Als sie trinkt, merkt sie, daß Weinholtz sie immer noch ansieht, neugierig jetzt. Zum Glück gehört er nicht zu den Typen, die dauernd Was-denkst-du? fragen. Irgendwie kommt er ihr auf einmal komisch vor, dieser nackte Mann im Sessel, der Herr Kulturdezernent, städtischer Schirmherr von Kunst und Bildung und Theater. Theater? Sie stutzt. Richtig, auch vom Theater. Ein Gedanke schwebt heran, leise und unbestimmt. Sie gibt sich Mühe, ihn zu greifen, und ganz plötzlich steht er klar und fest.

Ihr wird bewußt, daß sie den Atem angehalten hat. Sie holt Luft, fühlt sich befreit und freut sich darüber, daß sie das Versprechen, das sie Schiller gegeben hat, nun doch einlösen kann. Ganz nebenbei kann sie dabei prüfen, ob Weinholtz wirklich so viel fürs Theater übrig hat, wie er vorgibt. Das soll er jetzt beweisen.

Sie stellt das Glas auf den Tisch, nimmt sich eine Zigarette und zündet sie an. Dabei öffnet sich das Hemd über ihren Brüsten. Sie läßt es so und fragt beiläufig: «Hast du mir nicht mal gesagt, die Idee unserer Musicalproduktion stammte von dir?»

Weinholtz, für den das Theater in diesem Augenblick weit weg liegt, nickt überrascht.

«Wolltest du damit nicht die Jugendlichen ins Theater bringen?»

«Ja, sicher. Wie kommst du jetzt darauf?»

«Wir haben heute morgen in der Konferenz davon gesprochen. Der Dramaturg und der Werbeleiter haben eine Werbeaktion geplant, die sich an die Jugendlichen richten soll.»

«Na also.»

«Aber der Intendant will das nicht.»

«Will nicht? Wieso?» Weinholtz wird aufmerksam.

Jetzt schnappt er zu, denkt Camilla und sagt gelangweilt: «Ach was, das ist ja auch egal.» Sie schenkt sich Wein nach. «Willst du auch?»

Er schüttelt den Kopf. «Ich muß noch fahren. Warum will Settler nicht? Sag doch, das ist wichtig.»

«Für wen?»

«Für euch, für mich auch. Settler glaubt mir doch nicht, daß er die Jugendlichen mit einem Musical ins Theater kriegt.»

«Ach ja? Dann liegt's wohl daran. Das will er dir jetzt zeigen. Ich sehe sonst keinen Grund, warum er die Werbung in die Pfanne gehauen hat. Alle andern sind nämlich dafür.»

Mit heimlicher Genugtuung beobachtet Camilla, wie Weinholtz sich verändert. Als ob sie eine Lampe angeknipst hätte. Sein Gesicht verliert das schläfrig Weiche. Kinn und Mund festigen sich, die Augen blicken entschlossen. Er schweigt und denkt nach, dabei reiben die Finger der einen Hand die der anderen. Daß er nackt ist, scheint er völlig vergessen zu haben.

Während sie ihn beobachtet, bemerkt Camilla verwundert, daß auch sie sich verändert. Ihre Heiterkeit weicht einem Schauer, der ihr über den Rücken rieselt, in die Brustwarzen dringt angenehmes Ziehen. Sie preßt die Beine wohlig zusammen und kämpft gegen die Versuchung an, aufzustehen und zu ihm zu gehen. Herrgott, darauf hat sie den ganzen Abend gewartet, warum ausgerechnet jetzt? Er ist doch derselbe Mann wie vorher. Nein, kein Waschlappen, auch nicht aufgeblasen. Es ist sowieso alles Quatsch, was sie sich da ausgedacht hat, schwarzweiß gibt's in der Natur nicht. Verdammt, verdammt, sie hält's nicht mehr aus, sie muß seine Haut berühren, wenigstens das, nur ein bißchen streicheln.

Camilla erhebt sich rasch von der Couch, setzt sich auf seine

Sessellehne und läßt ihre Handfläche langsam über seinen Nacken gleiten. Die Haut ist kühl.

Nach einigen Sekunden sagt Weinholtz in sachlichem Ton: «Entschuldige, Liebling, aber ich muß jetzt los. Wird höchste Zeit. Gibst du mir bitte mein Hemd?»

Als Antwort lächelt sie nur. Er stellt sich vor sie hin, ergreift mit beiden Händen das Hemd an den Kragenenden, zieht es nach hinten und läßt es fallen. Langsam rutscht es an ihren Armen herunter.

Er drückt sie an sich und versenkt sein Gesicht in ihre Afrolocken.

Weinholtz ruft Montag morgens im Theater an und fragt, wann Settler Zeit habe. Er habe doch an der Sitzung des Bühnenvereins teilgenommen, ob er ihm darüber berichten könne und ob es ihm morgen, Dienstag, um 14 Uhr passe. Settler sagt sofort zu.

Junghans sitzt in Settlers Büro, als der Anruf kommt. Er hört, wie Settler mit Weinholtz spricht, und sieht ihn erwartungsvoll an, nachdem er den Hörer aufgelegt hat.

Settler macht ein gleichmütiges Gesicht. Er will Junghans nicht zeigen, wie sehr er darauf gewartet hat, Weinholtz zu treffen, um endlich den Druck loszuwerden, der seit der Sitzung mit dem Kulturausschuß auf ihm lastet. Er kann den Blick der Frau Witka nicht vergessen, diesen lauernden, verächtlichen, bösartigen Blick, als sie ihn fragte, wann sein Vertrag ablaufe. Sie haßt ihn, kein Zweifel.

Um Junghans' Neugier zu befriedigen, sagt Settler, daß er Weinholtz über die Sitzung des Bühnenvereins berichten wolle. In das andere, viel wichtigere Problem weiht er ihn nicht ein. Man soll seine Autorität nicht unnötig in Frage stellen. Dann fällt ihm ein, daß Junghans über Schiller sprechen wollte, als der Anruf kam.

«Was ist mit Schiller?»

Junghans, wie immer auf dem Tisch sitzend, rutscht etwas hin und her. «Das ist nicht so einfach», sagt er. «Der arme Kerl ist völlig am Boden zerstört. Er kommt nicht darüber weg, daß Sie seine Idee mit der Werbung abgeschossen haben. Es war seine Idee, auch wenn Herzig sie vorgetragen hat.»

Settler verzieht das Gesicht. «Gebrauchen Sie doch nicht solche

Ausdrücke, Bernd. Ich habe nichts ‹abgeschossen›, ich habe meine Gründe gesagt, warum die Werbung sinnlos ist.»

«Der Ausdruck stammt von Schiller. Er empfindet es so, und er ist fest entschlossen, zu kündigen.»

«Was? Ist er verrückt geworden? Oder will er mir drohen?»

«Drohen womit? Nein, er meint es diesmal wirklich ernst.»

«Das ist doch lächerlich. Mein Gott, jeden Tag wird irgendwas abgelehnt oder verworfen. Darüber kann man sich ärgern, meinetwegen, das tu ich auch. Aber das ist doch kein Grund zu kündigen.»

«Das habe ich ihm auch erklärt und zwei Stunden auf ihn eingeredet.»

«Haben Sie ihn heute schon gesehn?»

Junghans schüttelt den Kopf.

«Gut, wenn Sie ihn sehen, sagen Sie ihm, daß ich ihn sprechen will. Er soll bei Hilde anfragen, wann ich frei bin.»

Schiller meldet sich erst Dienstag mittag. Die Moll gibt ihm einen Termin um 17 Uhr.

Settler hat sich keine besondere Taktik zurechtgelegt, als er zu Weinholtz geht; er weiß, was er will, das genügt. Der Kulturdezernent empfängt ihn liebenswürdig, fast vertraulich wie einen alten Bekannten. Er bietet ihm einen Sherry an, verzichtet darauf, hinter seinem Schreibtisch zu thronen, und setzt sich zu ihm an den niedrigen Marmortisch.

Settler berichtet kurz und sachlich von der Bühnenvereinsitzung, kommt dabei auch auf die wirtschaftliche Lage zu sprechen, auf die Finanznöte der Kommunen und die dadurch bedingte Gefahr, die Etats der Theater einzuschränken.

Mit einem Hauch von Trauer in der Stimme sagt er: «Frau Witka tritt ja bereits dafür ein, daß wir entweder das Musiktheater aufgeben oder unser Haus mit einem anderen zusammenlegen.»

Weinholtz lehnt sich, offensichtlich erleichtert, zurück. «Unsere Frau Witka hat viele Pläne, das ist bekannt. Aber das dürfen Sie nicht so ernst nehmen. Sie steht ziemlich allein mit ihren Ideen.»

Settler sieht jetzt den richtigen Augenblick gekommen, den entscheidenden Satz zu sagen. Er sagt ihn wie nebenbei. «Immerhin glaubt sie, mit einem anderen Intendanten ihr Ziel doch noch zu erreichen.»

«Anderer Intendant?» fragt Weinholtz aufhorchend. «Haben Sie die Absicht zurückzutreten?»

«Dazu besteht kein Anlaß. Aber Frau Witka denkt voraus. Sie hat mein Vertragsende im Auge.»

«Sie wollen doch verlängern. Oder nicht?»

«Das hatte ich eigentlich vor.»

«Na also. Dann kann Sie das doch gar nicht beunruhigen.» Nun ist es Weinholtz, der lächelt. Aber plötzlich ändert sich sein Gesichtsausdruck. Auf der Stirn erscheinen kleine Falten, seine blonden Augenbrauen ziehen sich zusammen. «Da fällt mir eben ein», sagt Weinholtz, «daß Frau Witka natürlich eine gewisse Anhängerschaft besitzt, die gar nicht so klein ist, besonders unter der Jugend. Und die Jugend, das sind nun mal die künftigen Wähler. Verstehen Sie? Zweifellos wäre es gut, wenn man ihnen das Theater ein bißchen mehr ins Bewußtsein rücken würde. Sie erinnern sich vielleicht, bei unserem ersten Gespräch haben wir das Thema schon einmal behandelt.»

«Ja, ich erinnere mich.»

«Und jetzt bringen Sie ein Musical heraus, mit einer Jazzband, nicht wahr?»

Settler nickt.

«Könnte man denn damit nicht versuchen, die Jugendlichen besonders anzusprechen? Ich könnte mir vorstellen, wenn Sie dafür eine etwas ausgefallene Werbung veranlassen würden, müßte das Erfolg bringen, in jeder Hinsicht. Was meinen Sie?»

Als Settler zehn Minuten später das neue Rathaus verläßt und auf den Kornmarkt hinaustritt, atmet er tief durch. Natürlich hat jemand aus dem Theater gequatscht, hat Weinholtz wegen der Werbung aufgestachelt, das ist kein Zufall, allein käme der doch nie auf so eine Idee.

Settler beschleunigt seine Schritte, er hat es eilig, in sein Büro zu kommen. Selbstverständlich *muß* er die Werbung jetzt genehmigen. Schimansky soll in Gottesnamen den LKW bekleistern und anmalen lassen, je greller desto besser. Die Wirkung wird sich zeigen. Und die dummen Gesichter, wenn das Haus halb leer bleibt. Nein, das darf auf keinen Fall passieren, das fällt auf ihn zurück. Die Werbung muß eine anständige Form bekommen. Darum soll sich Junghans kümmern, der muß Herzig auf die Finger gucken. Ach was, nicht Junghans, Schiller wird er dafür einspannen. Der hat das alles angezettelt. Jetzt soll er mal zeigen, ob er mehr kann als – Es klickt in Settlers Kopf: Schiller und Weinholtz. Sollte da eine Verbindung bestehen? Eine Affäre? Weinholtz ist verheiratet, aber das besagt nichts, das hat er schon oft erlebt, eine Ehe als Tarnung. Und Weinholtz, groß und blond, ist bestimmt ein Mann, der auf Schwule wirkt. Da wird er mal sondieren, das muß er wissen, denn ein Zuträger bedeutet Gefahr. Andererseits kann er auch äußerst nützlich sein, hat man ihn erst mal erkannt.

Daran denkt Settler noch immer, als er wenig später das Theater betritt. Im Vorzimmer bittet er die Moll, Schiller zu rufen.

«Der hat um 17 Uhr bei Ihnen Termin.»

«Gut. Vorher möchte ich aber noch Junghans sprechen.»

Junghans kommt um halb vier.

«Würden Sie bitte auch die Polstertür schließen, Bernd?»

Junghans wundert sich und schließt die schalldichte Tür, die gewöhnlich offen bleibt, wenn er beim Chef ist.

«Es gibt da eine etwas delikate Sache, die ich gern von Ihnen wissen möchte. Das muß aber unter uns bleiben.»

Junghans hat sich auf den Tisch gesetzt und nickt nur.

«Es geht um Schiller. Wie gut kennt er Doktor Weinholtz?»

«Schiller?» Junghans überlegt eine Weile. «Ich glaube, er kennt ihn nur vom Sehen. So viel ich weiß, hat er ihn nur einmal getroffen, bei unserer Premierenfeier.»

«Sind Sie sicher?»

«Ziemlich. Soll ich ihn fragen?»

«Auf keinen Fall. Könnte es nicht sein, daß er eine, na sagen wir, intime Beziehung zu ihm hat?»

«Nicht zu Weinholtz, da mache ich jede Wette. Weinholtz ist nicht homo. Das weiß ich.»

«Weil er verheiratet ist?»

«Nicht nur verheiratet.»

Settler sieht Junghans fragend an, und der ärgert sich, daß er so spontan und bestimmt geantwortet hat. Camilla dürfte es egal sein, wenn der Chef von ihrer Liebschaft erfährt, aber vielleicht braucht er diese Verbindung selbst noch einmal. Wenn er an «Das Fest der Wölfe» denkt, ist das sogar sehr wahrscheinlich.

«Er soll eine Freundin haben.» Junghans lächelt kurz. «Sie sind zusammen gesehen worden. Ich weiß nicht mehr, wer mir das erzählt hat. Warum fragen Sie, Chef? Hat das einen besonderen Grund?»

«Allerdings. Jemand muß Weinholtz über den Inhalt unserer letzten Konferenz informiert haben.»

Junghans markiert Betroffenheit. «Das kann doch nicht sein. Wer sollte denn –?»

«Eben das möchte ich rausfinden. Ich wäre Ihnen dankbar, wenn Sie mir dabei helfen würden.»

«Selbstverständlich, Chef.»

Als Schiller um halb sechs das Intendantenbüro verläßt, ist niemand mehr da, mit dem er reden könnte. Junghans ist schon weg, Herzig auch. Erst draußen vor dem Theater fällt ihm ein, daß er ja Herzigs Adresse hat. Er beschließt, ohne vorher anzurufen, zur Wohnung in der Klosterstraße zu gehen.

Gaby öffnet. Wie stets ist ihr keinerlei Überraschung anzumerken.

«Komm rein», sagt sie.

«Ist Herzig da?»

«Der pennt. Ich scheuch ihn hoch. Komm.»

Herzig verbirgt seine Überraschung durchaus nicht. Er kommt in Socken aus dem Schlafzimmer und zieht einen Kamm durch sein verstrubbeltes Haar. «Ist was passiert? Brennt die Bruchbude? Hat Settler sich den Hals gebrochen?»

«Das nicht. Aber er hat die Werbung genehmigt.»

Herzig läßt den Kamm sinken und sieht Schiller ungläubig an. «Sagen Sie das noch mal.»

«Ich war eben bei ihm. Er gibt uns freie Hand. Aber wir müssen bei Küll & Lempfert drucken lassen. Darauf besteht er.»

Was die unglaubliche Wandlung Settlers bewirkt hat, kann sich Schiller immer noch nicht erklären. Zu Beginn des Gesprächs hatte

Settler ihm den Kopf gewaschen, weil er wegen jeder Kleinigkeit sofort an Kündigung dächte.

Dann folgte ein längerer Vortrag darüber, wie außerordentlich schwierig es wäre, ein Theater zu leiten und Dutzende Interessen unter einen Hut zu bringen.

Danach hatte Settler erklärt, er hätte sich die Sache mit der Werbung noch mal durch den Kopf gehen lassen und sich entschlossen, trotz aller Bedenken den Versuch zu wagen. «Aber ich bestehe darauf, daß die Werbung geschmackvoll wird. Wir sind keine Jahrmarktbude. Ist das klar, Herr Schiller? Sie sind mir dafür verantwortlich.»

Geschmackvoll müsse das werden, wiederholt Schiller nun in der Klosterstraße. Herzig erwidert nichts, zieht Zeitungen aus einem Stapel und breitet die Kinoseiten aus.

«So was brauchen wir», sagt er. «Köpfe und Gesichter, Stars. Das macht die Leute an.»

Schiller betrachtet die Anzeigen, seufzt und sagt: «Wir sind halt nur ein Theater, und Stars haben wir auch nicht.»

«Wir haben doch Ira. Und wie heißt noch der Typ, der den Mario spielt?»

«Christian Lück.»

«Die beiden sind unsere Stars. Die bringen wir ganz groß raus. Ich seh das schon: ihre Gesichter quadratmetergroß wie auf den alten Kinoreklamen. Mann, das bringt Wirkung. So was haben die Leute seit ewig nicht gesehn.»

Herzig behält recht. Als drei Tage später der Zwölftonner mit dem für den Kulissentransport besonders hohen Aufbau langsam durch die engen Straßen der Altstadt rollt, drehen sich alle Köpfe. Man stößt sich an, man tuschelt, man guckt: Zurückgelehnt Iras Kopf und Oberkörper, eine Mischung aus Marilyn Monroe und Grace Kelly, über sie geneigt Christian Lück wie Robert Redford. Auf der anderen Längsseite des Lasters ist die gleiche Szene umgekehrt zu sehen: Ira beugt sich mit feuchten Lippen über ihren Partner. Eine besondere Überraschung erwartet die Passanten dann noch auf der Rückseite. Dort ist eine ganze Komposition aufgemalt, eine Szene mit dem fliegenden Mario Miracolo, dazu das große Orchester mit der herausgehobenen Gruppe der «Firecrackers», davor, angeschnitten in Profil und Frack, 2. Kapellmeister Rolf Trittmacher, den Dirigentenstab mit der rechten Hand auf die Fingerspitzen der linken legend; er wirkt geradezu sexy.

Das Ganze ist eine Arbeit des Bühnenmalers Kilian Hänisch. Wortlos hatte er die kunstvollen Entwürfe von Ausstattungsleiter Meyer entgegengenommen und dann in der übernächsten Nacht auf die vorbereiteten Wände seine plakativen Kunstwerke gezaubert. Niemand wußte, daß Kilian Hänisch früher einmal als Kinomaler gearbeitet hat.

5

Ira sieht den Reklamewagen zum erstenmal während einer Probenpause. Sie sitzen im Konver, als jemand die Tür aufreißt und ruft: «Kinder, habt ihr das schon gesehn?»

Fast alle kommen mit raus auf den Hof, umkreisen das Monstrum, staunen und lachen.

«Das soll ich sein?» fragt Ira, die keinerlei Ähnlichkeit entdecken kann.

«Na klar, wie du leibst und lebst», sagt Christian Lück grinsend. «Mit Maske natürlich.»

«Du bist aber viel besser zu erkennen.»

«Ich hab eben ein Dutzendgesicht. Ist dir das noch nicht aufgefallen?»

Ira umarmt ihn. Das geschieht spontan und unbefangen. Sie verdankt ihm viel und drückt ihre Dankbarkeit in solchen Gesten aus. Er versteht das und reagiert wie der große Bruder.

Zwei Tage später begegnet ihr der Wagen auf der Straße. Sie streift ihn nur mit einem Blick und sieht die Leute an, die das Fahrzeug betrachten und ihm nachschauen. Seltsamerweise macht sie das verlegen, sie spürt, daß sie rot wird. Nein, stolz und glücklich ist sie über diese Werbung nicht, im Gegenteil. Die fast verschwundene

Angst macht sich leise wieder bemerkbar, die Angst, ihre Stimme könnte plötzlich wegbleiben oder daß ihr Textsprünge unterlaufen.

Bis zur Premiere sind es noch dreizehn Tage, und seit vier Tagen wird auf der großen Bühne probiert, noch ohne Dekorationen und nur mit Arbeitslicht. Für Ira bedeutet es eine beträchtliche Umstellung. Endlich fühlt sie sich befreit von dem lästigen Zügel, den Giersberg ständig in der Hand hielt. Jetzt sitzt er weit weg in der fünften Reihe des Zuschauerraums, nur matt beleuchtet von der Leselampe auf dem Regiepult. Er sagt kaum noch etwas während der Durchläufe. Trotzdem wirkt seine Gegenwart fast noch stärker als vorher, nur ist es jetzt eine freiwillige Leistung, die sie bietet. Sie spielt voller Hingabe, behält eisern ihre Spannung und erreicht dabei eine Sicherheit, die auch den Kollegen auffällt.

Will Tanner, der seinen Pater jetzt perfekt draufhat, bemerkte einmal, als er nach einem Aktdurchlauf zufällig an der Bühnentür mit ihr zusammentraf: «Sehr hübsch.» Dieses riesige Lob überraschte sie so sehr, daß sie ihr Danke stotterte, als er schon fünf Schritte entfernt war und es nicht mehr hören konnte.

Heute nachmittag ist probenfrei. Der technische Leiter Schimansky will mit seinen Leuten und Christian Lück das Flugwerk einrichten, mit dem Christian sich als Mario Miracolo durch die Luft bewegen soll. Armer Christian, er ist gar nicht begeistert davon, aber Giersberg besteht darauf. Giersberg hat auch gedrängt, die Apparatur bereits jetzt einzusetzen, noch vor dem Bau der Dekorationen, damit alle genügend Erfahrung sammeln können.

Ira freut sich über den geschenkten Nachmittag. Sie muß dringend Wäsche waschen, auch das Zimmer wieder mal putzen, einschließlich der Fenster.

Sie kommt nicht dazu. Sie ist eben vom Bett aufgestanden und überlegt, ob sie vorher noch rasch einen Kaffee kochen soll, als es dreimal klingelt. Das ist für sie. Sie geht durch den dunklen Flur, öffnet die Wohnungstür und kann im Gegenlicht zunächst nicht erkennen, wer da steht.

«Hallo, Ira!»

Die Stimme genügt. «Sven? Wie kommst du denn hierher?» Sie hält noch immer die Türklinke und braucht Zeit, sich zu fassen.

«Willst du mich nicht erst mal reinlassen?»

Sie öffnet die Tür ganz, läßt Sven Schulte eintreten und führt ihn in ihr Zimmer.

Sie hat Sven seit acht Monaten nicht mehr gesehen und kaum noch an ihn gedacht; seine Grüße, die ihre Mutter am Telefon ausgerichtet hat, haben nicht mehr als ein flüchtiges Erinnern bewirkt. Sie betrachtet ihn verstohlen, während er sich umsieht. Das Zimmer ist unordentlich, überall liegen Klamotten herum, ihr eigenes Aussehen ist dem Durcheinander angepaßt. Das stört sie gar nicht. Vielleicht merkt Sven von allein, wie wenig er da reinpaßt. Er ist wie immer tadellos in Schale, auch das rundliche, etwas weiche Gesicht ist unverändert, nur sein Haar scheint sich noch etwas mehr gelichtet zu haben. Komisch, fast unbegreiflich, wie verliebt sie einmal in ihn gewesen ist.

«Du hast dich verändert», sagt er. «Aber du siehst noch besser aus.»

«Ja?»

«Entschuldige, daß ich dir keine Blumen mitgebracht habe. Ich wußte nicht, ob du zu Hause bist. Du bekommst sie nach.»

Ira zieht einen Rollkragenpullover vom Stuhl und wirft ihn aufs Bett. «Setz dich doch.»

«Danke.»

«Möchtest du einen Kaffee?»

«Danke. Ich habe eben Kaffee getrunken.»

Sie setzt sich aufs Bett. «Bist du geschäftlich hier?»

«Ja. Das heißt, ich war in München.» Er macht eine Pause und starrt sie an. «Du, sag mal, eben auf dem Weg vom Hotel hierher, hab ich einen Wagen gesehn, ein Riesending vom Theater. Bist du das auf den Bildern?»

«Meinst du die Musical-Reklame?»

Er nickt und bekommt glänzende Augen.

«Ein Wunder, daß du mich erkannt hast.»

«Dein Name steht doch dabei.»

«Ach so.»

«Das finde ich ganz toll. Wer hätte das gedacht. Weißt du noch, als wir letztes Jahr hier waren?»

Während er verdrängte Erinnerungen weckt, was mit seinem sauerländischen Akzent noch schlimmer wirkt, überlegt Ira, wie sie ihn so schnell wie möglich wieder loswerden kann. Es war schon falsch, daß sie ihn zum Sitzen aufgefordert und ihm sogar Kaffee angeboten hat. Ihr fällt ein, daß sie ihm zur Begrüßung nicht mal die Hand gereicht hat.

«Ich habe sogar dasselbe Zimmer gekriegt», erklärt Sven Schulte. Er meint das Hotelzimmer und macht sich offenbar Hoffnung, sie würde dort mit ihm schlafen. Da kann er lange warten, denkt Ira. Seit sie hier ist, hat sie noch mit keinem Mann geschlafen, obwohl sie im Theater zahlreiche Angebote erhielt. Das geschah meist in fröhlicher Direktheit, und man konnte ebenso fröhlich und direkt «Nein, danke, zur Zeit nicht» erwidern, ohne daß der andere gekränkt gewesen wäre. Einigemal war sie in Versuchung geraten, im letzten Augenblick schob sich jedoch das Gesicht mit den spöttischen grauen Augen dazwischen.

«Paßt es dir um halb acht? Oder später?» fragt Sven Schulte.

«Was denn?» fragt sie verwirrt.

«Na, die Zeit zum Essen.»

«Heute?»

«Ja, natürlich.»

«Heute habe ich überhaupt keine Zeit. Wir haben von sechs Uhr an Probe.»

Das ist gelogen, sie haben ja heute probenfrei.

Auf seinem Gesicht zeigt sich Enttäuschung. «Und morgen?»

«Genauso. Vor der Premiere haben wir praktisch keine freie Stunde. Das ist so im Theater. Von morgens bis in die Nacht auf den Beinen. Ich muß auch gleich wieder los. Tut mir leid für dich, daß du extra den Umweg gemacht hast, aber da ist nichts zu machen.» Nach einer kleinen Pause fragt sie: «Warum bist du eigentlich gekommen?»

«Du stellst vielleicht Fragen!»

Er lächelt gequält, und nichts an ihm deutet in diesem Augenblick auf den dynamischen Jungunternehmer hin, der ihr einmal imponiert hat mit seiner Sicherheit und der Selbstverständlichkeit, mit der er alle Schwierigkeiten meisterte. Sie hat ihn kurz nach ihrer bestandenen Schauspielerprüfung auf einer Party kennengelernt und sich sehr gewundert, daß er sich ausgerechnet um sie bemühte. Erst später wurde ihr klar, daß es das für ihn exotische Wort Schauspielerin war, das ihn so reizte. Nachdem sie den Job im Gymnastikstudio «Gloria» angenommen hatte, kamen sie dann nur noch selten zusammen. Er entschuldigte sich ständig mit Terminen und wahnsinnig viel Arbeit.

«Was macht die Arbeit?»
«Danke, gut. Sag mal, wann ist denn euer Stück?»
«Die Premiere?»
«Ja.»
«Am 18. September.»
«Da komme ich auf jeden Fall.»
«Es ist aber nicht einfach, Karten zu kriegen.»
«Das kannst du doch organisieren.»
«Ich kriege zwei Freikarten, und die sind für Papa und Mama. Aber ich kann ja mal fragen. Sonst mußt du später kommen, wir spielen ja noch bis 20. November.»

Eine Viertelstunde später schließt sie aufatmend hinter ihm die Wohnungstür. Er würde noch mal anrufen, hat er gesagt, und vielleicht könnten sie morgen früh zusammen im Hotel frühstücken. Er würde ab 8.30 Uhr auf sie warten. Zum Abschied hat sie ihm erlaubt, sie auf die Wange zu küssen. Durch die Gardine schaut sie auf die Straße hinunter. Er geht auf die andere Seite hinüber, sieht unschlüssig nach links und rechts, und sie könnte wetten, daß sein nächstes Ziel das Theater ist, um zu beobachten, wann sie zu der angeblichen Probe kommt.

Na schön, dann wird sie halt ins Theater gehen. Die Kostümbildnerin hat ihr sowieso ausrichten lassen vorbeizukommen.

«Da sind Sie ja endlich», sagt Camilla, als Ira das Atelier betritt. «Wird allmählich Zeit.»

«Ich habe erst gestern erfahren, daß Sie mich sehen wollen.»

«Guten Tag», hört Ira hinter sich eine Stimme. Sie fährt herum und steht vor Junghans, der im Korbsessel sitzt. Das riesige Rund der Lehne umrahmt seinen Kopf wie ein Heiligenschein. Seine grauen Augen blicken spöttisch.

«Guten Tag», erwidert sie gepreßt.

«Nanu, jetzt schon heiser?»

Sie schüttelt stumm den Kopf und hat das schreckliche Gefühl, gleich in Flammen aufzugehen.

«Hier ist es», sagt Camilla, die ein Kostüm aus dem Schrank genommen hat. «Ziehen Sie's gleich mal an.»

Dankbar dreht sich Ira um und nimmt das Nichts von Kleidchen aus hellem, fast durchsichtigem Stoff entgegen, besetzt mit goldenen Litzen und Tressen. Ein breiter grüner Gürtel mit goldener Schnalle gehört dazu. Das Kostüm ist der spärlichen Bekleidung Barbarellas nachempfunden, eine Idee Giersbergs, der beim Auftritt Marios als Comic-Held auch die anderen Personen in Comic-Figuren verwandelt sehen möchte. Camilla hat ganze Stapel von Comic-Heften gewälzt und entsprechende Kostüme entworfen. Phantom, Eisenherz, Tarzan, Batman, Flash Gordon, Julie Wood, Ledernonne, Wondergirl, Valentine, diese Namen sind ihr so geläufig geworden wie die Besetzung eines Klassikers.

Camillas Blick fällt auf Junghans. «Würdest du dich bitte verabschieden?»

«Warum? Ich bin schrecklich neugierig auf das Kostüm.»

Camilla wirft einen raschen Blick auf Ira, die sich scheinbar nur für das Kostüm interessiert. Instinktiv spürt sie, daß es doch nicht nur das Kostüm ist. «Stört es Sie?»

Ira schüttelt den Kopf, legt das Kostüm auf den Stuhl und zieht sich blitzschnell aus, nur das Höschen behält sie an. Als sie mit ausgestreckten Armen das Kostüm überzieht, stellt sie sich so, daß Junghans ihre Brüste sehen kann. Sie hätte gern sein Gesicht dabei beobachtet.

Camilla legt ihr den Gürtel um, zupft das Kleid zurecht, tritt dann zurück und betrachtet kritisch ihr Werk.

«Bravo», sagt Junghans im Sessel.

Ira sieht ihn an und stellt befriedigt fest, daß seine Augen jetzt ganz anders blicken, gar nicht mehr spöttisch.

«Einen Kopfschmuck kriegen Sie auch, aber der ist noch nicht soweit», erklärt Camilla. «Suchen Sie was?»

«Einen Spiegel.»

«Haben wir hier nicht.»

«Wir sind Ihr Spiegel», sagt Junghans und lächelt. «Das Kostüm ist prima, nur, muß der Gürtel unbedingt grün sein?»

«Misch dich gefälligst nicht in meine Arbeit, ja?»

«Nichts liegt mir ferner. Und hohe Stiefel müßte sie tragen.»

«O ja», sagt Ira.

«Jetzt langt's mir», sagt Camilla, geht zur Tür und öffnet sie. «Vielen Dank für deinen Besuch.»

Junghans erhebt sich, winkt Ira kurz zu und dreht sich in der Tür noch einmal um. «Es war mir rundum ein Vergnügen.»

Nachdem Camilla die Tür geschlossen hat, fragt Ira: «Kriege ich Stiefel?»

«Nein.»

«Schade. Warum nicht?»

«Wissen Sie nicht, was Stiefel kosten? Aber selbst wenn wir Geld hätten, Stiefel passen nicht dazu. Auf Herrn Junghans dürfen Sie nicht hören, der hat keine Ahnung. Sie tragen Schuhe mit sehr hohen Absätzen und Knöchelriemen, eingefärbt in Grün und Gold.»

Ira stellt sich die Schuhe vor, spürt unter ihren Fersen die hohen Absätze, die den Körper aufrichten und ihren Bewegungen Grazie verleihen. Ihr Gesicht hellt sich auf. Fast begeistert sagt sie: «Sie haben recht, Frau Herbst, dagegen sind ja Stiefel plump. Das ist toll, darauf wär ich nie gekommen. Darf ich mal sehen, was die anderen tragen?»

Camilla, sonst sehr zurückhaltend im Herumzeigen ihrer Entwürfe, schiebt ihr einen Stapel Figurinen hin, die Ira mit lauten Ausrufen der Bewunderung betrachtet. Camilla spürt, daß sie es ehrlich meint, und das tut ihr gut, da es so selten ist. In den meisten Fällen sind die Lobeshymnen der Schauspieler reine Heuchelei, um sie geneigt zu machen, noch am Kostüm zu ändern und persönliche Wünsche zu berücksichtigen.

Mit leisem Bedauern überlegt sie, wie viele Spielzeiten ausreichen werden, bis dieser Neuling seine Naivität verloren hat und genauso abgebrüht ist wie die andern. Höchstens drei, denkt sie und nimmt sich vor, einmal genau aufzupassen. Falls die junge Dame überhaupt so lang im Hause bleibt, bis jetzt hat sie ja nur einen Stückvertrag. Allerdings scheint Junghans von ihr beeindruckt zu sein, und wenn das so ist, dann bleibt sie auch, und ihr Experiment ist gesichert.

Als Ira einige Minuten später das Kostüm auszieht, sagt Camilla, sie solle morgen nachmittag wieder reinschauen, dann seien auch der Kopfschmuck und die Schuhe da.

Als Ira am anderen Morgen kurz nach halb zehn mit Gaby zum Theater geht, die Probe beginnt um zehn, fällt ihr ein, daß Sven im Hotel mit dem Frühstück auf sie wartet. Sie hat vergessen, ihn anzurufen, peinlich. Na schön, sie wird gleich vom Theater aus telefonieren, im Garderobengang hängt ein Münzapparat.

Sie vergißt es wiederum, denn vor den Garderoben herrscht ein Gedränge, wie sie es bisher noch nicht erlebt hat, obwohl der Durchlauf noch ohne Kostüme stattfinden soll. Jeder tritt so auf, wie er angezogen ist. Zum erstenmal sind Chor und Ballett zusammen da. Der erste Akt spielt in einem Supermarkt.

Durch die Lautsprecher ertönt die Stimme des Inspizienten: «Wir fangen an. Alle Beteiligten bitte auf die Bühne.»

Unterwegs trifft Ira auf Christian Lück und ihr fällt ein, daß er gestern nachmittag allein mit der Technik probiert hat.

«Wie war's gestern?»

Christian Lück verzieht schmerzvoll sein Gesicht. «Mir tut alles weh, ich komm mir vor wie durch die Mangel gedreht.»

«So schlimm?»

«Noch schlimmer. Ich weiß nicht, wie ich das durchhalten soll.»

«Aber du hängst doch nur.»

«Mein Gott, jetzt fang du nicht auch noch an. Das Nurhängen bedeutet, daß du alle Muskeln gleichzeitig spannen mußt. Ich laß dich mal dranhängen, dann merkst du, wie das ist.»

Das Gedränge auf der Seitenbühne löst sich rasch auf, schweigend sucht jeder seinen markierten Platz auf der Bühne. Sie ist noch immer leer bis auf ein Dutzend Einkaufswagen, einen Stuhl für die Darstellerin der Kassiererin und ein Stahlrohrgerüst, dessen Plattform dem fliegenden Mario als Start- und Landeplatz dienen soll.

Alles blickt nach unten zum Regiepult, wo Giersberg, Gaby und

Agnes Stumpf, die Ballettmeisterin, sitzen. Giersberg wartet, bis der letzte Einkaufswagen in die richtige Position geschoben ist.

«Anfangen!»

Inspizient Udo Hemke schaltet das Tonbandgerät ein, die letzten Takte der Ouvertüre erklingen.

«Vorhang!»

Kein Vorhang bewegt sich, gestoppt wird nur die Zeit, die zum Öffnen nötig ist. Von jetzt an läuft alles ohne Kommando, präzise wie eine computergesteuerte Maschinenanlage. Aber so wurde schon Theater gemacht, lange bevor der erste Computer die Menschheit beglückte.

Die Musik des 1. Aktes beginnt, Christian Lück als Mario und Ira als Flora treten auf. Es läuft alles gut, Giersberg scheint zufrieden, jedenfalls unterbricht er nicht. Schließlich kommt die Szene, wo Mario von der Plattform nach vorn fliegen muß. Gleichzeitig soll auch Flora nach vorn eilen. Ira hat diesen Gang oft genug probiert. Anfangs war das nicht ganz einfach, weil sie gleichzeitig nach oben blicken und Mario mit den Augen verfolgen soll, aber auch das hat zuletzt immer geklappt. Diesmal ist es anders. Sie läuft los, blickt fasziniert auf den durch die Luft segelnden und hilflos mit den Armen rudernden Christian, stößt im nächsten Augenblick mit voller Wucht gegen einen Einkaufswagen, knickt um, knallt auf den Bühnenboden und verspürt einen stechenden Schmerz im linken Unterarm. Sie rappelt sich sofort hoch, will sich dabei auf die linke Hand stützen und schreit auf vor Schmerz. Christian Lück ist inzwischen vorn gelandet, auf allen vieren statt auf den Füßen, wie es vorgesehen ist. Jetzt soll Ira auf ihn zutreten, aber sie steht noch immer wie angewurzelt dort, wo sie gestürzt ist, hält mit der Rechten den linken Arm und beißt die Zähne zusammen. Offenbar wird nicht unterbrochen. Also geht sie hastig los, dabei den schmerzenden Arm haltend, und stellt sich auf den festgelegten Platz. Christian Lück singt bereits wieder.

In diesem Augenblick ruft Giersberg: «Stop!»

Christian Lück verstummt, Hemke schaltet das Tonbandgerät aus.

«Bist du verletzt, Ira?»

«Ich weiß nicht, der linke Arm tut wahnsinnig weh.» Iras Stimme klingt dünn, ein paar Tränen rinnen ihr die Wange herab. Auf der Bühne ist es völlig still geworden.

Ira hört Giersberg fragen: «Was jetzt?»

«Sie soll in die Garderobe», antwortet Gaby. «Wir müssen den Arzt rufen.»

«Ich kümmere mich um sie», sagt Agnes Stumpf und steht auf.

Der Inspizient ist neben das Bühnenportal getreten und blickt fragend zum Regiepult.

«Ruf Doktor Schwabe an, Udo», sagt Gaby. «Er soll gleich kommen, ein Unfall.»

«Ist gut.»

«Und dann machen wir weiter», fügt Giersberg hinzu.

Agnes Stumpf führt Ira in die Ballettgarderobe, wo eine Couch steht. Dr. Schwabe, der in der Poststraße als Allgemeinmediziner praktiziert, erscheint bereits nach zehn Minuten, obwohl er bei vollem Wartezimmer mitten aus der Sprechstunde herausgerufen wurde.

Die Untersuchung dauert nicht lange. Er hört sich an, was Ira stockend berichtet, tastet den linken Arm und den rechten Fuß ab, vermutet eine Fraktur der Elle und eine Sehnenzerrung im Fuß, schreibt eine Überweisung für die Unfallstation des Krankenhauses und verabschiedet sich mit den Worten: «Keine Sorge, kleines Fräulein, das haben wir bald wieder vergessen.»

Erst in diesem Augenblick wird Ira klar, was das alles für sie bedeutet. Kein Musical, keine Flora, gar nichts mehr, aus und vorbei. Sie fängt an, bitterlich zu weinen.

«Na, na», sagt Dr. Schwabe, schon in der Tür. Er zögert. «Soll ich etwas spritzen?»

«Lassen Sie nur», wehrt Agnes Stumpf ab. «Das sind nicht die Schmerzen. Ich mache das schon.»

Als der Arzt gegangen ist, setzt sie sich auf den Rand der Couch, tupft Ira die Tränen weg, spricht dabei auf sie ein, tröstet sie, macht ihr Mut. Sie werde nun etwas ganz Tolles erleben, sagt sie, nämlich jemand anders in der Rolle beobachten zu können, die sie selbst einstudiert habe, und dabei werde sie unglaublich viel lernen. So etwas sei eine einmalige Gelegenheit, und sie werde ihr später ehrlich sagen, großes Ehrenwort, wer die bessere Flora gewesen sei.

Bei der Ankunft des Krankenwagens sind Iras Tränen getrocknet, und als die Sanitäter sie von der Couch auf die Trage heben, schreit sie empört: «Au, passen Sie doch auf!»

Agnes Stumpf kehrt nicht zur Bühne zurück. Sie hastet zum Intendantenbüro und fragt, noch bevor die Vorzimmertür geschlossen ist: «Ist der Chef da?»

Die Moll nickt. «Er hat eine Besprechung.»

Agnes Stumpf fragt nicht einmal, mit wem, sie öffnet die Tür zum Intendantenzimmer und stürmt hinein.

Settler, der sich den Vormittag freigehalten hat, um mit Verwaltungsleiter Rühl über Sparmaßnahmen zu sprechen, blickt die Ballettmeisterin unwillig an.

«Entschuldigen Sie, es ist wichtig, wir hatten einen Unfall.»

Settler ist sofort ganz Ohr. Agnes Stumpf berichtet, was geschehen ist und daß Ira Kleinschmidt zweifellos nicht weiterprobieren könne. Selbst wenn der Arm nicht gebrochen sei, und das werde erst die Röntgenaufnahme erweisen, verbiete ihr schon die Fußverletzung, in nächster Zeit auf der Bühne zu arbeiten.

Settler weiß, daß die Ballettmeisterin niemals übertreibt. Er muß sofort handeln. Verwaltungsleiter Rühl packt schon von selbst seine Unterlagen zusammen, während Settler telefonisch die Moll beauftragt, Junghans und Schiller zu rufen.

«Wir machen ein andermal weiter», sagt er zu Rühl. Als er bemerkt, daß auch die Ballettmeisterin gehen will, hält er sie zurück. «Sie brauche ich noch, Agnes.»

Kurz darauf kommen die beiden Dramaturgen. Junghans dankt dem Schicksal, daß er an diesem Morgen ausnahmsweise einmal pünktlich war, und verliert auch seine gute Laune nicht, als er die Hiobsbotschaft vernimmt. Schiller dagegen wird ganz blaß.

«Um Gottes willen, das ist ja furchtbar. Was machen wir jetzt?»

«Deshalb habe ich Sie ja gerufen», sagt Settler. «Setzen Sie sich bitte.»

«Soll ich nicht besser zur Bühne? Die probieren doch noch. Oder?»

«Sie machen weiter», bestätigt Agnes Stumpf.

«Setzen Sie sich, Herr Schiller. Unten können Sie doch nichts tun. Wir haben drei Möglichkeiten: Erstens Verschieben der Premiere, bis die Kleinschmidt wiederhergestellt ist, zweitens Umbesetzung mit Verschiebung der Premiere, drittens Umbesetzung bei Einhaltung des Termins.»

«Unmöglich», sagt Schiller.

«Was ist unmöglich?»

«Umbesetzen und den Premierentermin einhalten.»

«Genau das müssen wir tun», sagt Junghans. Er ahnt bereits, was der Chef plant, und ist bereit, ihn zu unterstützen.

«Das geht doch nicht, wir haben nur noch zwölf Tage», widerspricht Schiller heftig. «Das schafft niemand. Das wäre ein Wunder, und an Wunder glaube ich nicht.»

«Frau Kammers schafft das», sagt Settler. «Was meinen Sie, Agnes?»

«Musikalisch kein Problem. Und wenn ich ausreichend mit ihr solo probiere, dürfte sie auch das Tänzerische hinkriegen, nicht perfekt natürlich, das ist klar.»

«Frau Kammers?» fragt Schiller erstaunt. «Aber sie ist doch viel zu —» zu alt, wollte er sagen, verschluckt das Wort aber und sieht Junghans an.

Der nickt zustimmend. «Wir haben gar keine andere Wahl. Die Frage ist nur, ob sie mitmacht.»

«Warum sollte sie ablehnen?»

«Sie singt das Blondchen, und dazu das intensive Probieren von wahrscheinlich morgens bis abends, das ist ein schöner Schlauch, auch für Frau Kammers.»

«Ach was, das Blondchen macht die doch im Schlaf.»

Settler läßt Busse aus dem Künstlerischen Betriebsbüro holen, klärt ihn kurz auf und fragt: «Wie oft spielen wir noch die ‹Entführung›?»

Busse blättert in seinem Buch. «Sechsmal.»

«Was probiert Frau Kammers zur Zeit?»

Wieder blättert Busse. «Sie fängt am fünften Oktober mit der ‹Keuschen Susanne› an.»

«Vorher hat sie nichts?»
«Nein.»
«Na also, dann ist sie frei.» Settler bedankt sich bei Agnes und den Herren. Um das weitere werde er sich selbst kümmern. «Herr Schiller, sagen Sie bitte Herrn Giersberg, daß ich ihn nach der Probe sprechen möchte.»

Settler wartet, bis er allein im Zimmer ist, dann bittet er die Moll, ihn mit Frau Kammers zu verbinden. Er hat Glück, sie ist zu Hause. Er begrüßt sie, erkundigt sich nach ihrem Befinden und fragt dann: «Könntest du bitte gleich einmal vorbeikommen, Sigrid?»

«Wo bist du denn?»
«Im Büro.»
«Wieso? Ist was los?»
«Ich muß dringend mit dir sprechen.»
«Mein Gott, so plötzlich? Ist das wirklich so eilig?»
«Ja.»
«Ich hab mir grade die Haare eingedreht.»
«In einer Stunde werden die wohl trocken sein.»
«Geht's nicht telefonisch? Ich hab noch so viel vor. Das schmeißt mir alles durcheinander. Ich spiele heute abend und könnte vorher bei dir reingucken.»
«Das ist zu spät. Bitte, Sigrid, es ist wirklich notwendig. Es muß noch heute vormittag sein.»
«Na schön, ich will mir Mühe geben. Sagen wir um elf?»
«Gut, um elf. Danke, Sigrid.»

Settler atmet auf, nachdem er den Hörer aufgelegt hat. Aus gutem Grund hat er ihr noch nichts gesagt. Er muß sie vor sich haben, wenn er sie um die Übernahme bittet, nur so kann er verhindern, daß sie sich irgendwelche Gegenforderungen überlegt und ihn damit zu erpressen versucht.

Genau das plant Sigrid Kammers seit einer Viertelstunde. Da hat Will Tanner angerufen und ihr die interessante Nachricht von dem Unfall übermittelt; er hatte sie eben vom Pförtner erfahren, als er das Theater betrat.

Um halb elf läßt sich Settler mit dem Stadtkrankenhaus verbinden. Nach autoritärem Anblaffen einiger Schwestern hat er endlich den Chirurgen am Apparat. Er fragt, wann Frau Kleinschmidt voraussichtlich wieder arbeiten könne.

«Arbeiten?» fragt der Arzt und lacht. «Sie haben's aber eilig. Vorerst schläft sie mal, wir haben ihr was zur Beruhigung gegeben. Bis morgen behalten wir sie auf jeden Fall hier. Arbeiten? Der linke Arm ist gegipst, glatter Bruch der Elle, in drei Wochen ist das wieder in Ordnung. Und der Fuß, tja, das muß man abwarten. Eine Sehnenzerrung kann lange dauern. Was arbeitet Sie denn bei Ihnen?»

«Sie ist Schauspielerin.»

«Das ist mir bekannt. Also, viel rumhüpfen kann sie vorerst nicht.»

«Sie meinen, sie kann nicht tanzen.»

«Ach, ist sie auch Tänzerin?»

«In einem Musical zum Beispiel muß sie auch etwas tanzen können.»

«Musical? Ach, richtig, ist sie nicht die tolle Person auf Ihrem Reklamewagen?»

Auch das noch, denkt Settler, daran hat er noch gar nicht gedacht. Aber das ist das wenigste. Jedenfalls weiß er nun hundertprozentig, daß die Kammers einspringen muß. Er bedankt sich für die Auskunft und ruft die Moll herein.

«Lassen Sie bitte ein paar Blumen ins Krankenhaus schicken, von mir und im Namen des Theaters.»

«Blumen? Für wen denn?»

«Lieber Gott, Hilde, für die Kleinschmidt.»

«Die liegt im Krankenhaus?»

«Wissen Sie das noch nicht? Sie hat sich auf der Probe den Arm gebrochen.»

«Meine Güte. Und was jetzt?»

«Sie kümmern sich um die Blumen, und um elf kommt Frau Kammers.»

Sigrid Kammers kommt um halb zwölf, sieht fabelhaft aus, begrüßt Settler unbefangen und tut sehr neugierig.

Settler rückt ihr einen Stuhl am Konferenztisch zurecht und setzt sich zu ihr. «Du siehst blendend aus, Sigrid.»

«Danke. Es geht mir auch gut.»

«Freut mich. Um so leichter fällt mir die Bitte, die ich an dich habe. Ich nehme an, du hast schon gehört, was passiert ist.»

«Etwas passiert? Um Himmels willen, was denn?»

Sigrid Kammers mimt Überraschung und hört dann mit größter Anteilnahme, daß Ira Kleinschmidt beim Probieren verunglückt ist.

«Das ist ja entsetzlich, Alfred. Ist da nicht bald Premiere?»

«Am Neunzehnten.»

«Dann müßt ihr verschieben.»

«Das geht nicht. Das ist bei dem Apparat einfach nicht drin. Ich möchte, daß du die Rolle der Flora übernimmst.»

«Das ist doch nicht dein Ernst.»

«Mein voller Ernst.»

Sigrid Kammers macht eine Pause, lehnt sich zurück, und in ihren Augenwinkeln erscheint das ihm so wohlbekannte winzige Lächeln. Ach ja, sie ist immer noch eine schöne Frau, aber einwickeln läßt er sich nicht von ihr.

Sehr ruhig sagt sie: «Erstens bin ich viel zu alt für die Rolle.»

«Wer behauptet das?»

«Meines Wissens der Herr Regisseur, und du hast ihm recht gegeben.»

Settler will protestieren, aber sie läßt ihn nicht. «Zweitens schafft man das nie in zehn Tagen.»

«Dreizehn Tagen.»

«Auch in dreizehn Tagen nicht.»

«Agnes hat mir versprochen, ausreichend solo mit dir zu probieren. Und mit Trittmacher hast du auch keine Probleme.»

«Dreizehn Tage sind zu wenig.»

«Übertreib nicht, Sigrid. Dreizehn Tage sind reichlich. Du steigst in eine praktisch fertige Inszenierung ein. Da ist doch alles festgelegt, für jemand wie dich überhaupt kein Problem. Wärst du nicht hier, würde ich Frankfurt anrufen, die Zentrale Bühnenvermittlung würde mir sofort drei, vier Namen nennen.»

Das ist ein Warnschuß, das Spiel nicht zu weit zu treiben.

«Ach, Alfred, Frankfurt hilft dir nie aus der Patsche, das weißt du so gut wie ich.» Sie seufzt und macht eine Pause. «Na schön, ich übernehme die Partie. Allerdings unter einer Bedingung.»

Jetzt kommt's, denkt Settler und spielt den Gleichmütigen.

«Du weißt, daß ich am Fünften mit der ‹Keuschen Susanne› anfange.»

Er nickt.

«Also ich will aus dem Weihnachtsmärchen raus.»

Sigrid soll die Königin spielen, keine große Rolle, aber Lauken hat sehr darum gekämpft. Sie bringt Farbe rein, und die Kinder mögen sie. «Lauken rechnet sehr mit dir. Weißt du das?»

«Ja, aber am 15. November fangen wir mit ‹Fidelio› an. Das wird mir einfach zu viel. Mach das Lauken klar, er wird's schon einsehn. Außerdem soll ich ja auch noch bei der Inszenierung von Junghans mitmachen, der fängt doch auch schon im Dezember an.»

«Bei Junghans?»

«Ein paar Texte als Frau Schleyer.»

Davon weiß Settler nichts, und der Name Schleyer läßt ihn unwillkürlich die Stirn runzeln.

«Er hat mich sehr darum gebeten, ich mach's auch gern.»

«Schon gut, ich hab nichts dagegen.»

Als Sigrid Kammers zehn Minuten später das Büro verläßt, ist sie sehr mit sich zufrieden. Natürlich wird sie die Rolle im Musical in dreizehn Tagen schaffen, daran hat sie nie gezweifelt. Vor allem aber hat sie endlich in den Weihnachtswochen mal ein bißchen mehr Zeit für sich.

Settler hat Busse kommen lassen. Gemeinsam überlegen sie, wer die Königin im Märchen übernehmen kann. Die beiden Schauspielerinnen, die in Frage kämen, probieren zur selben Zeit Sternheims «Kassette.»

Schließlich hebt Busse die Schultern und sagt mit tiefem Bedauern in der Stimme: «Da fehlt uns wirklich jemand.»

Als ob Settler das nicht selbst wüßte, aber Ideen hat Busse ja noch nie gehabt. Er ruft im Dramaturgenbüro an. Junghans kommt, läßt sich das Problem erklären und sagt: «Ganz einfach, die Halla gibt das Dornröschen ab und spielt die Königin und das Dornröschen macht die Kleinschmidt.»

Settler und Busse starren ihn an.

«Ihr Arm wird ja wohl bis dahin geheilt sein.»

«Sie hat doch nur einen Stückvertrag», sagt Busse.

«Na und? Dann kriegt sie eben einen Vertrag bis Ende der Spielzeit. Ich brauche noch jemand für die Ensslin im ‹Fest der Wölfe›, dafür ist sie genau richtig. Darüber wollte ich schon mit Ihnen sprechen, Chef. Das können wir ja gleich mit erledigen.»

«Ensslin?» fragt Settler scharf. «Ich denke, die Namen sind geändert?»

«Ja schon, aber ich habe die neuen noch nicht. Für die Sache spielt das doch keine Rolle.»

Settler zögert. Er werde sich das überlegen, und wegen der Umbesetzung im Märchen müsse er auf jeden Fall vorher noch mit Lauken sprechen.

Für Ira Kleinschmidt verläuft der restliche Tag ebenso aufregend, wie er begonnen hat. Nach dem Eingipsen ihres linken Arms und dem Verbinden ihres rechten Fußes schläft sie einige Stunden. Sie liegt allein im Zimmer, das zweite Bett ist frei. Morgens bei der Aufnahme war ihr eingefallen, daß sie eine Zusatzversicherung hat, die ihr Vater bezahlt, dadurch hat sie Anspruch auf die zweite Klasse. Das ist gut.

Als sie mittags erwacht, überfällt sie wieder der große Jammer. Sie weint eine Viertelstunde vor sich hin, bis sie die Blumen entdeckt, einen großen Strauß Astern, Dahlien und Chrysanthemen. Auf der Karte, die an der Vase lehnt, liest sie, daß das Stadttheater ihr baldige Genesung wünscht. Das rührt sie sehr.

Dann ruft sie ihre Mutter in Plettenberg an.

«Ich bin im Krankenhaus, Mama.»

«Was? Um Gottes willen! Wo denn? Was ist passiert? Sprich doch, Kind!»

Ira berichtet über ihren Unfall, daß alles nicht so schlimm sei. Mit ihrer Rolle sei es natürlich aus, aber sie brauche nur zwei oder drei Tage im Krankenhaus zu bleiben. Nein, Schmerzen habe sie kaum, nur der Fuß tue ihr weh, wenn sie ihn bewege.

«Du kommst natürlich sofort her, wenn du laufen kannst. Hörst du?»

«Nein, Mama, das geht nicht.»

«Natürlich geht das. Du kommst auf jeden Fall.»

Ira will ihr nicht sagen, daß sie keinerlei Lust hat, daß ihr die Familie und das ganze Plettenberg auf die Nerven gehen, daß sie es höchstens zwei Tage dort aushalten würde.

«Ich bin doch hier in Behandlung, Mama. Die Versicherung zahlt nur, wenn ich hierbleibe. Das verlangt auch das Theater.»

Um ihre Mutter abzulenken, erwähnt Ira dann rasch, daß Sven Schulte sie gestern besucht habe.

«Sven Schulte? Das ist aber nett. Dann bist du ja nicht allein. Ich habe dir ja immer gesagt, daß Sven der einzige ist, auf den du dich verlassen kannst. Grüß ihn von mir, hörst du?»

Nachdem Ira den Hörer aufgelegt hat, fällt ihr ein, daß sie Sven nicht angerufen hat. Unhöflich. Na, wenn schon.

Das Mittagessen kommt. Hunger hat sie keinen, aber sie ißt trotzdem etwas. Der Gipsarm stört wahnsinnig. Dann schläft sie wieder ein. Sie träumt wirres Zeug von zu Hause, nichts Schönes, irgend etwas wird ihr verboten, sie ist wütend.

«Ira, ich bin's. Wach doch auf!»

Ira öffnet die Augen, da steht Sven tatsächlich vor ihrem Bett, grinst blöde und hält in der Hand einen Riesenstrauß roter Rosen.

«Wie kommst du denn hierher?» fragt Ira verwirrt.

Leicht zu erklären. Sven hat im Hotel vergeblich mit dem Frühstück auf sie gewartet, ist später zum Theater gegangen und hat beim Pförtner nach ihr gefragt. Der Pförtner hat telefoniert und ihm von dem Unfall erzählt. Dann brauchte er nur noch herauszufinden, in welchem Krankenhaus sie lag. Jetzt bringt er ihr Blumen, wünscht gute Besserung, und eine Frage hat er auch noch.

«Weißt du, ich hab mir das gründlich überlegt.» Er sucht einen Platz, wo er die Blumen loswerden kann, legt sie auf den Tisch, baut sich vor ihrem Bett auf und fragt: «Du, wollen wir nicht heiraten?»

Ira ist so verblüfft, daß es ihr die Sprache verschlägt. Sie betrachtet sein Gesicht. Die kleine Arroganz, die es meistens zeigt, ist nicht vorhanden, er sieht ernst aus und ein bißchen verlegen.

Lieber Gott, heiraten.

«Mein Vater würde mir sofort das alte Haus geben, das hat dir doch immer so gut gefallen, nicht? Vor allem Platz ist reichlich, Kinder stören da gar nicht.»

Lieber Gott, Kinder.

«Na ja, das kommt ein bißchen plötzlich für dich, das versteh ich. Aber grundsätzlich, ich meine, wenn du Theater spielst, so auf die Dauer – anfangs kannst du ja noch, wenn du magst. Aber auf die Dauer brauchst du doch auch eine richtige Familie.»

Lieber Gott, Familie.

Ira nimmt sich zusammen, bemüht sich, ein ernstes Gesicht zu machen. «Setz dich doch, Sven. Und zieh den Mantel aus.»

Er zieht den Mantel aus, stellt einen Stuhl ans Bett und setzt sich. Er behält Abstand.

«Du brauchst mir nicht gleich jetzt zu antworten. Ich bleibe noch ein paar Tage hier. Ich habe angerufen, das geht klar in der Firma.»

«Wie läuft's denn im Betrieb? Geht's gut?» fragt Ira, dankbar den Hinweis auf die Firma aufnehmend. Das Thema ist unverfänglich, und Sven kann sich ausgiebig über seine Erfolge äußern. Er tut das betont beiläufig, aber Ira bemerkt, daß sein Gesicht rasch wieder den dünkelhaften Ausdruck annimmt.

Das hilft ihr, die eigene Sicherheit wiederzufinden und auch zu bewahren, als das Gespräch auf gemeinsame Erlebnisse kommt. Dabei rückt Sven unauffällig mit dem Stuhl näher ans Bett. Wie zufällig streckt er die Hand aus und berührt ihre Rechte. Wieder einige Minuten später richtet er sich auf und beugt sich über sie.

«Bitte nicht.» Ira dreht den Kopf auf die Seite.

Er kuschelt sein Gesicht in ihr Haar, streichelt sie und murmelt, daß er sie wahnsinnig liebe. Ira überlegt, ob sie «au» sagen soll, es könnte ihr ja was weh tun, da klopft es an der Tür, Sven fährt hoch.

«Hallo», sagt Gaby. «Wie geht's?»

Sie kommt gradewegs von der Probe, hat ebenfalls Blumen in der Hand, außerdem eine Schachtel Kognakkirschen. Ira begrüßt sie so stürmisch, daß Gaby merkt, wie gelegen sie kommt. Ira macht sie mit Sven bekannt.

«Freut mich», sagt Gaby nur, zieht sich einen Stuhl heran und beginnt, von der Probe zu erzählen. «Deine Rolle übernimmt Sigrid Kammers, sie war heute nachmittag schon dabei.»

«Was sagt Giersberg?»

«Der muß froh sein, daß der Laden nicht platzt. Außerdem arbeitet Sigrid wie ein Pferd. wenn's drauf ankommt, da braucht er keine Angst zu haben. Natürlich könnte sie Floras Mutter sein, aber was soll's, es hat ja schon Fünfzigjährige gegeben, die das Gretchen gespielt haben. Das ist nun mal Theater.»

«Ich bin wahnsinnig gespannt, wie sie das macht. Ich will dabei sein, verstehst du?»

«Wann kommst du denn hier raus?»

«In drei Tagen, sagt der Arzt.»

«Wegen Geld brauchst du dir übrigens keine Sorgen zu machen, das läuft unter Betriebsunfall. Die Berufsgenossenschaft zahlt, bis du wieder arbeitsfähig bist.»

«Ich hab doch nur einen Stückvertrag.»

«Das spielt keine Rolle.»

Nach einer Pause sagt Ira leise: «Scheiße.»

«Was denn? Was ist?»

«Ach, ich denk dran, was nachher ist. Dann bin ich wieder draußen.»

«Mensch, mach dir deswegen bloß keine Gedanken.»

«Das sage ich auch», läßt sich Sven Schulte vernehmen. «Darüber haben wir schon gesprochen. Für die Zukunft ist gesorgt.»

Gaby schaut ihn zum ersten Mal richtig an und zieht ihre Augenbrauenstriche um einige Millimeter hoch. «Sind Sie auch aus der Branche?»

«Nein, Industriekaufmann.»

«Ach so. Na, ist ja auch was Schönes.»

«Sven ist Juniorchef in der Firma seines Vaters.»

«Ein richtiger Kapitalist?» Gaby legt den Kopf etwas schief und betrachtet Sven mit gespieltem Erstaunen. «Toll. Du, sag mal, wo lernt man so was kennen? Danach suche ich schon lange.»

Ira lacht, während Sven Schulte süßsauer dreinschaut. Er ist es nicht gewöhnt, daß man sich lustig über ihn macht, außerdem findet er diese Regieassistentin gräßlich. Er ist sichtlich erleichtert, als Ira ihn bittet, bei der Stationsschwester nach Blumenvasen zu fragen.

Nachdem er das Zimmer verlassen hat, fragt Gaby: «Mal ehrlich, wo hast du den aufgegabelt?»

«Das ist ein Verflossener. Er ist gestern aufgetaucht, und eben hat er mir einen Heiratsantrag gemacht.»

«Was? Im Ernst?»

«Ja, das Haus ist schon da, und Kinder will er auch.»

«Hm.» Gaby bekommt ein nachdenkliches Gesicht. «Das ist schließlich ein Angebot, oder nicht?»

«Ich liebe ihn nicht.»

«Aber offenbar er dich.»

«Möglich.»

«Das ist genau die Basis für eine gute Ehe.»

«Spinnst du?»

«Überhaupt nicht. Der Mann muß eine Frau mehr lieben als sie ihn. Dann geht's gut. Nicht umgekehrt, das läuft fast immer schief.»

«Warum denn?»

«Weil Männer immerzu erobern wollen, das steckt in denen drin, dafür können sie nichts. Wenn ihnen eine Frau von selbst am Hals hängt, was haben sie da noch zu erobern? Das langweilt sie, und sie suchen sich was anderes.»

«Du hast vielleicht Theorien.»

«Alles Erfahrung. Achte mal bei anderen darauf.»

«Ich bin dafür, daß sich beide gleich stark lieben.»

«Das gibt's auch. Aber das ist ungefähr so häufig wie sechs Richtige im Lotto. Notfalls kannst du dir ja immer noch einen Geliebten nehmen.»

«Hör auf, Gaby, hör auf.»

«Wo du so eine einmalige Chance hast?»

«Lieber geh ich wieder ins Gymnastikstudio.»

«Sei nicht doof. Vor allem sag nicht gleich nein. Laß ihn schmoren. Nein sagen kannst du auch in einem Jahr noch.»

Ira kann nichts mehr erwidern, weil Sven zurückkommt, zwei Blumenvasen in der Hand. Gaby erhebt sich sofort und ist wie umgewandelt. Sie wird charmant und witzig, fordert Sven auf, die Blumen in den Vasen zu ordnen, korrigiert ihn, lobt ihn, und er läßt sich anstecken, verliert seine würdevolle Steifheit, fängt sogar an zu albern. Ira wundert sich sehr.

Die nächste halbe Stunde vergeht mit vergnügter Unterhaltung, bis es wieder einmal an die Tür klopft. Sie rufen im Chor: «Herein!»

Es tritt auf Hartmut Schiller.

Er bringt keine Blumen mit, sondern ein Taschenbuch, außerdem das Neueste vom Neuen. «Du bist engagiert, Ira», verkündet er strahlend.

«Wieso? Was heißt das?»

«Vorausgesetzt, du kannst gehen und trägst keinen Gips mehr am Arm.»

Stille senkt sich im Krankenzimmer nieder.

«Mach's nicht so spannend», mahnt Gaby.

«Das ist auch ganz inoffiziell. Quatscht nicht drüber. Klar?»

Gaby und Ira nicken.

«Du sollst im Weihnachtsmärchen das Dornröschen spielen und anschließend in der Uraufführung bei Junghans die Ensslin. Dazu kriegst du einen festen Vertrag bis Ende der Spielzeit.»

Iras Gesicht hat sich gerötet, als der Name Junghans fiel, aber zum Glück merkt das niemand, für die andern ist es pure Aufregung.

Anschließend herrscht eine Stimmung, als veranstalteten sie ein Sektgelage. Die Stationsschwester macht dem ein Ende und vertreibt die Besucher mit widerstandbrechender Höflichkeit. Dann betrachtet sie prüfend Ira und stellt fest: «Sie haben Temperatur. Das kommt davon.»

«Das kommt, weil ich glücklich bin», sagt Ira und spürt im selben Augenblick einen heftigen Schmerz im Fuß.

«Das Glück tut wohl weh, wie?» sagt die Stationsschwester und lächelt nachsichtig.

Settler hat zweimal mit Sigrid Kammers telefoniert, um zu erfahren, wie es klappt. Ausgezeichnet, antwortete sie beidemal, keinerlei Schwierigkeiten, auch mit Giersberg käme sie klar. Bei der Generalprobe könnte er sich ja überzeugen.

Settler geht schon zur 1. Hauptprobe.

Er weiß, daß während der 1. Hauptprobe niemand den Intendanten dabeihaben möchte, denn das Chaos ist vorhersehbar, ist geradezu unvermeidlich. Vorausgegangen sind die Dekorations- und die Beleuchtungsproben, reine Technik ohne Schauspieler und Orchester. Jetzt wird alles zusammentreffen und, so hofft jeder trotz gegenteiliger Erfahrung, sich nahtlos verbinden. Für die Schauspieler kommt hinzu, daß sie zum erstenmal in Kostümen auftreten müssen.

Settler will die Nervosität nicht noch verstärken und kommt erst eine gute Viertelstunde nach dem angesetzten Probenbeginn. Immer noch zu früh. Der Vorhang ist geschlossen, der Zuschauerraum erleuchtet. Und natürlich muß Gaby, die Regieassistentin, ausgerechnet in diesem Augenblick nach hinten schauen und sein Kommen bemerken. Sie tuschelt mit Giersberg. Klugerweise reagiert der nicht, er dreht nicht mal den Kopf. Neben ihm sitzen der Bühnenbildner und die Ballettmeisterin. Zwei Reihen hinter ihnen, etwas seitlich, entdeckt Settler den Dramaturgen Schiller und eine junge Frau; erst nach einigen Sekunden wird ihm bewußt, daß es die verunglückte Kleinschmidt ist. Sehr vernünftig von ihr, daß sie hier teilnimmt und nicht ihre Zeit vertrödelt. Er setzt sich noch einige Reihen weiter rückwärts.

Aus dem Orchestergraben ertönt leise Unterhaltung, dazwischen klingt immer wieder ein Instrument auf, eine Tonleiter auf der Klarinette, eine Geige, ein Baß, sogar die Pauke läßt sich hören. Gestimmt sind die Instrumente längst, es ist auch keine Nervosität, Orchestermusiker sind selten nervös. Sie langweilen sich, einige werden ihre Kreuzworträtsel in der Hand halten.

Neugierig ist Settler auf die «Firecrackers». Angeblich sollen sie ihre Sache recht ordentlich machen, obwohl nur ein Mitglied richtig Noten lesen kann. Dafür sind sie perfekt im Verhandeln um die Gage. Fünfhundert pro Vorstellung, ein Wahnsinnsgeld für Freizeitmusiker.

Settler blickt auf seine Uhr, zwanzig nach zehn. Im selben Augenblick sieht er den Kopf Trittmachers aus dem Orchestergraben auftauchen, und das Licht im Zuschauerraum beginnt sich zu verdunkeln.

Trittmacher hebt den Taktstock, das Orchester setzt ein. Der Vorhang öffnet sich vor der noch dunklen Bühne. Die Musik wird kräftiger, und plötzlich geht das getragene Tempo in einen Rockrhythmus über. Licht flammt auf und strahlt in die rechte Bühnenecke, wo hoch oben auf einem Stahlrohrgerüst die «Firecrackers» sitzen.

Sie tragen rote Jeansanzüge mit silbern blitzenden Knöpfen, entworfen von Camilla Herbst. Laut Vertrag und gegen einen Unkostenbeitrag dürfen sie die Kostüme später behalten. Die übrige Bühne bleibt noch im Dunkeln, zu erkennen sind nur Figuren, verteilt über die ganze Fläche, unbeweglich wie Versatzstücke. Die Musik steigert sich, der Hintergrund wird hell und entwickelt sich zu einem Panorama von Manhattan, eine Projektion, sehr eindrucksvoll. Seitenlicht erfaßt die Figuren, die lebendig werden, sich in Gruppen formieren und einen gestaffelten Halbkreis bilden. Alle Personen des Stücks sind auf der Bühne, einschließlich des Chors, der präzise einsetzt, die ersten Soli folgen. Sigrid Kammers ist als jugendliche Flora perfekt wie immer, Christian Lück fällt dagegen ab, na ja, eben kein ausgebildeter Sänger.

Alles in allem aber ist der Auftakt gut. Settler lehnt sich befriedigt zurück.

Wie üblich bei der 1. Hauptprobe gibt es noch laufend Unterbrechungen und um 13.30 Uhr ist man erst am Schluß des 2. Akts angelangt, dem die große Pause folgen soll. Giersberg ordnet an durchzumachen. Niemand protestiert, denn jeder will so bald wie möglich erlöst sein.

Der Vorhang öffnet sich wieder, Trittmacher hebt den Taktstock, da schiebt sich einer der «Firecrackers» von seinem Hocker hoch. «Moment mal bitte! 'tschuldigung! Wie lange dauert das noch?»

Trittmacher läßt den Arm sinken, man hört ihn murmeln: «Mein Gott, mein Gott.»

«Also um vierzehn Uhr muß ich weg. Ich hab 'n Termin um halb drei.»

«Das fällt Ihnen jetzt ein?» faucht Giersberg nach oben.

«Nö, das weiß ich schon seit acht Tagen.» Der «Firecracker» ist ein kräftiger Typ mit langen blonden Haaren und freundlichem Bart. Er spielt Gitarre und das vorzüglich. Seine Stimme klingt kein bißchen aufgeregt. «Auf unserm Zettel steht nichts, daß wir heute auch nachmittags proben.»

Kleine Pause. Dann fragt Giersberg leise: «Herr Trittmacher, haben Sie die Herrschaften nicht aufgeklärt?»

Der Dirigent dreht sich betont langsam um. «Worüber bitte?»

«Daß eine Hauptprobe länger dauern kann!»

«Nein. Dafür bin ich nicht zuständig.»

Mehrere Sekunden lang ist es mucksmäuschenstill. Dann sagt Giersberg: «Wir machen weiter ohne Gitarre. Sie können gehn.»

Jetzt rühren sich die andern «Firecrackers». «Das geht nicht, wir brauchen die Gitarre!»

«Ich hab gesagt, wir machen weiter!» Diesmal brüllt Giersberg. «Vorhang zu!»

Der 3. Akt ist kurz vor 15 Uhr beendet.

«Schluß, aus!» sagt Giersberg, nachdem der Vorhang geschlossen ist.

«Kritik?» fragt Gaby.

«Nach dem Abschminken im Konver. Die Technik morgen so früh wie möglich, von mir aus um sieben. Klär das bitte.»

Settler wartet im Seitengang auf den Regisseur. Giersbergs Gesicht ist gerötet, offensichtlich steht er am Rand seiner Nervenkraft.

«Gratuliere, Herr Giersberg.»

In Giersbergs Augen glimmt Mißtrauen. Nach einer Katastrophe dieses Ausmaßes zu gratulieren, muß er als reine Ironie auffassen. «Ich meine das ehrlich», fährt Settler rasch fort. «Die Pannen denke ich mir weg, das ist normal. Also meinen Glückwunsch.»

Als Settler zum hinteren Ausgang geht, holt Schiller ihn ein und fragt, ob er noch einen Augenblick Zeit für Frau Kleinschmidt habe. Settler nickt, bemüht sich um eine zurückhaltende, aber nicht unfreundliche Miene und stellt fest, daß die Kleinschmidt, abgesehen von dem Gipsarm, noch immer ganz schön humpelt.

«Wie geht's Ihnen denn?»

«Danke, gut.» Sie strahlt ihn an.

«Schaffen Sie's bis zum Probenbeginn?»

«Bestimmt. Das sind ja noch sechs Wochen.»

«Hoffen wir's. Was haben Sie für einen Wunsch?»

«Ich würde gern bis zum Probenbeginn hier im Theater bleiben. Ich kenne noch so vieles nicht. Ich möchte mich überall umsehen.»
«Sie müssen doch Ihren Fuß schonen. Was sagt der Arzt dazu?»
«Ich will ja nicht den ganzen Tag laufen.»
«Na gut. Von mir aus. Ich hab nichts dagegen.»
«Vielleicht könnten Sie das bei der nächsten Konferenz erwähnen», meint Schiller.
Er werde daran denken, erwidert Settler. Später im Büro kommen ihm plötzlich Zweifel. War er nicht zu voreilig mit seiner Erlaubnis? Wenn jemand überall herumschnüffelt, selbst in bester Absicht, wird nicht nur sachlich geredet. Es wird getratscht, da werden Geschichten ausgegraben, die fast vergessen sind, und das schafft Dünger für Klatsch und Intrigen. Ach was, verscheucht er seine Gedanken, ich fange an, Gespenster zu sehen, das ist lächerlich. Außerdem habe ich keine Angst vor Gespenstern. Im selben Augenblick kommt ihm Frau Witka in den Sinn, das Kulturgespenst mit den Katzenaugen und der gutsitzenden Stimme. Ob Weinholz schon was unternommen hat? Er muß ihn unbedingt noch einmal darauf ansprechen. Bei der Premiere, nimmt er sich vor, das ist die nächste Gelegenheit.

Die Premiere ist drei Tage später.
Settler verläßt sein Büro erst, als er im Lautsprecher die gleichmütige Stimme des Inspizienten hört: «Achtung, wir fangen an.»
Obwohl er an ungezählten Premieren teilgenommen hat, findet Settler es noch immer erregend, durch das leere Foyer zu gehen und hinter den geschlossenen Türen das Publikum zu spüren, besonders in diesem Augenblick, wo das Licht im Zuschauerraum verlöscht und die Stille der Erwartung eintritt. Vor der Tür zu seiner Loge im Seitenrang zögert er einige Sekunden, bis er den Auftakt der Musik hört. Dann schlüpft er hinein. Niemand beachtet ihn, nur Mia dreht den Kopf, als er sich neben sie setzt. Der Vorhang ist schon geöffnet, die Bühne liegt noch im Dunkeln.
Settler blickt nicht auf die Bühne, sondern aufs Publikum. Er ist gespannt auf den Moment, wo das große Geheimnis des Theaters beginnt, das gemeinsame Spiel, das wechselnde Geben und Nehmen zwischen Bühne und Parkett. Je früher der Funke überspringt, desto

besser. Manchmal findet auch gar nichts statt. Settler erinnert sich mit Grausen an einen solchen Fall, die Premiere der Oper «Der goldene Bock» von Ernst Křenek, eines der wenigen Experimente, die er gewagt hat. Zunächst lag noch wohlwollende Erwartung über dem Parkett, die dann rasch in kühle Teilnahme und schließlich in Ablehnung überging. Nach der Pause sah das Parkett aus wie ein Stück Stoff, über das die Motten hergefallen sind: über ein Drittel der Plätze war leer. Aber der Reinfall lag nicht nur am Publikum, auch das Ensemble trug dazu bei. Nach quälenden Probewochen spielte es zwar technisch einwandfrei, aber völlig lustlos. So etwas rächt sich prompt.

Settlers Blick bleibt auf zwei alten Damen haften, die in der ersten Reihe der Rangmitte sitzen, weißhaarig, sorgfältig frisiert und gekleidet. Er weiß ihre Namen nicht, kennt aber ihre Gesichter seit vielen Jahren, sie versäumen keine Premiere. Die eine ist bebrillt, die zweite mit einem Theaterglas ausgerüstet, das sie eifrig benutzt. Ihre Gesichter sind fast abweisend, die schmalen Lippen zusammengepreßt, steif die Haltung.

Die Musik steigert sich, gleich kommt der Einsatz der «Firecrackers». Settler hört das Schlagzeug, sieht den Gegenschein des aufflammenden Lichts, das die Bühne anstrahlt. Die beiden alten Damen stutzen, ihre Köpfe rucken nach rechts, wo die «Firecrackers» auf ihrem Podest sitzen. Die eine reißt das Glas vor die Augen. Sehr rasch verändert sich ihr Gesicht, die Lippen öffnen sich. Dann stupst die bebrillte ihre Nachbarin an, aber die hält das Glas weiter vor die Augen, offenbar gefällt ihr, was sie sieht. Die rotgewandeten «Firecrackers» spielen mit so rasender Intensität ihren Rock, daß Settler einen besorgten Blick auf den dirigierenden Trittmacher wirft. Aber der ist ganz bei der Sache, hat sein Orchester im Auge, ohne nach oben zu schauen.

Beruhigt lehnt sich Settler zurück, wobei er aus den Augenwinkeln Mia ansieht. Sie bemerkt es nicht, aber sie lächelt, ein gutes Zeichen. Die ungewohnte Musik kommt also auch bei ihr an. Eigentlich könnte er jetzt wieder verschwinden. Nach der 1. Hauptprobe hat er sich auch noch die Generalprobe angesehen. Da fällt ihm ein, daß er in der Pause ja mit Weinholtz über die Witka reden will. Hoffentlich hält die gute Stimmung im Haus an. Sie dürfte auch Weinholtz empfänglich stimmen, eine günstige Gelegenheit, die er nicht verpassen darf.

Ulrich Giersberg steht auf der Seitenbühne und verfolgt, scheinbar gleichmütig, das Geschehen auf der Bühne. Ira sitzt einige Schritte von ihm entfernt und läßt ihren Blick zwischen Bühne und Giersberg hin und her wandern. Erst nach einer Weile fallen ihr Giersbergs Hände auf, deren Finger sich fortwährend bewegen: sie kneten, reiben und pressen einander, manchmal klopfen die Zeigefingerspitzen auf die Daumenkuppen. Das geschieht immer dann, wenn Sigrid Kammers eine Dialogstelle mit Christian Lück hat. Mit den Dialogen hat sich Sigrid bei den Proben schwergetan. Sie sprach mit gepreßtem Atem und modulierte nur mit dem Kehlkopf, und das klang unnatürlich. Aber Giersberg gab es bald auf, sie zu korrigieren. Davon abgesehen hat sie die Rolle fabelhaft schnell in den Griff gekriegt. Ira ist voller Bewunderung und hat ihr einen großen Blumenstrauß besorgt, den sie ihr nachher in der Garderobe überreichen will.

Ulrich Giersberg merkt nichts von seinem Fingerspiel. Daß er hier steht, betrachtet er als eine Pflichtübung, denn ändern kann er nichts mehr; alles, was noch zu sagen war, hat er bei der letzten Kritik nach der Generalprobe gesagt. Solange er hier steht, werden die Schauspieler die Korrekturen befolgen, bei den nächsten Aufführungen wahrscheinlich nicht mehr, ausgenommen die zwei oder drei, die früher schon richtig gelernt haben, was Präzision bedeutet. Sigrid Kammers gehört dazu. Trotzdem ist sie total fehlbesetzt. Sie hat viel zu lange Operette gespielt, um die ganz andere Technik des Musicals beherrschen zu lernen. Nicht ihre Schuld, gewiß nicht, solange nicht mal ein Intendant begreift, was er von seinen Leuten verlangen muß. Morgen früh um zehn wird er die letzte Rate seines Honorars kassieren und anschließend gleich losfahren. Übermorgen muß er zu einer Vorbesprechung in München sein.

Giersberg schreckt aus seinen Gedanken auf und ist versucht, sich die Ohren zuzuhalten. So in der Nähe ist die Lautstärke der «Firecrackers» fast unerträglich, und jetzt, gleich ist Aktschluß vor der großen Pause, geben sie ihr Letztes. Davon abgesehen sind sie aber in den letzten drei Tagen für ihn das Vergnüglichste in der ganzen Inszenierung geworden. Ihre unprofessionelle Natürlichkeit wirkte, entgegen der gereizten Spannung der Profis, auf besondere Weise wohltuend. Bleibt die Frage, ob auch das Publikum sie akzeptiert.

Das Publikum akzeptiert sie, weil ein in einem Frack gekleideter Trittmacher dirigiert und somit erlaubt ist, sich von dem unwiderstehlichen Rhythmus anstecken zu lassen. Es dankt mit stürmischem Beifall, bei dem der einen alten Dame die Brille verrutscht.

Als er sich später im Foyer unter die Leute mischt, kann er auch an den Stimmen hören, daß die Inszenierung ein Erfolg ist. Die Menschen sprechen ungehemmt und lautstark, das ist ein untrügliches Zeichen.

Settler sucht im Gedränge nach Weinholtz und findet ihn zusammen mit Kneifel, dem Vorsitzenden der Volksbühne. Beide gratulieren ihm herzlich.

«Sie haben umbesetzt, nicht wahr?» sagt Kneifel etwas später. «Hat das einen besonderen Grund?»

«Ja, wir hatten leider einen kleinen Unfall, deshalb die Übernahme. Sehr kurzfristig übrigens.»

«Frau Kammers macht das wunderbar, ich kann mir keine bessere für die Rolle vorstellen», schwärmt Kneifel. «Bitte richten Sie ihr doch meine Grüße und meine Anerkennung aus.»

«Aber gern», sagt Settler und entdeckt einige Schritte entfernt Frau Weinholtz im eifrigen Gespräch mit einem Paar.

«Hat es Ihrer Gattin auch gefallen?» fragt er Weinholtz.

«Oh, das soll sie Ihnen selbst sagen. Augenblick bitte, ich hole sie.» Er geht zu der Gruppe hinüber, spricht einige Worte, und die drei wenden sich um und blicken zu Settler.

Der erstarrt innerlich, als er erkennt, mit wem Frau Weinholtz anscheinend recht freundschaftlich gesprochen hat. Es ist Frau Witka. Er macht eine kleine Verbeugung, sie erwidert mit kaum merkbarem Nicken, der Blick aus ihren Katzenaugen ist keineswegs freundlich.

Frau Weinholtz dagegen zeigt offen ihre Begeisterung. «Ganz prima, Herr Settler, tolle Musik und überhaupt nicht langweilig wie Oper. So was sollten Sie öfter bringen.»

Settler lächelt automatisch. An diesem Abend, das ist ihm klar, wird er nicht mehr mit Weinholtz über die Witka sprechen können. Er ärgert sich über die verpatzte Gelegenheit und ist zugleich darüber beunruhigt, daß Frau Weinholtz und Frau Witka sich offensichtlich kennen. Oder sollte es Zufall gewesen sein, daß sie zusammenstanden?

«Du, Schatz», sagt Frau Weinholtz, «stell dir vor, auch den Witkas hat's gefallen. Dabei wollte Liselotte zuerst gar nicht kommen.»

«Aha», erwidert Weinholtz kurz.

Fünf Stunden später, als Settler neben Mia im Bett liegt, sagt er in ruhigem, fast beiläufigem Ton: «Wir müssen damit rechnen, daß mein Vertrag nicht verlängert wird.»

Nach einer Weile fragt sie: «Weißt du das schon lange?»

«Seit heute abend.»

Pause.

«Willst du mir sagen, woher du das weißt?»

«Nicht jetzt.»

«Dann wollen wir schlafen. Gute Nacht.»

«Gute Nacht», sagt Settler und liegt noch lange wach.

6

Morgens kurz nach zehn ruft Horst Krecker in der Dramaturgie an und teilt Hartmut Schiller mit, daß er gleich losfahren und gegen achtzehn Uhr eintreffen werde und wo er den Wohnungsschlüssel bekommen könne.

Schiller glüht vor Freude und sprudelt hervor, daß er selbstverständlich in der Wohnung auf ihn warten werde, er brauche nur zu klingeln, und er solle ja nicht so rasen bei der Dunkelheit und dem Wetter, es mache ihm gar nichts aus, wenn es später würde, er bereite Hühnerfrikassee vor, das brauche er nur warm zu machen, und mit dem Reis gehe es auch ganz schnell.

Krecker dämpft seine Freude mit der knappen Bemerkung, er solle bloß keine Umstände machen, und verabschiedet sich ebenso kurz angebunden.

Einige Sekunden lang ist Schiller betroffen. Dann macht er sich klar, daß Horst wahrscheinlich nervös ist wegen der bevorstehenden Fahrt. Kein Wunder, auch für heute, den 11. Dezember, ist in der ganzen Bundesrepublik Regen angekündigt, in höheren Lagen mit Schnee vermischt.

Schiller findet seine gute Laune wieder und die Vorfreude auf das Wiedersehen mit Horst. Zwei Monate lang hat er nach einer möblierten Wohnung für ihn gesucht, sie endlich vor drei Wochen gefunden und ab 1. Dezember gemietet. Er hat sie eigenhändig saubergemacht und alles für den heutigen Einzug vorbereitet, nur Lebensmittel und Blumen muß er noch besorgen.

Er ist dabei, eine Einkaufsliste zu schreiben, als Junghans mit einem muffigen «Morgen» das Büro betritt.

«Guten Morgen, Bernd. Du, Krecker hat eben angerufen, er kommt heute abend.»

«Wird auch allmählich Zeit. Montag haben wir Leseprobe.»

«Willst du dich vorher noch mal mit ihm treffen?»

Junghans überlegt. Er hat «Fest der Wölfe» so klar im Kopf, daß ihn ein Gerede mit dem Autor in dieser Phase stören würde. Er möchte Krecker nur noch als Schauspieler sehen, nicht mehr als Autor. Das muß er ihm gleich zu Anfang klarmachen, sonst ist großer Ärger unvermeidlich.

«Du kannst ihm sagen, er möchte eine halbe Stunde vor Probenbeginn hierher ins Büro kommen. Wir gehen dann zusammen zur Probe. Ich möchte ihn aber allein sprechen.»

«Warum? Geheimnisse?»

«Ich will ihm nur deutlich machen, daß ich inszeniere und er spielt.»

«Das brauchst du ihm nicht zu sagen, Bernd, das weiß er selbst.»

«Um so besser.»

«Ich glaube, du siehst Horst ganz falsch. Er ist ein wirklich guter Schauspieler, dem brauchst du nichts dreimal zu sagen, der checkt alles beim erstenmal und bleibt dabei.»

«Dein Wort in Gottes Ohr», brummt Junghans und läßt sich an seinem Schreibtisch nieder.

Schiller unterdrückt weitere Bemerkungen über Horst, obwohl es ihn drängt, mehr über ihn zu sprechen. Ist das nicht ganz natürlich, wenn man jemanden liebt? Er liebt Horst wirklich, das ist ihm in den letzten Monaten ganz klar geworden, und er will alles tun, um ihm die kommenden Wochen so schön wie möglich zu machen. Vielleicht kann aus dieser Liebe dann etwas Dauerhaftes werden, nicht mehr diese kurzen Affären, die ist er so leid. Er würde auch sofort kündigen, wenn Horst ihn mitnehmen will. Horst als Autor und er als Dramaturg, sie wären ein einmaliges Gespann und könnten sich in der Arbeit wunderbar ergänzen.

In fröhlicher Erwartung verläßt Schiller schon am frühen Nachmittag das Büro, um einzukaufen. Vor dem Theater trifft er auf eine Riesenmenge ungeduldiger Kinder mit Müttern und Omas, die in «Dornröschen» wollen. Das Weihnachtsmärchen ist ständig ausverkauft. Aber das ist jedes Jahr so, ganz egal, was gegeben wird, es bedarf nicht einmal einer besonderen Werbung. Schiller denkt an die große Werbeaktion für das Musical. Settler hat recht gehabt, sie wäre nicht nötig gewesen, Jugendliche sind kaum mehr als sonst gekommen, trotz der «Firecrackers». Das Stück war einfach zu bieder.

Das Wetter ist scheußlich, ein scharfer Wind bläst Schiller ins Gesicht und läßt die Weihnachtsdekorationen über den Straßen schaukeln. Aber das Einkaufen in den überfüllten Geschäften macht Spaß. Eine Stunde später hat er alles in die Wohnung geschafft, ein großes Zweizimmerappartement in einem Neubau, dessen Besitzer, ein Zahntechniker, bis Mitte März nach Südafrika verreist ist. Schiller verdankt die Adresse einem Freund, der sie von einem anderen Freund hat, der eine Zeitlang mit dem Zahntechniker liiert gewesen ist.

Die Einrichtung ist perfekt und ultramodern, viel Glas und Chrom, schwarze Cordpolster überall. An einer Wand hängen die berühmten Grafiken von Wunderlich, die bei ihrer ersten Ausstellung in Hamburg einen Skandal auslösten. Jetzt sind sie ein Vermögen wert. Aber die Miete der Wohnung ist auch nicht von Pappe, vierzehnhundert im Monat.

Schiller kümmert sich zuerst um die Blumen. Er findet schöne gläserne Vasen, ordnet die Blüten sorgfältig und verteilt die Vasen im Wohnraum und im Schlafzimmer. Dann bereitet er das Essen vor und deckt zwischendurch den Tisch.

Um achtzehn Uhr ist er mit allem fertig. Wenn Horst eintrifft, muß er nur noch den Reis aufsetzen und die Suppe und das Frikassee aufwärmen. Er legt eine neue Platte auf und läßt sich in einem der Sessel nieder. Das Polster faßt sich herrlich an, er streichelt es mit den Handflächen und lehnt den Kopf zurück. Nach einer Weile schreckt er auf, blickt verwirrt um sich und merkt, daß er eingeschlafen war.

Schon zwanzig Uhr vorbei. Er springt auf und geht ins Bad, betrachtet sich im Spiegel und fährt mit den Fingerspitzen über die Wangen. Rasieren? Lieber nicht, da käme kaum etwas herunter, nur die empfindliche Haut würde sich röten. Duschen? Nein, das tut er später zusammen mit Horst. Ein wohliges Gefühl durchrieselt ihn, als er daran denkt. Er kämmt sich den Rotschopf, kehrt ins Wohnzimmer zurück und schaltet den Fernseher ein.

Kurz vor zweiundzwanzig Uhr ertönt endlich das erlösende Klingelzeichen. Schiller stürzt an die Sprechanlage. «Horst?»

«Mach auf!»

«Soll ich runterkommen und tragen helfen?»

«Nein, nicht nötig.»

«Nimm den Fahrstuhl! Vierter Stock!»

Schiller eilt in die Küche, um die Herdplatten einzuschalten. Dann zündet er im Wohnraum die Kerzen an und geht wieder in die Diele. In der geöffneten Wohnungstür wartet er fast zitternd auf das Erscheinen des Fahrstuhls.

Der Fahrstuhl hält, mit leisem Schnurren öffnen sich die Türen. Horst Krecker tritt heraus, in langem, mit Pelz gefüttertem Wildledermantel. Das Ende eines Schals fällt über die Schulter. Sein Gesicht zeigt scharfe Züge, die Fahrt muß ihn sehr angestrengt haben. Er lächelt, als er Schiller sieht.

«Hallo, Hartmut! Da wären wir. Hast du lang gewartet?»

Schillers Blick wandert an Horst vorbei auf den Jungen, der hinter ihm den Fahrstuhl verlassen hat, in den Händen zwei schwere Lederkoffer, ein verlegenes Grinsen im Gesicht. Er mag kaum zwanzig sein, groß und schlank mit langem blonden Haar, auf dem eine modische Kappe sitzt.

«Gehn wir erst mal rein», sagt Krecker.

«Im Fahrstuhl steht noch die Tasche», sagt der Junge mit heller Stimme.

Schiller läßt Krecker an sich vorbei, geht zum Fahrstuhl und greift nach der großen Reisetasche.

«Im Wagen ist noch mehr Gepäck», sagt der Junge. «Das können wir nachher holen.»

Noch im Mantel durchläuft Krecker rasch die ganze Wohnung,

kommt in die Diele zurück und sagt: «Gefällt mir, Hartmut. Hast du gut ausgesucht, genau das Richtige für den Job. Ach so, ich hab euch ja noch nicht bekannt gemacht. Das ist Joschi – das ist Hartmut.»

Joschi, der noch zwischen den Koffern steht, reicht Schiller die Hand. «Horst hat mir von dir erzählt, Hartmut.» Seine Verlegenheit ist verschwunden, er wirkt jetzt unbefangen und offen. «Wir werden bestimmt gute Freunde.»

Schiller schüttelt kurz Joschis Hand und nickt. Seine Kehle ist wie zugeschnürt. Schließlich fragt er: «Bleibst du länger?»

«Ja, natürlich. Ich muß doch Horst versorgen.» Er blickt zu Krecker, der sich aus dem schweren Mantel pellt. «Wir haben einen richtigen Vertrag gemacht, ich kriege sogar Gehalt.» Er lächelt. «Du mußt mir alles sagen, wo ich einkaufen kann, wo die Wäscherei ist und so. Tust du?»

Schiller nickt stumm, geht in den Wohnraum und bleibt dort regungslos stehen. Er hat Mühe, die Tränen zurückzuhalten. Er spürt, daß Horst hinter ihm das Zimmer betritt.

Krecker mustert den gedeckten Tisch und fragt verwundert: «Du hast ja nur für zwei gedeckt? Willst du nicht mit uns essen?»

«Ich muß weg, ich hab noch eine Verabredung. Das Essen steht auf dem Herd. Ich geb dir Montag die Aufstellung über das Geld, das ich ausgelegt habe.»

«He, du, was ist los? Was soll das?»

»Laß mich. Ich muß gehn.»

Krecker hält ihn am Arm fest. «Was ist denn, Hartmut? Sag doch, was ist los.»

Schiller blickt ihn jetzt an, sieht ihn aber nur verschwommen, weil seine Augen voller Tränen sind.

«Du hättest mir wenigstens sagen können, daß du nicht allein kommst. Das ist doch wohl das mindeste.»

«Ich hab dir gesagt, daß Joschi mitkommt.»

«Hast du nicht.»

«Hab ich nicht gesagt?»

«Nichts, kein Wort.»

«Das ist ja 'n Ding.» Krecker hält Schiller noch immer fest und zieht ihn jetzt an sich heran. «Hartmut, das ändert doch nichts zwischen uns. Joschi ist mein dienstbarer Geist. Ich kann nicht auch noch einen Haushalt führen, wenn ich arbeite. Das siehst du doch ein. Oder?»

Joschis helle Stimme tönt aus dem Hintergrund. «Ich schlaf auch auf der Couch, wenn ihr wollt.»

«Na bitte. Joschi mischt sich nicht ein. Der ist nur da, wenn man ihn braucht. Er ist ein lieber Junge, glaub mir. Du wirst dich auch mit ihm verstehen. Komm her, Joschi, sag mal, wie du das siehst.»

Joschi umarmt Schiller und flüstert dicht an seinem Ohr: «Ich mag dich.»

Schiller ist so gerührt, daß er die Umarmung, wenn auch nur kurz, erwidert und seine Eifersucht überwindet. Ein drittes Gedeck wird aufgelegt, und Joschi übernimmt voller Eifer das Fertigstellen und Servieren der Mahlzeit.

Nach dem Essen fragt Krecker: «Wie sieht's aus?»

«Montag morgen ist Leseprobe. Junghans möchte aber, daß du eine halbe Stunde vorher zu ihm ins Büro kommst.»

Krecker nickt. «Wie ist die Besetzung?»

«Das haut hin, glaub ich. Er hat die besten Leute genommen, die wir im Haus haben.»

«Hast du schon was von dem Bühnenbild gesehn?»

«Nein. Aber da brauchst du dir keine Sorgen zu machen, die halten sich an das, was du geschrieben hast. Du kannst auch selbst noch mit dem Ausstattungsleiter sprechen, der ist umgänglich.»

«Hat Junghans noch mal was wegen der Namen gesagt?»

«Nee. Aber das hattest du doch geklärt, als du hier warst, oder nicht?»

«Ich mit Junghans, ja. Aber er wollte noch mal mit dem Intendanten sprechen.»

«Das wird er wohl getan haben. Gesagt hat er nichts. Du kannst ihn ja fragen.»

«Darauf kannst du dich verlassen.»

Sie haben zum Essen tüchtig Wein getrunken, und Schiller, der sonst nur wenig trinkt, ist beschwipst und findet es gar nicht mehr schlimm, daß Joschi mitgekommen ist, dieser Joschi, der tatsächlich so ist, wie er sich gibt, unglaublich naiv, dazu folgsam und dankbar wie ein Hündchen. Krecker hat ihn in einer Hamburger Schwulenkneipe entdeckt, wo er kellnerte und Gästen zur Verfügung stand, wenn sie dem Wirt einen Hundertmarkschein zuschoben; Joschi selbst erhielt nichts davon und protestierte auch nicht; als elternloses Heimkind war er es von klein auf gewöhnt, daß man über ihn verfügte.

«Hat der Wirt dich denn so einfach gehen lassen?»

Joschi lacht mit seiner hellen Stimme. «Horst hat mich doch gestohlen! Ach, das war ein Ding.»

Horst Krecker war mit Joschi von der Kneipe aus nach oben in die Wohnung gegangen. Dort gab es auch eine Etagentür zum Treppenhaus, aber die war mehrfach verschlossen; der Wirt hatte Vorsorge getroffen, damit sein Sklave nicht heimlich verschwand. Nachdem Joschi sich einverstanden erklärt hatte mitzukommen, zerschnitt Krecker einige Bettlaken, flocht einen Strick aus den Streifen, versah ihn mit Knoten, um ein Abrutschen zu verhindern, legte drei Hundertmarkscheine als Schadenersatz auf den Tisch und ließ sich dann mit Joschi aus dem Fenster in den Hinterhof hinab.

«Jetzt hab ich es so gut», erklärt Joschi. «Horst hat mir auch viele schöne Sachen gekauft. Soll ich mal den grünen Lederanzug anziehen?»

«Nein», sagt Krecker. «Jetzt nicht mehr. Ich bin total erledigt. Ich muß in die Falle.»

Schiller duscht mit Horst, Joschi spielt Badefrau und hat sogar die Frottiertücher auf der Heizung angewärmt. Aber im Bett fällt Krecker sofort in tiefen Schlaf, während Schiller hellwach neben ihm liegt. Dann öffnet sich vorsichtig die Tür, der nackte Joschi steckt seinen Kopf herein und fragt leise: «Fühlst du dich einsam, Hartmut?» Er wartet nicht auf Antwort und schlüpft zu ihm unter die Decke.

Montag morgen ist Junghans schon um neun Uhr im Büro, frisch und tatendurstig und zu allem fest entschlossen. Außerdem trägt er einen nagelneuen grauen Pullover, den er schon vor längerer Zeit gekauft und für eine besondere Gelegenheit zurückgelegt hat.

Am Schreibtisch sitzend, streichelt Junghans über die Wolle und amüsiert sich ein wenig über sich selbst, denn die Wandlung seines Zustands vom Wochenende auf jetzt ist nicht ohne Komik.

Das Wochenende war schrecklich.

Samstags hat er sich erst nachmittags aus dem Bett gewälzt, sich weder gewaschen noch rasiert, nur etwas aus der Hand gegessen und fast sieben Stunden vor dem Fernseher verbracht. Sonntag morgen ist er vier Stunden durch die Stadt gerannt. Er kam völlig durchfroren und durchnäßt in die Wohnung zurück und taute erst nach drei Tassen Tee mit sehr viel Rum wieder auf. Da er nicht gefrühstückt hatte, zeigte sich bald die Wirkung. Er kam auf die Idee, Camilla anzurufen.

«Wer ist da?» rief sie energisch, als er sich nicht gleich meldete.

«Bernd.»

«Lieber Gott, was ist denn mit dir los? Seit wann rufst du mich sonntags an?» Dann mit einem kleinen Unterton der Besorgnis: «Bist du krank?»

«Nein, nein. Ich bin ganz gesund. Mir geht's gut. Ich wollte nur mal hören, wie es dir geht.»

«Sag mal, bist du blau?»

«Hört man das?»

«Du lallst ja.»

«Ausgeschlossen. Ich hab noch nie gelallt. Außerdem hab ich nur Tee mit Rum getrunken. Ich war spazieren. Wie geht's dir?»

«Gut.»

«Bist du allein?»

«Klar bin ich allein. Wer soll denn hier sein?»

«Weiß ich doch nicht. Vielleicht dein Gerd.»

«Der läßt mich sonntags in Ruhe. Gott sei Dank.»

«Wieso? Bist du ihn schon leid?»

«Gott sei Dank, weil Sonntag der einzige Tag ist, wo ich meine Ruhe haben will. Das müßtest du eigentlich noch wissen.»

«Ich weiß, ich weiß.» Junghans erinnert sich mit Unbehagen an die Zeit, wo er mit Camilla zusammen war und die Sonntage stets allein und in großer Langeweile verbringen mußte. Er durfte nicht mal telefonieren. «Was ich dich fragen wollte, hast du eigentlich inzwischen mit ihm darüber gesprochen?»

«Mit wem? Über was?»

«Mit Weinholtz. Über das ‹Fest der Wölfe›, du weißt doch, wegen der Namen.»

«Ich hab dir doch gesagt, ich tu das nicht.»

«Du willst es dir überlegen, hast du gesagt.»

«Das hast du gesagt. Da gibt es aber nichts zu überlegen.»

«Und warum hast du's beim Musical getan, für die Werbeaktion?»

«Wer hat das gesagt?»

«Unser Intendant.»

Camilla schweigt.

«Bist du noch da?»

«Das hast du doch erfunden. Wie käme Settler dazu, so etwas zu behaupten?»

«Weinholtz hat ihn unter Druck gesetzt wegen der Werbung. Da er keine Ahnung von der Sache haben konnte, mußtest du dahinterstecken. Das hab ich dem Chef natürlich nicht gesagt.»

«Dein Glück. Und ich werde den Teufel tun, mich noch mal einzumischen.»

«Na schön, dann muß ich's selbst tun, wenn es hart auf hart kommt. Ich hab ja schon mal mit ihm drüber gesprochen, damals auf deiner Party. Ach ja, und was die Kostüme für das Stück angeht –»

«Hör auf! Heute ist Sonntag.»

«Entschuldige. Hab nur grade dran gedacht. Ich will dich auch nicht weiter stören. Schönen Sonntag noch.»

«Du brauchst nicht gleich beleidigt zu sein.»

«Bin nicht beleidigt. Also bis morgen.»

Keine Hilfe wegen der Namen. Junghans findet das jetzt, am Montag morgen, nicht mehr so beunruhigend. Er hat das Manuskript mit den Originalnamen vervielfältigen lassen und wird auch mit ihnen probieren. Irgendwann wird der Chef natürlich dahinterkommen, bei der 1. Hauptprobe, spätestens bei der Generalprobe. Wenn er dann noch stoppen will, gut, dann gibt's eben einen Skandal. Ohne Risiko geht nichts Entscheidendes im Leben.

Um halb zehn erscheint Horst Krecker.

Er wirkt ausgeruht und gelassen, trägt ein schwarzes Alcantara-Jackett und ist von einem Duft umweht, der herb und teuer riecht.

Junghans schnuppert unauffällig und hätte gern gefragt, wie das Zeug heißt. Natürlich gibt er sich nicht die Blöße. Er gibt sich ganz als Regisseur und spricht mit wohlwollender Festigkeit. Er habe ihn hergebeten, sagt er, um unter vier Augen über die Bedingungen zu sprechen, unter denen die gemeinsame Arbeit möglichst reibungslos ablaufen solle.

«An mir soll's nicht liegen», sagt Krecker. «Sie sind der Regisseur, ich bin der Schauspieler.»

«Sicher. Das haben Sie sich vorgenommen, das habe ich auch erwartet. Aber es wird Situationen geben, wo Sie als Autor in Konflikt geraten, und dann sieht die Sache ganz anders aus. Das kann ich auch verstehen. Ich möchte Sie nur bitten, dann während der Probe keine Diskussion anzufangen. Natürlich können wir anschließend über alles sprechen.»

«Verstehe.»

Versteht er wirklich? fragt sich Junghans und hat erhebliche Zweifel. Aber vielleicht ist es besser, den konkreten Fall abzuwarten und dann noch einmal mit Nachdruck an dieses Gespräch zu erinnern.

«Ich habe auch noch eine Frage», sagt Krecker nach einer Pause. «Wegen der Namen, Sie erinnern sich, wir haben das letztemal darüber gesprochen.»

Junghans lächelt, nimmt eins der vervielfältigten Manuskripte vom Stapel und reicht es ihm über den Schreibtisch hinweg. Krecker schlägt das Personenverzeichnis auf. Es entspricht seinem Original.

«Ah, gut, dann ist das ja erledigt.»

Krecker legt das Manuskript auf den Schreibtisch zurück. Er nickt zufrieden. «Scheint ja alles prächtig zu klappen. Hartmut hat mir gesagt, daß auch die Kollegen gut seien. Sie hätten die besten genommen, die im Haus sind.»

«War gar nicht einfach, wir probieren gleichzeitig Bahrs ‹Konzert› fürs Große Haus. Übrigens müssen einige Schauspieler mehrere Rollen übernehmen. Neunzehn Personen, das ist nicht drin bei uns. Ich habe das jetzt auf elf Darsteller reduziert, neun Herren und zwei Damen. Ich glaube, das Stück gewinnt sogar dadurch.»

Junghans sieht ein kleines Lächeln in Kreckers Gesicht und

hört ihn sagen: «Sie inszenieren, Sie müssen wissen, was Sie verkaufen.»

Junghans ist erleichtert, diese erste Klippe umschifft zu haben. Zum Schluß erwähnt Junghans wie nebenbei, daß er hoffe, mit der Inszenierung zum Berliner Theatertreffen eingeladen zu werden.

Als Ira Kleinschmidt kurz vor 10 Uhr den Probenraum 2 betritt, hält sie den Atem an. Seit Wochen hat sie auf diesen Augenblick gewartet, die letzten Tage waren fast unerträglich. Mit raschem Blick stellt sie fest, daß Junghans noch nicht da ist; erleichtert holt sie Luft.

Sie begrüßt die Kollegen, die in kleinen Gruppen zusammenstehen und die sie inzwischen alle kennt. Christian Lück ist dabei und Armin Lauken, der «Dornröschen» inszeniert hat, sehr umständlich und pingelig, sie ist gespannt darauf, wie er selbst als Schauspieler arbeiten wird. Sigrid Kammers nickt ihr freundlich zu; die Blumen, die sie ihr nach der Premiere von «Mario Miracolo» gebracht hat, haben sie überrascht und offenbar erfreut. Seitdem wechseln sie immer ein paar Sätze, wenn sie sich in der Kantine oder sonstwo treffen.

Anwesend sind auch Gaby, die Regieassistenz macht, Udo Hemke für die Inspektion und Gunda Preuss als Souffleuse.

Gaby wird nach den Textbüchern gefragt.

«Hab ich nicht. Die bringt Junghans mit.»

«Das ist wirklich nicht angenehm, in die Leseprobe zu gehen, ohne den Text zu kennen», sagt Lauken. «Ich hab zwei Rollen.»

«Reg dich nicht auf», meint Witt, «du guckst ja vorher doch nie rein.»

«Ich? Das bist du doch, der nie eine Ahnung vom Text hat!»

Einige lachen. Dabei ist es wirklich höchst ungewöhnlich, daß die Textbücher noch nicht ausgehändigt worden sind. Üblicherweise werden sie spätestens eine Woche vor Probenbeginn verteilt. Junghans hat sich damit entschuldigt, daß der Autor noch im letzten Augenblick eine Änderung vorgenommen habe.

Auf den Autor ist Ira besonders neugierig. Über Krecker laufen schon zahlreiche Gerüchte um. Das verrückteste verkündet, der Name sei ein Pseudonym, in Wirklichkeit heiße er ganz anders, und er sei ein früherer Staatssekretär aus Bonn. Die allwissende Gaby behauptet, er sei schwul und habe ein Verhältnis mit Hartmut Schiller. Als Ira hörte, daß Schiller schwul ist, wollte sie es zuerst nicht glauben. Inzwischen hat sie sich daran gewöhnt und findet ihn besonders nett. Als sie einmal darüber mit Gaby sprach, sagte die, für Frauen seien Schwule die angenehmsten Partner, weil bei ihnen die blöde Spannung wegfalle, die sich zwischen Heterosexuellen unausweichlich einstelle.

Ira hat nicht gemerkt, daß sich die Tür geöffnet hat. Durch die Blicke der anderen veranlaßt, dreht sie sich um und steht direkt vor Junghans.

«Hallo», sagt er mit kurzem Lächeln und macht einen Bogen, um an ihr vorbeizukommen.

Ira spürt es heiß in ihren Wangen aufsteigen. Mist, denkt sie, immer taucht er überraschend auf. Nur einmal war es anders, vor anderthalb Monaten, als er sie in die Dramaturgie bestellt hatte, um mit ihr über die Rolle in diesem Stück zu sprechen. Zum Glück schmerzte damals ihr Fuß noch sehr, das half ihr, unbefangen und locker zu sein. Seitdem hat sie nicht mehr mit ihm gesprochen. Von Hartmut Schiller weiß sie aber, daß er sich das Märchen angesehen hat und zufrieden mit ihrer Leistung war.

Junghans bittet, Platz zu nehmen. Jeder sucht sich einen Stuhl an dem langen Tisch, Ira setzt sich ans untere Ende neben Christian Lück.

Junghans setzt sich mit Krecker ans Kopfende des Tisches, legt den Stapel Textbücher ab und sagt: «Zunächst möchte ich Ihnen Ihren neuen Kollegen Horst Krecker vorstellen.»

Klopfen auf die Tischplatte.

«Sie wissen, daß er auch der Autor unseres Stückes ist. Im Zusammenhang damit habe ich eine besondere Bitte an Sie alle, auf ausdrücklichen Wunsch von Herrn Krecker übrigens. Wenn Ihnen am Text irgendwas nicht gefällt oder nicht paßt, sagen Sie es bitte mir und nicht Herrn Krecker, er betrachtet sich hier nur als Kollege, als Schauspieler. Also noch einmal: Diskussionen über den Text ausschließlich mit mir. Ich werde mich dann, wenn nötig, mit Herrn Krecker selbst in die Wolle kriegen. Ist das allen klar?»

Allgemeines Gemurmel.

«Danke. Würdest du jetzt die Textbücher verteilen, Gaby?»

Gaby, die neben Junghans sitzt, zieht den Stapel heran, liest den Namen vor, der auf jedem Buch steht und läßt es dem Betreffenden mit Schwung über die Tischplatte zuflitzen.

«Was spielst du eigentlich?» fragt Lück und schreckt damit Ira auf, die fasziniert Junghans angestarrt hat; seine Stimme, findet sie, klingt noch eindrucksvoller, wenn er zu so vielen spricht.

«Ich? Ach, die Ensslin und noch 'ne Terroristin.»

«Dann sind wir ja wieder zusammen. Ich mach den Baader und einen zweiten Terroristen und den Sohn vom Schleyer.»

«Der ist auch dabei?»

«Sieht so aus.»

Ira hört Gaby ihren Namen sagen, ein Textbuch rutscht heran, Christian schiebt es ihr zu. Auf dem Titelblatt liest sie ihren Namen in Handschrift, offenbar von Junghans geschrieben, eine schöne männliche Schrift. Im Personenverzeichnis sind zwei Namen unterstrichen, das sind ihre Rollen. Sie schlägt auf, blättert hastig, um ihre erste Szene zu finden, findet sie nicht, blättert vor und wieder zurück, findet sie immer noch nicht. Leicht verzweifelt blickt sie auf und entdeckt, daß die Kollegen das gleiche tun. Jeder blättert, einige schütteln den Kopf. Iras Blick wandert zu Junghans, der sie anschaut, in seinem Gesicht wieder dieser ironische Zug. Sie sieht rasch wieder auf ihr Buch.

Gaby hat das letzte Buch ausgegeben und Junghans' Stimme ertönt: «Darf ich um Ihre Aufmerksamkeit bitten?»

Ira blickt ihr Gegenüber an, Toni Schmeltz, etwas rundlich und von friedlicher Art. Mit gerunzelter Stirn starrt er auf seinen Text und bewegt leise die Lippen.

«Das gilt besonders für Sie, Frau Kleinschmidt.»

Iras Kopf fährt herum, sie spürt, daß sie rot wird.

«Sie sind zum erstenmal bei mir in einer Inszenierung. Ich möchte deshalb auf einige Punkte aufmerksam machen, bevor wir anfangen zu lesen.»

Junghans wartet, bis sich alle Blicke von den Texten gelöst haben. Seltsamerweise schaut keiner zu Ira.

«Natürlich wollen Sie zuerst Ihre eigenen Szenen herausfinden. Alles andere interessiert Sie nicht. Ich begreife das, aber das ist nicht der Sinn der Lesung. Jetzt haben Sie die Gelegenheit, den ganzen Text kennenzulernen, ich wiederhole: den *ganzen* Text. Später werden Sie sich nur noch mit Ihrer Rolle beschäftigen.»

In Iras Kopf klingelt es leise. Darüber hat sie doch schon einmal mit Junghans gesprochen, richtig, gleich zu Anfang in der Kantine, als sie ihm gestand, daß sie den Stückschluß nicht kapierte, und Junghans ihr sagte, daß ein Schauspieler gelegentlich nicht einmal seine eigene Rolle verstünde.

«Versuchen Sie auch nicht, mit besonderem Ausdruck zu sprechen, wenn Sie gleich lesen. Da es ein unbekannter Text ist, können Sie das gar nicht. Versuchen Sie lieber, den Inhalt zu verstehen. Und vor allem hören Sie zu, wenn die andern lesen. Ist das klar?»

Ira nickt.

«So, dann wollen wir zunächst mal feststellen, wer wo drankommt. Machen Sie bitte Ihre Markierungen. Seite eins.»

Ira schlägt wie alle die erste Seite auf.

«Wischnewski, Bölling.»

Toni Schmeltz unterstreicht mit Bleistift die «Wischnewski», die auf der Seite stehen.

«Seite zwo. Wischnewski, Bölling, Schüler.»

Es ist jetzt ganz still im Raum.

«Seite drei. Wischnewski, Bölling, Schüler, Schmidt.»

Die Seiten folgen rasch aufeinander, Ira hält erwartungsvoll ihren Bleistift in der Hand.

«Sieben. Ensslin, Baader, Raspe.»

Iras Rolle steht fünfmal auf der Seite, sie unterstreicht fünfmal das Wort «Ensslin». Und so geht es weiter, sehr schnell, pro Seite nur ein paar Sekunden. Nach zehn Minuten ist die ganze Sache erledigt.

Dann beginnt die Lesung.

Ira gibt sich größte Mühe, den andern zuzuhören. Das ist anstrengend, kaum einer liest richtig vor. Einige versuchen, trotz der Warnung, Dialog zu sprechen, mit Pause und Betonung, andere scheinen offenbar Mühe mit dem ganz gewöhnlichen Vorlesen zu haben, sie stocken und holpern ihren Text herunter. Der einzige, der gut und sauber liest, ist Krecker.

Ira versucht, sich ihm anzupassen. Als sie die erste Szene hinter sich hat, wagt sie einen kurzen Blick zu Junghans, der ihr kaum merklich zunickt. Das macht sie froh, und noch aufmerksamer wartet sie auf ihre nächste Stelle.

Aber als die Lesung beendet ist, stellt sie beschämt fest, daß sie kaum etwas vom Ganzen mitbekommen hat. Da Junghans mit Gaby spricht, stößt sie Christian Lück an und flüstert: «Sag mal, hast du alles mitgekriegt?»

«Wieso? Was?»

«Das ganze Stück.»

«Keine Spur.» Er grinst. «Da hört doch kein Mensch zu. Ich lese das Stück zu Hause. Das tut jeder. Bist du zufrieden mit deiner Rolle?»

«Natürlich, ja. Aber ob ich für die Ensslin den richtigen Ton finde, davor hab ich Angst, ehrlich.»

«Ach was. Nur nicht vorher dran denken. Lern deinen Text, alles andere findet sich beim Probieren.»

Jochen Witt erkundigt sich, ob Fragen zum Text gestattet seien.

Junghans macht eine einladende Handbewegung.

«Mir ist aufgefallen, daß das erste Wort, das ich als Bundeskanzler zu sprechen habe, ‹Scheiße› ist. Ich meine, man kann einen Bundeskanzler nicht beim ersten Auftritt einfach ‹Scheiße› sagen lassen.»

«Was würden Sie denn an seiner Stelle sagen?»

«Das weiß ich nicht. Ich bin kein Autor. Aber jedenfalls nicht ‹Scheiße›. Als Bundeskanzler würde ich so was nicht sagen.»

Nun kann sich Christian Lück nicht mehr zurückhalten, er lacht laut los. Andere folgen ihm.

Jochen Witt kriegt einen roten Kopf und reagiert zornig. «Ich weiß nicht, was es da zu lachen gibt. Vielleicht fehlt euch der Geschmack für so was.»

«Hör auf, Jochen», sagt Axel Westrup, der den Chef des Bundeskanzleramtes spielt. «Merkst du nicht, daß du dich lächerlich machst?»

Junghans greift ein. «Bitte keine Auseinandersetzung jetzt. Wir wollen das Problem erst mal beiseite lassen. Ich werde mit dem Autor darüber sprechen. Das wäre dann eigentlich alles für heute. Sie müssen sich erst mal mit dem Text vertraut machen. Ja, Herr Lauken?»

Armin Lauken blickt unruhig zwischen Textbuch und Junghans hin und her. «Was ist denn mit den Strichen? Wollen Sie die nicht jetzt angeben?»

«Nein. Es gibt keine.»

«Keine Striche?»

«Die hat der Autor selbst vorgenommen. Das ist der Vorteil, wenn der Autor zugleich Schauspieler ist.»

Lauken schüttelt stumm den Kopf. Er hat noch nie erlebt, daß ein Stück nicht eingestrichen, also gekürzt wird. Selbst Curt Goetz wird eingestrichen, und der war doch ein hervorragender Autor und Schauspieler. Auch jetzt noch ist er sich ganz sicher, daß es später Striche geben wird.

«Zum Schluß noch eine dringende Bitte», sagt Junghans und wartet, bis es ganz still ist. «Unser Stück wird eine Uraufführung, der Text ist noch nicht veröffentlicht, er existiert nur bei uns. Unter uns soll er auch bleiben. Geben Sie die Textbücher nicht aus der Hand, und sprechen Sie nicht über die Arbeit. Nur dadurch sichern wir uns die Überraschung bei der Premiere. Bin ich verstanden worden?»

Ira verzichtet auf das Essen in der Kantine und geht nach der Probe gleich nach Hause, wo sie in Ruhe das Stück lesen will. Im dunklen Wohnungsflur stößt sie mit Rainer Herzig zusammen, der eilig aus dem Bad kommt und etwas zu Boden fallen läßt.

«Verdammt!» Herzig bückt sich. «Mach mal Licht!»

Ira schaltet das Licht ein. Auf dem Boden verstreut liegen Toilettensachen. Herzig klaubt sie auf.

«Entschuldige. Ich hatte keine Ahnung, daß du hier bist.»

«Schon gut.»

Ganz gegen seine Gewohnheit ist Herzig kurz angebunden, außerdem ist es ungewöhnlich, ihn um diese Zeit in der Wohnung anzutreffen.

«Ist was los?» fragt Ira.

«Was soll los sein?» Herzig richtet sich auf. «Ist eure Probe schon vorbei?»

Ira nickt.

«Kommt Gaby auch?»

«Weiß ich nicht.»

«Dann mußt du ihr Bescheid sagen.» Er geht mit seinen Toilettensachen ins Zimmer und wirft sie auf die Couch, auf der ein geöffneter Koffer liegt.

«Willst du verreisen?»

«Ich hab einen Termin in Hannover. Bin morgen wieder zurück.»

Während Herzig den Koffer packt, richtiger gesagt, ihn vollstopft, überlegt Ira, warum er plötzlich verreist und auch noch so weit weg.

«Sag mal, weiß Gaby nichts davon? Hast du denn Urlaub eingereicht?»

«Ach was. Fürs Büro bin ich hier im Kreis auf Achse.»

Als Werbeleiter unterliegt Herzig nicht den strengen Vorschriften wie die Schauspieler, die einen Urlaubsschein ausfüllen müssen, selbst wenn sie sich nur für Stunden aus der Stadt entfernen.

«Was soll ich denn Gaby sagen? Die fragt doch, was du in Hannover willst.»

«Ich hab's doch gesagt, ich hab einen Termin.»

Mehr verrät Herzig nicht. Er ärgert sich schon darüber, daß er Hannover überhaupt erwähnt hat. Vor zwei Stunden hat völlig überraschend der Chef der Werbeagentur angerufen, bei der er sich beworben hat, und fragte an, ob Herzig sofort zu einem Gespräch kommen könnte. Herzig forschte nicht nach dem Grund für die Eile, er sagte sofort zu. Hier ist die große Chance, die will er sich nicht entgehen lassen.

«Ich rufe Gaby heute abend an», sagt er, während er den Koffer zuklappt. «Und du weißt von nichts, im Theater meine ich. Klar?»

Ira vergißt Herzigs Abreise, während sie das Stück zuerst ganz durchliest und sich dann ihre eigenen Rollen vornimmt; dabei entwickelt sich allmählich eine leise Sympathie für die Figuren, und das erleichtert sie sehr. Irgendwann bekommt sie Hunger und sieht auf die Uhr: Viertel vor zwei. Um halb drei ist die erste Vorstellung, Märchen! Sie rast in die Küche, holt sich eine Scheibe Brot, hält sie mit den Zähnen, während sie den Mantel vom Haken reißt und im Treppenhaus anzieht. Nach Vorschrift hat sie eine Stunde vor Vorstellungsbeginn im Theater zu sein.

Niemand regt sich auf über ihre Verspätung, und die beiden Nachmittagsvorstellungen laufen ab wie immer. Wie immer ist Ira auch nach der zweiten, die um 18.15 Uhr endet, völlig erschöpft, weniger durch die Rolle als durch die andauernde Unruhe im Zuschauerraum und die Mühe, sich das Lachen zu verbeißen, wenn eine Kinderstimme wieder mal einen absurden Kommentar von sich gibt.

Zu Hause ißt sie die erste vernünftige Mahlzeit am Tag und legt sich dann aufs Bett; später will sie noch Text lernen. Gegen halb neun klopft Gaby sie wach und fragt von der Tür her, ob sie wisse, wo Herzig steckt.

Ira fährt hoch. «Hat er noch nicht angerufen? Bitte mach mal Licht!»

«Von wo angerufen?» Gaby knipst die Deckenlampe an.

«Entschuldige. Ich hab das ganz vergessen. Ich hab ihn heute mittag zufällig hier getroffen. Er wollte nach Hannover.»

Gaby kommt ins Zimmer, schließt die Tür, bleibt einen Augenblick lang unschlüssig stehen und läßt sich dann im Sessel nieder.

«Hannover. Was will er da?»

«Er hätte einen Termin. Mehr wollte er mir nicht sagen. Ich soll dir nur bestellen, daß er heute abend anruft.»

Gaby schweigt lange. Ihr nacktes weißes Gesicht wirkt wie eine Maske. In den Gläsern der Nickelbrille spiegelt sich das Lampenlicht und läßt ihre Augen nicht erkennen. Plötzlich bemerkt Ira auf ihren Wangen ein kleines Glitzern. Sie will es zuerst nicht wahrhaben, aber dann sieht sie es deutlich. Die standhafte Gaby weint.

«Gaby, du, was ist denn? Er ruft bestimmt gleich an. Mach dir doch keine Sorgen.»

Gaby schüttelt kaum merklich den Kopf und wischt sich mit dem Handrücken die Tränen weg. Mit nicht ganz fester Stimme sagt sie: «Ich bin halt blöd. Genauso blöd wie alle.»

«Er kann doch plötzlich mal irgendwohin müssen. Er hat dich nicht erreicht. Wir hatten Probe.»

Ira ist aufgestanden, holt, während sie spricht, Gläser und eine Flasche Wein und schenkt ein. «Und fahren tut er auch prima, er paßt schon auf.»

«Er will weg.» Gaby trinkt ihr Glas fast leer.

«Er ist doch morgen wieder da.»

«Ganz weg, er haut ab, weg von hier.»

«Hat er das gesagt?»

«Das braucht er nicht erst zu sagen. Das merke ich auch so.»

«Ihr vertragt euch doch gut.»

«Du bist vielleicht naiv. Wir vertragen uns, weil ich die Klappe halte. Weil ich ihn nehme, wie er ist. Es hat auch nichts mit mir zu tun, wenn er geht. Irgendwann hat's einen Krach mit Settler gegeben, ich weiß nicht genau, was dahintersteckt. Darüber schweigt er. Und woanders zu fragen, das ist mir zu blöd.»

«Er kann doch nicht einfach weg. Schließlich hat er einen Vertrag. Oder?»

«Wenn er da raus will, braucht er bloß in Settlers Büro zu gehen und ihm ins Gesicht zu sagen: Sie sind ein Arschloch.»

Ira lacht, wird aber sofort wieder ernst.

«Entschuldige. Aber wenn er wirklich weg will, dann geh doch mit ihm. Er hängt an dir.»

«Er hängt nicht an mir, er hängt an sich selbst. Außerdem bleibe ich beim Theater. Was anderes gibt's für mich nicht.»

Das versteht Ira. Mit etwas anderen Worten hat sie das gleiche Sven Schulte gesagt und ihm damit endgültig den Abschied gegeben. Wann war das? Erst drei Wochen her und liegt schon ebenso fern wie alles andere, was vorher war. Jetzt fällt ihr ein, daß sie Text lernen wollte, morgen ist die erste Probe bei Bernd; in Gedanken nennt sie Junghans mit Vornamen, dabei duzen sie sich noch nicht einmal, aber mit Schauspielern duzt er sich offenbar gar nicht.

«Du, Gaby, wie ist Junghans eigentlich?» fragt Ira unvermittelt.

«Umständlich.» Gaby scheint ihre Fassung wiedergefunden zu haben.

«Was heißt das?»

«Wo bei einem andern ein Wort genügt oder ein Satz, quasselt er ganze Texte. Das kann einen ganz schön nerven.»

«Erklär doch mal genauer. Das ist doch wichtig für mich.»
«Also, wenn er einen bestimmten Gang haben will, sagt er nicht: geh von da nach da. Er erklärt dir zunächst mal, warum du von da nach da gehen sollst, er schildert dir den seelischen Zustand, in dem du dich befindest, und warum du motiviert bist, dahin zu gehen.»
«Das ist doch gut.»
«Scheiße ist das. Einen Schauspieler interessiert das einen Dreck. Dem genügt völlig, wenn er hört, geh da rüber. Wenn er bei jedem Schritt und jeder Geste erst an Motive denken soll, ist er doch total verunsichert. Deshalb hört auch keiner zu, wenn jemand so einen Stuß von sich gibt.»
«Weiß er das?»
«Junghans? Ich glaube nicht. Dazu ist er viel zu begeistert von seinen eigenen Ergüssen. Nee, bestimmt nicht. Die Schauspieler mimen natürlich größte Aufmerksamkeit, auch wenn sie dabei an Fußball denken oder mit wem sie bumsen möchten, und wenn Junghans abschließend fragt: ist Ihnen das klar?, nicken sie ernsthaft und versichern: völlig klar. Manche sagen auch noch danke. Vor denen nimm dich in acht, das sind die größten Heuchler.»

Gaby hat inzwischen das zweite Glas runtergekippt, und Ira ist froh, sie wieder in gewohnter Form zu sehen. Natürlich übertreibt sie. Bei den wenigen Gesprächen, die sie mit Bernd geführt hat, war er immer schlagfertig und treffsicher, nicht einmal hat er gefaselt. Er ist der klügste Mann, den sie bisher kennengelernt hat. Unmöglich, daß sie sich so getäuscht hat.

Bis ein Uhr nachts lernt Ira den Text der Szene, die morgen probiert werden soll. Zwischendurch hört sie das Telefon klingeln. Rainer Herzig, denkt sie und freut sich für Gaby.

Junghans ist mühelos aus dem Bett gekommen und findet sogar, während er zum Theater geht, das naßkalte Wetter prickelnd und erfrischend. Es ist erst Viertel vor zehn, und er braucht sich nicht zu beeilen, trotzdem behält er sein Tempo bei, auch das empfindet er als wohltuend. Als er die Straße erreicht, die zum Theater führt, biegt er nicht ein, sondern nimmt einen Umweg um den nächsten Block. So wird er genau zur Zeit ankommen.

Es ist eine Minute nach zehn, als Junghans den Probenraum betritt, guten Morgen wünscht und Mantel, Schal und Mütze an den Haken hängt. Alle sind da, Inspizient, Regieassistentin, Requisite, Bühnenarbeiter.

«Haben Sie Ihre Bücher?» fragt Junghans in die Runde.

Die Schauspieler nicken, die Arbeit beginnt.

Das Stellen der ersten Szene ist mühsam und zeitraubend. Jede Anweisung wird schriftlich festgehalten, auch von den Schauspielern, darauf achtet Junghans besonders, denn sie lernen dann die Gesten zusammen mit dem Text. Auf diese Weise bleibt die Präzision erhalten, wenn später die Aufführungen laufen.

Überrascht ist Junghans von Horst Krecker. Er ist nicht nur schon textsicher, er bietet auch überzeugende Stellungen an. Daß ein Schauspieler von sich aus eine Stellung anbietet, ist normal. Daß das Angebot aber sogleich eine starke Wirkung zeigt, kommt nicht oft vor. Junghans ist sofort überzeugt und nickt Gaby zu, die den Gang ins Regiebuch einschreibt. Überraschender noch ist die Wirkung auf die Kollegen, die offenbar zum erstenmal auch etwas vom Inhalt des Stückes spüren. Sie haben plötzlich Spannung, die Gesten und Blicke kommen ganz von selbst und stimmen fast immer.

Inzwischen sind die Schauspieler der nächsten Szene im Probenraum eingetroffen. Sie ziehen sich ihre Mäntel aus, setzen sich und warten schweigend.

«Das wär's, danke», sagt Junghans, nachdem sie sämtliche Gänge noch einmal wiederholt haben. «Kleine Pause.»

Sofort setzt Unterhaltung ein. Während Kreyer und Westrup zu ihren Mänteln gehen, bleibt Lauken unschlüssig stehen. Er blickt zu Junghans hinüber, der sich eine Zigarette angezündet hat.

«Ich habe da eine Frage, Herr Junghans. Eine Stelle im Text, ob ich das richtig sehe.»

«Ja, bitte, welche Stelle?»

«Zu Beginn der Szene telefoniert Schmidt mit Frau Schleyer und versichert ihr, er werde alles tun, das Leben ihres Mannes zu retten.

Dann, ein paar Minuten später, zum Schluß der Szene, verurteilt er ihn praktisch zum Tode. So muß man's doch nennen, auf mich wirkt es jedenfalls so. Oder irre ich mich?»

Bei den Garderobenhaken drehen Kreyer und Westrup, schon im Mantel, neugierig die Köpfe. Junghans sieht fragend Krecker an, der mit Witt zusammensteht.

«Das sehen Sie richtig», sagt Krecker.

«Aber, entschuldigen Sie, so kann's doch nicht gewesen sein. Dann hätte Schmidt die Frau doch glattweg angelogen. Ich finde das nicht richtig, diese Lüge ist mir einfach zu direkt. Man könnte das Telefongespräch doch einfach streichen und Schmidt nur sagen lassen, daß er mit Frau Schleyer telefoniert hat. Die Kaltschnäuzigkeit stört mich, die ist einfach übertrieben.»

Aus dem Hintergrund, wo die wartenden Schauspieler sitzen, ruft eine Stimme: «Hältst du Schmidt für warmherzig, weil er Orgel spielt?»

Die andern lachen.

Paul Kreyer sagt, während er sich den Mantel zuknöpft: «Das ist doch die Wahrheit, Armin. Für Politiker gehört das Lügen zum Geschäft. In einem Schwank von Mirabeau stört's dich überhaupt nicht.»

«Du weißt genau, daß das nicht das gleiche ist», protestiert Lauken.

«Doch. Der einzige Unterschied ist, daß die Leute einmal darüber lachen und das andere Mal nicht. Sie denken vielleicht mal darüber nach. Und das finde ich gut.»

Wieder die Stimme aus dem Hintergrund: «Bravo, Paul!»

Jetzt unterbricht Junghans. Er will verhindern, daß Lauken sich ernsthaft gekränkt fühlt; seine Mißstimmung könnte ausarten und während der ganzen Probenzeit anhalten. Das hat es schon mehrmals gegeben. Da er auf den Text nicht eingehen will, sagt er nur, es tue ihm leid, die Diskussion nicht fortsetzen zu können, aber die Zeit sei knapp, sie müßten weiterprobieren. Kurz danach stehen die Schauspieler der nächsten Szene vor ihm. Sie alle sind fast eine Generation jünger als die der ersten Szene. Die jüngste ist Ira.

Sie trägt Jeans und Rollkragenpullover, das hübsche Gesicht ist leicht gerötet, ihre Augen blicken erwartungsvoll und auch ein wenig unsicher, wie es Junghans scheint.

Ira hat bemerkt, daß Junghans sie ansieht, und fragt, ohne lang zu überlegen: «Soll ich mein Haar zusammenknoten? Ist Ihnen das lieber? Dauert nur 'ne Minute.»

«Nein, lassen Sie nur, das ist in Ordnung. Ich überlege, wie wir den Raum –» Er bricht ab, Blödsinn, er weiß ja längst, wie das Zimmer aussehn soll. Jetzt lächelt sie ihn auch noch an, das steht ihr gut, aber es wird ihr wohl bald vergehen.

Nach Probenschluß geht Ira mit Gaby zum Essen in die Kantine.

«So schlimm war er doch gar nicht», sagt sie wie nebenbei.

«Wer?»

«Na, Junghans. Weißt du nicht mehr, was du mir gestern abend gesagt hast?»

«Ja, er war anders als sonst», gibt Gaby zu. «Aber wart's ab, der wird schon wieder normal.»

7

Settler war morgens beim Zahnarzt und kann es immer noch nicht fassen. Sein Leben lang war er stolz auf seine erstklassigen Zähne, ein kleines Wunder der Natur, bis er gestern abend beim Essen plötzlich ein Knacken spürte. Ein Pfefferkorn, dachte er. Dann fühlte seine Zungenspitze etwas Ungewohntes. Im Spiegel wurde es offenbar: ein Stück des Vierers oben links war abgesprungen.

Der Zahnarzt, den er bisher nur aus Mias Erzählungen kannte, beglückwünschte ihn zunächst zu seinem Gebiß und versicherte ihm dann, daß der Schaden durch eine Verblendkrone dauerhaft und kosmetisch einwandfrei behoben werden könnte. Auf die Frage, wie dieses Abbrechen überhaupt möglich wäre, redete er viel und sagte wenig. Settler hat aber doch herausgehört, daß sich so was wiederholen könnte.

Alles bricht, denkt Settler. Nicht nur die Intendanz, jetzt auch noch die Zähne. Obwohl das mit der Intendanz noch keineswegs entschieden ist. Weinholtz gibt sich zuvorkommend wie immer, und vielleicht ist das mit der Witka wirklich nur Einbildung. Spätestens nach dem Bühnenball wird er es genau wissen.

Settler schaut auf die Uhr. Noch gut zwanzig Minuten, bis Lauken kommt. Auch dabei geht's um den Bühnenball. Von Jahr zu Jahr drücken sich die Sänger und Schauspieler mehr vor der Teilnahme. Das darf's nicht mehr geben, vor allem nicht bei dem kommenden Ball. Lauken soll ihm helfen, die Künstler gütlich zur Einsicht zu bringen. Settler erlaubt sich einen kleinen Seufzer. Dann nimmt er sich noch einmal das Gutachten vor, das morgens vom Rechtsamt gekommen ist.

Unglaublich, von wieviel Seiten man einen so simplen Vorgang wie das Aufstellen eines Kühlschranks betrachten kann. Es geht noch immer um den Kühlschrank, den die Orchestermitglieder in ihrer Garderobe haben wollen. Irgendwer muß dem Kantinenpächter Würtz die Sache gesteckt haben. Der hat einen empörten Brief an die Intendanz geschrieben und nachdrücklich auf seinen Pachtvertrag hingewiesen, der ihm den alleinigen Ausschank und Vertrieb von Getränken im Theater zugesteht.

Das Rechtsgutachten bestätigt seinen Anspruch. Es dürfen nur solche Getränke im Kühlschrank gelagert werden, die vom Pächter erworben wurden, ausgenommen selbstgemachte Getränke wie Säfte und Limonaden. Sie dürfen von den Herstellern mitgebracht und gelagert werden. Ebenso Getränke, die nicht in gleicher oder ähnlicher Art vom Pächter angeboten werden; als Beispiel wird Buttermilch genannt.

Settler ist davon überzeugt, daß Würtz ab sofort Buttermilch anbieten wird. Na schön, wie die Sache aussieht, muß Settler das Aufstellen des Kühlschranks genehmigen. Er will schon Hilde rufen, um die Genehmigung schriftlich zu fixieren, als ihm einfällt, daß die Frage der Kontrolle noch nicht geklärt ist. Wer soll oder darf wann und wie oft den Inhalt des Kühlschranks kontrollieren? Der Kantinenpächter? Dem würde das Orchester niemals zustimmen. Der Orchestervorstand? Da würde Würtz protestieren. Es muß schon eine neutrale Person sein. Am Ende gar er selbst, der Intendant. Nein, so geht das nicht. Die Sache muß noch einmal von der Freitagskonferenz erörtert werden. Er macht sich eine Notiz.

Kurz darauf erscheint Armin Lauken, gibt sich offiziell als Obmann und sagt, er habe sich schon mal Gedanken gemacht, wie man die Kollegen wegen des Bühnenballs überzeugen könne. Am wirkungsvollsten sei sicher das Gespräch des Intendanten mit jedem einzelnen. Das sei zwar zeitaufwendig, verspreche aber den größten Erfolg.

Quatsch, denkt Settler. Die hören sich das an, sagen ja und kommen trotzdem nicht.

«Das haben wir doch schon versucht, Herr Lauken. Am besten wäre es, die Teilnahme als Dienst zu betrachten.»

«Ausgeschlossen. Das ist vertraglich nicht abgesichert.»

«Schauspieler haben laut Vertrag dem Theater auch für die Werbung zur Verfügung zu stehen.»

«Der Ball ist keine Werbung.»

«Doch, das ist er. Unsere wichtigste Werbung überhaupt. Besonders jetzt, wo Gefahr besteht, daß unser Etat gekürzt wird. Der Ball bietet uns die phantastische Gelegenheit, fast jeden, der über den Etat mit entscheidet, für uns zu gewinnen. Verstehen Sie das?»

Lauken runzelt die Stirn. Dann schüttelt er den Kopf. «Nein, der Ball als Werbung, nein, damit kommen Sie beim Bühnenschiedsgericht nicht durch.»

«Was hat das Schiedsgericht damit zu tun?»

«Ich könnte mir vorstellen, daß einzelne Kolleginnen oder Kollegen Widerspruch einlegen.»

«Ich bitte Sie, Herr Lauken. Es geht um die künftige Existenz von uns allen. Und ich darf Sie daran erinnern, daß das Orchester bisher immer mitgemacht hat. Für das Orchester ist der Ball Dienst.»

Lauken bleckt lächelnd seine Jacketkronen, und Settler läuft es heiß über den Rücken. So wird er bald auch aussehen. Entsetzlich. Hoffentlich arbeitet sein Zahnarzt besser.

«Das Orchester spielt, Herr Settler. Die anderen Kolleginnen und Kollegen spielen nicht, abgesehen vom Ballett. Das ist der Unterschied.» Sein Gesicht ist wieder ernst geworden. Doch plötzlich hellt es sich auf, es strahlt förmlich. «Dienst, sagten Sie?»

Settler nickt.

«Gut, wenn die Teilnahme Dienst ist, muß das Haus auch die dadurch entstehenden Unkosten übernehmen. Das sehe ich doch richtig, oder?»

«Was denn für Unkosten?»

«Zum Beispiel die Getränke.»

«Na, hören Sie mal.»

«Sie können nicht verlangen, daß die Kollegen sich zwei Nächte lang um die Gäste bemühen und dabei nichts trinken oder verzehren. Was würde das für einen Eindruck machen! Getränke und Verzehr müssen frei sein, zumindest die Getränke.»

Schon seit ewig ist das der Streitpunkt, und mehrmals war Settler versucht nachzugeben. Heinz Schimansky hat ihn jedesmal davon abgehalten. Die Schauspieler ließen sich dann nur auf Kosten des Hauses vollaufen und würden sich den Teufel um die Gäste scheren.

Er werde sich die Sache überlegen, sagt Settler.

Er möchte das Gespräch beenden und erkundigt sich, um das Thema zu wechseln, nach Laukens augenblicklicher Arbeit.

«Meinen Sie unsere Proben? Das läuft recht zügig. Herr Junghans gibt sich große Mühe, das muß man sagen. Allerdings ist da so einiges, das mir nicht ganz gefällt. Haben Sie das Stück gelesen?»

Settler nickt und fragt: «Welche Rolle spielen Sie denn?»

«Den Maihofer. Nicht schlecht, bestimmt nicht. Außerdem einen Kriminalkommissar.»

«Maihofer? Sagten Sie Maihofer?»

«Ja, und noch einen Kriminalkommissar in Stammheim.»

«Maihofer», wiederholt Settler langsam.

«Finden Sie nicht, daß ich richtig besetzt bin?»

«Ganz im Gegenteil. Ausgezeichnet.»

Settler muß sich zusammennehmen. Also sind die Namen nicht geändert worden. Junghans probiert offensichtlich mit den Originalnamen.

Das ist unglaublich.

Aber bevor er etwas unternimmt, muß er absolute Gewißheit haben. Er wird an einer Probe teilnehmen, unangemeldet reinplatzen. Lauken ist noch auf dem Weg zur Tür, da fischt er schon aus einem Papierstapel den Probenplan heraus. Abendprobe ist von 18 bis 21 Uhr.

Es ist die letzte Probe vor der Weihnachtspause.

Der kahle Raum mit seinen Leuchtstoffröhren und den dunklen Fenstern ist so fern jeder Festlichkeit wie eine Fabrikhalle. Dennoch hat Junghans Mühe, die Schauspieler zur Konzentration zu zwingen. Er bittet mehrmals um Ruhe und Aufmerksamkeit. Die Schauspieler beeindruckt das wenig, sie reagieren lässig und heiter. Einige scheinen sogar alkoholisiert zu sein. Tatsächlich hat das Märchenensemble nach der allerletzten Vorstellung in den Garderoben Sekt getrunken, ausgegeben von Toni Schmeltz, der Geburtstag hat.

Auch Ira ist beschwipst. Außerdem freut sie sich auf die Reise morgen früh, sie fährt über Weihnachten nach Hause zu den Eltern und Geschwistern. Ira spricht ihren Text, wobei sie Lauken anblickt. Mensch, der sieht aus wie ein gekränktes Pferd, kommt es ihr plötzlich in den Sinn. Ein unwiderstehlicher Lachreiz packt sie. Mitten im Text prustet sie los, hält sich die Hand vor den Mund und dreht den Kopf weg.

Jeder routinierte Regisseur kennt solche scheinbar unmotivierten Lachanfälle, geht schweigend drüber hinweg oder läßt eine kleine Pause machen. Aber Junghans bezieht das Lachen auf sich und explodiert. Er brüllt, was sie so komisch finde. Probieren sei harte Arbeit und kein Spaß, und er verbitte sich solche kindischen Albernheiten ein für allemal.

Im Probenraum ist es mäuschenstill geworden. Betretene Gesichter ringsum. Gunda hat ihre Nase so tief übers Soufflierbuch gesenkt, als wolle sie sich verstecken. Ira, völlig überrascht von dem groben Anpfiff, starrt Junghans fassungslos an und will zunächst gar nicht glauben, daß er wirklich sie meint. Sie ist blaß geworden, möchte etwas sagen, bringt aber kein Wort heraus. Erst als Lauken, der mit dem Rücken zum Regietisch steht, sich räuspert und zu Junghans umdreht, löst sich der Bann.

«Entschuldigen Sie bitte.» Sie schluckt, ihre Stimme ist kaum zu hören. «Es kam plötzlich – ich weiß nicht, warum. Tut mir leid, ehrlich.»

Junghans blickt vor sich auf den Tisch, während sie spricht. Sein Zorn ist schon verraucht, und er ärgert sich über seinen unkontrollierten Ausbruch. Andererseits schadet es gar nichts, den Herrschaften mal zu zeigen, daß er sich nicht auf der Nase herumtanzen läßt. Er wartet einige Sekunden, dann fragt er: «Können wir weitermachen?»

«Ja.»

«Zurück auf Szenenanfang.»

Die Spannung löst sich, aber es bleibt jetzt still im Raum, während Ira und Lauken ihre Szene spielen. Junghans unterbricht nicht mehr. Sie treten ab, als nächstes kommen Toni Schmeltz als Wischnewski, Jochen Witt als Bundeskanzler und Horst Krecker als Bölling. Junghans merkt nicht, daß sich die Tür öffnet und Settler eintritt. Settler setzt sich zu den wartenden Schauspielern, die ihn erstaunt anblicken, ihm zunicken und sich weiter nicht mehr um ihn kümmern.

Nach drei Minuten weiß Settler, daß seine Vermutung richtig war. Die Namen im Stück sind nicht geändert worden. Im ersten Augenblick ist er versucht, einzugreifen und die Probe abbrechen zu lassen. Aber er hält sich zurück. Er will Junghans nicht öffentlich bloßstellen. Außerdem ist ihm völlig rätselhaft, warum Junghans seiner Anweisung auf so geradezu kindische Art und Weise trotzt. Er muß sich doch selbst sagen, daß er damit nicht durchkommt.

Junghans hat Settler immer noch nicht gesehen. Erst als Gaby ihm zuflüstert, der Intendant sei da, blickt er in Settlers Richtung, nickt ihm kurz zu und macht weiter. Ganz klar, daß Settler nicht zufällig hier ist, irgendwoher muß er erfahren haben, daß er das Stück mit den Originalnamen probiert. Nun gut, mit der Auseinandersetzung hat er gerechnet, sie wird eben etwas früher erfolgen, als er dachte.

Kurz nach 21 Uhr beendet Junghans die Probe.

«Ich danke Ihnen und wünsche Ihnen ein schönes Weihnachtsfest. Sollten Sie sich zwischendurch mal langweilen, lernen Sie bitte ein bißchen Text. Wir treffen uns wieder – wann, Gaby?»

«Am Siebenundzwanzigsten um zehn Uhr.»

Es gibt kein großes Abschiedszeremoniell, jeder greift eilig nach seinem Mantel, winkt den anderen zu und verschwindet. Nur Ira nimmt sich Zeit, sie will auf Gaby warten. Während sie ihren Schal verknotet, schaut sie zum Regietisch, wo Bernd Junghans umständlich seine Sachen in der Mappe verstaut. Sie ist nicht mehr wütend auf ihn, er hatte ja recht, sie war undiszipliniert. Sie wartet darauf, daß er sie ansieht, dann könnte sie zu ihm gehen und ihn noch einmal um Entschuldigung bitten, auf Wiedersehn sagen und ihm schöne Weihnachten wünschen. Ob er während der Feiertage allein ist? Sie hat immer noch nicht rausgefunden, ob er eine Freundin hat. Mit der Herbst soll er mal was gehabt haben, das weiß sie von Gaby. Wenn er Weihnachten allein ist und jetzt nur ein Wort sagte, bliebe sie selbstverständlich hier und verzichtete auf die Reise. Aber er sagt natürlich nichts, fummelt immer noch an seinen Sachen herum. Gaby verabschiedet sich von ihm und kommt eilig zu Ira rüber.

«Halt mal», sagt sie und drückt ihr das Papierzeug in die Hand. Während sie sich anzieht, durchfährt Ira ein Gedanke! Ich schenke ihm was zu Weihnachten. Vor lauter Begeisterung über die Idee bekommt sie einen glühenden Kopf.

«Was ist denn mit dir los?» fragt Gaby erstaunt, als sie ihr die Sachen aus der Hand nimmt. «Hast du Fieber? Los, machen wir, daß wir nach Hause kommen.»

Im Hinausgehen wirft Ira noch einen Blick zurück, und diesmal trifft sie die Augen von Bernd. Das dauert nicht mal eine Sekunde, aber ihr kommt es so lang vor wie eine ganze Szene. Im Treppenhaus dreht sie fröhlich eine Pirouette.

«Herrgott», sagt Gaby. «Du scheinst wirklich krank zu sein.»

Erst nachdem Gaby und Ira verschwunden sind, drückt Junghans das Schloß seiner Mappe zu und wendet sich zu Settler, der stumm dasteht und offenbar darauf wartet, daß er als erster spricht.

«Danke für Ihren Besuch, Chef. Allerdings kommen Sie ein bißchen früh. Ich bin erst heute mit dem Stellen durch. Es läuft aber ganz gut, ich bin zufrieden.»

«Sonst haben Sie mir nichts zu sagen?»

«Höchstens hätte ich noch eine Frage: Wer hat Ihnen gesagt, daß wir unter den Originalnamen probieren?»

«Niemand. Das habe ich zufällig gehört, wenn Sie das unbedingt wissen müssen. Und ich kann nur sagen, Gott sei Dank, daß ich das noch rechtzeitig gehört habe. Jetzt interessiert mich vor allem eins: Haben Sie wirklich geglaubt, ich würde nicht merken, was Sie hier treiben? Das können Sie doch nicht im Ernst geglaubt haben?»

«Doch.»

«Was doch?»

«Ich wollte Ihnen beweisen, bei der Hauptprobe, daß ich richtig liege, daß die Originalnamen nicht den geringsten Protest erregen werden.»

«Dazu brauche ich keine Hauptprobe zu sehen. Ich habe nein gesagt, und dabei bleibt es. Ab der nächsten Probe arbeiten Sie mit den geänderten Namen. Ist das klar?»

Junghans überlegt. Wenn er jetzt zustimmt, gibt es kein Zurück mehr. Dann ist die Sache gelaufen. Dann gibt es nur zwei Möglichkeiten: Das Stück kommt tatsächlich mit den belanglosen Namen heraus und wird kaum Aufsehen erregen, oder aber Krecker macht seine Drohung wahr und zieht sein Stück zurück.

«Das ist unmöglich, Chef. Die Schauspieler sind dabei, sich in ihre Rollen reinzufinden. Sie identifizieren sich mit den Namen, die sie tragen. Das ist psychologisch enorm wichtig. Davon lebt das Stück. Eine Namensänderung kann erst ganz zum Schluß kommen, wenn alles hundertprozentig steht. Das müssen Sie mir abnehmen, Chef, das sage ich Ihnen als Regisseur.»

«In Ihre Regie rede ich Ihnen nicht rein, das wissen Sie. Aber Sie werden mich nicht umstimmen können, auch nach der Hauptprobe nicht, darüber seien Sie sich bitte klar. Und das Programmheft will ich sehen, bevor es in Druck geht.»

Settler verläßt grußlos den Raum. Trotzdem atmet Junghans auf. Er hat Zeit gewonnen, das ist die Hauptsache.

Ira hat vorgehabt, zu Hause rasch etwas zu essen und gleich ins Bett zu gehen, um am anderen Morgen zeitig munter zu sein. Daraus wird nichts. Sie ist kein bißchen müde, obwohl sie einen harten Tag hinter sich hat, morgens Probe, nachmittags zwei Märchenvorstellungen, dann die Abendprobe. Außerdem hat sie den Sekt getrunken, der immer noch wirkt. Und dann das Geschenk für Bernd Junghans, das muß sie morgen früh besorgen, bevor sie fährt. Sie wollte den Zug um 7.36 Uhr nehmen, aber das geht selbstverständlich nicht. Sie muß gleich feststellen, wann der nächste fährt. Rainer Herzig besitzt ein Kursbuch.

Herzig überhört ihr Klopfen. Er sitzt in Socken und mit ausgestreckten Beinen auf der Couch und starrt auf den Fernseher. Gaby scheint noch in der Küche zu sein.

Ira tippt ihn auf die Schulter. «Du, Rainer, ich brauche mal dein Kursbuch.»

«Was ist?»

«Kann ich mal dein Kursbuch haben?»

Herzig steht auf und tappt, das Gesicht dem Fernseher zugewandt, zum Regal, holt ein Buch heraus und hält es Ira hin. Es ist Knaurs Lexikon. Ira schiebt es wieder ins Regal und nimmt das Kursbuch, das daneben steht, selbst heraus.

«Danke.»

Sie kehrt in ihr Zimmer zurück und hat rasch die einzige Verbindung mit vernünftigen Anschlüssen herausgefunden, Abfahrt 11.22 Uhr, Ankunft in Plettenberg 21.38. Heiligabend ist dann schon fast vorbei. Macht nichts, Karpfen mag sie sowieso nicht, der liegt einem nur schwer im Magen. Natürlich wird Mama sauer sein. Sie muß gleich anrufen, aber was soll sie ihr sagen?

Sie hat Glück, am Telefon meldet sich ihr Bruder. In klagendem Ton erklärt sie, daß sie morgen früh noch eine überraschend angesetzte Probe habe und erst später kommen könne. Sie gibt ihm die Ankunftszeit durch.

«Ja, gut», antwortet Stefan. «Bis morgen. Tschüs.»

Er hat schon aufgelegt, bevor sich Ira verabschieden kann. Offenbar hat sie auch ihn beim Fernsehen aufgescheucht. Sie seufzt erleichtert.

Dann packt sie neue Unruhe. Das Geschenk. Was soll sie Bernd schenken? Sie sieht ihn vor sich in Cordhose und Pullover, seine grauen Augen. Auch seine Hände mag sie, die so feingliedrig sind. Ein goldenes Kettchen für sein Handgelenk? Nein, bloß nicht, das könnte er kitschig finden. Ein Buch? Aber ein Buch liest man einmal, stellt es weg und vergißt es.

Langsam dämmert es Ira, daß sie ihn gar nicht kennt. Sie hat keine Ahnung, was er mag und was nicht, wie er lebt, und sie weiß noch nicht einmal, ob er Weihnachten zu Hause ist. Mist. Und schreiben muß sie auch etwas. Was um Himmels willen? In Liebe, Ira? Das wäre schön und ist völlig unmöglich. Überhaupt, wie wird er das auffassen, aus heiterem Himmel ein Geschenk von ihr zu kriegen? Wie gern würde sie jetzt zu Gaby rübergehn und mit ihr den Fall besprechen. Aber das will sie nicht. Niemand soll davon etwas wissen. Plötzlich überkommt sie die Erleuchtung. Sie wird das Geschenk als Entschuldigung schicken für den Ärger, den sie ihm bei der Probe gemacht hat. Halleluja, das ist die Lösung.

Sie holt tief Luft und hat auf einmal Hunger. In der Küche macht sie sich ein Käsebrot, ißt es an Ort und Stelle. Auf dem Rückweg schaut sie ins Bad, es ist frei. Jetzt rasch duschen und dann ins Bett.

Eine Viertelstunde später liegt sie unter der Decke, hat das Licht ausgeknipst und versucht zu schlafen. Aber das geht nicht, sie weiß immer noch nicht, was sie schenken soll. Das Nachdenken macht Ira schließlich müde, sie schläft ein. Plötzlich fährt sie hoch und ist wieder hellwach. Jetzt weiß sie, was sie schenken kann. Daß sie darauf nicht früher gekommen ist. Vor acht Tagen hat Rainer Herzig ihr stolz seine neueste Errungenschaft vorgeführt, einen winzigen flachen Taschenrechner, der gleichzeitig Uhr, Kalender, Stoppuhr und was sonst noch alles ist. Er piept sogar beim Wecken. Ständig hat Rainer das Ding in der Hand gehabt, und nachts nimmt er es, laut Gaby, sogar mit ins Bett, steckt es in die Brusttasche seines Schlafanzugs.

Ira macht Licht, es ist halb elf. Sie springt aus dem Bett, schlüpft in den Morgenmantel und geht zu Gabys Tür. Sie lauscht, es ist still, aber durchs Schlüsselloch fällt Licht. Sie klopft leise.

«Herein», hört sie Herzigs Stimme.

Er ist allein und liest in einer Zeitschrift. Vor ihm stehen drei Bierflaschen, zwei leer, eine halbvoll.

«Gaby pennt schon.»

«Ich wollte dich nur was fragen. Du hast mir doch mal deinen kleinen Taschenrechner gezeigt.»

Herzig greift in die Brusttasche seines Hemdes und zieht das Etui heraus, in dem das Ding steckt.

«Ich will so was meinem Vater schenken, das ist mir eben erst eingefallen. Wo krieg ich das, und wieviel kostet es?»

Herzig weiß es nicht. Den Rechner hat ihm der Chef der Werbeagentur in Hannover geschenkt, als er sich in der vergangenen Woche dort vorgestellt hat. Er war so gut in Form, daß er als Kontakter engagiert wurde. Am 1. April soll er anfangen. Gaby weiß noch nichts davon. Auch dem Theater hat er noch nicht gekündigt, sonst müßte er bis Ende der Spielzeit ausharren, und der Job wäre futsch. Er muß sich rauswerfen lassen, das ist die einzige Möglichkeit. Kündigung mit sofortiger Wirkung und eine saftige Abfindung, das ist die Lösung, die ihm vorschwebt. Er wartet nur noch auf die Gelegenheit, den Intendanten, diese Pflaume, in Weißglut zu versetzen.

Er sagt: «Den hab ich auswärts gekauft. Weiß nicht mehr genau, was er gekostet hat, so an die sechzig Mark. Versuch's mal in einem Büroartikelgeschäft, die führen so was.»

«Sechzig Mark?»

Das ist wahnsinnig viel für Ira. Sie hat nur noch knapp achtzig Mark; die Fahrkarte, die Geschenke, sie hat alles ausgegeben. Aber sie wird den Rechner kaufen, das steht fest.

Sie bekommt ihn am anderen Morgen im Kaufhaus, bezahlt 44,50 DM und für das Porto plus Eilbote noch einmal fünf Mark. Auf die Weihnachtskarte hat sie geschrieben: «Bitte verzeihen Sie mir, Ihre Ira Kleinschmidt.»

Schon seit Jahren betrachtet Junghans das Weihnachtsfest als Belästigung. Er nimmt es nicht mehr zur Kenntnis, verzichtet auf Tannengrün und Kerzen, auf weihnachtliche Musik und außergewöhnliche Speisen. Mit einem Geschenk bedenkt er nur seine Putzhilfe, Frau Walz, um sie bei Laune zu halten. Mit Camilla früher war es einfach. Sie sind über Weihnachten verreist und haben auf die gegenseitige Schenkerei verzichtet. Als Junghans am Heiligabend gegen 14 Uhr seine Wohnung betritt, hat er nur den Plan, morgen auszuschlafen und übermorgen, am zweiten Weihnachtstag, ins Büro zu gehen und zu arbeiten.

Um 15 Uhr klingelt es, ein Eilbote überreicht ihm einen dicken Brief ohne Absender. Kopfschüttelnd betrachtet Junghans den Poststempel. Der Brief ist um 9 Uhr hier in der Stadt aufgegeben worden. Er reißt den Umschlag auf und starrt verblüfft auf die Weihnachtskarte mit der Schrift: «Bitte verzeihen Sie mir, Ihre Ira Kleinschmidt.»

Er geht ins Wohnzimmer, läßt sich in seinen Sessel fallen, noch immer den Umschlag und die Karte in den Händen. Was um Himmelswillen soll er ihr verzeihen? Spinnt die? Dann fällt ihm der gestrige Zwischenfall ein. Nun, so laut und giftig hätte er wirklich nicht zu sein brauchen, und er hätte ihr später ein paar nette Worte sagen müssen, schließlich gibt sie sich größte Mühe, und gut ist sie auch. Gelobt hat er sie noch kein einziges Mal. Das wird er nachholen.

Er legt die Karte auf den Tisch und betrachtet mißtrauisch den Umschlag. Irgendwas Kleines steckt drin, eingepackt in Weihnachtspapier. Selbstverständlich wird er ihr das zurückgeben. Kleine Geschenke sind zwar üblich im Theater, aber fast immer ist ein Hintersinn mit eingewickelt, uneigennützig schenkt keiner was. Allerdings ist das hier was anderes, sie hat ein schlechtes Gewissen, und er würde sie vielleicht sehr kränken, wenn er nicht mal nachgeschaut hat.

Neugierig ist er außerdem.

Manschettenknöpfe, die er nicht braucht, erwartet er, oder eine Medaille mit Sternzeichen oder einem Goethekopf. Als er den Minirechner in der Hand hält, ist er zum zweitenmal verblüfft. Das hätte er ihr nicht zugetraut. Er tippt einige Zahlen, aber das Ding funktioniert nicht. Die in dem kleinen Fenster sichtbaren Ziffern bleiben stehen, nur die letzte ändert sich. Er schaut in die Gebrauchsanweisung und wird ein drittes Mal überrascht, als er feststellt, daß es sich nicht nur um einen Rechner, sondern auch um eine Uhr, einen Kalender und eine Stoppuhr handelt. Das Mädchen ist total verrückt, ihm so etwas Wertvolles zu schenken. Auf jeden Fall wird er ihr das Ding zurückgeben. Aber ein bißchen Spielen schadet ja nichts, das merkt man auch nicht. Er ist noch völlig in die Versuche vertieft, eine Weckzeit und den Tag seiner Geburt zu programmieren, als es wieder klingelt. «16 04 17» zeigen die Ziffern an.

Er öffnet die Wohnungstür, und Karin steht vor ihm, seine Dienstagabendgeliebte, strahlend und schwer beladen mit Päckchen und Plastiktüten.

«Laß mich doch rein, Liebling!»

«Bist du verrückt?» fragt er, nachdem er die Tür geschlossen hat.

Sie läßt Tüten und Päckchen auf den Boden fallen und umarmt ihn stürmisch. «Ich bleib heute bei dir, Liebling. Wir feiern zusammen Weihnachten.»

Karin hat alles sorgsam geplant. Ihren Ehemann, den Bundespost-Oberamtsrat, hat sie überredet, Heiligabend freiwillig Dienst zu machen und dafür den zweiten Weihnachtstag freizunehmen. Sie selbst würde den Abend bei einer auswärtigen Freundin verbringen und morgen früh zurückkommen. Die Freundin ist unterrichtet und will ihr Telefon nicht abnehmen, falls er auf die Idee kommen sollte, sie anzurufen.

«Ist das nicht herrlich, Liebling?» sagt sie, während er ihr in die Küche folgt. Dort packt sie aus: Einen Babyputer, Rotkohl, Apfelmus, eine Dose Oxtailsuppe, Wein, Sekt, außerdem Tannengrün, Kerzen mit Halter, Lametta und weitere Sachen, zuletzt ein Päckchen in Weihnachtspapier mit goldenem Seidenband.

«Das bleibt zu bis zur Bescherung», erklärt sie. «Du, der Puter braucht zweieinhalb Stunden. Soll ich ihn gleich in den Backofen schieben, oder wollen wir vorher –» Sie umarmt ihn wieder heftig und flüstert, sie sei heute ganz wild und könne es gar nicht mehr aushalten.

Junghans, von dem Überfall noch immer leicht verstört, läßt sich widerstandslos ins Schlafzimmer abführen. Als sie später still auf dem Bett liegen, fängt es im Wohnzimmer plötzlich leise an zu piepen.

«Was ist das?» fragt Karin.

«Weiß nicht», murmelt Junghans mit geschlossenen Augen.

Sie steht auf, entdeckt im Wohnzimmer den Rechner und bringt ihn mit ins Bett.

«Das Ding hier hat gepiept. Ist das ein Wecker?»

«Wecker, Kalender, Stoppuhr, Rechner», zählt Junghans auf, die Augen noch immer geschlossen.

«Ach, ist das süß. Das hätte ich für Hermann haben müssen. Da wär der ganz aus dem Häuschen.» Hermann ist der Oberamtsrat.

«Schenk's ihm doch», murmelt Junghans.

«Geht ja nicht mehr. Dazu ist es zu spät. Schade.»

«Nimm's mit. Ich brauch's nicht.»

«Im Ernst? Gibst du's mir wirklich? Du bist ein Schatz!» jauchzt sie und fällt wieder über ihn her.

Erst am nächsten Mittag kommt Junghans wieder richtig zu sich. Karin ist schon um neun abgezogen, noch immer glücklich über das süße Geschenk für ihren Hermann. Ihm selbst hat sie Pantoffeln beschert, sehr leicht, aus feinstem Leder. Wirklich hübsch und praktisch. Seine alten hat sie gleich im Mülleimer versenkt. Beim Rasieren fällt ihm ein, daß er den Rechner zurückgeben wollte. Ach was, muß er ja nicht. Er wird sich bedanken, dann ist der Fall erledigt. Und wenn sie fragt, ob er ihn auch gebrauchen kann? Dann müßte er das Ding aus der Tasche ziehen. Zu blöd. Obendrein ist so ein Taschenrechner ja wirklich praktisch, er brauchte im Büro nicht mehr dauernd auf die Uhr zu gucken, wenn er einen Termin hat. Gut, er wird morgen, nein, übermorgen einen neuen kaufen.

Später trägt er das Frühstücksgeschirr in die Küche, die er seit gestern abend nicht mehr betreten hat. Er muß das Tablett auf dem Fußboden abstellen. Das reinste Chaos. Angeekelt kehrt er ins Wohnzimmer zurück und schenkt sich einen Kognak ein. Dann beschließt er, wenigstens das Geschirr abzuwaschen. Um sich abzulenken, versucht er, dabei an etwas anderes zu denken. Er denkt an die letzte Szene des Stücks, damit ist er nicht zufrieden, der Schluß müßte knalliger kommen. Wieso hat er das nicht anders gestellt? Er hat doch früher schon daran gedacht. Der Chef hat ihn gestört, das war's. Er hat sich nicht mehr richtig konzentrieren können.

Junghans ärgert sich, daß seine Gedanken ihn zu Settler geführt haben. Er hatte das so schön verdrängt. Jetzt geht das nicht mehr. Später versucht er, sich durch ein Telefongespräch mit seiner Schwester abzulenken. Sie lebt mit Mann und Kindern in München und hat ihn, wie jedes Jahr, eingeladen. Am Telefon schildert sie ihm ausführlich den Ablauf des Heiligen Abends, einschließlich aller Kinder-Dialoge. Er ist froh, als er auflegen kann. Seine beschissene Lage hat er auch nicht vergessen, im Gegenteil, die piesackt ihn jetzt noch mehr. Er trinkt den dritten und den vierten Kognak und stellt die Flasche nicht mehr in den Schrank.

Dann hält er's nicht mehr aus. Er muß unbedingt mit jemandem über die Sache reden. Camilla? Nein, die läßt ihn mit Sicherheit abblitzen. Als einziger vom Theater käme Hartmut Schiller in Frage. Aber der wird nicht zu Hause sein, wahrscheinlich steckt er bei Krecker oder ist sogar mit ihm verreist. Aber Schiller meldet sich beim ersten Klingelzeichen und ist sofort bereit zu kommen.

«Trinken wir zusammen Kaffee? Ich hab schönen Kuchen, den bringe ich mit. Du, ich freue mich.»

Eine Viertelstunde später ist er da, wünscht strahlend Fröhliche Weihnachten und packt sein Kuchenpäckchen aus, das Spitzenprodukte der Feinbäckerei enthält, eine Marzipantorte und einen Baumkuchen. Er hat sie für einen Kaffeeklatsch in seiner kleinen Wohnung gekauft, das war so abgemacht mit Horst und Joschi. Heiligabend bei Horst, Mittagessen am ersten Weihnachtstag außerhalb und den Kaffee bei ihm. Horst hatte ihm verschwiegen, daß er noch zwei Freunde aus Norddeutschland erwartete, die um achtzehn Uhr ankamen und mit lärmender Fröhlichkeit sofort Horst und Joschi mit Beschlag belegten. Er fühlte sich bald als fünftes Rad am Wagen und war, nur lauen Widerspruch erntend, schon vor Mitternacht gegangen. Krecker hatte sich nicht mehr gemeldet, und als Junghans anrief, saß er zu Hause und blies Trübsal.

«Das läuft ja prima bei euch», sagt Schiller, als sie am Kaffeetisch sitzen.

«Hat Krecker dir erzählt, daß der Chef in der Probe war?» fragt Junghans.

«Ja. Er hat aber nichts gesagt, oder?»

«Erst nachher, als wir allein waren. Er hat mir vorgehalten, daß die Namen nicht geändert sind. Er hat das irgendwie erfahren.»

«Von mir bestimmt nicht.»

Junghans winkt ab. «Wie und woher ist doch egal. Jedenfalls besteht er darauf, daß die Namen geändert werden.»

«Du hattest dich doch mit Horst geeinigt.»

«Dem hab ich versprochen, daß sie bleiben.»

«Das versteh ich nicht. Wie wolltest du denn beim Chef damit durchkommen?»

«Ich wollte ihn bei der Hauptprobe vor vollendete Tatsachen stellen. Ich wollte ihn überzeugen.»

«Und was jetzt?»

Junghans zuckt mit den Schultern. «Den Programmhefttext will er auch vorher sehen.»

«Schöne Scheiße. Horst ist bestimmt nicht einverstanden. Meinst du, der Chef läßt die Aufführung platzen?»

«Möglich.»
«Wir haben doch nichts anderes.»
«Er nimmt ein Gastspiel.»
«So auf die Kürze?»
«Angeboten wird doch immer was. Aber ich will das nicht, ich will, daß das Stück rauskommt, wie es ist. Ich weiß nur noch nicht den Weg, wie ich das schaffe. Ich hab noch etwas Zeit. Ich hab dem Chef gesagt, daß die Schauspieler erst mal mit ihren Rollen klarkommen müssen, bevor die Namen geändert werden. Das hat er geschluckt.»
«Und dann?»
«Bis dahin muß uns was einfallen. Deshalb hab ich dich ja hergebeten. Vor allem nichts zu Krecker, sonst fängt der auch noch an, verrückt zu spielen.»
«Kein Wort», schwört Schiller. «Ich weiß von nichts.»

Sie reden bis in die Nacht, essen zwischendurch etwas, trinken Rotwein, und Junghans verpestet die Luft mit seinem Zigarettenqualm. Aber der zündende Einfall bleibt aus.

«Kannst du nicht mal das Fenster aufmachen?»

Junghans öffnet ein Fenster. In einer dicken Schwade trägt die warme Zimmerluft den Qualm hinaus, kalte Luft fällt ein, von irgendwoher dudelt es «Ihr Kinderlein kommet...»

Schon nach kurzer Zeit fängt Schiller an zu frösteln. Er ist müde und gähnt verstohlen, während er Junghans beobachtet. Ganz sachte wird ihm bewußt, daß er jetzt schon mehr als sieben Stunden bei ihm ist, zum erstenmal so lang und so nah, und daß sich in dieser ganzen Zeit nicht ein einziges Mal ein erotisches Gefühl geregt hat, obwohl er Bernd wirklich mag. Er sieht gut aus und hat eine angenehme Stimme. Bestimmt ist er auch zärtlich, das sieht man an seinen Händen. Schade, daß er nicht ein bißchen schwul ist. Aber vielleicht ist er's ja und weiß es nur noch nicht, das gibt's doch häufig. Ach, wäre das phantastisch, wenn er Bernd als Freund gewinnen könnte. Dann käme er von Horst los. Der kennt ja keine Rücksicht. Diese Gedanken machen ihn wieder wach und munter. Er könnte, überlegt er, Bernd einfach fragen, ob er hier schlafen darf, dann müßte das weitere sich ganz von selbst ergeben.

Junghans schließt das Fenster und zieht den Vorhang vor. Als er sich umdreht, trifft er Schillers Blick. Überrascht zieht er die Augenbrauen hoch. «Du bist ja wieder ganz da, Hartmut. Trinken wir noch was?»

Schiller schiebt ihm das Glas hin und berührt mit den Fingerspitzen Junghans' Rechte, die die Flasche hält. «Genug. Danke.»

Die Berührung hat überhaupt keinen Funken geschlagen, wundert Schiller sich und verfolgt Junghans mit den Augen, während er sich setzt. Dabei durchschießt plötzlich ein Gedanke seinen Kopf, der gar nichts mit seinen Wünschen zu tun hat, der rettende Gedanke, nach dem sie die ganze Zeit gesucht haben.

«Du, ich weiß, was wir machen können.» Glücklich strahlt Schiller Junghans an. «Wenn das klappt, hast du gewonnen.»

«Mal los. Wenn was klappt?»

«Die Schauspieler müssen meutern. Die müssen sagen, das machen sie nicht mit.»

«Wieso? Was sollen sie nicht mitmachen?»

«Herrgott, kapierst du nicht? Wenn du die Namen änderst, wenn der Bundeskanzler nicht mehr Helmut Schmidt heißt, sondern Emil Meier, und der Maihofer heißt Hornbichler und der Vogel Kuckuck und der Wischnewski ich weiß nicht wie, dann müssen sie sagen, das ist Quatsch, Blödsinn, damit gehen wir nicht raus, wir wollen das Publikum nicht für dumm verkaufen.»

Chefdramaturg Bernd Junghans richtet sich auf, streicht langsam mit den Handflächen den Pullover glatt, sieht Schiller an und sagt: «Du spinnst.»

«Überhaupt nicht», lacht Schiller und springt auf. Sich immer mehr begeisternd, läuft er im Zimmer herum. «Erstens einmal stimmt's, die Leute werden für dumm verkauft. Zweitens ist es kinderleicht, die Schauspieler zu überzeugen, daß die falschen Namen Mist sind. Glaubst du, Jochen Witt ist lieber Emil Meier als Helmut Schmidt? Und Lauken lieber Hornbichler als Maihofer? Die platzen doch vor Eitelkeit, da rennst du offene Türen ein.»

«Aber sie meutern nicht. Sie werden schimpfen und bocken, einen Tag oder zwei. Dann haben sie's geschluckt.»

«Diesmal nicht. Diesmal werden sie's grundsätzlich sehn und nein sagen.»

«Glaub doch nicht an den Weihnachtsmann.»

«Ich glaub aber dran, das kannst du mir auch nicht verbieten. Sie werden nein sagen und dabei bleiben.»

«Jetzt hör aber auf mit dem Quatsch! Schauspieler sind gedrillt wie Zirkuspferde, sie gehorchen der Regie, und wenn die Anweisungen noch so idiotisch sind. Bleiben sie störrisch, genügt ein Peitschenknall. Du weißt das so gut wie ich. Und auf einmal sollen sie nein sagen? Wegen der paar blöden Namen?»

«Ja», sagt Schiller unbeeindruckt.

Junghans kippt seinen Rotwein runter und schenkt sich nach. «Du auch? Dein Glas ist ja noch voll. Trink mal.»

«Jetzt nicht.» Schiller ist hinter seinen Sessel getreten und stützt sich auf die Lehne wie auf ein Rednerpult. «Eine Meuterei kommt nicht von selbst, Bernd. Die braucht Anstifter.»

«Ja, ich weiß, das sind die, die hinterher erschossen werden. Oder rausfliegen.»

«Bei uns fliegt keiner raus.»

«Meinst du, der Chef läßt mir so was durchgehn? Bei aller Liebe, nein.»

«Wer sagt, daß du der Anstifter bist?»

«Wer sonst?»

«Mensch, bist du schwer von Begriff. Du bist doch der, gegen den gemeutert wird. Das ist deine Rolle. Das Anstiften besorge ich. Ich bin unbeteiligt, ein Außenseiter, völlig unverdächtig.»

«Und wie willst du das anstellen?»

«Das sag ich nicht. Du weißt von nichts, und das meine ich wörtlich. Wenn du nichts weißt, kannst du auch nicht falsch reagieren. Du mußt nur dafür sorgen, daß die neuen Namen möglichst idiotisch klingen.»

Die suche doch wohl Krecker aus, sagt Junghans nach einer auffallend langen Pause.

Nein, erwidert Schiller nachdrücklich, Krecker müsse sich dabei raushalten, dafür werde er sorgen.

Junghans sagt nun gar nichts mehr. Sein Kopf kommt ihm plötzlich vor wie ein Ballon, der sich sanft im Wind bewegt. Zu viel getrunken, stellt er mühsam fest. Das kommt schlagartig bei ihm, hat er lange nicht mehr erlebt, im Bett wird er rotieren. Er hebt den Kopf und stiert Schiller an, als sei der eine Figur aus der Sagenwelt, was Griechisches, mit züngelnden Schlangen auf dem Kopf.

Schiller hat den jähen Abbau wahrgenommen. «Ist dir nicht gut?» fragt er besorgt.

«Muß ins Bett», murmelt Junghans kaum hörbar und versucht aufzustehn.

«Warte, ich helf dir.»

Die Hilfe wird beschwerlich. Er hat ihn schon durch die Schlafzimmertür geschleppt, als Junghans einfällt, daß er aufs Klo muß. Er schleppt ihn aufs Klo und hält ihn fest, während er pinkelt, trotzdem geht die Hälfte daneben. Erneuter Transport ins Schlafzimmer, aufs Bett legen, ausziehen.

Schuhe, Hose und Socken sind kein Problem, schwierig wird's beim Pullover. Als Schiller ihn schließlich nackt vor sich liegen hat, fällt ihm ein, daß er sich das vorhin einmal sehnlich gewünscht hat. Er schüttelt den Kopf und zieht rasch die Decke über Junghans; betrunkene Männer sind ihm ein Greuel. Er wird auch nicht hierbleiben, der Alkoholdunst am nächsten Tag ist ekelhaft.

Junghans murmelt etwas und tastet suchend mit der Hand. Schiller beugt sich über ihn und hört: «Halt mich fest. Halt mich doch fest.»

Schon im Mantel, holt er aus der Küche noch einen grünen Plastikeimer und stellt ihn neben das Bett.

Die erste Probe nach Weihnachten kann nicht pünktlich beginnen, weil der Regisseur fehlt. Niemand, ausgenommen Gaby, vermißt ihn; jeder nutzt die Gelegenheit, seine neuesten Erlebnisse loszuwerden.

Um Viertel nach neun greift Gaby zum Telefon und ruft in der Dramaturgie an. Keiner nimmt ab. Auch Hilde Moll hat Junghans nicht gesehen.

«Laß doch», sagt Udo Hemke beruhigend. «Der geht schon nicht verloren.»

«Er ist sonst immer pünktlich.»

Der Inspizient zuckt mit den Schultern. «Jeder hat mal 'nen schwachen Tag.»

«Und wenn ihm was passiert ist? Ich probier's mal bei Camilla.»
Sie wählt noch, als Junghans den Probenraum betritt. Mit erhitztem Gesicht und hörbar atmend eilt er zum Regietisch.
«Bitte um Entschuldigung.» Er nimmt erst jetzt die Mütze ab und zieht sich den Mantel aus, wirft beides auf einen Stuhl. «Fangen wir gleich an. Ich möchte die Schlußszene noch mal stellen, da hab ich was übersehn.»
Gaby schlägt ihr Buch auf und nickt. «Ja, geht. Sind alle da.»
«Zusätzlich brauche ich Frau Kleinschmidt.»
«Die ist doch nicht drin.»
«Das will ich ja ändern. Die soll mit rein.»
«Sie kommt erst heute nachmittag.»
«Wieso?»
«Ist so angesetzt, steht auch im Probenplan. Haben Sie keinen?»
«Also gut, dann die erste Szene.»
Junghans setzt sich und ärgert sich, daß er umsonst zu spät gekommen ist. Er wollte den Rechner kaufen. In vier Geschäften hat er Verkäuferinnen geschildert, wie er aussieht und funktioniert, und ist sich dabei wie ein Idiot vorgekommen.

Eine halbe Stunde lang ist Junghans ganz bei der Sache, dann, an einer Stelle, wo Lauken einen längeren Text hat, fällt ihm wieder ein, daß er dringend mit Hartmut Schiller sprechen muß. Gestern hat er den ganzen Tag über bis in die Nacht versucht, ihn telefonisch zu erreichen. Er muß ihm unbedingt diese Wahnsinnsidee mit der Meuterei ausreden. Hoffentlich hat Schiller noch nichts unternommen, das ist ihm zuzutrauen bei seinem unseligen Eifer. Herrgott, wäre nur die verdammte Probe schon vorbei.

Den Schauspielern fällt die geistige Abwesenheit ihres Regisseurs kaum auf. Dafür sorgt Gaby, die leise und unerbittlich an jede übersehene Geste und jeden vergessenen Blickwechsel erinnert und so die Probe bis zum Ende durchzieht.

Als Junghans später das Dramaturgenbüro betritt, ist Hartmut Schiller da. Er sitzt am Schreibtisch, grinst jungenhaft und sagt: «Grüß dich! Und entschuldige, daß ich mich gestern nicht gemeldet habe. Wir waren unterwegs und sind erst spät zurückgekommen. Bist du wieder o. k.?»

«Danke, einigermaßen. So bald passiert mir das nicht wieder. Besonderen Dank noch für deine freundliche Vorsorge.»

«Der Eimer war nicht ironisch gemeint, ehrlich. Ich brauch das immer.»

Junghans tritt an seinen Schreibtisch und sieht im Stehen flüchtig die Post durch, nichts Eiliges dabei. Scheinbar beiläufig sagt er: «Bevor du mich ins Bett gebracht hast, haben wir doch über was gesprochen. Erinnerst du dich?»

«Na klar.» Schiller stößt sich an der Schreibtischkante ab und schwenkt mit seinem Stuhl herum. «Das war mein genialer Einfall.»

«Das meine ich.»

«Solltest du doch vergessen. Du weißt von nichts. Das war abgemacht.»

«Jetzt hör mal.»

«Du mußt mir nur rechtzeitig sagen, wann du mit den neuen Namen kommst. Ein oder zwei Tage vorher, das genügt.»

«Hör zu, Hartmut. Ich will das nicht. Keine Meuterei oder wie du das nennst. Das kommt nicht in Frage.»

«Wovon sprichst du? Was für eine Meuterei?»

«Ich meine es ernst.»

«Verstehe.»

«Du verstehst gar nichts. Wenn die Schauspieler wirklich meutern, was glaubst du denn, was Settler macht?»

«Was denn?»

«Der setzt das Stück ab. Das will ich aber nicht. Kapierst du? Ich will, daß das Stück rauskommt, so oder so.»

«Reg dich nicht auf. Ich hab gesagt, daß ich verstehe. Du willst nicht. Gut. Erledigt.»

Junghans blickt Schiller prüfend an, mißtraut dem raschen Nachgeben, aber in seinem Gesicht ist nichts zu lesen, nur die Sommersprossen sind etwas blasser als sonst.

Schiller dreht seinen Stuhl zum Schreibtisch zurück und erlaubt sich erst jetzt ein leises Grinsen. Schon gestern hat er befürchtet, daß Bernd einen Rückzieher machen wird, wenn er wieder nüchtern ist. Ein Chefdramaturg tut so was nicht, schließlich ist er Bühnenvorstand und rechte Hand des Chefs, das verlangt Würde und verbietet krumme Sachen. Irgendwie ist das aber komisch, wenn ausgerechnet ein Dramaturg, der jedes Stück auf seine Dramatik abklopft, im eigenen Leben ängstlich vor einer dramatischen Handlung zurückschreckt. Armer Bernd. Vielleicht liegt's am Alter. Oder doch am Charakter? Die Meuterei findet statt, ganz klar, er wollte gestern schon mit Horst darüber sprechen, aber leider waren die beiden Typen noch da, und es bot sich keine Gelegenheit.

Schiller vertieft sich wieder in seine Arbeit, die darin besteht, aus zwei alten Kurzbiographien des Komponisten Paul Abraham eine dritte neue zu schreiben. Nach einer Weile schreckt ihn Junghans' Stimme auf.

«Du, ich hab mal 'ne Frage. Vielleicht kannst du mir helfen.»

«Ja?»

«Ich suche einen Elektronenrechner, einen kleinen mit Uhr. Weißt du, wo man so was kriegt?»

Schiller runzelt die Stirn. «Warte, irgendwo hab ich mal einen ganzen Haufen von dem Zeug gesehn. Wo war das noch? Uhren gab's da auch, ich hab 'ne neue Batterie in meine Armbanduhr einsetzen lassen. Mensch, im Warenhaus! Gleich neben der Uhrenabteilung. Steht immer 'n Haufen Kinder rum und spielt.»

Junghans dankt erleichtert.

Bei der Nachmittagsprobe stellt Junghans die Schlußszene neu, und Ira erhält die Anweisung, zusätzlichen Text zu lernen. Junghans ist ganz sachlich, behandelt sie wie die andern Schauspieler und stellt erleichtert fest, daß sie zurückhaltend ist und den Abstand wahrt. Der vor einer Stunde gekaufte Uhrenrechner steckt in seiner linken Hosentasche.

Anschließend läßt er die erste Terroristenszene probieren, zum Anwärmen erst mal ein Durchlauf ohne Unterbrechung. Es klappt sogar einigermaßen, nur zum Schluß spielt Ira auffallend anders als bei der Stellprobe. Als der Terrorist sie auffordert, frischen Kaffee zu machen, hat sie vorher schlagschnell und hart geantwortet: «Mach dir'n selbst, du Macho.» Jetzt blickt sie ihn an, lächelt kurz und sagt nachsichtig: «Mach dir'n selbst, du Macho.» Auch die beiden nächsten Sätze kommen friedlich: «Ich hau mich hin. Weckt mich, wenn was ist.» Erst dann wird sie wieder scharf: «Und paßt ja auf das fette Schwein auf.»

Junghans macht sich auch hierüber eine Notiz und geht dann in seiner Kritik die ganze Szene durch, indem er Punkt für Punkt erklärt, was nicht in Ordnung war. Die Kritik wird schweigend entgegengenommen. Als er jedoch den veränderten Ton Iras beanstandet, erhält er unerwartet Widerspruch.

«Das hab ich nicht zufällig so gemacht. Das war Absicht.»

«Warum denn? War doch vorher gut so. Warum wollen Sie da was ändern?»

«Na ja, mir ist inzwischen klargeworden, daß das doch nicht so gut ist. Wenn ich immer nur böse bin, ist das doch langweilig, immer der gleiche Ton. Finden Sie nicht?»

«Der Charakter, den Sie darstellen, ist im Text so angelegt.»

«Erlaubt der Text denn keine Zwischentöne?»

Junghans merkt erst jetzt, warum sie ihm die ganze Zeit schon so verändert vorgekommen ist: Sie trägt ihr Haar zurückgekämmt und verknotet, das macht sie reifer und fraulicher. Er überlegt noch eine vernünftige Antwort auf ihre Frage, als Christian Lück sagt: «So unrecht hat sie ja nicht. Mal 'n anderer Ton in der Szene wär schon ganz gut. Auch Wölfe heulen ja nicht den ganzen Tag.»

«Gut, lassen wir's mal so», stimmt Junghans zu und ist sich nicht sicher, ob das rasche Nachgeben wirklich so gut ist. Auch bei der nächsten Szene entdeckt er kleine Abweichungen Iras, weitere «Zwischentöne»; da sie nicht stören, läßt er sie unbeanstandet. Nach der Probe, nimmt er sich vor, wird er mit ihr sprechen. Aber als er sie später sucht, ist sie schon weg.

Ira hat während ihrer Reise alles genau geplant.

Die Hinfahrt nach Plettenberg kommt ihr jetzt noch wie ein Alptraum vor. Sie befand sich in einem ständigen Auf und Ab zwischen Angst und Freude, und mindestens zwei dutzendmal hat sie im Geist den Satz verändert, den sie ihm auf die Weihnachtskarte geschrieben hat. Erst als sie zu Hause bei den Eltern und Geschwistern war, vergaß sie ihre Zweifel, der Weihnachtstrubel machte ihr das leicht. Auch die Geschenke halfen dabei mit, besonders das von Papa, das er, laut Mama, ganz allein ausgesucht hatte. Es war ein

Buch, die Autobiographie der Schauspielerin Liv Ullmann. Ira fing noch in der Nacht an zu lesen und las das Buch am Weihnachtsmorgen im Bett zu Ende. Am selben Abend nahm sie es sich zum zweitenmal vor und strich dabei alles an, was ihr wichtig vorkam, darunter den Satz: «Nur wenn Situationen und Charaktere nicht eindeutig gut oder böse sind, wird das Spielen wirklich interessant.» Auf der Rückreise ging sie dann noch einmal an Hand des Textbuches alle ihre Szenen durch und markierte die Stellen, bei denen sie glaubte, anders spielen zu können. Und zwar getreu dem zweiten wichtigen Satz, den sie bei Liv Ullmann gefunden hatte: «Weniger Gefühle und mehr Konzentration darauf, den Gefühlen Ausdruck zu geben.»

Mit dem Erfolg bei der Probe ist sie mehr als zufrieden. Daß sie sich anschließend sofort verdrückt hat, gehört zum zweiten Teil ihres Plans. Natürlich hat Bernd hinterher mit ihr sprechen wollen, aber das soll nicht im Theater geschehen, da ist er zu groß und sie zu klein. Sie will ihn an einem Ort treffen, wo der Unterschied nicht mehr so spürbar ist, irgendwo draußen.

So steht sie nun in der Dragonerstraße, eingemummt in ihren mit Nylonpelz gefütterten Mantel, den Schal überm Kinn und auf dem Kopf die weiße Strickmütze von Tante Ella. Hin und wieder stampft sie auf den gefrorenen Schnee, geht auch mal ein paar Schritte, dreht sich aber gleich wieder um, denn sie weiß nicht, aus welcher Richtung er kommen wird. Seine Hausnummer ist 47; sie bewegt sich bei Nummer 43, die Straßenbeleuchtung ist ausreichend, ihn auch jenseits von 47 noch bei Nummer 53 zu erkennen. Hoffentlich kommt er überhaupt. Kann ja sein, daß er noch im Theater bleibt oder irgendwen besucht. Auf jeden Fall wird sie eine halbe Stunde warten.

Sie hat Glück. Schon nach zehn Minuten sieht sie ihn kommen, in Höhe von Nummer 39. Er hat seine Kollegmappe unter den Arm geklemmt, beide Hände stecken in den Manteltaschen. Er geht rasch und blickt auf den Weg.

Ira setzt sich sofort in Bewegung, geht ebenfalls rasch und zielbewußt, und obwohl ihr das Herz bis zum Hals klopft, zwingt sie sich, ganz kühl zu bleiben. Sie streift dicht an ihm vorbei, erst dann bleibt sie stehn und ruft mit sorgsam modulierter Überraschung: «Guten Abend, Herr Junghans!»

Junghans rutscht fast aus, als er anhält und sich umdreht. Ira hat ihre Richtung beibehalten und nur den Kopf zu ihm gewandt.

«Frau Kleinschmidt! Wie kommen Sie denn hierher?»

«Ich bin auf dem Heimweg.» Ira hofft, er weiß nicht, daß sie in der Klosterstraße wohnt, weil die genau entgegengesetzt liegt.

«Na, da hätten wir ja auch zusammen gehen können.»

«Wo wohnen Sie denn?»

«Dort.» Junghans deutet auf Nummer 47. «Übrigens hatte ich Sie sowieso noch sprechen wollen, aber Sie waren schon weg.»

«Ja?» sagt Ira und tritt zwei Schritte näher.

«Aber nicht hier, das ist ja scheußlich kalt.» Er überlegt kurz. «Vielleicht, wenn Sie mögen, könnten wir zusammen essen. Sind Sie frei heute abend?»

Ira runzelt die Stirn, als müsse sie überlegen, ob sie Dringendes vorhat, dann nickt sie und sagt: «Ja, heute abend geht's.»

Sie verabreden, sich um halb acht vorm Westausgang des Hauptbahnhofs zu treffen.

Beide sind pünktlich. Sie überlegen, wohin sie gehen könnten. Auf keinen Fall zu «Döhle», der Theaterkneipe in der Herderstraße, da sind sie sich einig. Schließlich schlägt Ira einen Griechen vor, der fabelhaft koche; noch wichtiger ist ihr, was sie aber nicht sagt, daß man dort in Nischen mit Kerzenbeleuchtung sitzt.

Ira hat sich große Mühe mit ihrem Make-up gegeben, so wenig wie möglich, aber doch so viel, daß es Wirkung verspricht. Als sie fertig aus dem Bad kam, traf sie Rainer Herzig auf dem Flur, er schnalzte mit der Zunge. Auch in der Kleidung blieb sie zurückhaltend. Einen dünnen Rollkragenpullover mit Wickelrock und, bei dem Wetter völlig ungeeignet, mittelhohe Schuhe; als Schmuck nur den goldenen Armreif.

Junghans trägt den Pullover vom Nachmittag, darüber ein Jackett, in dessen äußerer Brusttasche, griffbereit, der Rechner steckt. Nachdem sie bei dem weißbeschürzten Kellner mit mächtigem Schnurrbart bestellt haben, zieht Junghans den Rechner hervor und legt ihn auf den Tisch.

«Jetzt kommt's», sagt Ira mit etwas ängstlicher Miene.
«Was kommt?» fragt Junghans erstaunt.
«Jetzt wollen Sie mich fragen, wie ich dazu komme, Ihnen so etwas zu schenken, und daß es viel zu teuer ist, daß Sie es gar nicht gebrauchen können, und daß Sie – daß ich – jetzt weiß ich nicht mehr weiter.»
Ihr Ausdruck zeigt Zerknirschung, aber durch die gesenkten Wimpern beobachtet sie ihn genau. Er lächelt, holt seine Zigaretten hervor und hält sie ihr hin. Sie schüttelt den Kopf, er steckt sich eine an.
«Nehmen wir an, ich hätte Sie wirklich gefragt. Was würden Sie antworten?»
«Ich wollte Ihnen ein Buch schenken, aber ich wußte nicht, was Sie gern lesen. Das Buch hätte genauso viel gekostet. Und der Grund, das habe ich doch geschrieben.»
«Wollen Sie Ihren Regisseuren jedesmal was schenken, wenn Sie etwas falsch gemacht haben?»
Sie schüttelt heftig den Kopf. «Ich war undiszipliniert. Das ist was anderes.»
«Nun hören Sie mal, Frau Kleinschmidt.»
«Müssen Sie mich unbedingt Frau Kleinschmidt nennen? Ich komme mir immer wie meine Oma vor.»
Er sieht sie prüfend an und lächelt wieder. «Wie eine Oma sehn Sie wirklich nicht aus. Gut, ich sage Ira. Aber bei der Probe –»
«Da stört's mich nicht.»
Ira atmet heimlich auf, als habe sie eine gefährliche Klippe umsegelt und freies Fahrwasser erreicht. Sie hat eine Rolle gespielt, sogar den Satz mit der Oma hat sie sich vorher überlegt. Er hat offenbar nichts gemerkt. Was nun kommt, weiß sie nicht, nur eins weiß sie, daß sie auf keinen Fall unsicher sein darf.
Während sie essen, sprechen sie über Weihnachten. Junghans macht aus seiner Abneigung keinen Hehl, Ira widerspricht ihm und schildert, was sie zu Hause erlebt hat. Sie erzählt so lebhaft und drollig, daß Junghans mit Vergnügen zuhört und bald vergessen hat, daß er mit dieser Einladung nur eine lästige Schuld begleichen wollte. Ihre Offenheit und besonders ihre Fähigkeit zuhören zu können,

nehmen ihn gefangen. Selbstverständlich sprechen sie bald übers Theater, das unerschöpfliche Thema, und Junghans wundert sich über sich selbst, daß er dabei ganz auf seine abgebrühten Bemerkungen verzichtet, die er sonst immer bereit hat.

Irgendwann bemerkt er, daß sie die letzten Gäste im Lokal sind. Er will auf seine Armbanduhr schauen, als ihm der Uhrenrechner einfällt. Er zieht ihn aus der Tasche, hält ihn Ira hin, sie liest und verkündet fröhlich: «Elf-zweiundvierzig-achtzehn.»

«Noch drei Minuten», sagt Junghans ebenso beschwingt, programmiert mit dem Fingernagel den Countdown und legt den Rechner auf den Tisch.

Gespannt beobachten sie das Rückwärtslaufen der Zahlen und lachen laut, als es bei Null anfängt zu piepen. Auch der Kellner mit dem ausladenden Schnurrbart wird von dem Geräusch angelockt. Junghans bezahlt, und kurz darauf stehen sie draußen in der klirrenden Kälte.

Wie selbstverständlich schiebt Ira ihren Arm unter seinen. Vorsichtig, mit kurzen Schritten, gehen sie über das glatte Pflaster. Ihre Nähe tut Junghans wohl, fast gegen seinen Willen preßt er ihren Arm gegen seinen Körper. Sie sprechen nicht, erst als sie die Dragonerstraße erreichen, fragt er: «Wo wohnst du?»

«Nicht weit.»

Bei Nummer 47 bleibt Ira stehen und hält ihn mit dem Arm fest. Er sieht sie eindringlich an, sie erwidert ruhig seinen Blick und schweigt.

Schweigend steigen sie nach oben in seine Wohnung. Im Flur hilft er ihr aus dem Mantel, zieht seinen eigenen aus und hängt ihn auf, während sie wartet. Dann nimmt er sie in die Arme und küßt sie. Zuerst zögert sie noch, dann aber wird ihr Kuß so leidenschaftlich, daß es ihm im Nacken anfängt zu kribbeln. Er öffnet die Augen und löst sich von ihr.

«Nicht gut?» fragt Ira mit leisem Stolz und zugleich ein wenig besorgt.

«Mein Gott», sagt Junghans. Mehr fällt ihm nicht ein.

8

Eine halbe Stunde vor Beginn der Freitagskonferenz, der letzten im Jahr, läßt Settler den Leiter des Betriebsbüros kommen und fragt ihn, welches Stück aus einer der letzten Spielzeiten kurzfristig wieder aufgenommen werden könnte.
«Was heißt kurzfristig?» fragt Busse.
«Anfang Februar.»
Busse bemüht sich, seine gewohnt optimistische Stimmung zu bewahren, aber es gelingt ihm nicht ganz. «Das dürfte schwierig sein», sagt er vorsichtig.
«Das weiß ich selbst. Sie sollen mir nur sagen, was möglich ist. Als Schauspieler können wir das Ensemble der Studiobühne einsetzen.»
«Für die Studiobühne?» Busse atmet auf und hat auch gleich einen Vorschlag. «Ionescos ‹Stühle›?»
«Nein, nein. Mehr was Populäres.»
«Moment bitte. Bin gleich wieder da.»
Busse verschwindet und kommt wenig später mit zwei Kladden zurück. In die eine hat er die Besetzung aller im Theater gespielten Stücke eingetragen, in der zweiten registriert er Sänger und Schauspieler und die Rollen, die sie gehabt haben. Das ist nicht üblich, aber

praktisch. Er blättert in der ersten Kladde und liest mehrere Titel vor. Settler schüttelt jedesmal den Kopf.

«Dann hätten wir noch ‹Bezahlt wird nicht› von Dario Fo.»
«Wann war das?»
«Vorletzte Spielzeit.»
«Das ist doch gut angekommen. Wer hatte die Regie?»
«Lauken.»
«Aha.»

Busse wartet auf nähere Anweisungen für die Wiederaufnahme, aber da kommt nichts mehr.

«Danke, Herr Busse. Das wär's.»

Während Busse, leicht verwirrt, das Zimmer verläßt, entschließt sich Settler, Punkt drei auf seiner Liste für die Konferenz zu streichen: keine allgemeine Diskussion über das «Fest der Wölfe». Daß Junghans wegen seiner Probe nicht an der Konferenz teilnehmen kann, ist nicht der Grund. Das wäre sogar günstig, weil die anderen Teilnehmer dann unbefangener urteilen könnten. Aber er will Junghans eine letzte Chance geben, selbst zur Vernunft zu kommen.

Bliebe dann immer noch Krecker; er könnte drohen, sein Stück zurückzuziehen. Daran ist er als Intendant selbst schuld. Er hätte vor Vertragsabschluß das schriftliche Einverständnis Kreckers haben müssen. Statt dessen hat er sich auf Junghans verlassen. Sollte der ihn wirklich mit vollem Wissen und bei klarem Verstand belogen haben? Er kann sich das immer noch nicht vorstellen. Nach so vielen Jahren enger Zusammenarbeit wäre das ein unverzeihlicher Vertrauensbruch. Es muß etwas dahinterstecken, was er noch nicht weiß, und er muß es wissen, bevor er über die letzte Konsequenz nachdenkt.

Im übrigen kann ihn eine Drohung Kreckers nicht mehr schrecken, er hat ja Ersatz. Ein Gastspiel wäre natürlich besser, aber das ist so kurzfristig nicht zu kriegen. Eine andere Frage ist, wie die Abonnenten und die Volksbühne reagieren werden. Vielleicht hilft eine Pressenotiz: auf vielfachen Wunsch... Das könnte die Gemüter beruhigen. Einnahmeverluste wird es trotzdem geben, das ist unvermeidbar.

Die Konferenz verläuft zunächst rasch und ohne große Diskussionen. Settler teilt mit, daß er bereit sei, einer Dienstvereinbarung wegen des Kühlschranks in der Garderobe des Orchesters zuzustimmen; die Kontrolle der Getränke solle der Kantinenpächter gemeinsam mit dem Orchestervorstand übernehmen.

Schimansky berichtet über den Stand der Vorbereitungen des Theaterballs. Herzig meldet sich zu Wort, ihm sei noch etwas für die Tombola eingefallen.

In der Tombola werden ausgemusterte Stücke aus dem Kostümfundus und von den Bühnenbildern verlost. Das ist sehr beliebt beim Publikum. Zugleich ist die Einnahme aus dem Losverkauf ein notwendiger Beitrag, um die Unkosten zu verringern. Wenn die Gewinne attraktiver würden, ließ sich da bedeutend mehr rausholen, sagt Herzig. Er schlage vor, alle Geschäftsleute, die mit dem Theater in Verbindung ständen, zu Sachspenden aufzufordern.

Generalmusikdirektor Schora, wie immer wach werdend, wenn es um Geld geht, lobt den Vorschlag und rät dringend zur Annahme.

Schiller spricht temperamentvoll dagegen.

«Der Reiz der Tombola besteht doch nicht darin, einen fabrikneuen Füller oder einen Wollschal zu gewinnen. Die Leute wollen was von uns haben, vom Theater, darauf sind sie scharf. Die Requisite müßte mehr von ihren Klamotten rausrücken, dann hätten wir Gewinne genug.»

«Lassen Sie die Requisite in Frieden», sagt Schimansky. «Bei der gibts nichts Überflüssiges. Aber vielleicht stöbern Sie mal in Ihrem Dramaturgenbüro, ein Manuskript von Ihnen, wäre das nichts?»

Die andern lachen, nur Schiller nicht. Mit offenem Mund starrt er Schimansky an. Dann strahlt er wie ein kleiner Junge beim Anblick eines neuen Spielzeugs. «Mensch, Klasse! Das ist die Idee. Wir nehmen Sachen von uns, von allen, Schauspieler, Solisten, Chor, Ballett, Orchester, Bühnenarbeiter, auch Werkstätten und Verwaltung, jeder gibt was Persönliches. Ein Schild kommt dran mit Namen und Funktion. Haben Sie nicht einen alten Taktstock, Herr Schora?»

Schillers Begeisterung steckt an, sein Vorschlag wird einstimmig gutgeheißen und er selbst beauftragt, ein Rundschreiben zu verfassen, das zum Spenden auffordert.

Die Konferenz dauert bis Viertel nach eins. Hilde kommt ins

Zimmer, um die Tassen abzuräumen. Settler bittet sie, Junghans auszurichten, daß er ihn gleich nach der Probe erwarte.

Eine halbe Stunde später betritt Junghans das Büro, grüßt kurz und geht zum Fenster, wo er sich mit den Händen auf die Fensterbank stützt. Er trägt seine gewohnte Uniform aus Cordhose und grauem Pullover. Das linke Bein leicht angewinkelt, blickt er wartend auf Settler hinunter.

«Würden Sie sich vielleicht setzen?»

«Wenn Sie nichts dagegen haben, steh ich lieber. Ich habe fast vier Stunden gesessen.»

Sein Gesicht hat sich verändert, bemerkt Settler. Diese scharfen Konturen hat es früher nicht gehabt. Die ungewohnte Regiearbeit scheint ihn zu schlauchen.

«Wir wollen es kurz machen. Wir haben beide was hinter uns, Sie die Probe, ich die Konferenz.» Kleine Pause, dann mit veränderter Stimme: «Ich hatte vorgehabt, auf der Konferenz Ihren Fall zu erörtern.»

«Meinen Fall?»

«Sie wissen sehr wohl, was ich meine, Bernd. Ich habe darauf verzichtet, weil ich Ihnen eine letzte Chance geben will.»

«Um was geht's denn eigentlich?»

«Herrgott, um die verdammten Namen in Ihrem Stück.»

«Ach so. Aber ich habe Ihnen doch gesagt, daß ich die aus psychologischen Gründen erst später –»

«Wann später?»

«Das weiß ich nicht auf den Tag genau.»

«Aber ich weiß es. Ab spätestens zehnten Januar probieren Sie mit den neuen Namen.»

Junghans wechselt das Standbein und schweigt.

«Offenbar begreifen Sie immer noch nicht, um was es mir geht. Ich will die Garantie haben, daß das Stück vier Wochen lang gespielt wird.» Settler zieht ein Buch heran und schlägt es bei einem eingelegten Zettel auf. «Vielleicht machen Sie sich mal mit diesem juristischen Text vertraut. Darin geht es um den Schutz von Personen gegen die Darstellung im Film und auf der Bühne.»

«Ich kenne den Passus. Der trifft bei uns nicht zu. Wir verfälschen weder die Personen noch ihre Handlungen. Wir setzen auch keinen herab. Wir schildern nur, was gewesen ist.»

«Das tun Sie nicht. Die Dialoge sind frei erfunden. Oder wollen Sie das bestreiten?»

«Niemand behauptet, daß wir ein Dokumentarstück nach Tonbändern bringen. Aber auch die sind, wenn Sie so wollen, fast immer durch Kürzungen verfälscht.»

Settler schweigt. Er wartet darauf, daß Junghans endlich den wahren Grund enthüllt, warum er sich so sperrt.

«Und weil das so ist», fährt Junghans fort, «kann es eigentlich nur einen Grund geben, warum Sie so auf die Namensänderung pochen. Sie haben Angst, daß wir ein Tabu verletzen könnten. Sie wollen nicht anecken.»

«Aber Sie! Sie wollen provozieren.»

«Wenn wir das schafften, wär' es wunderbar. Das erstemal nach all den Jahren, in denen wir nur geplätschert haben.»

«Geplätschert?»

«Anstatt Wellen zu schlagen. Jetzt könnten wir's, und Sie wollen nicht.»

Das ist also der Grund, denkt Settler und weiß nicht, ob er mehr Mitleid oder Zorn spürt. Er entscheidet sich für Mitleid. «Merkwürdig, ich habe Sie immer für einen Theatermann gehalten. Für einen, der weiß, womit ein Theater provozieren muß. Doch nicht mit Enthüllungen oder Darstellung sogenannter nackter Wahrheiten. Provozieren muß es mit erstklassigen Aufführungen, mit sonst gar nichts. Wenn ein Stück sich nur durch ein paar bekannte Namen hervorhebt, sollte man's gar nicht auf die Bühne bringen. Die Namen sind in ein paar Jahren vergessen. Oder wollen Sie das bestreiten?»

«Nein. Ich kenne zwei Dutzend Stücke, die zu ihrer Zeit die Menschen aufgeregt haben und über die wir heute nur den Kopf schütteln können. Trotzdem muß es sie geben. Und in unserm ‹Fest der Wölfe› steckt auch ein bißchen mehr. Haben Sie das nicht gespürt? Da geht's um Figuren, die ein ganzes Volk verrückt gemacht haben, nicht nur durch die Situation, vor allem durch ihre Aufgeblasenheit. Die verdienen kein Mitleid durch Anonymität.»

Unwillkürlich greift Settler nach dem Buch «Urheber- und Verlagsrecht, dritte, neu bearbeitete Auflage»; es ist noch aufgeschlagen, aber er schaut nicht rein. «Was Sie da sagen, ist genau das, wogegen Einsprüche berechtigt sind, nämlich gegen das Herabsetzen der Persönlichkeit.»

«Das tun doch nicht wir, das haben die doch mit sich selbst getan.»

«Es spielt gar keine Rolle, was sie getan haben. Wenn der negative Eindruck entsteht, genügt das schon. Sollten Sie mir das nicht glauben, Bernd, bin ich gern bereit, Ihnen ein Gespräch mit einem fachkundigen Juristen zu vermitteln. Davon abgesehen, bleibt es für mich dabei, die Namen werden geändert. Bis zum zehnten Januar. Spätestens. Ist das klar?»

Junghans nimmt die Hände von der Fensterbank und richtet sich auf. Er blickt über Settler hinweg. «Ist das eine dienstliche Anweisung?»

«Ja.»

Junghans nickt unmerklich. «Gut. Wird ausgeführt.» Ohne sich noch einmal umzusehen, geht er zur Tür und verläßt das Büro.

Settler schaut ihm nach und schüttelt unwillig den Kopf. Das ist nicht so gelaufen, wie er es sich gewünscht hat. Er hatte auf Einsicht gehofft. Vielleicht war das zu viel verlangt, Junghans steckt noch zu sehr mitten drin. Wenn mal Gras über die Sache gewachsen ist, am Ende der Spielzeit, wird er noch einmal mit ihm darüber sprechen.

Hartmut Schiller erfährt durch Zufall davon.

Als er am 2. Januar zuerst Hilde Moll und dann zwei Türen weiter dem dicklichen Busse «ein schönes neues Jahr» wünscht, sagt Busse, nachdem er sich bedankt hat: «Sie könnten mir einen Gefallen tun, Herr Schiller.»

«Ja, gern.»

«Würden Sie mir aus dem Archiv die Textbücher von ‹Bezahlt wird nicht› raussuchen?»

Schiller, schon wieder an der Tür, fragt erstaunt: «Alle? Wozu brauchen Sie die denn?»

«Vielleicht brauche ich sie gar nicht. Ich möchte sie aber schon hier haben für den Fall eines Falles.»

Schiller läßt die Türklinke los und kommt zurück. «Was heißt Fall eines Falles?»

«Der Chef will das Stück eventuell wieder aufnehmen.»

«Wieso? Wann?»

«Anfang Februar.»

«Auf der Studiobühne?»

«Anzunehmen. Das Stück soll noch mal vier Wochen laufen. Fragen Sie mich nicht warum. Ich weiß es nicht.»

Schiller braucht nicht zu fragen, die Sache ist klar. «Ich suche Ihnen die Bücher raus.»

Oben im Dramaturgenbüro läßt er seinen Gefühlen freien Lauf. Er ist allein, Junghans hat Probe. Er brüllt mehrmals Scheiße, läßt sich dann am Schreibtisch nieder und überlegt, während seine Finger in der roten Mähne wühlen. Dabei gibt es eigentlich nichts zu überlegen. Er muß Horst Krecker schnellstens reinen Wein einschenken und ihm seinen Plan schmackhaft machen. Das ist alles. Die Frage ist nur, wann und wie. Horst unterliegt, leider, starken Stimmungen. Wenn er ihn in der falschen erwischt, kann's schiefgehn. Joschi um Hilfe bitten? Nein, Joschi nicht. Der ist lieb, aber dumm; ihn einzuweihen, wäre ein zu großes Risiko. Er muß das allein durchstehn. Er wird am Abend bei Horst aufkreuzen, ohne sich anzumelden, obwohl der das nicht mag. Das ist aber gut, dann hat er für den zweiten Ärger schon weniger Luft.

Als Schiller abends vor dem Klingelschild steht und den Finger ausstreckt, öffnet sich die Haustür von innen. Eine Frau kommt heraus; er erwischt die Tür gerade noch, bevor sie schließt. Schiller betrachtet das als gutes Omen. Nun kann er oben klingeln und die Überraschung ausnutzen.

Er klingelt und klopft, als er durch die Etagentür Joschis Stimme hört, der die Sprechanlage benutzt. Die Tür öffnet sich sofort. Joschi blickt ihn erschreckt an, Tränen in den Augen.

«Mensch, wie siehst du denn aus?»

Joschi drückt die Tür zu und fällt ihm um den Hals. «Wie gut, daß du kommst», schluchzt er. «Du mußt mir helfen. Horst ist so böse.»

Horst Krecker sitzt im Sessel, mit einem roten, seidig schimmernden Morgenmantel bekleidet. Er hat die nackten Beine ausgestreckt und starrt auf den Fernseher, der ohne Ton läuft; vor ihm stehen ein Glas Milch und eine Flasche Rum. Milch mit Rum ist sein Getränk, wenn er erschöpft ist.

«Wie kommst du denn hier rein?» fragt er ungnädig, als Schiller sich vor den Fernseher stellt. Er wedelt mit der Hand. «Geh da mal weg.»

«Ich muß mit dir sprechen, Horst.»

«Nicht jetzt.»

«Es ist dringend.»

«Ich will heute nichts mehr hören.»

«Es geht um dein Stück», sagt Schiller und läßt sich auf der Couch nieder.

Erst nach einer ganzen Weile rührt sich Krecker wieder. Ohne den Blick vom Bildschirm zu wenden, sagt er: «Hör bloß auf von dem Stück. Da hast du mir eine schöne Scheiße eingebrockt. Dein Junghans ist das letzte. Das hab ich gleich gewußt, als ich ihn das erstemal gesehn habe. Aber ich bin ja selbst schuld, ich Idiot.»

«Du kannst es ja noch ändern.»

«Schön wär's.»

«Dein Stück soll nämlich abgesetzt werden.»

In diesem Augenblick schwebt Joschi heran. «Möchtest du etwas trinken, Hartmut? Soll ich dir einen Kakao machen?»

«Hau ab!» faucht Krecker. «Du störst. Verschwinde!»

«Ja, das tu ich! Ich geh weg, ich geh ganz weg von dir.» Joschi schnieft heftig. «Ich geh zu Hartmut. Du nimmst mich mit, Hartmut, nicht? Das tust du doch?»

Schiller blickt Krecker und Joschi an und weiß nicht, was er sagen soll. Verdammt, mit dieser Komplikation hat er nicht gerechnet.

Krecker schaltet mit der Fernbedienung den Apparat aus. Mit überraschend ruhiger Stimme sagt er: «Laß gefälligst Hartmut in Frieden. Geh in die Küche. Und hör mit dem Gejammer auf.»

«Darf ich Abendbrot machen?» fragt Joschi, noch leise, aber schon wieder hoffnungsvoll.

«Wie du willst.»

«Oh, dann mache ich euch etwas Feines.»

Schiller ist verblüfft, wie in Sekundenschnelle aus dem tieftraurigen wieder ein fröhlicher Joschi geworden ist.

Krecker nimmt sein Glas vom Tisch und trinkt es aus. Seine Stimme klingt noch immer beherrscht. «Wer sagt das mit dem Absetzen?»

«Ich habe heute morgen von Busse gehört, daß ein Ersatzstück vorbereitet wird. Der Auftrag kommt von Settler.»

«Weiß Junghans davon?»

«Keine Ahnung. Junghans soll aber die Namen in deinem Stück ändern. Das ist sicher.»

«Wieso? Ich denke, das ist längst geklärt?» Krecker richtet sich auf, über seiner Nasenwurzel erscheint eine steile Falte, die Schiller noch nie bei ihm gesehen hat. «Junghans hat mir versichert, daß die Namen bleiben. Behauptet er jetzt, ich hätte das geträumt?»

«Nein, er steht ganz auf deiner Seite. Verrückt spielen tut Settler. Junghans hat alles versucht, das weiß ich. Aber wenn Settler als Intendant nein sagt, ist er machtlos.»

Krecker steht mit einem Ruck auf den Füßen. Mit geballten Fäusten brüllt er: «Reingelegt hat er mich. Aufs Kreuz gelegt wie ein Wickelkind. Ich Idiot. Ich hab's gewußt, von der ersten Minute an. Aber der soll mich kennenlernen. Den mach ich fertig. Den mach ich so klein, sag ich dir, der kennt sich selbst nicht wieder.»

Schiller ist betroffen von diesem Ausbruch. Ihm fällt ein, daß Horst schon vorhin auf Junghans geschimpft hat. Da scheint etwas vorgefallen zu sein, das er noch nicht weiß, wahrscheinlich während der Probe. Er überlegt, ob er danach fragen soll. Besser nicht. Wichtiger ist, daß er ihn beruhigt und dann vorsichtig seinen Plan ansteuert.

«Einfach absetzen. Aber da schneidet sich euer Settler gewaltig in die Finger. Dem knall ich eine Schadenersatzforderung an den Latz, so was hat er noch nicht gesehn. Von dem Geld könnte er fünf Opern inszenieren. Ihr müßt hier doch wie verrückt sparen, oder?»

Schiller verzichtet auf das Nicken.

«Mein Gott, das fängt an, mir Spaß zu machen. Zum Jaulen bringe ich deine Provinzonkel. Um ihr Geld sollen sie zittern.»

Schiller zittert jetzt schon ein bißchen. Er muß Horst stoppen, bevor er sich immer mehr in seine Wut hineinsteigert. «Hör mal zu, Horst. Bitte hör doch mal.»

Aber Krecker hört nicht. Er schimpft weiter, benutzt die unflätigsten Ausdrücke, endet dann unvermittelt mit dem Ausruf: «Verdammt, ich hab Hunger!»

Joschi serviert Pastetchen mit *Ragoût fin* und ist glücklich darüber, daß es Krecker zu schmecken scheint, obwohl der sie achtlos und schweigend runterschlingt. Jetzt oder nie, denkt Schiller und bemerkt beiläufig, daß es noch eine Möglichkeit gebe, das Stück unverändert herauszubringen. Da Krecker nicht reagiert, fügt er hinzu, daß Settler dadurch noch mehr getroffen werde als durch eine Schadenersatzklage. Jetzt horcht Krecker auf.

«Was meinst du? Was ist das?»

Schiller erklärt ihm seinen Plan, das Ensemble zum Protest und zur Meuterei zu bewegen.

«Oh, das mußt du tun, Horst», begeistert sich Joschi.

«Halt du jetzt mal die Klappe.» Krecker hört auf zu essen und schiebt den Teller zurück. «Weiß Junghans davon?»

«Nein», lügt Schiller.

Krecker schweigt lange. Er denkt offenbar nach. Schiller wundert sich ein bißchen, daß er die Idee nicht gleich als abwegig bezeichnet.

«Mit Lück müßte ich anfangen. Was meinst du?» sagt Krecker plötzlich.

Schiller stimmt sofort zu. «Christian ist der Intelligenteste. Wenn er ja sagt, kann er dir sogar bei den andern helfen.»

«Und dann Lauken.»

«Nein, Horst. Lauken nicht, der rennt gleich zum Chef. Wenn aber alle andern dabei sind, traut er sich nicht. Dann bleibt er zumindest neutral.»

Jetzt gibt es keinen Zweifel mehr. Krecker hat angebissen. Der Dramatiker in ihm hat die lustspendende Intrige entdeckt. Die Begeisterung packt ihn so stark, daß selbst Schiller staunt. Aus der Küche, wo er Geschirr spült, kommt Joschi herbei und fragt mit großen Augen: «Braucht ihr mich jetzt?»

«Laß doch das Geschirr», sagt Junghans. «Das kann Frau Walz morgen machen.»
«Du kannst abtrocknen, Liebling.»
Nichts zu machen. Junghans steht in der Küchentür und beobachtet Ira, die geschickt und rasch das Geschirr abwäscht. Das Kochen ist ihr ebenso flink von der Hand gegangen. Fast schon unheimlich. Und die Selbstverständlichkeit, mit der sie ihn Liebling nennt. Schon nach der ersten Nacht, morgens beim Frühstückmachen, hat sie ihn so genannt, und es hat ihn gar nicht gestört.
«Trocknest du ab?»
«Wozu? Das trocknet von allein.» Aber er nimmt doch das Handtuch.
«Du, Liebling, was war eigentlich heute mit Krecker?» fragt Ira da.
«Wie bitte?»
Sie zieht den Stöpsel aus dem Becken und wischt den Rand trocken.
«Ich habe das nur halb mitgekriegt. Habt ihr euch gezankt?»
«Zanken ist wohl nicht der richtige Ausdruck. Es gab eine kleine Auseinandersetzung, nichts Wichtiges.»
Tatsächlich war sie höchst unnötig gewesen. Während einer Szene spielte Witt unpräzise und sollte eine bestimmte Stelle mehrmals wiederholen. Krecker machte zweimal voll mit, aber bei den nächsten Wiederholungen markierte er nur noch. Das hatte Junghans sich, laut im Ton, verbeten. Daraufhin war Krecker explodiert. Zugegeben, die Rüge war eine Dummheit, zumal jetzt, wo er die verdammte Namensänderung durchsetzen mußte. Nach der Probe hätte er ein paar Sätze mit Krecker sprechen müssen, um die Sache aus der Welt zu schaffen.
Junghans merkt nicht, daß sich sein Gesicht verdüstert hat. Er versucht zu lächeln, als er sieht, daß Ira ihn forschend anblickt.
«Was ist, Liebling?»
«Nichts.»
Einige Stunden später, im Bett, spricht er dann doch darüber. Ira liegt in seinen Arm gekuschelt, den Kopf auf seiner Schulter. Er schaut zur Zimmerdecke und berichtet mit halblauter Stimme über die Anweisung Settlers, die Namen im Stück zu ändern.
«Dann tu's doch, Liebling.»
Er schweigt. Schließlich überwindet er die letzte kleine Hemmung

und erzählt ihr, wie er von Anfang an versucht hat, Settler zu hintergehen.
Ira ist nun ganz wach. «Ich verstehe nicht. Warum hast du das getan?»
«Weil es wahrscheinlich meine letzte Chance ist.»
Sie stützt sich auf den Ellenbogen und sieht ihn aufmerksam an. «Erklär mir das mal.»
«Ich möchte als Regisseur arbeiten.»
«Das tust du doch.»
«Einmal, zweimal in der Spielzeit. Ich möchte nur noch Regie machen.»
«Wer hindert dich daran?»
«Ich habe einen Vertrag als Dramaturg.»
«Das läßt sich doch ändern.»
«So einfach ist das nicht. Als Regisseur müßte ich an einem anderen Haus arbeiten. Und woanders werde ich nur engagiert, wenn ich was vorweisen kann.»
«Das kannst du doch jetzt. Ich finde das toll, was du machst. Ehrlich, Liebling. Das wird bestimmt ein Erfolg.»
«Vielleicht, wenn die Leute drüber reden. Das werden sie aber nur tun, wenn die Namen bleiben und Emotionen hervorrufen. So war's ja auch bei mir, als ich das Stück zum erstenmal gelesen habe. Auf Schleyer, Schmidt, Maihofer bin ich angesprungen. Ohne die Namen hätte ich mich wahrscheinlich gelangweilt. Als irgendein erfundenes Drama, da bin ich sicher, hätte Krecker das Stück ganz anders aufgebaut.»
«Wenn du noch mal mit Settler sprichst?»
«Zwecklos. Der bleibt stur. Selbst auf die Gefahr hin, daß der Lappen unten bleibt.»
«Lappen unten bleibt?»
«Sagt man, wenn der Vorhang sich nicht öffnet. Das kann uns durchaus passieren.»
«Wieso?»
«Wenn Krecker sein Stück zurückzieht.»
Iras Augen werden groß. Fast erschrocken fragt sie: «Kann er das?»

«Ja. Durch meine Schuld. Ich habe ihm nämlich zugesichert, daß nichts ohne seine Zustimmung verändert werden darf.»

«Das würde ja heißen, ich kann wieder nicht auftreten. Nein, das darf nicht sein, nicht schon wieder! Ich will endlich spielen. Versteh doch, ich will auf die Bühne, ich will *richtig* spielen, nicht nur dämliche Märchen.»

Daran hat Junghans gar nicht gedacht. Als er sieht, daß ihre Augen anfangen zu schwimmen, zieht er ihren Kopf heran und streichelt ihr beruhigend den Rücken. Dabei flüstert er, sie solle sich nicht aufregen, sie werde auf der Bühne stehen, so oder so, noch sei ja nichts entschieden. Obwohl dieser Trost aus ehrlichem Mitgefühl kommt, spürt er doch zugleich ein kleines Mißbehagen, einen leisen Zweifel, ob sie mit ihm als Mann im Bett liegt oder als Regisseur. Sollte sie in ihm zuerst den Regisseur sehen, heißt es aufzupassen; eine Schauspielerin, die weint, wenn sie nicht spielen darf, kann so schlimm sein wie eine ägyptische Plage.

Kurz vor Mitternacht wacht er auf und entdeckt blinzelnd Ira, die fertig angezogen vor dem Bett steht. Sie lächelt sanft und sieht bezaubernd aus. «Entschuldige, daß ich Licht gemacht habe. Ich konnte meinen linken Schuh nicht finden.»

«Was ist denn? Warum ziehst du dich an?»

«Ich will nach Hause. Schlaf weiter, Liebling.»

Sie küßt ihn rasch und richtet sich auf, bevor er die Arme heben kann.

«Bis morgen, Liebling.»

Sie knipst das Licht aus und verschwindet lautlos. Er hört nur noch das leise Zuschnappen der Wohnungstür.

Junghans kann nicht gleich weiterschlafen, denkt aber nicht an ägyptische Plagen, sondern daran, wie wohltuend es ist, sie morgens beim Aufwachen neben sich zu finden, munter und fröhlich den neuen Tag begrüßend. Dreimal ist das bisher geschehen, und jedesmal hat es auf wundersame Weise ansteckend gewirkt, er begann den Tag gutgelaunt. Das hat noch keine andere geschafft. Ein so kostbares Wesen mußte man festhalten. Morgen wird er sie bitten, ganz in seine Wohnung überzusiedeln. Im nächsten Augenblick hört er sich selbst laut und deutlich sagen: «Nein!»

Wieso nein?

Zu spät, stellt er nicht ohne Schadenfreude fest, es ist schon passiert. Er, Bernd Junghans, demnächst 39 Jahre alt, hat sich verliebt. Bei klaren Sinnen? Jawohl, bei vollem Verstand. Eigentlich hat er es schon vorige Woche gewußt, als er Karin anrief. Es war der Tag, an dem der Oberamtsrat abends Skat spielte. Er hat Karin gesagt, daß sie sich nicht treffen könnten, und ihr dann gestanden, daß er sich verliebt habe. Sie hat es mit Fassung aufgenommen. Sicher trifft sie bald einen andern, der sie an den Skatabenden tröstet.

Am nächsten Tag findet Junghans keine Gelegenheit, Ira unter vier Augen zu sprechen. Mittags in der Kantine drängt er sich hinter sie in die Schlange und fragt unauffällig, wann sie sich abends treffen würden. Sie schüttelt den Kopf. Sie sei eingeladen, erst morgen habe sie wieder Zeit. Obwohl er einen kleinen Stich der Eifersucht verspürt, fragt er nicht weiter. Mit gefülltem Teller geht er zu ihrem Tisch, aber da ist kein Platz mehr frei. Er setzt sich irgendwohin.

«Du lebst noch?» fragt eine Stimme.

Junghans blickt auf. Hinter dem Tisch steht Camilla, ihren geleerten Teller in der Hand. Sie hat Grund, so zu fragen. Seit die Proben laufen, ist er nur noch selten in ihrem Atelier gewesen, in den beiden letzten Wochen gar nicht mehr. Er habe bis fünf Probe, sagt er, ob sie dann noch da sei.

«Hoffentlich nicht.»

«Gehst du nach Hause?»

«Warum?»

«Ich möchte dich besuchen. Ich hab was zu bereden.»

«Aber nicht so spät. Sagen wir um sechs.»

Als er pünktlich um sechs ihre Wohnung betritt, sagt sie überrascht: «Wie siehst du denn aus?»

«Wieso? Wie soll ich denn aussehen?»

Camilla schließt rasch die Tür. Dann lacht sie los. «Mein Gott, ist das komisch. Ist das wahr? Ist das wirklich wahr?»

«Was ist denn komisch?» fragt Junghans etwas gekränkt.

«Du müßtest dein Gesicht sehen. Wie ein verliebter Jüngling. Daß ich das mal erlebe. Nun sei nicht gleich beleidigt. Zieh dich aus und komm rein. Ich bin wahnsinnig neugierig.»

Zuerst ist Junghans zurückhaltend, aber da Camilla sich zusammennimmt und boshafte Bemerkungen unterdrückt, wird seine Zunge locker, und schließlich sprudelt er geradezu. Als er mit seinem Lobgesang endet, fragt sie: «Hast du auch nichts vergessen?»
«Wieso? Wie meinst du das?»
«Du hast mir von einer Märchenprinzessin erzählt. Und irgendwann hast du mir mal gepredigt, man soll mit Verstand lieben und nicht mit Gefühl.»
«Nein, mit Verstand *und* mit Gefühl.»
«Dein Verstand ist noch intakt?»
«Völlig.»
«Gut. Du hast doch nichts dagegen, wenn ich, sagen wir, in drei Monaten noch mal nachfrage?»
«Du brauchst nicht zu fragen, ich sag's dir von selbst.»
Einige Zeit später, nach einem Blick auf ihre Armbanduhr, sagt Camilla: «Gleich acht. Du bist nicht zufällig verabredet?»
«Heute nicht.»
«Dann mache ich rasch was zu essen.»
Junghans folgt ihr in die Küche, und dort erzählt er ihr von Settlers Ultimatum.
«Und das sagst du so ruhig?»
Er zuckt mit den Schultern. «Ich hab mir vorgenommen, mich nicht mehr darüber aufzuregen.»
«Mein Gott, das Mädchen scheint dich wirklich geschafft zu haben.»
«Sie trifft's am meisten. Wenn Settler das Stück absetzt, hat sie zum zweitenmal umsonst probiert.»
«Du glaubst, er setzt ab?»
«Das kommt auf Krecker an. Zieht er zurück, bleibt Settler nichts andres übrig.»
«Hast du mit Krecker gesprochen?»
«Noch nicht.»
Mit dem Rührei beschäftigt, sagt Camilla: «Vorhin hast du drauf bestanden, daß dein Verstand noch ganz intakt sei. Du erlaubst doch, daß ich daran zweifle.»
«Deiner hat unter Weinholtz offenbar nicht gelitten.»

«Das verdanke ich deiner großartigen Erziehung.»
«Wenigstens etwas. Es ist also noch nicht aus?»
«Wie kommst du darauf?»
«Nur eine Frage.»
«Such dir als Geliebten einen guten Ehemann. Hast du mir das nicht auch verkündet? Nimm bitte mal die Teller aus dem Schrank. Ach, und dann möchte ich gern wissen, warum dich deine Flamme heute abend allein läßt. Rechts stehn die Teller. Hast du das schon vergessen? Und die Bestecke in der Schublade links.»

Ira fühlt sich geschmeichelt, aber immer noch ein wenig unsicher, deshalb ist sie froh, daß Christian neben ihr sitzt. Seine brüderliche Art hilft ihr über Klippen hinweg. Sie sitzen in einem Lokal, in dem die Kellner unter roten Jacketts blütenweiße Hemden mit schwarzen Fliegen tragen und von einem Oberkellner dirigiert werden, der jeden Regisseur entzücken würde. Entsprechend sind die Preise auf der Speisekarte. «Unmoralisch», würde Mama sagen.

Horst Krecker sieht das offenbar nicht so. Obgleich er noch nicht lange in der Stadt ist, scheint er hier bekannt zu sein. Das Lächeln des Oberkellners ist vertraulich.

«Damit wir uns endlich kennenlernen», hat Krecker gesagt, als er sie morgens während der Probe zum Abendessen einlud.

Ira wußte nicht, was sie antworten sollte. Sie hatte bisher kaum ein paar Sätze mit Krecker gewechselt, was daran liegen mochte, daß sie keine gemeinsamen Szenen hatten. Aber auch den anderen gegenüber, das war ihr aufgefallen, verhielt sich Krecker zurückhaltend.

«Christian Lück ist auch dabei. Oder lieber nicht?»

«Doch, doch, gern. Mit Christian komme ich sehr gern. Danke.»

Der Wein schmeckt unheimlich gut. Ira kann sich nicht erinnern, schon einmal so etwas getrunken zu haben. Verstohlen versucht sie, das Etikett auf der Flasche zu lesen, die der Kellner auf Wunsch Kreckers hat stehen lassen, damit er selbst nachschenken kann.

«Im Laden kriegst du so was nicht», sagt Krecker lächelnd. «Den kannst du nur in der Kellerei kaufen, aber da haben meistens schon die Experten zugegriffen.»

«Gehörst du auch zu denen?» fragt Christian.

«Ah, nein. Ich hab was Besseres zu tun, als mir einen Weinkeller anzulegen. Das überlasse ich gerne Leuten wie Dürrenmatt. Der hat sich seine Honorare aus Frankreich in Wein auszahlen lassen.»

«Im Ernst?»

«Aber ja. Natürlich die besten Lagen und Jahrgänge. Ich gönn's ihm.»

«Du kannst es ja auch so machen, wenn dein Stück in Frankreich aufgeführt wird», sagt Ira, die dank dem Alkohol ihre Befangenheit überwunden hat. «Sag mal, verdient man eigentlich viel an so einem Stück?»

«Kommt drauf an.»

«Worauf?»

«Wie oft es gespielt wird. Das Honorar beträgt zehn Prozent der Kasseneinnahme.»

«Das ist ja toll.»

«Das ist gar nicht toll», widerspricht Krecker, «sondern ein großer Schwindel.»

«Wieso?»

«Ganz einfach. Unsere Theater sind subventioniert. Die Subvention macht pro Platz hier am Stadttheater vielleicht zehn Mark, an größeren Häusern steigert sich das aufs Doppelte und Dreifache. Aber der Autor kriegt nur die zehn Prozent von dem Geld, das in der Kasse liegt.»

«Das ist aber ungerecht. Können die Autoren nicht was dagegen tun?»

«Das versuchen sie seit langem. Aber sie und die Verlage können sich gegen den Bühnenverein nicht durchsetzen. Die halten den längeren Arm des Hebels. Tja, so ist das. Trinkt doch mal aus.»

Krecker schenkt nach und weist den Kellner an, eine neue Flasche zu bringen und den Nachtisch zu servieren, Pfirsich Melba.

Schmeckt ebenfalls klasse, findet Ira und fühlt sich danach wohlig satt. Schade, daß Bernd nicht dabei ist, denkt sie und vergleicht ihn unwillkürlich mit dem gegenübersitzenden Krecker. Als Mann, nee. Aber wirklich schick angezogen ist er; so würde sie Bernd auch gern mal sehn. Vielleicht nicht gerade das fliederfarbene gepunktete Hemd, aber der Anzug mit der grauen Weste sieht fabelhaft aus.

Wenn sie Geld hätte, würde sie Bernd glatt so was schenken. Nähme er das an? Sie sieht seine grauen Augen vor sich. Letzte Nacht sahen sie ganz anders aus als sonst, traurig, nicht spöttisch, und sie hat ihm dann auch noch was vorgejammert, weil sie, wie nennt man das, bühnengeil ist. Gemein war das. Vielleicht kann sie jetzt, wo ihr Krecker gegenübersitzt, etwas gutmachen. Sie könnte ihn überreden, sich nicht gegen die Namensänderungen zu sperren.

«Gefällt dir eigentlich deine Rolle?» fragt Krecker da gerade.

«Die ist prima.»

«Manchmal denk ich, sie hat schon echt in der Terrorszene mitgemischt», sagt Christian.

Auch Christian ist jetzt beschwipst, gleichzeitig bemerkt Ira, daß Kreckers Augen kühl blicken, obwohl sein Mund lächelt. Er sagt: «Wirklich schade.»

«Was schade?»

«Wenn das keiner sieht, wie gut sie ist.»

«Wieso soll das keiner sehn? Am Zweiten ist Premiere.»

«Da bin ich nicht so sicher.»

«Was soll denn dazwischenkommen? Wir sind alle gesund.» Er klopft rasch auf den Tisch und lacht Ira an. «Wenn sich niemand ein Bein bricht. Das tust du doch nicht noch mal, oder?»

«Es gibt auch höhere Gewalt in Gestalt eines Intendanten.»

«Was hat Settler damit zu tun?»

«Er könnte zum Beispiel das Stück absetzen.»

«Warum denn, zum Teufel?»

Kreckers Finger spielen mit dem Weinglas, seine Stimme klingt gleichmütig. «Er will das Stück absetzen, wenn die Personen keine anderen Namen kriegen.»

«Welche Personen? Wieso andere Namen? Wir haben doch gar keine.» Lück sieht Ira an. «Ach ja, du, in deiner zweiten Rolle. Sie soll nicht mehr Ensslin heißen? Wie denn anders? Ich versteh nicht. Was soll das?»

Krecker erklärt ihm ruhig, daß Settler offenbar Angst habe, die Namen könnten irgendwelche Proteste hervorrufen.

«Das kann nicht wahr sein. So blöd ist er doch nicht.»

«Leider ist es wahr.»

«Und das läßt du dir gefallen?»
«Nein.»
«Du meinst –» Christian Lück stockt, er hat begriffen. Er schüttelt den Kopf. «Das gibt's doch nicht. Das ist ja Wahnsinn. Endlich spielen wir mal ein Stück, das Spaß macht, das was hergibt, das die Leute anmacht, da bin ich sicher, und dann – Hör mal, da muß man doch was unternehmen.»

Krecker spielt weiter mit seinem Glas.

«Wir probieren, bis uns die Zunge raushängt, und dann soll alles für die Katz sein. Aber das kann er mit uns nicht machen. Das dürfen wir uns nicht gefallen lassen. Ich sag morgen früh sofort den Kollegen Bescheid. Wir machen 'ne Versammlung und bequatschen die Sache. Dann gehn wir zum Chef und protestieren.»

«Und dann?»

«Was dann?»

«Wenn er hart bleibt?»

Christian Lück überlegt, sein hübsches Gesicht zeigt plötzlich leisen Kummer. Er schüttelt den Kopf. «In dem Fall kann man halt nichts machen. Weißt du was Besseres?»

Das weiß Horst Krecker in der Tat. Sehr vorsichtig, elegant und mit viel «man könnte» und «man müßte», entwickelt er Hartmut Schillers Plan.

Auf Lücks Gesicht geht wieder die Sonne auf. Er findet die Idee super und ist davon überzeugt, daß alle Kollegen mit Freuden mitmachen.

«Alle?»

Lück runzelt die Stirn. «Vielleicht Lauken nicht, dem darf man das vorher nicht sagen.»

Krecker sieht Ira an. «Und du? Was hältst du davon?»

Ira hat nur zugehört und gleich an Bernd gedacht, für den es doch so wichtig ist, daß die Namen nicht geändert werden. Jetzt kann sie ihm helfen, das ist wunderbar.

«Finde ich prima. Aber was wird Herr Junghans dazu sagen?»

Christian Lück grinst. «Der wird erst mal dumm gucken.»

«Soll er nicht Bescheid wissen?»

«Bist du verrückt? Dann platzt der Laden doch sofort. Der darf nichts ahnen. Wir probieren mit den alten Namen weiter und überhören einfach, wenn er uns korrigiert.»

«Das läßt er uns doch nicht durchgehn.»

«Stimmt. Was wird er tun? Zu Settler rennen und ihm sagen, daß er die Änderung nicht durchsetzen kann.»

«Und dann?»

«Dann wird der Chef selbst aufkreuzen, und wir können ihm beibringen, was wir von der Scheiße halten, die er uns da eingebrockt hat.»

So strahlend und so überzeugend hat Ira Christian noch nie gesehen, auch auf der Bühne nicht.

O ja, sie wird mitmachen, und sie wird Bernd nichts verraten. Das nimmt sie sich eisern vor.

Das «Fest der Wölfe» ist nicht nach klassischer Art in Akte eingeteilt, sondern in Szenen. Nach der 6. Szene, etwa dem 1. Akt entsprechend, gibt es gewöhnlich eine kleine Pause. Junghans bittet diesmal die Schauspieler noch um einige Minuten Aufmerksamkeit und schickt Gaby los, die übrigen Kollegen aus dem Konver zu holen.

Bis zum 10. Januar, dem von Settler gesetzten Termin, sind es noch drei Tage. Junghans ist sich die ganze Zeit unschlüssig gewesen, ob er vorher mit Krecker sprechen soll; ihn schreckt die Vorstellung, im selben Büro, in dem er sein Versprechen gegeben hat, einen Rückzieher machen zu müssen. An diesem Morgen hat er sich endgültig entschlossen, auf die Unterredung unter vier Augen zu verzichten; inmitten des Ensembles, so hat er sich eingeredet, dürfte Krecker leichter zum Nachgeben bereit sein.

«Sind alle da?»

Gaby ist bei den Schauspielern stehngeblieben; sie nickt.

Junghans zwingt sich, seine Hände stillzuhalten, die angefangen haben, das Manuskript in einen rechten Winkel zur Tischkante zu schieben. Er spürt die Blicke der Schauspieler, die auf seltsame Weise alle den gleichen Ausdruck haben, abwartend und mißtrauisch, als wüßten sie schon, was er sagen will. Natürlich können sie nichts wissen.

«Auf Wunsch des Intendanten muß ich Sie mit einem juristischen

Problem vertraut machen, das unser Stück betrifft und das eine kleine Abänderung bedingt. Machen Sie sich aber bitte keine unnötigen Sorgen, nach spätestens zwei Proben haben Sie das überstanden. Es handelt sich nur um die Namen.»

«Was denn für Namen?» fragt Lauken mit hochgezogenen Augenbrauen.

«Die Namen der handelnden Personen. Um den gesetzlichen Schutz des Persönlichkeitsrechts zu gewährleisten, wünscht der Intendant, daß die Originalnamen durch unverfängliche, neutrale Namen ersetzt werden. Herr Krecker wird so freundlich sein, passende Namen auszuwählen. Das Ganze wird, wie gesagt, keine besondere Belastung für Sie bedeuten.»

Junghans hat während des Sprechens die Schauspieler beobachtet und wundert sich erneut über ihr Verhalten; er hat Unruhe erwartet, Einspruch und Diskussion, aber nichts dergleichen geschieht. Sie stehn nur da, bewegungslos und stumm. Selbst Krecker rührt sich nicht, abgesehen von einem kaum merkbaren Lächeln in den Mundwinkeln.

Die einzige Ausnahme bildet Armin Lauken.

«Habe ich richtig gehört? Die Namen sollen raus? Alle?»

«Ja.»

«Ich kann das nicht glauben. Das hat Herr Settler angeordnet?»

«Ja. Aus dem angegebenen Grund.»

«Das ist ja lachhaft. Wir spielen ein Dokumentarstück, da gehören die Namen dazu. Wie stellt er sich das vor? Das ist ja gradezu Geschichtsfälschung.» Er dreht sich zu Krecker um. «Was sagst du dazu, Horst?»

«Nichts.»

«Was heißt nichts? Das kann dir doch nicht egal sein, was mit deinem Stück gemacht wird.»

«Ich bin gegen die Änderung, und ich denke nicht dran, andre Namen zu erfinden. Es handelt sich um Personen der Zeitgeschichte, bei denen der Persönlichkeitsschutz eingeschränkt ist.»

«Der Autor lehnt ab, Herr Junghans. Damit dürfte der Fall wohl geklärt sein. Sagen Sie das Herrn Settler.»

Laukens Empörung ist echt, daran ist nicht zu zweifeln. Junghans wendet sich an Krecker. «Sie wissen, wie ich persönlich dazu stehe. Trotzdem müssen wir uns an die Anweisung des Intendanten halten. Ich möchte Sie deshalb noch einmal bitten, eine Liste mit neuen Namen anzulegen. Sagen wir, bis Probenbeginn morgen früh. Oder brauchen Sie mehr Zeit?»

Völlig gelassen erwidert Krecker, daß er jede Änderung ablehne. Wenn Junghans so großen Wert darauf lege, solle er sich die Namen selbst erfinden.

«Das ist nicht meine Sache, Herr Krecker.»

«Das können Sie halten, wie Sie wollen. Von mir kriegen Sie jedenfalls keine anderen Namen.»

Junghans sieht ein, daß eine weitere Diskussion sinnlos ist. Er macht eine abschließende Geste. «Danke. Zehn Minuten Pause.»

Während er nach seiner Zigarettenpackung greift, bemerkt er, daß Christian Lück, Jochen Witt und Lauken leise miteinander reden. Dabei hellt sich Laukens finstere Miene zusehends auf. Junghans hätte gern gewußt, was die beiden ihm gesagt haben. Seine Augen suchen Ira, aber sie hat den Probenraum schon verlassen.

Nach der Probe geht er ins Dramaturgenbüro, setzt sich mißmutig an den Schreibtisch und blättert die Post durch, ohne einen Umschlag zu öffnen. Die Sache mit den Namen war ein glatter Reinfall. Krecker hat ihn abblitzen lassen wie einen dummen Jungen und es nicht mal für nötig gehalten, mit dem Zurückziehen seines Stücks zu drohen. Aber warum waren die andern so gleichgültig?

Junghans klopft sich eine Zigarette aus der Packung, zündet sie an und raucht hastig. Dabei fängt seine Hand an etwas zu zittern. Auf einmal versteht er, was geschehen ist. Seine Eröffnung hat niemanden überrascht, jeder wußte schon Bescheid. Auch Lauken? Der war doch ahnungslos. Oder hat er nur den Ahnungslosen gespielt? Auf jeden Fall steckt Hartmut Schiller dahinter. Er hat sein Versprechen nicht gehalten und das Ensemble aufgehetzt.

Junghans greift zum Telefonhörer und wählt Schillers Privatnummer. Aber vor der letzten Zahl stockt er und legt den Hörer wieder auf. Besser, er fragt nicht. Wenn er sich weiter so verhält, als wisse er von nichts, kann er auch Settler gegenüber den Ahnungslosen spielen.

Und die verdammten Namen? Krecker hat gesagt, er soll sie selbst erfinden. Gut, das kann er haben.

Junghans schlägt sein Regiebuch auf, sucht die Seite mit dem Personenverzeichnis und fängt an, sich Namen zu überlegen. Helmut Schmidt, Bundeskanzler. Wie kann man den nennen? Schmidt ist ein Allerweltsname, es müßte wieder so was sein, vielleicht Müller. Er schreibt «Müller» hin. Und der Vorname? Erwin? Nein. Werner? Zu farblos. Hans? Peter? Auch nicht. Johannes? Das ginge. Bundeskanzler Johannes Müller. Moment mal, hat es nicht schon mal einen deutschen Kanzler Müller gegeben? Richtig, in den zwanziger Jahren, einen Reichskanzler Müller. Also Müller fällt flach. Schulze? Krause? Meier? Ach ja, Hermann hieß der andere Müller, der Reichskanzler. Aber Meier und Schulze kommen nicht in Frage. Krause? Bundeskanzler Krause? Johannes Krause. Nein. Jo-Jo-Josef. O Gott. Joachim? Joachim Krause, Bundeskanzler. Nein, verflucht noch mal.

Das Telefonbuch.

Junghans sucht und findet es schließlich auf Schillers Schreibtisch. Gottlob, da hat er Namen die Fülle, braucht er nur zuzugreifen. Er blättert, schreibt Namen auf, immer neue. Nach einer Stunde hat er immer noch nichts Passendes für den Bundeskanzler. Aber wenigstens was für Maihofer: Brandstätter.

Irgendwann klingelt das Telefon. Er nimmt ab und hört Iras Stimme.

«Hast du mich vergessen, Liebling?»

«Nein. Wieso? Wo bist du?»

«In deiner Wohnung. Ich warte seit zwei Stunden mit dem Essen. Arbeitest du noch immer?»

Junghans sieht auf seine Uhr, neun vorbei. «Entschuldige bitte. Ich komme sofort. Bin in zehn Minuten da.»

«Ich freue mich. Bis gleich.»

Ira empfängt ihn an der Wohnungstür.

«Um Himmels willen, Liebling, wie siehst du denn aus? Bist du krank? Hast du Fieber?»

Er lacht etwas mühsam. «Nein, nichts. Ich hab nur sehr intensiv gearbeitet. Entschuldige noch mal, daß ich so spät komme.»

Erst beim Essen sagt er ihr, daß er die neuen Namen gesucht habe und daß das eine verteufelt schwierige Sache sei. Ira schweigt dazu. «Und ich bin immer noch nicht fertig. Am meisten Mühe macht mir der Name des Bundeskanzlers.»

«Ist das so wichtig?»

Und ob das wichtig sei, der Name dürfe nicht lächerlich klingen oder belanglos sein, er müsse einfach passen. Junghans spricht voller Eifer über die Bedeutung richtiger Namen in Theaterstücken, nennt positive und negative Beispiele. Erstaunlich, was ihm da so alles einfällt. Erst nach einer ganzen Weile merkt er, daß Ira die ganze Zeit still dasitzt und ihn anschaut. «Äh, hab ich dir schon gesagt, daß du ein schönes Mädchen bist?»

«Danke. Vergiß aber meine Nase nicht.»

«Was ist mit der?»

«Die ist zu dick.»

«Ach was, das bildest du dir nur ein. Die ist genau richtig. Schaff dir bloß keine andere an.»

Junghans tupft sich den Mund mit der Serviette ab, steht auf, geht um den Tisch herum und küßt sie auf die Nasenspitze. Ira hält ihn fest, küßt ihn auf den Mund, und sekundenschnell gerät Junghans in Erregung. Er zieht sie vom Stuhl hoch, will ins Schlafzimmer, aber Ira macht sich los. «Nicht jetzt, Liebling. Zuerst machen wir die Namensliste fertig.»

«Du bist verrückt.»

«Genauso wie du. Aber zuerst die Namen. Los, hol dein Buch, ich mach schnell den Tisch frei. Du sollst sehn, in zehn Minuten sind wir durch.»

Junghans seufzt und gibt nach. Kurz darauf sitzen sie am Tisch, jeder einen Schreibblock vor sich und einen Kugelschreiber in der Hand. Abwechselnd schlagen sie Namen vor, verbessern sich, ändern die Vornamen. Das geht ohne besondere Schwierigkeit, und Junghans kommt es jetzt lächerlich vor, daß er im Büro so lange gebrütet hat. Nach knapp zwanzig Minuten ist die Liste komplett, bis auf den Namen des Bundeskanzlers.

«Da schlafen wir drüber», sagt Junghans erleichtert. «Du bleibst doch bis morgen?»

«Mal sehn.»

«Was sehn?»

«Wie's wird», sagt Ira und lacht.

Es wird überwältigend. Junghans wundert sich über sich selbst; offenbar ist es in den letzten Jahren nicht nur Faulheit gewesen, er mußte nur die Richtige treffen.

Irgendwann flüstert Ira: «Könntest du mal 'ne Pause machen, Liebling?»

«Alles, was du willst», flüstert er zurück und küßt sie zärtlich.

Auf Ira hat dieser sanfte Kuß eine unerwartete Wirkung. Ihr fester Vorsatz, nicht zu verraten, was Bernd und das Ensemble vorhaben, ist plötzlich ins Wanken geraten. Ich muß es ihm sagen, denkt sie jetzt, was geht mich das Ensemble an.

«Du, Liebling.» Sie spricht leise. «Ich muß dir was sagen.»

Als Antwort drückt er sie nur fester an sich.

«Wegen der Proben, weißt du.»

«Nein, nicht jetzt.»

«Doch. Es geht um die Namen. Du mußt das wissen.»

«Ich muß überhaupt nichts wissen. Auch Bundeskanzler Schulze kann mir den Buckel runterrutschen.»

«Schulze? Nicht mehr Krause?»

«Bitte, Kleines, hör auf damit.»

Mit normaler Lautstärke sagt Ira auf einmal: «Der braucht ja gar keinen Namen.»

«Wer? Was?» fragt Junghans nach einer Pause.

«Der braucht keinen. Der wird ja nie mit Schmidt angesprochen, immer nur mit Herr Bundeskanzler.»

«Du spinnst.»

«Nur bei uns Terroristen kommt zweimal Schmidt vor. Das weiß ich genau.»

Nach ungefähr einer Minute Stille zieht Junghans seinen Arm unter Ira hervor, springt auf und geht hinaus. Mit dem Regiebuch kommt er zurück und setzt sich mit untergeschlagenen Beinen aufs Bett.

«Machst du bitte mal mehr Licht?»

Ira dreht den Dimmer voll auf und beobachtet den nackten Bernd, der mit wirrem Haar und gerunzelter Stirn rasch eine Seite nach der andern überfliegt. So müßten ihn mal die Kollegen sehn, die würden sich kringeln.

Junghans hat rund ein Viertel durchgesehn, da weiß er schon, daß Ira recht hat. Er kennt den Text fast auswendig. Verrückt, daß ihm das nicht selbst aufgefallen ist. Wahrscheinlich liegt es daran, daß links im Textbuch immer Schmidt steht und nicht Bundeskanzler. Jedenfalls ist das Problem damit gelöst. Der Bundeskanzler wird namenlos sein.

Er legt das Manuskript auf den Fußboden, nimmt Ira in den Arm und sagt: «Du bist die Größte.»

«Nein, bin ich nicht. Aber wenn wir jetzt schlafen könnten, dann bleibe ich hier.»

Junghans läßt sie los und kümmert sich sofort um das zerwühlte Bett. Er zieht das Laken stramm, schüttelt Iras Kopfkissen auf und deckt sie dann sorgfältig zu.

«Gut so?»

«Ja, danke», sagt Ira schläfrig, die Augen geschlossen. Dabei ist sie aber ganz wach und überlegt noch immer, wie sie so unerwartet auf die Sache mit Schmidt gekommen ist. Sie hat doch was ganz anderes sagen wollen. Das hat sie nun nicht gesagt, und sie wüßte zu gern, ob sie sich deswegen schämen muß, oder ob sie stolz sein darf, weil sie keine Verräterin ist.

Zur Probe am nächsten Morgen bringt Junghans die Liste mit den neuen Namen mit und läßt Gaby Fotokopien davon an die Schauspieler, die Souffleuse und den Inspizienten verteilen.

«Bitte korrigieren Sie die Namen in Ihren Textbüchern. Bis übermorgen erwarte ich von Ihnen, daß die neuen Namen sitzen.»

Wieder gibt es weder Proteste noch Kommentare.

Nach der Nachmittagsprobe gehen Ira und Gaby zusammen nach Hause in die Klosterstraße. Das Wetter ist umgeschlagen. Warme Luft von Westen hat Eis und Schnee zu Matsch werden lassen.

«Saukerl, verdammter!» flucht Gaby einem Autofahrer nach, der dicht an der Bordsteinkante die Pfützen durchpflügt. Unvermittelt fragt sie dann: «Was ist eigentlich los mit euch?»

«Mit wem?»

«Ihr schluckt die dämlichen neuen Namen, ohne einen Piep zu sagen. Sogar Krecker hält die Klappe. Was bedeutet das?»

Ira ist verdutzt. Sollte ausgerechnet die sonst allwissende Gaby nicht eingeweiht sein? Sie klärt sie ohne zu zögern auf und bittet sie erst gar nicht, den Mund zu halten; das ist bei Gaby selbstverständlich.

«Ihr seid verrückt, damit kommt ihr nie durch.»

«Das wird sich zeigen.»

«Menschenskind, sei doch nicht so naiv. Weiß Junghans davon?»

«Natürlich nicht.»

«Hast du's ihm nicht gesagt?»

Ira gibt es einen kleinen Ruck. Bisher hat sie mit niemand über ihr Verhältnis zu Junghans gesprochen. «Wieso ich?» fragt sie betont munter.

Gaby schaut ihr voll ins Gesicht, wobei sich ihre gemalten dünnen Augenbrauen heben. «Erzähl mir doch keine Märchen.»

«Woher weißt du das?»

Gaby achtet schon wieder auf die Pfützen. «Ich kann bis drei zählen», sagt sie trocken. «Hast du's ihm gesagt oder nicht?»

«Nein.»

«Alle Achtung. Aber das ändert auch nichts. Ihr kommt nicht durch damit. Der Chef ist stärker.»

Zwei Tage später ist es soweit.

Im Probenraum herrscht ungewohnte Stille, als Junghans das übliche «Bitte Ruhe, wir fangen an» sagen will. Nach dem «Bitte» verschluckt er das «Ruhe» und fährt fort: «Wir fangen an.»

Ausgerechnet Armin Lauken als Maihofer alias Brandstätter hat als erster einen der neuen Namen zu verwenden. Sein Text lautet: «Sie werden Schleyer nicht umbringen, auf keinen Fall. Ein lebender Schleyer kann ihnen nützen, ein toter ist für sie wertlos.»

Genauso spricht er auch den Text.

«Bitte noch einmal, Herr Lauken. Sagen Sie statt Schleyer Münzer.»

Lauken wiederholt und sagt wieder Schleyer, obwohl Gunda ihr

‹Münzer› rechtzeitig und sehr deutlich souffliert. Junghans läßt weiterspielen. Jochen Witt kommt als Bundeskanzler mit dem Satz «Also nichts an die Presse, Kurt»; Kurt steht für Klaus. Witt sagt «Klaus». Junghans läßt zweimal wiederholen, Witt sagt beidemal «Klaus».

«Sind Sie schwerhörig, Herr Witt?»
«Ich? Nein.»
«Dann sprechen Sie bitte den Text so, wie er souffliert wird.»
«Ich halte mich genau ans Buch.»
«Wo ist Ihr Buch?»
«Das – äh – hab ich zu Hause.»
«Haben Sie die neuen Namen eingetragen?»
«Neue Namen?» Witt kann, wenn er will, ein unglaublich dummes Gesicht machen.
«Sie haben doch vorgestern eine Liste mit neuen Namen bekommen.»
«Ach, die.»
«Haben Sie die Namen übertragen?»
«Ich – ich glaub nicht. Ich hab die Liste verlegt. Die ist weg. Tut mir leid.»
«Es sind noch genügend da. Geben Sie ihm eine neue, Gaby.»

Gaby kramt in ihren Papieren, zieht ein Blatt hervor und überreicht es Witt. Der steckt es unbewegt in die Tasche. Im Raum liegt jetzt Spannung. Witt hat sich geschickt aus der Affäre gezogen. Alle sind neugierig, was sich der nächste einfallen läßt. Die nächste Klippe hat wieder Lauken zu umschiffen. Er gebraucht trotz Gunda stur die alten Namen. Junghans sagt nichts dazu. Horst Krecker kommt dran. Er redet den Staatssekretär mit «Herr Schüler» an, der geänderte Name lautet «Wagner».

«Sagen Sie bitte ‹Wagner›.»
Krecker wiederholt den Satz mit «Schüler».
Axel Westrup, in der Rolle des Staatssekretärs, fährt im Dialog fort, bevor Junghans unterbrechen kann.
«Moment bitte, Herr Westrup. Würden Sie den Satz noch mal korrekt mit ‹Wagner› wiederholen, Herr Krecker.»
«Korrekt ist ‹Schüler›.»

«Bitte sagen Sie ‹Wagner›.»
«In meinem Text heißt es ‹Schüler›, und dabei bleibe ich.»
«Sie weigern sich also?»
«Ich weigere mich, irgendwelche fremden Texte zu sprechen, die nicht ins Stück gehören.»
«Es handelt sich nicht um fremde Texte, es handelt sich um die Namen, die ich Ihrem Wunsch gemäß geändert habe.»
«Soll das ein Witz sein? Ich habe Ihnen gesagt, wenn Sie Spaß dran hätten, sollten Sie sich die Namen selbst ändern. Ich habe aber nicht gesagt, daß ich sie auch übernehmen würde.»
«Ich darf Sie daran erinnern, daß ich eine Anweisung des Intendanten befolge.»
Das ändere nichts an seiner Meinung, erwidert Krecker ungerührt.
Ira sitzt mit den Kollegen der anschließenden Szene hinten auf der Bank. Sie bewegt sich nicht, hält auch die Hände ruhig und merkt nicht, daß sie sich vor Aufregung auf die Unterlippe beißt. Sie bewundert Lauken, Witt und Krecker, wie lässig sie sich an die Verabredung halten, aber sie hat auch eine Heidenangst davor, wenn sie selbst an der Reihe ist und «Schleyer» anstatt «Münzer» sagen muß. Bei ihr wird Bernd bestimmt explodieren, wenn das nicht schon vorher passiert. An seiner Stelle wäre sie jetzt schon geplatzt und würde Krecker anschreien, der immer noch ganz entspannt dasteht, die eine Hand in der Hosentasche, als sei er auf einer Party.
Endlose Sekunden vergehen, bis sie Bernd sagen hört: «Wir werden das noch klären. Wir machen weiter. Gehn Sie noch mal auf Anfang.»
Nach der Probe steigt Junghans ins Dramaturgenbüro hinauf. Er trifft dort Hartmut Schiller und verliert kein Wort darüber, was eben geschehen ist.
«Wie war denn die Probe?» fragt Schiller harmlos.
«Gut. Ich brauche mal die Maschine.»
Sie teilen sich eine Schreibmaschine, die jetzt auf Schillers Schreibtisch steht.
«Sofort? Ich bin noch nicht ganz fertig.»
«Wie lang noch?»
«Zwanzig Minuten etwa.»
Junghans setzt sich an seinen Schreibtisch und entwirft den Bericht

an den Chef zunächst mal mit der Hand. Er hat sich schon vorhin dazu entschlossen, das schriftlich zu machen. Erstens erspart er sich so die dummen Vorwürfe, zweitens schiebt er dem Chef den Schwarzen Peter zu. Soll er selbst sehn, wie er damit fertig wird; wahrscheinlich wird er Krecker zitieren und in die Mangel nehmen. Viel Vergnügen.

Die ganze Mittagspause geht drauf, bis der Bericht fertig ist, zwei ganze Seiten. Junghans steckt ihn mit der Namensliste in einen Umschlag und liefert ihn bei Hilde Moll ab. Sie soll ihn dem Chef geben, sobald er vom Essen kommt.

Bis zur Nachmittagsprobe bleiben ihm noch zwanzig Minuten. Er geht nach unten in die Kantine, die um diese Zeit leer ist, läßt sich von Würtz eine kalte Frikadelle und zwei Brötchen geben und klatscht tüchtig Senf drauf. Er starrt vor sich hin, während er kaut und den trockenen Fraß mit kleinen Schlucken Bier runterspült. Die Sache ist nun doch schiefgelaufen, da braucht er sich keine Illusionen zu machen. Einmal groß herauszukommen und als Regisseur eine Karriere zu starten, damit ist es vorbei. Der Chef wird nicht nachgeben, das ist sicher. Aber so richtig deprimiert ist er merkwürdigerweise nicht. Er kann die traurige Lage fast schon mit Abstand betrachten. Das muß einen Grund haben. Und der heißt Ira.

Junghans weiß nicht, daß er jetzt lächelt und daß ihn Würtz von der Theke her beobachtet. Würtz runzelt die Stirn und überlegt, ob er künftig weniger Fleisch und mehr Brot in die Frikadellen mischen kann; denn so gut müssen sie ja nicht sein, daß sie auch noch Freude bereiten.

Während der Nachmittagsprobe nimmt der Inspizient einen Anruf entgegen und richtet Gaby bei der nächsten Unterbrechung aus, sie solle nach der Probe sofort zum Chef kommen.

Gaby nickt nur. Soweit sie sich erinnern kann, ist es das zweitemal, daß der Chef sie zu sprechen wünscht. Das erstemal war's vor acht Jahren, als er ihr den Vertrag als Regieassistentin anbot. Sie hat weder Angst noch ein schlechtes Gewissen. Solche Arbeitnehmergefühle hat sie sich während ihrer Tätigkeit im Personalrat abgewöhnt. Aber neugierig ist sie schon.

Auf dem Weg zum Intendantenbüro putzt sie die Gläser ihrer Nickelbrille. Daran merkt sie, daß sie doch ein wenig nervös ist. Ach, Scheiß, was wird schon sein. Vielleicht kann sie Hilde vorher etwas auf den Zahn fühlen. Doch dazu kommt es nicht. Die Moll steht gleich auf und meldet durch die halb offenstehende Tür des Intendantenzimmers: «Frau Topf ist da.» Und zu Gaby sagt sie: «Du kannst gleich rein.»

Gaby hat schon lange nicht mehr gehört, daß einer im Theater ihren Nachnamen gebraucht. Offenbar scheint es sich doch um was Ernstes zu handeln. Na, wenn schon.

«Danke, daß Sie gleich gekommen sind, Frau Topf. Nehmen Sie bitte Platz. Es wird nicht lange dauern.»

Von Settlers Gesicht kann Gaby nichts Außergewöhnliches ablesen. Seine Stimme klingt sachlich, aber keineswegs unfreundlich. Jetzt lächelt er sogar.

«Was ich Sie fragen will, wird Ihnen etwas ungewöhnlich vorkommen, aber das liegt an der ungewöhnlichen Situation. Ich kenne Sie seit vielen Jahren, und ich schätze Sie als eine Frau, die Verstand hat und ihn auch gebrauchen kann. Das haben Sie im Personalrat oft genug bewiesen.»

Himmel, was will der bloß, denkt Gaby. An ihren Verstand zu appellieren, das ist ja der Gipfel.

«Damit wir uns nicht mißverstehn, es geht mir nicht um Klatsch und Tratsch, mich interessiert nur die sachliche Information.»

«Ja, worüber denn?» platzt Gaby heraus.

«Es geht um die Probe heute vormittag. Da hat es ja einige Schwierigkeiten gegeben. Herr Junghans hat mir darüber einen schriftlichen Bericht gemacht.» Settler deutet auf das Papier, das vor ihm liegt. «Was ich von Ihnen möchte, ist weiter nichts als eine unparteiische Bestätigung.»

Also das.

Kühlen Kopf behalten, befiehlt sie sich. Nicht reinlegen lassen. Keinen in die Pfanne hauen. Nur das bestätigen, was er schon weiß. Aber was weiß er überhaupt?

«Was soll ich Ihnen denn bestätigen?»

Settler blickt auf den Bericht. «Herr Junghans schreibt, daß er vorgestern eine Liste mit neuen Namen für die Personen im ‹Fest der Wölfe› ausgegeben hat.»

«Stimmt, die habe ich verteilt.»

«Und daß er diese Namen auf Wunsch des Autors, Herrn Kreckers, selbst zusammengestellt hat.»

«Von einem Wunsch weiß ich nichts. Ich weiß nur, daß Herr Krecker es abgelehnt hat, neue Namen in sein Stück reinzubringen.»

«Er hat Herrn Junghans nicht dazu aufgefordert?»

«Doch. Hat er.»

«Entschuldigen Sie, Frau Topf, jetzt widersprechen Sie sich aber selbst.»

«Wieso? Er hat es nicht gewünscht, er hat nur gesagt, wenn Herr Junghans neue Namen will, soll er sich selbst welche erfinden. Das ist doch wohl ein Unterschied.»

«Das hat er wörtlich gesagt?»

«Das haben auch alle andern gehört, die auf der Probe waren.»

«Aha. Nun zu heute. Heute morgen sollten die neuen Namen zum erstenmal verwendet werden. Ist das richtig?»

Gaby nickt.

«Wie war das nun?»

«Hat Herr Junghans das nicht geschrieben?»

«Ich möchte es von Ihnen hören. Deswegen habe ich Sie ja hergebeten.»

Ein richtiges Verhör, wie bei der Polizei. Und ganz ohne Zeugen. Hinterher läßt er Junghans kommen und hält ihm alles vor, was sie gesagt hat und vielleicht auch Dinge, die sie nicht gesagt hat. Das ist echt beschissen. Gaby spürt leichte Wut in sich aufsteigen und überlegt, wie sie aus der Falle herauskommt. Am besten, sie erwähnt die Kollegen aus dem Haus gar nicht, sondern nur Krecker. Der verschwindet nach dem Stück wieder, und Existenzsorgen hat der auch nicht.

«Wir haben angefangen zu probieren, und Herr Krecker sollte Wagner statt Schüler sagen. Das hat er abgelehnt. Fremden Text würde er in seinem Stück nicht sprechen.»

«Aber die Szene fängt doch nicht mit Herrn Kreckers Rolle an.»

«Das stimmt.»

«Hat Herr Witt, der den Bundeskanzler spielt, nicht auch abgelehnt die neuen Namen zu gebrauchen?»

«Herr Witt hatte die Namensliste verlegt. Ich hab ihm eine neue geben müssen.»

«Und Herr Lauken?»

Lauken sitzt im Personalrat, ist außerdem Obmann der Bühnengenossenschaft und kann, so heißt es, gut mit dem Intendanten. Dem passiert so leicht nichts.

«Ja, Herr Lauken hat es auch abgelehnt.»

«Und wie hat er das begründet?»

«Gar nicht.»

«Hat er nicht protestiert?»

«Heute morgen? Nein.»

Settler setzt die Lesebrille auf und blickt in das Papier. «Herr Junghans schreibt aber doch, daß Herr Lauken energisch protestiert hat.»

«Ja, das war aber schon vorgestern. Da hat er gesagt, das sei lachhaft, wir spielten ein Dokumentarstück, da gehörten die Namen dazu. Und wie Sie sich das vorstellten – er hat damit Sie gemeint, Herr Settler – das sei gradezu eine Geschichtsfälschung.»

Das saß. Settler hat gezuckt, sie hat's gesehn. So deutlich hat es ihm Junghans offenbar nicht geschrieben.

«Haben sich die Schauspieler verabredet, die neuen Namen nicht zu verwenden?»

«Verabredet? Wie meinen Sie das?»

«Wie ich's sage. Haben sie gemeinsam beschlossen, die neuen Namen zu boykottieren?»

«Davon weiß ich nichts. Es hat aber keine Versammlung gegeben, das wüßte ich.»

«Sind denn die anderen Schauspieler bereit, die neuen Namen zu gebrauchen?»

«Keine Ahnung. Mir haben die Kollegen nichts gesagt.»

«Hat Herr Junghans sie gefragt?»

«Nicht, während ich dabei war.»

Als Gaby fünf Minuten später das Zimmer verläßt, hat Settler nicht viel mehr erfahren, als Junghans in seinem Bericht mitgeteilt hat. Nur eins steht für ihn jetzt zweifelsfrei fest, auch wenn das weder Junghans noch die Topf eingestehen: Das Ensemble hat sich verabredet. Wahrscheinlich steckt Krecker dahinter. Den darf er nicht unterschätzen. Natürlich war es falsch, sich direkt mit einem Autor einzulassen, das mußte ja schiefgehn. Bei einem Verlag als Vertragspartner gibt es solchen Ärger nicht, der hat den Blick starr auf die Kasse gerichtet und ist zu fast jeder Konzession bereit.

Was tun?

Er könnte ein Exempel statuieren und einzelne Schauspieler verwarnen, ihnen mit Nichtverlängerung des Vertrags drohen. Aber Lauken hängt auch mit drin, der würde sofort das Schiedsgericht anrufen. Streitigkeiten wegen künstlerischer Auffassung, darauf liefe es hinaus, ein gefundenes Fressen fürs Schiedsgericht. Fast immer zieht der Intendant dabei den kürzeren. Nein, danke. Er wird auch nicht mehr mit Junghans sprechen. Der bekommt eine letzte Frist bis zum Theaterball. Hat er sich bis dahin nicht durchgesetzt, wird er die Proben abbrechen und das Stück «Bezahlt wird nicht» wiederaufnehmen lassen.

Gaby hört das Geschrei schon im Treppenhaus. Christa Scheibles keifende Stimme übertönt alle. Als sie die Wohnungstür öffnet, kann sie auch die andern unterscheiden, Christas Ehemann Volker, Rainer, Ira. Das Drama spielt sich in der Küche ab.

«Was ist denn hier los?»

Vier gerötete Gesichter wenden sich Gaby zu, vier Stimmen fangen gleichzeitig an zu erklären, wobei eine die andern zu überschreien versucht.

Jetzt kreischt auch Gaby los, noch genervt von der Unterredung mit Settler. Das bringt die vier unversehens zum Schweigen. Eine schreiende Gaby haben sie noch nicht erlebt.

«Bei mir ist es passiert», sagt Ira. «Als ich den Wasserhahn aufdrehte, machte es plopp, und dann lief oben Wasser aus dem Boiler.»

Ira, erfährt Gaby, ist nach dem ersten Schreck zu Rainer gelaufen. Der hat festgestellt, daß der 5-Liter-Speicher geplatzt ist. Er hat das

Wasser abgestellt und ist sofort losgefahren, um einen neuen zu kaufen.

«Gleich einen neuen?» fragt Gaby.

«So'n Ding zu reparieren, kostet genauso viel», sagt Herzig. «Das Ding hat 164 Mark gekostet, durch fünf macht für jeden 32,80 Mark.»

«O.k.», sagt Gaby. «Baust du ihn ein?»

«Zuerst das Geld.» Herzig sieht dabei die Scheibles an.

«Wir sind nur eine Partei», erklärt Christa Scheible mit bebender Stimme. «Wir zahlen zusammen 32,80 Mark. Damit das klar ist.»

«Hör dir das an», sagt Herzig. «Diese Beamten ersticken noch mal an ihrem Geiz.»

«Wir müssen mit jedem Pfennig sparen», sagt Volker Scheible. «Das weißt du genau.»

«Ohne Geld kein warmes Wasser, überhaupt kein Wasser. Holt euch Wasser aus dem Bad.»

«Das tun wir auch», sagt Christa trotzig.

Gaby hat durchaus Verständnis für das hausbauende Lehrerehepaar. Aber was zu viel ist, ist zu viel.

«Jetzt macht mal halblang. Bisher haben wir alle Gemeinschaftskosten durch fünf geteilt. Ich verstehe nicht, warum das bei dem Scheißboiler anders sein soll. Rainer und ich sind auch eine Partei, wir zahlen jeder unsern Anteil. Also rückt das Geld raus.»

Christa starrt Gaby einige Sekunden lang wütend an, dann macht sie kehrt und stapft hinaus. Aus dem Flur ruft sie: «Komm, Volker!»

«Tut mir ja so leid», sagt Ira. «Aber ich konnte wirklich nichts dafür. Ich bezahle die andern 32,80 Mark.»

«Quatsch. Los, Rainer, schließ das Ding an. Die Scheibles rücken das Geld schon raus, dafür sorge ich.»

Eine halbe Stunde später hat Herzig den Speicher montiert. Ira hat ihm dabei geholfen.

«Du bist wirklich brauchbar», lobt er sie und will Gaby holen, um sich von ihr bewundern zu lassen.

Sie liegt mit geschlossenen Augen auf der Couch.

«Pennst du? Ich wollte nur sagen, ich bin fertig. Du kannst Essen machen.»

«Ich esse nichts.»

«Warum nicht? Was soll das?»

Da sie keine Antwort gibt, geht er in die Küche zurück, macht selbst das Essen und deckt dann im Zimmer den Tisch.

«Komm, die Suppe wird kalt.»

Erst nach einer weiteren Aufforderung läßt sich Gaby erweichen und setzt sich an den Tisch.

«Kein Wein?»

«Dann kannst du wieder nicht schlafen.»

«Ist mir heute egal.»

Gaby hat auf einmal doch Hunger, trinkt Wein, schweigt lange und fängt urplötzlich an, heftig zu schimpfen. Sie schimpft auf Settler, was dem Kerl einfalle, sie in solch beschissene Situation zu bringen.

Herzig, den Gabys Theaterklatsch sonst kaum interessiert, horcht auf, als er den Namen Settler hört. Er stellt Fragen und erfährt so die verrückte Geschichte vom meuternden Ensemble. Ganz heiß wird es ihm dabei. Das ist womöglich die Gelegenheit, auf die er so sehnsüchtig wartet; der 1. April, an dem er seinen neuen Job antreten soll, rückt unerbittlich näher. Wenn er bloß wüßte, wie er die Affäre benutzen kann, und zwar so spektakulär, daß Settler ihn rauswerfen muß.

Seine Hoffnung, einen Weg zu finden, äußert sich in eifriger Besorgnis um Gaby. Er schenkt ihr Wein nach, räumt den Tisch ab, spült das Geschirr und fragt später, welches Programm sie sehen möchte oder ob sie lieber mit ihm ins Bett gehen wolle. Gaby, weinselig und ahnungslos, schüttelt bedauernd den Kopf. Aus technischen Gründen gehe das nicht, leider, aber er sei doch ein Schatz. Er küßt sie lieb.

Am nächsten Morgen ist er immer noch auf der Suche nach einem Anlaß. Als er Kaffee in die Maschine füllt, fällt ihm Schiller ein. Seit ihrer gemeinsamen Werbeaktion für das Musical schätzt er ihn als den einzigen Mann im Theater, mit dem man vernünftig reden kann.

Vom Büro aus ruft er in der Dramaturgie an. Schiller ist bereit, ihn gleich zu empfangen.

«Sind Sie allein?»

«Ja.»

«Gut. Bin in fünf Minuten da.»

Herzig betritt zum erstenmal das Dramaturgenbüro und mustert die schäbige Einrichtung.

«Komfortabel haben Sie's auch nicht grade.»

«Aber schön ruhig.»

«Wer das mag. Ich brauche Betrieb, so ein ruhiger Laden ist nichts für mich.»

Schiller schiebt den Besucherstuhl heran und fragt: «Um was geht's denn?»

«Ach, ich wollte nur gern was wegen der Uraufführung wissen. Die Schauspieler sollen meutern, hab ich gehört. Stimmt das?»

Schiller wird aufmerksam. «Woher wissen Sie das?»

«Sie halten doch dicht, oder? Gaby mußte gestern nach der Probe zu Settler. Der hat einen Bericht gehabt von Herrn Junghans und wollte von ihr wissen, ob das alles stimmt.»

Hartmut Schiller läßt sich nicht anmerken, wie überrascht er ist. Er hat von Horst Krecker gehört, daß sich das Ensemble an die Verabredung gehalten hat. Horst war des Lobes voll über die fabelhafte Solidarität der Kollegen. Aber Junghans hat keinen Ton gesagt, auch nicht, daß er einen Bericht für den Chef schreiben würde. Also deshalb wollte er gestern mittag so dringend die Schreibmaschine haben. Aber was will Herzig?

«Wenn es stimmt, kann ich nur gratulieren. Das hätte ich den Schauspielern nie zugetraut. Hoffentlich kommen sie damit durch.»

«Nein», sagt Schiller und überwindet sein Mißtrauen. «Sie kommen nicht durch. Der Chef wird das Stück absetzen und einen Ersatz bringen.»

«Auf die Uraufführung verzichten? Ist das schon bekannt?»

Schiller schüttelt den Kopf. «Ich hab's durch Zufall erfahren. Sie sind der erste, mit dem ich darüber rede.»

«Da muß man doch was tun.»

«Was denn?»

«Mann, da muß es doch was geben, um dem Alten die Tour zu vermasseln und das Stück zu retten.»

So viel Eifer steckt an, und Schiller läßt sich leicht anstecken. Dabei fällt ihm meistens auch was ein. «Man müßte einen Skandal draus machen», sagt er stirnrunzelnd. «Die Öffentlichkeit aufscheuchen.»

«Ja, die Schauspieler mit Protesttafeln auf die Straße schicken! Nein, nein, das hat keinen Zweck.» Herzig ist eingefallen, daß er dabei keinen Anteil hätte. Er selbst muß die Öffentlichkeit mobilisieren. Flugblätter? Die könnte er billig drucken lassen und eigenhändig verteilen. Settler würde an die Decke springen.

«Die Presse», sagt Schiller. «Für Theaterskandale ist jeder Journalist zu haben.»

Das ist die Lösung.

Sie überlegen, wie das am besten anzupacken ist. Herzig fällt als erstes die «Nachrichten» ein, das Lokalblatt. Er kenne einen der Reporter, dem könne er die Story stecken. Schiller winkt ab.

«Für das Theater ist Jos Schledorn zuständig. Kennen Sie den? So ein weißhaariger mit Hakennase.»

Herzig kennt ihn nicht.

«Er und der Chef bewundern sich gegenseitig. Er würde keine Zeile darüber bringen.»

«Aber für die Leser wäre das doch ein Fressen.»

«Jos Schledorn schreibt nicht für die Leser, der schreibt für sich selbst.»

«Was ist mit den andern? Die ‹Tagespost› hat doch hier eine Lokalredaktion.»

«Das Theater macht bei denen Frau Jacobs.» Schiller überlegt. «Die ist gern bissig, das wäre schon was. Aber ihre Sachen erscheinen nur bei uns, nicht im Hauptteil. Das genügt nicht. Das muß überregional rauskommen, damit es richtig knallt.»

Schiller denkt jetzt angestrengt nach. Plötzlich hat er's. Er springt auf und geht zum Regal, in dem der Ordner mit den gesammelten Kritiken steht. Er legt ihn auf den Schreibtisch und braucht nur kurz zu blättern.

«Hier, das ist unser Mann. Andreas Stache, von der ‹Süddeutschen›, der hat schon am Anfang der Spielzeit über das Stück geschrieben.» Er schiebt Herzig den Ordner zu. «Lesen Sie mal.»

Herzig überfliegt den Artikel und weiß nach einer halben Minute, daß Schiller recht hat. «Wie kommt man an den ran?»

«Den braucht man nur anzurufen, die Nummer haben wir. Es gibt aber ein Problem dabei.»

Herzig sieht Schiller fragend an. «Was für eins? Sagen Sie's doch.»
«Ihnen ist doch klar, daß der Chef den Informanten in der Luft zerreißt, wenn er rauskriegt, wer das war.»
Herzig grinst. «Das wollen wir stark hoffen.»
«Besten Dank. Ich möchte ganz gern noch ein bißchen bleiben.»
«Wer spricht von Ihnen? Ich mache das.»
«Sie?»
«Das gehört in meine Branche. Das ist Werbung, wenn ich das Theater ins Gerede bringe. Sogar die ideale Werbung, ganz ohne Kosten.»
«Sie wollen das wirklich tun?»
«Sie müssen mir nur die Adresse von diesem Stache geben. Alles weitere übernehme ich. Sie existieren dabei gar nicht. Einverstanden?»
Schiller nickt. Aber etwas mulmig ist ihm doch.

Der Korrespondent Andreas Stache ist dabei, einen Artikel über das Baumsterben in den städtischen Anlagen zu schreiben, als das Telefon klingelt. Stache meldet sich und notiert automatisch den Namen des Anrufers. Der Herr will ihm was übers Theater erzählen. Tolle Story, exklusiv. Das behaupten sie alle.
«Sind Sie Dramaturg, Herr Herzig?»
«Nein, Werbeleiter. Aber die Sache hat nichts mit meiner Arbeit zu tun. Es geht um die Uraufführung. Sie haben darüber schon mal geschrieben.»
Stache erinnert sich dunkel und stimmt ohne Begeisterung einem Treffen zu. Seine Neugier wird erst geweckt, als Herzig bittet, ihn auf keinen Fall im Theater aufzusuchen. Sie einigen sich auf eine Kneipe.
Andreas Stache arbeitet zwar noch nicht lange in seinem Beruf, aber so viel hat er gelernt, daß er weiß, wie wichtig es ist, sich dem jeweiligen Gesprächspartner anzupassen, um ihn unbefangen zum Reden zu bringen. Bei diesem Werbeleiter braucht er keine Tricks. Als er ihm einige Stunden später gegenübersitzt, quasselt der los, noch bevor das Bier auf dem Tisch steht, erzählt eine verrückte Geschichte von meuternden Schauspielern, unter ihnen der Autor des Stücks, von einem geschichtsfälschenden Intendanten und einem

Regisseur namens Bernd Junghans, der eigentlich Chefdramaturg ist. Den kennt Stache, der hat ihm damals den Aufhänger für seinen Artikel geliefert.

«Prost!» sagt er, als Herzig grade mal eine Pause zum Atemholen macht.

Sie trinken, dann fragt Herzig: «Ist das was für Sie?»

«Schon möglich.»

Stache hat natürlich erkannt, daß das eine fabelhafte Geschichte ist. Aber mißtrauisch zu sein, hat er auch gelernt. Vor allem muß er herausfinden, warum ausgerechnet der Werbeleiter als Informant auftritt.

«Von den andern traut sich keiner», sagt Herzig grinsend.

«Ihnen ist doch klar, daß ich noch mit den Beteiligten sprechen muß.»

«Tun Sie das.»

«Auch mit dem Intendanten.»

«Ich hab nichts dagegen.»

«Er wird mich fragen, woher ich von der Sache weiß.»

«Sagen Sie's ihm.»

«Ist das Ihr Ernst?»

«Völlig.»

Das ist Stache bisher noch nicht vorgekommen. Beamte und Angestellte, die ihren Vorgesetzten eins auswischen wollen, haben ihm schon öfter Informationen geliefert, aber immer unter dem Siegel strengster Verschwiegenheit. Hier hat er es endlich einmal leicht.

Abends erreicht er den Autor Horst Krecker und erfährt von ihm aus erster Hand und sehr ausführlich, was sich während der Proben zugetragen hat. Er verzichtet daraufhin, auch noch den Regisseur Junghans zu interviewen. Er weiß genug, und außerdem könnte Junghans den Intendanten warnen. Als er Settler telefonisch um einen Gesprächstermin bittet, verschweigt er ihm den wahren Grund. Er sagt nur, er wolle etwas übers Stadttheater schreiben.

Settler empfängt ihn am übernächsten Tag, gibt sich wohlwollend und erklärt, er sei etwas überrascht über das Interesse mitten in der Spielzeit.

Die Redaktion habe ihm den Auftrag gegeben, erwidert Stache. Er komme gewissermaßen als Vorhut, zur Uraufführung werde sie wahrscheinlich ihren besten Kritiker schicken. Tatsächlich hat er mit dem Feuilletonchef telefoniert und ist von ihm für seinen Riecher gelobt und zu weiteren Recherchen ermuntert worden.

«Das höre ich gern», sagt Settler lächelnd. Bei dem Wort Uraufführung hat er nicht die geringste Reaktion gezeigt. «Aber was hat eine Vorhut dabei zu tun? Wollen Sie einen Stimmungsbericht über die Probenarbeit schreiben? Wissen Sie, das ist schon oft versucht worden, aber gewöhnlich kommt dabei nicht mehr heraus als ein Foto und ein paar Zeilen. Um was Handfestes zu bekommen, müßten Sie schon einer Inszenierung vom ersten Tag, von der Leseprobe an beiwohnen. Das könnte ich mir durchaus als eine reizvolle Aufgabe vorstellen. Ich will das auch gerne einmal arrangieren, wenn Sie die Zeit dafür erübrigen können.»

«Danke für das Angebot. Aber im Augenblick ist mir doch Ihre Uraufführung wichtiger. Vor allem möchte ich gern wissen, wie es um den Streit wegen der Namen steht.»

«Ich verstehe nicht.» Settler lächelt nicht mehr, seine Augenbrauen ziehen sich etwas zusammen. «Was meinen Sie damit? Von welchen Namen sprechen Sie?»

«Von den Personen aus dem ‹Fest der Wölfe›. Ich habe gehört, die sollen andere Namen bekommen. Stimmt das nicht?»

«Ich bitte Sie, Herr Stache, das ist doch ganz unerheblich.»

«Aber es handelt sich doch um ein Dokumentarstück. Hat der Autor das selbst vorgeschlagen?»

«Herr Krecker hat uns sein Stück überlassen mit allen theaterüblichen Konsequenzen.»

«Also kommt der Vorschlag nicht von ihm? Ist er denn einverstanden damit?»

«Er ist bei uns als Schauspieler engagiert, und ein Schauspieler hat den Anweisungen des Regisseurs zu folgen.»

«Und als Autor protestiert er überhaupt nicht gegen die Änderung?»

«Da gibt es nichts zu protestieren. Er hat einen Aufführungsvertrag geschlossen, und an Verträge müssen wir uns schon halten.»

«Und die andern?»

«Welche andern?»

«Die andern Schauspieler in dem Stück. Die sind doch auch nicht einverstanden mit den geänderten Namen.»

«Wie kommen Sie darauf?»

«Einer hat sogar behauptet, das sei Geschichtsfälschung.»

«Ach was.» Auf Settlers Gesicht breitet sich leichte Röte aus. «Sie dürfen nicht alles glauben, was da geredet wird.»

«Andere sollen geäußert haben, Sie wollten das Publikum für dumm verkaufen, und Sie würden damit das ganze Theater lächerlich machen.»

«Das ist kompletter Unsinn. Geschwätz. Ich verstehe nicht, wie Sie so etwas für bare Münze nehmen können.»

«Sie glauben nicht, daß derartiges gesagt worden ist?»

«Seit Theater gemacht wird, Herr Stache, und das geschieht schon seit einigen tausend Jahren, so lange wird auch getratscht. Das ist ganz natürlich. Schauspieler werden für ein Stück zusammengewürfelt, müssen sich fremden Ideen unterwerfen und sollen ihr eigenes Ich unterdrücken. Sie werden pausenlos korrigiert und verunsichert, sie stehen unter Druck, sie schwitzen Ängste aus. Das alles braucht ein Ventil, und das besteht im Reden. Jeder im Theater weiß das, und niemand nimmt das ernst. Niemand, Herr Stache, einschließlich mir.»

Einige Sekunden lang ist Stache wirklich im Zweifel. Vielleicht hätte er doch erst mit Junghans sprechen müssen. Krecker ist schließlich in der Sache Partei. Aber was der Werbeleiter Herzig ihm erzählt hat, entsprach völlig den Äußerungen Kreckers, und Krecker hat ihm auch eindeutig versichert, daß das Stück mit den geänderten Namen auf keinen Fall aufgeführt werde, dazu gebe er niemals seine Einwilligung. Geschwätz hin, Geschwätz her, das sind die Tatsachen. Jetzt muß er dem Intendanten die Pistole auf die Brust setzen.

«Was wollen Sie denn tun, Herr Settler, wenn sich die Schauspieler weigern, mit den geänderten Namen zu spielen?»

«Das gibt es gar nicht.»

«Offenbar doch. Sie akzeptieren die Änderung nicht. In der Probe benutzen sie weiter die alten Namen. Der Regisseur kann nichts machen. Sie folgen einfach nicht. In der Seefahrt sagt man dazu, die Besatzung meutert.»

«Herr Stache. Sind Sie wirklich darauf aus, eine kleine interne Auseinandersetzung um künstlerische Auffassungen zur Sensation aufzubauschen? Das kann doch nicht Ihre Absicht sein. Außerdem würde mich nun wirklich interessieren, wer Ihnen diese Gerüchte angedreht hat. Nein, lassen Sie nur, ich will gar keinen Namen hören. Ich hab ja eben ausgeführt, was ich von Schauspielergerede halte.»

«Ich habe nicht mit Schauspielern gesprochen, Herr Settler.»

«Also mit dem Regisseur.»

«Auch nicht. Meine Informationen habe ich von Ihrem Werbeleiter, von Herrn Herzig.»

«Ah-ah so.»

Mehr sagt Settler nicht. Aber zum erstenmal während des Gesprächs verändert sich sein Gesicht auffallend. Die leichte Röte schwindet wie durch Zauberhand, das Gesicht wird fahl. Dazu beginnen die Hände, unruhig auf dem Schreibtisch herumzutasten. Stache bedauert fast, den Namen genannt zu haben.

«Haben Sie noch weitere Fragen?»

Auch die Stimme klingt jetzt anders, ein wenig gepreßt, kommt es Stache vor.

«Im Augenblick nicht.»

«Dann möchte ich Sie bitten, mich jetzt zu entschuldigen. Ich habe noch einen wichtigen Termin.»

Settler erhebt sich. Stache folgt, ohne sich die Zeit zu nehmen, Block und Schreiber in die Tasche zu stecken. Ein flüchtiger Händedruck, und schon steht er im Vorzimmer, während Settler selbst die Tür hinter ihm schließt. Erst als er das Theater verläßt, fällt ihm ein, daß er das Wichtigste nicht gefragt hat: Warum Settler auf der Namensänderung besteht und wovor er sich so sehr fürchtet.

Settler hat Mühe, zum Schreibtisch zurückzukommen; die linke Hand gegen die Brust gepreßt, läßt er sich langsam auf dem Sessel nieder. Dieser plötzliche Schmerz links oben... Ob sich so ein Infarkt ankündigt? Der Schmerz läßt allmählich nach, und Settler atmet tief durch. Es scheint vorbei zu sein. Noch eine Weile sitzt er still. Aber es scheint wirklich vorbei zu sein.

Das Schwein.

So hat er noch keinen Menschen genannt, auch in Gedanken nicht, aber hier trifft es genau.

«Hilde!»

Die Moll öffnet die Tür und macht ein erschrockenes Gesicht. Hat er gebrüllt? Jedenfalls ist die Stimme wieder ganz da.

«Rühl soll kommen. Jetzt gleich, sofort.»

Die Moll nickt und schließt die Tür wieder. Das tut sie sonst nicht, wenn er allein ist.

Verwaltungsleiter Rühl erscheint nach fünf Minuten, wie immer gehetzt, aus einer wichtigen Arbeit gerissen. Was der so wichtig nennt.

«Bitte setzen Sie sich, Herr Rühl.»

«Dauert's lang?»

Settler gibt darauf keine Antwort, wartet, bis Rühl sitzt und sagt: «Herzig muß weg.»

«Ja, gewiß, darüber haben wir ja gesprochen. Hat Herr Junghans sich schon um einen Nachfolger gekümmert?»

«Es geht jetzt nicht um einen Nachfolger. Ich wünsche, daß Herzig sofort verschwindet.»

«Fristlos?»

«Heute noch. Ich will den Kerl hier nicht mehr sehn.»

«Für eine fristlose Kündigung brauchen Sie einen Grund.»

«Den habe ich. Weiß Gott, den habe ich.»

«Was ist denn passiert?»

Settler berichtet in knappen Worten vom Besuch des Journalisten Stache und merkt erst an Rühls verständnislosem Gesicht, daß der noch gar nicht weiß, was sich bei den Proben abgespielt hat.

«Stimmt denn das alles nicht?»

«Darauf kommt es nicht an. Herzig hat in schädlichster Weise Hausinterna weitergegeben, das genügt.»

Rühl stülpt die Lippen vor und wiegt den Kopf. «Das ist noch sehr die Frage.»

«Das ist gar keine Frage. Das sind nackte Tatsachen, die sind nicht wegzureden.»
«Woher wissen Sie, daß es Herzig war?»
«Das hat mir der Journalist selbst gesagt.»
Rühls Miene wird noch bedenklicher. «Das würde heißen, Herzig hat darüber ganz offen gesprochen.»
«Natürlich. Was spielt das für eine Rolle?»
«Das würde bedeuten, er hat in gutem Glauben gehandelt.»
«Blödsinn.»
«Er könnte vorgeben, das sei Werbung.»
Settler ist nahe dran zu explodieren. Er hat nie besonders viel von Rühl gehalten. Ein typischer Verwaltungshengst, über und über mit Formalien verstopft.
«Mit Pressearbeit hat Herzig nicht das geringste zu tun. Das ist meine eigene Sache, immer gewesen. Der einzige, der sich außer mir damit befassen darf, auf meine Anweisung hin, ist Junghans. Das dürfte doch auch Ihnen bekannt sein.»
«Ich denke ans Arbeitsgericht. Dem könnte Herzig, wenn er geschickt argumentiert, durchaus klarmachen, daß es sich um Werbung im weitesten Sinne gehandelt habe. Wahrscheinlich käme er damit sogar durch. Haben Sie ihn schon angehört?»
«Ich will den Kerl nicht mehr sehn.»
«Anhören müßten Sie ihn aber.»
«Das übernehmen Sie.»
»Wie Sie wollen. Ich sage Ihnen aber gleich, ohne eine Abfindung läuft das nicht.»
«Das Gehalt bis Quartalsende, auf keinen Fall mehr.»
«Ich will mein möglichstes versuchen. Aber die Begründung für die Revision müssen Sie selbst übernehmen, dazu sehe ich mich außerstande.»
Settler nickt nur.
«Und wer soll die Funktion des Werbeleiters übernehmen?»
«Darüber sprechen wir noch. Zunächst eine Übergangslösung. Aber das hat Zeit bis später.»
Die Sache mit Herzig erledigt sich überraschend schnell. Herzig legt Rühl eine hochdramatische Szene hin, spielt abwechselnd den

Gekränkten und Empörten, droht mit allen Instanzen bis zum Bundesarbeitsgericht, verlangt als Abfindung das Gehalt eines Jahres und ist schließlich mit zwei Dritteln einverstanden, zusätzlich entsprechendem Urlaubs- und Weihnachtsgeld. Anschließend räumt er seinen Schreibtisch aus und verabschiedet sich vom Verwaltungspersonal, das die lautstarke Auseinandersetzung durch die geschlossene Tür miterlebt hat und ziemlich verwirrt ist, weil die zurechtgelegten Beileidsworte für den Zerschmetterten gar nicht passen wollen. Um 16.45 Uhr verläßt Rainer Herzig das Theater, ohne einen Blick zurückzuwerfen; ein siegreicher junger Mann mit Zukunft und einem Grübchen im Kinn.

9

Der Taxifahrer blickt über die Schulter und fragt ungläubig: «Vor den Eingang? Genau davor?»

«Ja, bitte.»

Der Taxifahrer folgt dem Wunsch und hält vor dem Eingang des neuen Rathauses, das um diese nächtliche Stunde so still daliegt wie eine Friedhofskapelle.

Dr. Gerd Weinholtz bezahlt, läßt sich eine Quittung geben und freut sich schon über den Ärger, den er der Reisekostenstelle macht, wenn er die zweite Quittung für die Fahrt nach Hause dazuheftet; nach einer Dienstreise ist nur eine Fahrt zulässig, Bahnhof–Wohnung. Einer echten Beamtenseele ist es unfaßbar, daß ein Dezernent sich noch in der Nacht in sein Büro begibt, um auf dem Schreibtisch nachzuschauen, ob Dringendes vorliegt.

Den kleinen Koffer in der Linken, schließt Weinholtz die Haupttür auf und erheitert sich bei der Erinnerung, welchen Wirbel er bei der Hausverwaltung hervorgerufen hat, als er einen Schlüssel für diese Tür verlangte. Um ihn zu erhalten, bedurfte es einer schriftlichen Anweisung des Oberbürgermeisters.

Als er in seinem Zimmer das Licht einschaltet, sieht er schon von der Tür her, daß tatsächlich etwas Wichtiges vorliegt; gewöhnlich stapelt seine Sekretärin die Post links, die Mitte bleibt frei. Jetzt ist sie von einer Zeitung belegt.

Weinholtz setzt sich im Mantel an den Schreibtisch, lockert nur den Schal. Es ist die «Süddeutsche Zeitung» von heute, die da liegt, die Kulturseite aufgeschlagen, ein Artikel rot angekreuzt, dazu ein Zettel seiner Sekretärin: «OB Umland bittet dringend um Rücksprache.» Der Titel des Artikels lautet: «Revolte im Stadttheater».

Weinholtz liest zunächst quer, dann sorgfältig Zeile für Zeile. Der Verfasser, offenbar bestens informiert, schildert die Ereignisse um die bevorstehende Uraufführung des Dokumentarstücks «Das Fest der Wölfe», den Versuch des Regisseurs, die Originalnamen durch selbsterfundene zu ersetzen, die Empörung der Schauspieler, die Weigerung des Autors, an seinem Stück etwas zu ändern, und den Eiertanz des Intendanten, der nicht anecken möchte.

Weinholtz hat beim Lesen, ohne es zu merken, den Mantel ganz aufgeknöpft und den Schal vom Hals gezogen. Obwohl es kühl im Zimmer ist, schwitzt er am ganzen Körper. Was da am Theater, seinem Theater, passiert, ist schlimm. Noch schlimmer ist, daß er von den Vorgängen nichts gewußt hat, und am allerschlimmsten, daß er auf der Tagung, von der er kommt, das große Wort geführt hat. Auf der Tagung haben Kulturdezernenten deutscher Städte, es waren mehr als zwei Dutzend, über ihre Probleme diskutiert, und er gehörte zu denen, die am häufigsten gesprochen und ohne falsche Bescheidenheit mit ihren Erfolgen geprotzt haben. Er hat Eindruck gemacht, ohne Zweifel. Um so größer ist jetzt die Blamage.

Einfach entsetzlich.

Dabei hatte er sich vorgenommen, dem OB vorzuschlagen, die nächste Tagung hier stattfinden zu lassen, offiziell einzuladen und dann, erstmalig, ein richtiges Programm anzubieten. Das sollte ein Ereignis werden, das Aufsehen erregt.

Aus und vorbei. Die Idee kann er begraben.

Das verdankt er dem Intendanten, diesem unsäglichen Settler. Er hat's vom ersten Tag an gewußt, daß er der falsche Mann ist. Er muß weg, das ist klar. Aber zunächst gilt es zu retten, was noch zu retten ist. Er greift zum Telefonhörer, wählt die Nummer aus dem Kopf.

«Hallo...» Camillas Stimme klingt verschlafen.

«Hier ist Gerd.»
«Mein Gott... Du hast mich geweckt.»
«Ich will mich nur anmelden.»
«Jetzt? Bist du verrückt?»
«Ich bin im Büro, eben von der Reise zurück. Ich muß dich unbedingt sprechen, heute noch.»
«Weißt du, wie spät es ist? Worum geht's denn?»
«Es ist ungeheuer wichtig. Ich erkläre dir das nachher. Bis gleich.»
Er überlegt, ob er noch Helma anrufen soll. Sie weiß, wann der Zug ankommt. Ach was, sie wird auch schon schlafen und gar nicht erfahren, wann er heimgekommen ist.

Eine Viertelstunde später sitzt er Camilla gegenüber. Sie hockt im fliederfarbenen Morgenmantel mit untergeschlagenen Füßen auf der Couch und blickt auf die aufgeschlagene Zeitung, die er ihr in die Hand gedrückt hat.

«Was denn? Meinst du den Artikel?»
«Lies bitte.»
Sie schüttelt den Kopf und läßt die Zeitung sinken. «Aber den kenne ich doch längst. Gut geschrieben. Findest du nicht?»
Weinholtz verschlägt es für einen Augenblick die Sprache. «Gut geschrieben. Mehr fällt dir dazu nicht ein?»
«Was soll mir noch einfallen?»
«Das ist doch eine Bloßstellung, wie sie schlimmer gar nicht sein kann.»
«Wer wird bloßgestellt?»
«Das Theater, die Stadt. Ich.»
«Du?»
«Was glaubst du, was mir morgen der Oberbürgermeister sagen wird. Der hat mich schon zitiert.»
«Und seine Frau erst», lacht Camilla.
«Nimm das bitte ernst. Ich muß einen Weg finden, wie wir da rauskommen.»
«Der Intendant hat doch schon einen.»
«Wieso? Was hat er?»
«Ich hab gehört, er will die Uraufführung absetzen und dafür ein altes Stück spielen.»

«Was? Absetzen? Die Uraufführung? Das kann er doch nicht machen. Der ist wohl total übergeschnappt.»

Camilla lacht wieder. «Entschuldige. Aber wenn du dich aufregst, kommst du mir vor wie ein kleiner Junge.»

«Danke.»

«Sei nicht beleidigt. So hab ich's nicht gemeint. Ich finde dich süß so.»

Was diese Weiber süß finden, denkt Weinholtz und versucht, die neue Lage einzuschätzen. Wenn der Intendant die Uraufführung absetzt, ist nichts gewonnen. Im Gegenteil, die Affäre wird noch ausgeweitet. Das muß er verhindern. Er muß mit Settler sprechen, was anderes bleibt ihm gar nicht übrig. Dann fällt ihm ein, daß übermorgen der Theaterball stattfindet. Auch das noch. Die gesamte Prominenz wird da sein und ihn in der Sache befragen, und er hat nichts als Ausflüchte anzubieten. Das wird mehr als peinlich werden. Am besten geht er gar nicht hin. Er könnte sich mit einer Krankheit entschuldigen. Sehr gut. Bisher ist er überhaupt noch nicht krank gewesen. Er hat ein Recht darauf, auch mal krank zu sein. Wenn er morgen zum OB geht, muß er schon die ersten Symptome zeigen, starke Kopfschmerzen, etwas abwesend sein, ein bißchen Husten, leise um ein Glas Wasser bitten, vielleicht eine Tablette schlucken. Grippe? Grippe ist gut. Aber dann nicht husten.

«Weißt du schon, was du tun willst?»

Weinholtz schreckt auf. «Wie bitte? Ach so, ja, ich rede mit Settler. Die Uraufführung darf nicht ausfallen. Das muß geregelt werden. Ich werde morgen früh –» Er stockt und fängt an, sich mit dem Handrücken die Stirn zu massieren.

«Was ist, Gerd?»

«Nichts.» Verdammt nochmal, jetzt hat er wirklich Kopfschmerzen. Wie ist das möglich. Das gibt's doch gar nicht.

«Ist dir nicht gut?»

«Bißchen Kopfschmerzen.»

«Willst du eine Tablette?»

«Nein, nein. Es geht schon so.»

«Hast du dir auf der Reise was geholt?» Camilla ist jetzt sehr besorgt. «Ich hab' gute Tabletten da. Wenn du sie rechtzeitig nimmst, helfen sie prima.»

Sie bringt eine Tablette und ein Glas Wasser. Weinholtz schluckt und trinkt, während sie neben ihm steht. Sie nimmt ihm das Glas aus der Hand, stellt es auf den Tisch, dann drückt sie seinen Kopf gegen ihre Brüste und streichelt ihn sanft. «Mein armer Liebling, werd bloß nicht krank.»

So zärtlich war sie noch nie. Weinholtz hält ganz still und fühlt sich herrlich wohl und geborgen. Wie ein kleiner Junge, denkt er, und er ist es gern.

Hartmut Schiller betritt leise den abgedunkelten Zuschauerraum der Studiobühne und setzt sich im hinteren Drittel auf einen Seitenplatz. Er hat vom «Fest der Wölfe» noch nichts gesehen, hat absichtlich bis zum Beginn der Stückproben gewartet, um einen richtigen Eindruck zu gewinnen.

Was er sieht und hört, verblüfft ihn.

Er kennt seit Jahren alle Schauspieler des Hauses, ihre Stärken und Schwächen, ihre Eigenarten in Bewegung und Sprache, die nur selten zugunsten einer Rolle verschwinden. Jochen Witt spielt gewöhnlich Jochen Witt, Armin Lauken spielt Armin Lauken, und die andern halten es ebenso. Sie machen es sich bequem, meist unbewußt, und die hauseigenen Regisseure machen es sich auch bequem, allerdings wider besseres Wissen. Ihnen fehlt einfach die Motivierung zur großen Leistung, die im Hause kaum zur Kenntnis genommen wird und, noch schlimmer, nur selten Niederschlag in den Kritiken findet. Die es wirklich danken, sind die Zuschauer, denen es gefällt. Leider wissen sie nie, warum es ihnen gefallen hat. An den Regisseur denken sie, wenn überhaupt, zuletzt.

Diese Gedanken gehen durch Schillers Kopf, während er den Durchlauf auf der Bühne verfolgt. Einmalig, was dort geschieht. Ähnliches hat er zuletzt bei Giersbergs Musical-Inszenierung empfunden. Aber es war doch anders. Beim Musical hat er den Drill bewundert, hier strahlt jeder aus sich selbst heraus Präsenz aus. Es gibt keine Stars, die den kläglichen Rest an die Wand spielen. Auf der

Bühne wirkt ein geschlossenes Ensemble, jeder gleich stark, niemand fällt ab.

Schiller peilt zu Junghans hinüber, der mit Gaby in der sechsten Reihe am Regiepult sitzt. Er unterbricht nicht ein einzigesmal. Schiller hätte dem Regisseur dieses Ergebnis niemals zugetraut. Er hat ihn unterschätzt. Aber es ist nicht nur die Regie, dahinter steckt noch etwas anderes. Der gemeinsame Entschluß, die Anweisung Settlers zu mißachten und die falschen Namen abzulehnen, das ist das einmalige, das große Erlebnis, das alle beflügelt.

Nach dem Durchlauf macht Junghans Kritik. Sie dauert nur einige Minuten. «Das wär's. Wir sehen uns Montag wieder. Danke.»

Während die Schauspieler von der Bühne gehen, schiebt sich Schiller in die sechste Reihe.

«Gratuliere, Bernd. Großartig. Ich bin ganz weg.»

«Du warst drin?»

«Hab den ganzen Durchlauf gesehn. Wirklich fabelhaft. Du solltest nur noch Regie machen. Warum tust du das nicht?»

«Gehn wir zusammen rüber?» tönt es von der Bühne.

Schiller blickt hinauf. Da steht nur noch Armin Lauken.

«Ja, ich komme.» Junghans wendet sich an Schiller. «Wir müssen zum Chef.»

«Kann ich mit?»

«Von mir aus.»

«Was will er denn?»

«Keine Ahnung.»

«Vielleicht wegen des Balls. Hast du eigentlich einen Smoking? Ich kauf mir heute einen. Einmal muß es ja sein.»

Settler macht kein erfreutes Gesicht, als er hinter Junghans und Lauken den zweiten Dramaturgen auftauchen sieht.

«Was wollen Sie denn?»

«Ich war in der Probe, da bin ich mitgekommen. Soll ich gehn?»

Settler deutet auf die Stühle, und sie setzen sich.

«Wir können es kurz machen. Wie steht es mit den Namen? Haben Sie mit den neuen Namen probiert?»

Junghans schüttelt den Kopf.

«Können Sie nicht wenigstens nein sagen?»

«Nein.»

«Dann möchte ich Ihnen folgendes mitteilen: Die Proben werden abgebrochen, das Stück wird abgesetzt. Statt dessen nehmen wir ‹Bezahlt wird nicht› von Dario Fo wieder auf. Sie haben das Stück inszeniert, Herr Lauken, nicht wahr?»

Schiller schielt zu Lauken hinüber und sieht, daß alle Farbe aus dessen Gesicht schwindet, das ohnehin bleich ist. Lauken gibt keine Antwort.

«Sie bekommen die alte Besetzung. Ich habe schon mit Busse gesprochen, da gibt es keine Schwierigkeiten. Die Kulissen sind auch noch vorhanden. Fangen Sie Montag mit den Proben an. Sie haben dann noch zwölf Tage bis zur Premiere, das reicht völlig aus.»

«Nein», sagt Lauken leise.

«Ich bitte Sie. Das ist doch zu schaffen.»

«Nein», wiederholt Lauken. «Ich mache das nicht.»

«Was heißt das?»

«Ich mache das nicht.» Laukens Stimme wird lauter. «Wenn Sie das ‹Fest der Wölfe› absetzen, wenn Sie diese erstklassige Arbeit in den Sand setzen wollen, dann gebe ich mich nicht dazu her, billigen Ersatz zu beschaffen. Das lehne ich ab.»

«Sie können Ihre eigene Inszenierung doch nicht billigen Ersatz nennen, Herr Lauken. Die Inszenierung war ausgezeichnet. Sie ist beim Publikum wie bei der Kritik gleich gut angekommen. Sonst würde ich sie auch nicht wieder aufnehmen.»

«‹Bezahlt wird nicht› ist ein Schmarren gegen unser neues Stück. ‹Fest der Wölfe› ist die beste Inszenierung, an der ich in diesem Haus bisher beteiligt war, einschließlich meiner eigenen. So was setzt man nicht einfach ab. Wenn Sie mir nicht glauben, bitte, fragen Sie doch Herrn Schiller. Er hat den heutigen Durchlauf gesehn. Wie fanden Sie's, Herr Schiller?»

«Super. So was haben wir noch nicht produziert.» Schiller antwortet rasch, bevor Settler unterbrechen kann. Ein zorniger Blick ist die Quittung. Na, wenn schon, das kratzt ihn nicht. Beeindruckt ist Schiller aber von Lauken, dem hätte er so viel Engagement nie zugetraut. Er lächelt ihm anerkennend zu.

Lauken sieht es nicht. Er steht auf. Er ist noch immer bleich, aber seine Stimme klingt jetzt kräftig wie auf der Bühne. «Noch einmal, Herr Settler, ich lehne entschieden ab. Ich verweigere diese Arbeit. Es steht Ihnen frei, den Fall vors Schiedsgericht zu bringen. Wahrscheinlich werde ich sogar unterliegen. Ich weigere mich trotzdem.»

Er blickt Settler noch drei Sekunden an, dann dreht er sich um und geht aus dem Zimmer.

Das hat Settler nicht erwartet. Ausgerechnet Lauken, der stets beflissene und zu Kompromissen bereite Lauken ist diesmal hart wie Granit. Der Chef ist beeindruckt, das sieht Schiller. Er wird bestimmt nicht vors Bühnenschiedsgericht gehn. Er würde sich nur selbst blamieren. Was wird er jetzt tun?

Settler lächelt.

«Herr Lauken hat Ihnen eben ein großes Kompliment gemacht, Bernd. Ich hoffe, Sie haben es bemerkt. Das ändert aber nichts an meinem Entschluß. Das ‹Fest der Wölfe› wird abgesetzt. Und da Sie schon mal dabei sind, Regie zu führen, möchte ich Sie bitten, daß Sie die Wiederaufnahme übernehmen.»

«Ausgeschlossen», fährt Junghans auf. «Ich habe keinen Schimmer von dem Stück. Ich kann mich kaum daran erinnern.» Er wendet sich an Schiller. «Es war dein Stück.»

«Lassen Sie Herrn Schiller draußen, Bernd. Er hat damit nichts zu tun.»

«Ich kann das nicht, Chef.»

«Wir haben eben gehört, daß Sie ein ausgezeichneter Regisseur sind.»

«Ich habe mich monatelang vorbereitet.»

«Und mich monatelang zum Narren gehalten. Das dürfen Sie dabei nicht vergessen.»

Dieser Hieb trifft, Junghans schweigt.

«Sie haben bis Montag drei Tage Zeit, sich mit dem Stück vertraut zu machen. Gaby Topf hatte die Assistenz. Mit ihr zusammen wird es nicht die geringsten Schwierigkeiten geben. Setzen Sie sich sofort mit ihr in Verbindung.»

Junghans schweigt noch immer.

«Würden Sie die Freundlichkeit haben, ja zu sagen?»

«Ja», sagt Junghans und blickt dabei in die Zimmerecke.

«Danke, Bernd, Sie können dann gehn. Sie bleiben noch, Herr Schiller.»

Was will er denn von mir, fragt sich Schiller verwundert.

Er sei sich doch klar darüber, sagt Settler, daß er über das eben Gehörte Stillschweigen zu bewahren habe.

«Selbstverständlich», antwortet Schiller – und ist fest entschlossen, sofort Horst zu informieren.

«Gut. Und da Sie schon mal hier sind, möchte ich gern von Ihnen wissen, wie es für morgen aussieht.»

«Morgen?»

«Herrgott, vom Ball rede ich.»

Nerven hat der wie ein Nilpferd, denkt Schiller nicht ohne Bewunderung und berichtet, daß die Vorbereitungen hundertprozentig gelaufen seien und daß diesmal die Tombola die große Attraktion sein würde und daß nur er, der Chef, noch nichts Persönliches gespendet hätte.

Settler zieht die Schreibtischschublade auf, kramt eine Weile, holt ein Etui hervor und entnimmt ihm eine Brille.

«Nehmen Sie die. Ich brauche sie nicht mehr.»

«Prima, danke. Ich schreib dazu ‹Der scharfe Blick des Intendanten›.»

«Seien Sie nicht so frech», sagt Settler, aber seine Stimme klingt nicht böse.

Ein bißchen bewundert Schiller ihn immer noch.

Junghans weiß nicht, wohin er gehen soll. Er müßte ins Büro und die Post durchsehen. Dazu hat er nicht die geringste Lust. Zu Camilla? Nein, gegen deren Spott ist er jetzt nicht gewappnet, obwohl er sich, trotz allem, erleichtert fühlt, wie befreit von einer zentnerschweren Last, die er seit Monaten geschleppt hat.

Er könnte Ira besuchen. Er war noch nie in ihrer Wohnung. Ihm fällt ein, daß sie bei Gaby wohnt. Noch besser, dann schlägt er zwei Fliegen mit einer Klappe. In der Klosterstraße muß er reichlich lange warten, bis sich die Tür öffnet. Vor ihm steht Gaby, ohne Brille, mit leicht verschmiertem Make-up um die Augen herum, als ob sie geweint hätte. Sie blinzelt und erkennt ihn nicht gleich.

«Komme ich ungelegen?»
«Nein, gar nicht.»
Er folgt ihr durch den Flur ins große Zimmer, in dem es chaotisch aussieht, ein Durcheinander von geöffneten Koffern, Kartons, Kleidungsstücken, Schuhen, Büchern, Zeitschriften. Mittendrin Rainer Herzig in Jeans und offenem Hemd, schwitzend und mit zerzausten Haaren. Auf Junghans wirkt er so weitaus sympathischer als im geschniegelten Zustand.
«Ihr kennt euch ja», sagt Gaby mit einer Handbewegung. «Verdammt, wo ist meine Brille!»
Herzig räumt zwei Hosen und einen Haufen Papier von der Couch. «Bitte, Sie müssen entschuldigen, ich ziehe demnächst aus, deswegen packe ich ein bißchen.»
Junghans will wieder gehen. Er ist wirklich im unpassendsten Augenblick reingeplatzt.
«Ach was, setzen Sie sich», sagt Gaby, die ihre Nickelbrille gefunden hat. «Sie wissen, daß Rainer rausgeflogen ist?»
«Ich hab davon gehört.»
«Wissen Sie auch, warum?»
Junghans weiß es nicht.
«Der Idiot ist schuld an dem Zeitungsartikel.»
Das will Junghans zuerst nicht glauben. Er hatte Hartmut Schiller und Horst Krecker in Verdacht. Auf Herzig wäre er nie gekommen.
«Warum haben Sie das getan?»
«Einer mußte ja. Oder wußten Sie nicht, daß der Alte Ihr Stück absetzen wollte? Die Suppe habe ich ihm versalzen.»
«Und bist selbst dabei auf die Nase gefallen», zischt Gaby.
«Das Leben ist nun mal gefährlich.» Herzig grinst. «Und für die Kunst tu ich alles.»
«Hör jetzt auf mit der Wühlerei, und räum den Mist vom Tisch. Trinken Sie einen Kognak?»
«Gern, wenn Sie einen mittrinken», sagt Junghans und läßt sich auf der Couch nieder.
Gaby holt eine Flasche und Gläser und schenkt ein.
«Auf die Zukunft», sagt Herzig.
Junghans zögert einen Augenblick, dann trinkt auch er. «Die

Zukunft sieht leider nicht so rosig aus», sagt er dann. «Ich komme eben vom Intendanten. Er hat das Stück abgesetzt.»

Eine abgezogene Handgranate hätte keine größere Wirkung auslösen können. Gaby, die ihr Glas auf dem Tisch absetzen wollte, erstarrt mit ausgestrecktem Arm, und Herzigs Gesicht zeigt jene dumpfe Blödheit, die Junghans auf den Bildern Breughels so fasziniert. Settler, fährt er fort, wolle als Ersatz «Bezahlt wird nicht» wiederaufnehmen. Er solle Regie führen und Gaby assistieren.

«Mann, was für ein Saftladen», stöhnt Herzig auf. «Aber ich bin draußen, Gottverdammich, ich bin draußen!»

Gaby sagt gar nichts und geht aus dem Zimmer. Durch die offene Tür hört man ihre Stimme, dann kommt sie zurück, gefolgt von Ira.

Ira strahlt Junghans an, tritt rasch zur Couch und umarmt ihn. «Find ich toll, daß du mal herkommst.»

Junghans blickt betreten zu Gaby hoch, die nur mit den Schultern zuckt.

Auch Ira hat seine Reaktion bemerkt. «Stell dich nicht so an, Gaby weiß das längst.»

Junghans lächelt etwas gequält. «Das hättest du mir ja mal sagen können.»

Damit ist der Fall erledigt.

Noch nicht erledigt ist die neue Lage. Der helle Wahnsinn, wie Herzig sagt. Er sagt überhaupt am meisten, während die andern drei bedrückt dasitzen und Kognak trinken.

«Hör jetzt mal auf mit dem Quatsch», stoppt ihn endlich Gaby. «Das bringt doch nichts, das sind Spinnereien.»

«Hat Herr Junghans nicht eben gesagt, daß der Weinholtz für das Stück ist? Dann muß man ihn auch anspitzen. Ich weiß nicht, wieso das Quatsch sein soll. Das ist doch 'ne echte Möglichkeit. So sehe ich das jedenfalls, und wenn ihr Schiß habt, rück ich ihm auf die Bude. Ich tu das. Für euch tu ich das.»

«Du tust gar nichts.»

«Lieg ich denn falsch, Herr Junghans?»

«So einfach ist das nicht. Der Kulturdezernent hat zwar die Oberaufsicht, aber in seinen Entscheidungen ist der Intendant souverän.»

«Auch wenn er Mist macht?»

«Auch dann, soweit es im Rahmen bleibt. Ein Stück absetzen, bleibt im Rahmen, das kann er jederzeit, da hat ihm keiner reinzureden. So ist das nun mal.»

«Dann müßt ihr euch weigern, das andere Stück zu spielen, den Ersatz, den er euch aufs Auge drücken will.»

«Das wäre ein Grund, uns rauszusetzen.»

«Macht der doch nie, doch nicht alle Schauspieler. Dann säuft doch der ganze Laden ab.»

«Mitnichten. Die Zentrale Bühnenvermittlung in Frankfurt liefert ihm innerhalb von vierundzwanzig Stunden eine komplette neue Besetzung. Nein, mein Lieber, so einfach ist das nicht. Außerdem würden die Schauspieler sich nicht weigern. Das ist ein ganz anderer Fall als im ‹Fest der Wölfe›.» Junghans wendet sich an Gaby. «Existiert übrigens noch das Regiebuch von ‹Bezahlt wird nicht›?»

«Müßte mit den andern Büchern im Archiv sein. Aber keine Sorge, wenn ich das Textbuch hab und die Schauspieler vor mir sehe, fällt mir alles wieder ein.»

«Wenigstens ein Trost.»

«Und ich bin wieder nicht dabei», sagt Ira in klagendem Ton. «Das scheint mein Schicksal zu sein. Ihr sollt sehn, am Ende der Spielzeit hab ich nichts vorzuweisen als Dornröschen.»

«Heul nicht, du kriegst schon noch Rollen», sagt Gaby.

«Ich heul ja nicht.» Ira kuschelt sich an Junghans, ohne sich darum zu kümmern, ob ihm das vor fremden Augen angenehm ist. Doch Junghans, vom Kognak beschwingt, vergißt seine Grundsätze, legt den Arm um ihre Schultern und streichelt sie tröstend. Er bereut nicht mehr, daß er hergekommen ist. Er beteiligt sich lebhaft an der Unterhaltung, wird witzig, läßt sich gern von Gaby zum Essen einladen und bietet ihr sogar das Du an.

Ira ist selig. Nur später, als sie in ihrem Zimmer zusammen im Bett liegen, ist sie ein wenig enttäuscht. Zwar umklammert Bernd sie so heftig, als habe er Angst, jemand könne sie ihm wegnehmen, aber dann schläft er ein.

Oberbürgermeister Umland reagierte genauso, wie Weinholtz es erwartet hatte. Er ließ durch seine Vorzimmerdame ein Glas Wasser bringen und sah aufmerksam zu, wie sein Dezernent mit Leidensmiene eine Tablette schluckte.

«Haben Sie Fieber?» erkundigte er sich besorgt.

«Weiß nicht. Ziemliche Kopfschmerzen, seit ich von der Dienstreise zurück bin.»

«Dann müssen Sie zum Arzt.»

«Ach, es geht schon.»

«Mit so was darf man nicht spaßen, Herr Doktor Weinholtz.»

Der vorangegangene Teil des Gesprächs war weniger angenehm gewesen. Weinholtz mußte zugeben, daß er nicht hinreichend über die internen Vorgänge im Stadttheater informiert gewesen war, und er mußte sich den Vorwurf gefallen lassen, daß er nicht rechtzeitig die Weichen gestellt hätte. Das Weichenstellen war eine Lieblingsvorstellung des OBs; die Leiter der städtischen Betriebe betrachtete er als Lokomotivführer. Weinholtz versprach, sich sofort mit dem Intendanten in Verbindung zu setzen, um die Sache in Ordnung zu bringen. Aber das war auch wieder nicht richtig. Bitte keine neue Unruhe vor dem Theaterball, befand der OB. Der Ball müsse ungestört ablaufen.

Als Weinholtz am Spätnachmittag, früher als sonst, nach Hause fährt, überlegt er, wie er Helma am besten beibringen kann, daß sie morgen nicht am Ball teilnehmen werden. Das wird schwierig sein. Mit der Krankheit geht's nicht, sie würde den Schwindel sofort durchschauen. Er könnte versuchen, an ihre Einsicht zu appellieren. Aber das wäre ein zweifelhaftes Unternehmen, denn alles, was politische Taktik betrifft, geht über ihr Begriffsvermögen, das hat er oft genug erfahren. Sie lacht einfach darüber und spricht von Kindergarten und Indianerspielen. So hat er sie auch bis heute noch nicht davon überzeugen können, daß die herzliche Freundschaft, die ihr die Witka entgegenbringt, nichts weiter ist als ein gerissener Trick, mit dem sie Einfluß auf ihn zu gewinnen versucht. Du spinnst, ist Helmas entschiedene Antwort, wenn er gelegentlich eine vorsichtig warnende Bemerkung macht.

Bis zur Ankunft beim Haus ist Weinholtz noch nichts eingefallen, was ihm weiterhelfen könnte. Er fährt den Wagen in die Garage und ärgert sich sofort über den Mülleimer. Warum ist diese Frau nicht imstande, den Deckel zu schließen, nachdem sie den Abfalleimer ausgeleert hat. Er knallt den Deckel zu, und sein Ärger überträgt sich auf das ganze Haus, das zu groß und viel zu teuer ist mit all den Nebenkosten. Es zu mieten war die größte Dummheit, die er sich bisher geleistet hat, und der Vertrag läuft über sieben Jahre.

«Bist du's, Schatz?» hört er Helma rufen, als er die Haustür zufallen läßt. Sie schwirrt aus der Küche in die Diele. «Du bist ja so früh heute. Steht der Wagen noch draußen? Ich muß noch mal weg. Aber es dauert nicht lange. Warum bist du so früh?»

«Ich fühle mich nicht wohl.»

«Dann leg dich was hin, Schatz. Du hast viel zu wenig Schlaf gehabt.»

Das stimmt sogar. Er ist erst kurz vor vier von Camilla nach Hause gekommen. Zum Glück schlief Helma fest.

«Gib mir bitte die Schlüssel und Papiere.»

«Der Wagen steht schon in der Garage. Wohin willst du denn noch?»

«Zu Lilo. Sie hilft mir bei dem Kleid, das sitzt immer noch nicht. Stell dir vor, sie kann richtig nähen. Das hatte ich gar nicht gewußt.»

Es dauert einige Sekunden, bis Weinholtz ganz begriffen hat. Herrgott, jetzt läßt sie sich von der Witka auch noch die Kleider nähen. Das wird ja immer schlimmer. Wenn das bekannt wird, geht das über eine Blamage wie bei der dummen Theateraffäre weit hinaus. Dann ist er der Lächerlichkeit preisgegeben, und das könnte tödlich sein. Er behält die Autoschlüssel und Papiere fest in der Hand und fragt: «Was für ein Kleid?»

«Für morgen abend, Schatz, das neue, du weißt doch.»

«Damit willst du zu Frau Witka?»

«Hier herum sitzt es nicht.» Ihre Hände fahren um die Taille. «Das sieht unmöglich aus. In dem Geschäft behaupten sie, das müßte so sein. Aber so laß ich mich auf dem Ball nicht sehen.»

«Damit kannst du nicht zu Frau Witka.»

«Warum nicht?»

«Weil das nicht geht. Das ist unmöglich. Du kannst dir als Frau des

Kulturdezernenten nicht von der stellvertretenden Vorsitzenden des Kulturausschusses, die der Opposition angehört, an deinem Kleid herumnähen lassen. Verstehst du das nicht?»
«Was hat die blöde Kultur damit zu tun? Lilo ist meine Freundin, sie hilft mir. Gib mir die Schlüssel. Lilo wartet.»
«Nein. Wenn du das nicht begreifen willst, kann ich dir nicht helfen. Aber auf keinen Fall gehst du mit deinem Kleid zur Witka.»
«Das werden wir sehn. Gibst du mir jetzt die Schlüssel oder nicht?»
«Ich habe nein gesagt.»
Helma dreht sich auf dem Absatz um und stürmt ins Wohnzimmer. Weinholtz kann sie nicht sehen, aber er hört, daß sie die Klappe des Sekretärs runterfallen läßt und eine Schublade aufreißt. Dann hört er auch das Klirren von Schlüsseln. Sie hat die Ersatzschlüssel. Aber keine Papiere! Verdammt, sie wird ohne fahren, das muß er verhindern. Er tritt rasch in die Küche und nimmt den zweiten Garagenschlüssel vom Brett; der erste steckt zusammen mit seinem Autoschlüssel in der Hosentasche.

Nachdem Helma das Wohnzimmer verlassen hat und auf der Treppe nach oben verschwindet, geht er selbst hinein, läßt sich in einen Sessel fallen und wartet ab. Er hört sie die Treppe herunterkommen und sieht sie kurz danach im Mantel durch die Diele zur Haustür laufen. Unterm Arm trägt sie einen großen grauen Karton. Was gleich geschehen wird, weiß er schon jetzt.

Eine halbe Minute später steht sie vor ihm, sprüht vor Zorn und verlangt den Garagenschlüssel. Er lehnt ab. Sie wird ausfallend und schreit ihn an. Er behält die Ruhe. Er verliert sie erst, als sie ihm den grauen Karton auf den Kopf schlägt, mit beiden Händen und voller Kraft, und dazu kreischt: «Dann geh doch allein auf deinen Scheißball!»

Während sie aus dem Zimmer fegt und die Treppe hinaufrennt, preßt Weinholtz beide Hände auf den Kopf, weniger vor Schmerz als vor Schreck. Trotzdem hört er, wie oben eine Tür zufliegt und der Schlüssel umgedreht wird. Er nimmt die Hände herunter und bringt mit dem Taschenkamm das Haar wieder in Form.

Eine ganze Weile sitzt er still da und versucht, seine Gedanken zu ordnen. Ein tolles Ding, das sie sich da geleistet hat. Das wird er ihr austreiben und zwar sofort. Die Schlafzimmertür ist kein Problem. Die oberen Türen sind aus billigem Material, ein Stoß mit der Schulter, und das Schloß bricht aus.

Und dann?

Nein, er wird nicht gewalttätig werden. Das hat er immer abgelehnt. Groß, breit und schwer war er als Junge schon. Er hat sich fast nie geprügelt, weil die andern stets schwächer waren. Aber geschehen muß etwas.

Nichts muß geschehn. Zum Teufel, das ist ja der Vorwand, den er gesucht hat, der Grund, den Ball nicht besuchen zu müssen. Aber jetzt ist nicht er der Spielverderber, sie selbst will nicht mehr. Das hat sie eben gesagt. Er wird sie beim Wort nehmen.

Weinholtz atmet tief durch und stellt kopfschüttelnd fest, daß es sie offenbar doch gibt, die Wunder, an die man nicht glauben darf.

Kurz vor acht erscheint im eindrucksvollen Frack Generalmusikdirektor Ludwig Schora, würdigt das Parkett keines Blicks, obwohl die Unterhaltung schnell verstummt und vereinzelt Beifall ertönt, und wendet sich sofort dem Orchester zu, das nicht wie sonst unter ihm sitzt, sondern vor ihm aufsteigend wie in einem Hörsaal. Um genügend Platz für die Instrumente zu schaffen, mußte selbstverständlich das feste Gestühl entfernt werden, eine Heidenarbeit für knappe neun Minuten Musik.

Aber es lohnt sich. Dank dem hochgelegenen Standort des Orchesters und den Gesetzen der Akustik füllt die Ouvertüre der «Fledermaus» mit einzigartig vollem Klang den gesamten stattlichen Theaterbau, dessen Tiefe durch die offene Bühne fast verdoppelt ist. Unter den mehr als sechshundert Gästen sind nicht wenige, die behaupten, die Ouvertüre sei für sie das Schönste an der ganzen Ballnacht.

Zumindest haben sie während der neun Minuten Gelegenheit, ohne ins Gedränge zu geraten, die schönen Dekorationen zu bewundern, die, von Ausstattungsleiter Roland Meyer entworfen, dem Haus den fröhlich-verspielten Charakter eines Ballsaals aus vergangener Zeit verleihen.

Während brausender Beifall dem GMD und seinen Musikern

dankt, verdunkelt sich langsam der mächtige Kronleuchter. Auch die Scheinwerfer, die das Orchester beleuchten, verlöschen; gleichzeitig flammt Licht aus den seitlichen Beleuchtungsrinnen auf und konzentriert sich auf einen Punkt der Vorderbühne, wo ein einzelner Mann im Smoking steht, silbergraues Haar über einem wohltuend gesunden Gesicht.

Alfred Settler hat sich wie in jedem Jahr vom Maskenbildner eine hauchfeine Schicht auflegen lassen, denn nichts wirkt im Scheinwerferlicht abstoßender als natürliche Haut. Er wartet, bis die letzten Gäste begriffen haben und völlige Stille eingetreten ist. Dann beginnt er seine Ansprache, und er ist ein wenig stolz darauf, daß es ihm noch immer gelingt, mit gestützter Stimme, ohne schreien zu müssen, bis ganz hinten durchzudringen.

Er begrüßt die Ehrengäste, den Oberbürgermeister an der Spitze, spricht über die schwierigen Zeiten, die das Theater, wie schon so oft in der Geschichte, dank einem treuen Publikum ohne Abstriche am Programm durchstehe, dem Publikum, dem sich er und alle Mitarbeiter des Hauses verpflichtet fühlten. Er bedankt sich auch bei der politischen Führung und der Beamtenschaft der Stadt, die das Theater vorbildlich unterstützten. Zuletzt dankt er den Gästen für ihr Kommen und wünscht ihnen eine fröhliche beschwingte Ballnacht.

Auch er erhält starken Applaus.

«Komm, mach Platz», sagt Junghans, der mit Ira inmitten der Menge steht.

«Wozu?»

«Der Höhepunkt. Der Chef tanzt Walzer mit Frau Oberbürgermeister.»

Sie brauchen sich nicht sonderlich zu bemühen. Die Gäste, die das Zeremoniell bereits kennen, weichen zurück, bis sich eine freie Fläche bildet, während auf der Bühne eines der beiden Orchester einen Walzer intoniert. Die Orchester, die abwechselnd spielen, gehören nicht zum Theater, sie sind eigens für den Ball engagiert worden.

Settler tritt zu Frau Umland, verneigt sich und führt sie auf die Fläche. Zunächst tanzen sie solo, aber schon nach einer halben Minute folgen ihnen andere Paare, und bald ist die Tanzfläche voll. Junghans tanzt mit Ira. Nicht besonders gut – er entschuldigt sich.

«Macht nichts, Liebling», sagt Ira. Sie ist glücklich. Sie trägt das erste lange Abendkleid ihres Lebens. Es hat fast eine halbe Monatsgage gekostet, dafür reicht der Rückenausschnitt bis unter die Taille. Sie spürt die bewundernden Blicke der Männer. Nur Bernd ist ein wenig abwesend, er dreht ständig den Kopf und hält Ausschau.

«Suchst du jemand?»

Junghans entdeckt Camilla, aber sie tanzt nicht mit Weinholtz, er kennt ihren Partner nicht.

«Ich suche unseren Kulturdezernenten.»

«Ist er nicht da?»

«Offenbar nicht. Schade.» Aus einem unbestimmten Grund hofft er noch immer auf ein Wunder, das den Chef dazu bewegen könnte, seinen Entschluß rückgängig zu machen und die Uraufführung doch noch rauszubringen. Weinholtz, so glaubt er, ist der, der das Wunder vollbringen könnte.

Settler ist nach seinem Pflichttanz eilig verschwunden, um sich in einer der Garderoben abzuschminken. Aufatmend kehrt er über die Bühne zurück, dabei stolpert er fast über Schiller und Roland Meyer, die neben einer der bunten Jahrmarktsbuden stehen, die auf den Seitenbühnen aufgebaut sind. Er gratuliert dem Ausstattungsleiter.

«Ausgezeichnet, Herr Meyer. Sehr gute Arbeit.» Er muß brüllen, um die Musik zu übertönen.

«Danke. Wollen Sie nicht mal werfen?»

In der Bude sind hinten leere Konservendosen aufgetürmt.

«Fünf Würfe eine Mark», grinst der Bühnenarbeiter, der mit seinen Kollegen die Buden betreibt.

Settler gibt ihm eine Mark und wirft fünfmal mit den Stoffbällen. Er schafft es nicht, zwei Dosen stehen noch.

«Noch einmal?»

Settler verzichtet. Als Gewinn werden Bons ausgegeben, für die man an der großen Bar ein Glas Sekt einlösen kann. Nach langjährigen Erfahrungen kommt auf fünf Einsätze ein Volltreffer. Das macht einen Reingewinn von fast DM 4,50 pro Glas Sekt. Bar kostet es DM 3,50. Mit dem Sekt wird fast ein Drittel der Unkosten des Balls gedeckt.

«Haben Sie schon unsere Tombola gesehn?» fragt Schiller.

Settler ist sie beim Vorbeitanzen aufgefallen, vor den rechten Seitenlogen und doppelt so groß wie sonst.

«Hoffentlich übernehmen Sie sich damit nicht.»

«Das geht alles weg, jede Wette», erwidert Schiller und strahlt.

Ein ewiger Optimist, denkt Settler, als er die Bühne verläßt und in der Menge nach Mia sucht. Eine Stimme, die seinen Namen ruft, läßt ihn zur Seite blicken. Mit ausgestreckter Hand kommt Jos Schledorn auf ihn zu, der Feuilletonchef der «Nachrichten». Daß sein Smoking arg verstaubt wirkt, stört ihn offensichtlich nicht. Schließlich ist er nicht zum Vergnügen hier. Er wird einen Bericht über den Ball schreiben, ausnahmsweise für den Lokalteil, deshalb nur mit «s-» gezeichnet, aber hübsch garniert mit kleinen Bosheiten über die Eitelkeit der Teilnehmer.

Settler begrüßt ihn zuvorkommend wie immer und wehrt das Lob auf seine kleine Ansprache mit angemessener Bescheidenheit ab.

«Ich habe mir den Anruf erspart», sagt Schledorn. «Ich wußte ja, ich treffe Sie hier. Wie sieht es aus?»

Settler weiß, worauf er anspielt. Jos Schledorn ist der einzige, der nicht auf den Artikel in der «Süddeutschen» reagiert hat. Alle möglichen Zeitungen haben angerufen, und er hat selbstverständlich dementiert, daß es in seinem Haus eine Revolte gebe. Es handle sich um eine durchaus nicht unübliche Diskussion über rechtliche Probleme, das sei alles.

«Keine Revolte», sagt er vertraulich lächelnd. «Ein Sturm im Wasserglas, nichts weiter. Sie können das ganze Ensemble heute abend hier finden, alle sehr vergnügt.»

«Die Uraufführung findet also termingerecht statt?»

«Nein. Bedauerlicherweise nein. Die juristischen Bedenken sind so groß, daß wir das Risiko nicht eingehen können. Bitte halten Sie die Nachricht aber noch zurück, ich möchte mich vorher noch einmal in Ruhe über die Hintergründe mit Ihnen unterhalten. Sie können dann als erster damit herauskommen.»

«Sehr einverstanden. Rufen Sie mich an.» Schledorn überlegt schon, ob das eine der seltenen Gelegenheiten für einen Kommentar sein wird, mit dem er auf der Politikseite glänzen kann. Der Chefredakteur sieht das nicht so gern, aber er wird ihn schon überzeugen.

Er will Settler noch viel Erfolg wünschen, aber er stutzt.

«Ist Ihnen nicht gut, Herr Settler?»

«Wie bitte? Nein, nein, danke. Entschuldigen Sie mich jetzt bitte, ich muß –»

Settler wendet sich ab und hat größte Mühe, seine Fassung zu wahren. Diese Frechheit ist nicht zu überbieten, die ist einfach unglaublich, aber seine Augen täuschen ihn nicht. Der dort hinten tanzt, ist unverwechselbar der rausgeschmissene Werbeleiter Herzig. Wie kann der Kerl es wagen, hier noch aufzutauchen. Und die Frau, mit der er tanzt, Settler erkennt sie erst jetzt, das ist Frau Witka.

«Um Gotteswillen, Alfred, was ist mit dir?»

Mia hat sich vor ihn geschoben und die Tanzenden verdeckt. Ihr Gesicht ist liebevoll besorgt. «Fehlt dir etwas?»

«Nichts», will Settler abwehren. Aber Mia läßt sich nicht so einfach abfertigen. Er sagt ihr, was er entdeckt hat. Sie atmet sichtbar auf.

«Sei kein Kind, Alfred. Sich darüber so aufzuregen. Es sind doch genug andere Leute da, um die du dich kümmern mußt. Komm, du trinkst jetzt ein Glas Sekt.»

«Pfui Deubel.»

«So schlimm ist er gar nicht. Ich hab ihn probiert, er schmeckt ganz gut. Bitte, komm.»

Während Settler seiner Frau zur Bar folgt, sucht er nach Herzig. Er findet ihn nicht, die Menge hat ihn verschluckt.

Rainer Herzig ist ein vorzüglicher Tänzer, aber diese Frau hat ihren eigenen Kopf und läßt sich ungern führen. Er muß sich ihr anpassen. Versuchsweise lächelt er sie an, wobei sich sein Grübchen im Kinn vertieft. Das wirkt sonst eigentlich immer. Bei ihr nicht. Offenbar ist er nicht der Typ für Frauen mit solchen Katzenaugen. Er würde sie auch gar nicht aufgefordert haben, hätte Gaby ihn nicht auf sie aufmerksam gemacht: die stellvertretende Vorsitzende des Kulturausschusses, eine Linke, die gegen das Theater schießt. Ihren Namen hat er schon wieder vergessen.

«Wie hat Ihnen die Rede unseres Intendanten gefallen?»

«Bitte?»

«Die Rede unseres Intendanten.»

Ein durchdringender Blick. Dann fragt sie: «Gehören Sie auch dazu?»

«Wozu?»

«Zum Theater.»

«Ja. Das heißt, ich gehörte. Ich bin vor fünf Tagen fristlos entlassen worden.»

Na endlich. Zum erstenmal sieht sie ihn richtig an. Er lächelt wieder. «Ich war der Werbeleiter. Aber keine Angst, gestohlen hab ich nicht. Im Gegenteil, ich hab was gebracht, und das gefiel dem Intendanten nicht.»

Jetzt hat er sie neugierig gemacht, das spürt er. Sie vergißt sogar ihren Widerstand beim Tanzen.

«Haben Sie den Artikel in der ‹Süddeutschen Zeitung› gelesen? Der Intendant hat rausgekriegt, daß ich da ein bißchen – äh – nachgeholfen habe. Unsere Leute haben sich so reingekniet, richtig geschuftet für die Uraufführung. Und dann alles umsonst, weil der Intendant Schiß hat. Da mußte man doch was tun. Oder sind Sie andrer Meinung?»

«Deshalb sind Sie entlassen worden?»

«Fristlos. Natürlich mit Abfindung, und die nicht zu knapp.» Er runzelt die Stirn, als falle ihm etwas Wichtiges ein. «Ich möchte nur gern wissen, wie die das begründen wollen für die Rechnungsprüfung.» Er lächelt wieder. «Aber wie ich die kenne, mogeln die sich schon durch.»

Der Rest des Tanzes verläuft schweigend. Erst als er sich mit einer kleinen Verbeugung bedankt, fragt sie: «Wie heißen Sie eigentlich?»

Er nennt seinen Namen.

«Danke», sagt Frau Witka kurz und läßt ihn stehn.

Um 21 Uhr beginnt die erste Einlage des Abends, ein Potpourri aus Arien und Duetten. Die Musik kommt über Lautsprecher ab Band. Auch Sigrid Kammers und Richard Hackmann singen und ernten als Publikumslieblinge besonders reichen Beifall.

Trotzdem dauert die Einlage etwas zu lang, stellt Settler fest, der von der Seite aus die Gäste beobachtet. Das ruhige Stehen und Zuhören dämpft zu sehr die Stimmung. Im nächsten Jahr muß das kürzer sein. Davon abgesehen verläuft der Abend prächtig. Strahlende Gesichter überall, auch Kantinenpächter Würtz strahlt hinter seinem kalten Büffet, offensichtlich steuert er einem neuen Umsatzrekord zu.

Aber da kommt einer, der nicht so strahlt. Er schiebt sich durch die Menschen, sich dabei ständig nach links und rechts entschuldigend, bis er endlich neben Settler steht, ihm die Hand reicht und kräftig drückt.

Max Kneifel, Vorsitzender des Volksbühnenvereins, wartet, bis die Glanzpartie aus dem «Freischütz», die Arie «Durch die Wälder, durch die Auen», endet, bis der Beifall verrauscht ist und das Tanzorchester wieder einsetzt.

«Ein wunderbarer Abend, Herr Settler. Ich gratuliere Ihnen.»

«Danke, Herr Kneifel. Ich freue mich, daß Sie das sagen. Gefällt es auch Ihrer Gattin?»

«O ja, natürlich, sehr. Sie tanzt ja so gern. Sie freut sich das ganze Jahr auf den Abend.»

Settler spürt, daß Kneifel noch etwas anderes vorbringen möchte und hat große Lust, sich mit einer Ausrede zu verdrücken.

«Was ich bei der Gelegenheit fragen wollte, Herr Settler...»

«Ja?»

«Da sind so gewisse Gerüchte im Umlauf. Ich halte im allgemeinen ja nichts von Gerüchten, aber ich würde doch ganz gern von Ihnen selbst hören – äh, Sie wissen ja, daß ich unseren Mitgliedern gegenüber Verantwortung trage. Entspricht es den Tatsachen, daß diese Uraufführung ausfallen soll?»

Settler ärgert sich, daß er stehengeblieben ist. Andererseits sind Kneifel und seine Volksbühne am meisten von der Sache betroffen, er muß ihm eine klare Antwort geben. Lieber hätte er das allerdings schriftlich getan. Also setzt er eine tiefbekümmerte Miene auf und paßt auch seine Stimme diesem Ausdruck an.

«Eine unglückselige Geschichte, Herr Kneifel. Ich habe alles versucht, aber ich bin, ich muß das leider eingestehn, ich bin gescheitert. Und ich darf einfach nicht Gefahr laufen, daß uns am Tag nach der Uraufführung eine einstweilige Verfügung ins Haus schneit. Verstehn Sie? Dann müßte ich die Studiobühne für vier Wochen ganz dicht machen. Schon im Hinblick auf Ihre Mitglieder wäre das unverantwortlich. Deshalb habe ich vorsorglich ein anderes Stück eingesetzt.»

«Anderes Stück?»

«Wir nehmen ‹Bezahlt wird nicht› wieder auf.»

«Von dem Dario Fo? Das war doch erst letzte Spielzeit.»

«Nein, Herr Kneifel, das ist schon drei Spielzeiten her, ein Bombenerfolg.»

«Ja, ich weiß. Wir hatten an die neunzig Prozent. Das ist natürlich jetzt vorbei. Ob ich damit noch mal Interesse wecken kann, nein, das glaube ich nicht. Schade, wirklich sehr schade. Tief bedauerlich. Aber so ganz verstanden habe ich den Fall immer noch nicht. Was ist das mit den Namen? Könnten Sie mir das vielleicht einmal genauer erklären?»

Settler hat vorsorglich den Kopf gehoben und blickt sehr aufmerksam nach vorn.

«Wie bitte? Oh, entschuldigen Sie, Herr Kneifel, aber ich muß – ich werde dort drüben – es tut mir wirklich leid. Rufen Sie mich doch bitte noch mal im Büro an. Seien Sie so freundlich.»

Er berührt mit vertraulich wirkender Geste Kneifels Arm und strebt eilig davon, mitten durch die Tanzenden hindurch.

Offenbar hat ihn ein sechster Sinn zu dem eiligen Aufbruch veranlaßt und auch die Richtung bestimmt. Vor der Sektbar gibt es einen Auflauf, in dessen Mittelpunkt er beim Näherkommen Paul Kreyer erkennt. Christian Lück hält ihn am Oberarm fest, während Armin Lauken von vorn auf ihn einredet.

Kreyer hält etwas in der Hand und wedelt damit vor Laukens Nase herum. «Ich hab die Bons», schimpft er laut. «Laß mich durch.»

«Komm, Paul», sagt Lück beruhigend. «Wir gehn in die Garderobe. Da kannst du noch was trinken.»

«Ich bin Künstler, ich werd hier gebraucht.»

«Was gibt es denn?» fragt Settler, nachdem er sich durchgedrängt hat.

«Er hat genug», erklärt Lauken. «Er sollte nicht mehr trinken.»

«Ich hab die Bons. Hier!» schreit Kreyer dazwischen.

Settler versteht das nicht. Laut Abmachung, die er mit Lauken getroffen hat, sollte jeder künstlerische Mitarbeiter fünf Freibons bekommen, für fünf Glas Sekt. Davon kann man unmöglich betrunken werden.

«Er hat die Bons bei den Kollegen geschnorrt», sagt Lauken halblaut. «Mindestens zwei Dutzend.»

Settler schiebt Lauken beiseite. «Wie viele Bons haben Sie bekommen, Herr Kreyer?»

Kreyer stiert ihn an und erkennt seinen Intendanten. «Fünf», murmelt er.

«Haben Sie die eingelöst?»

«Ja, hab ich.»

«Eine Übertragung der Bons ist nicht erlaubt, das wissen Sie doch.»

«Was nich erlaubt?»

«Geben Sie bitte her.»

Einige Sekunden zögert Kreyer, dann legt er die Bons in Settlers ausgestreckte offene Hand.

«Und jetzt gehn Sie bitte nach Hause, Herr Kreyer.»

«In die Garderobe», mildert Lück ab. «Komm, Paul. Ich geh mit.»

Widerstrebend läßt Kreyer sich wegziehen. Lauken blickt ihnen nach, auf seiner Stirn stehen Schweißperlen. «Tut mir leid. Daran haben wir nicht gedacht, daß sich die Bons übertragen lassen.»

«Beim nächsten Mal denken wir dran», sagt Settler. Er wendet sich zu den Gaffern um und lächelt sie der Reihe nach an. Sie fühlen sich ertappt und gehen auseinander. Hinter ihnen sieht er zufällig die Frau des Oberbürgermeisters vorbeitanzen. Während einer Drehung erkennt er auch ihren Partner: Kulturdezernent Dr. Weinholtz. Mit zusammengezogenen Augenbrauen überlegt Settler, warum er ihn nicht schon vorher bemerkt hat.

«Erscheinen Sie immer so spät auf einem Ball?» fragt Frau Umland Weinholtz mit mütterlich strengem Blick.

«Eigentlich wollte ich gar nicht kommen, gnädige Frau. Ich habe mir auf der Dienstreise eine kleine Grippe geholt.»

Frau Umland weicht unwillkürlich etwas zurück. Ihr Blick wird noch strenger. «Dann hätten Sie wirklich nicht kommen sollen, Herr Doktor Weinholtz.»

Er habe gute Tabletten, sagt er, es gehe schon wieder besser.

Überdies betrachte er es als seine Pflicht, an einem solchen Abend teilzunehmen. Das dürfte genügen, hofft er, gegen Pflichterfüllung kann sie schlecht anmeckern. Frau Umland erfüllt diese Hoffnung. Sie schweigt fortan, und er findet Zeit, sich umzusehen, vor allem nach Helma auszuschauen.

Er ist sich nicht ganz sicher, ob sie wirklich kapiert hat, um was es geht, obwohl er nach dem Krach vierundzwanzig Stunden lang um ihre Einsicht gerungen hat. Na ja, etwas weniger. Sechs Stunden hat er warten müssen, bis sie endlich die Schlafzimmertür aufschloß, weil sie aufs Klo mußte. Er ist ins dunkle Zimmer geschlüpft und hat sich ins Bett gelegt. Zunächst tat sie, als merkte sie nichts, bis sie nach einer Viertelstunde plötzlich das Licht anknipste, den Kopf hob und ihn mindestens eine Minute lang anstarrte. Er hat ihren Blick erwidert und zuletzt sogar gelächelt. Daraufhin sagte sie: «Du bist widerlich.»

Diese Feststellung hat er als Verhandlungsgrundlage betrachtet. Die Verhandlung endete mit einem Kompromiß. Sie würde sich vor und während des Balls von Lilo Witka und ihrem Mann fernhalten und sich auf keine Unterhaltung, ganz gleich mit wem, über Theaterprobleme einlassen. Dafür ist er bereit, mit ihr zum Ball zu gehen, aber erst nach der offiziellen Eröffnung. Daß eigentlich sie es war, die nicht mit ihm hingehn wollte, hat sie glücklicherweise ganz vergessen. Ebenfalls glücklicherweise hat das Ballkleid die brutale Behandlung unbeschädigt überstanden; auch bedurfte es, wie er ihr bei einer Anprobe beweisen konnte, keinerlei Änderung.

Weinholtz, noch immer die Matrone Umland im Arm, glaubt einen Moment lang an eine Halluzination, als er Helmas Stimme hört. Er vollzieht eine rasche Drehung, Gott, ist die Frau schwer, und sieht Helma direkt vor sich. Sie tanzt mit einem Mann, den er schon mal gesehn hat; wo das war, fällt ihm nicht ein. Die beiden unterhalten sich lebhaft. Aber die Musik ist zu laut, er kann nichts verstehn.

«Das muß schrecklich für Sie sein», sagt Helma. «All die Arbeit und dann ganz umsonst. Ich würde die Wände hochgehn, bestimmt.»

Ihre Anteilnahme ist echt, und sie tut Horst Krecker gut. Er bereut nicht, daß er Hartmuts Rat gefolgt ist, sie aufzufordern. Sie tanzt gut, ist leicht wie eine Feder und gottlob kein bißchen kokett. Mit ihrer Hilfe, meinte Hartmut, könne noch was gerettet werden. Hartmut spinnt manchmal. Außerdem ist ihm das gar nicht mehr so wichtig. Das sagt er auch zu Helma.

«Das verstehe ich aber nicht», erwidert sie, und man sieht's ihr an, ihr Gesicht ist ein einziges Fragezeichen.

Krecker erklärt es ihr. Die Geburt eines Theaterstücks, sagt er, verlaufe in zwei Phasen. Die erste sei die Niederschrift, die zweite die Inszenierung. Da er Schauspieler sei, habe er auch die zweite Phase miterleben können, nun sei er befriedigt und könne das Ganze vergessen.

«Stört es Sie denn gar nicht, daß das Publikum nicht sieht, was Sie gemacht haben?»

«Kaum.»

Auch das versteht sie nicht. Er versucht, es ihr an einem Beispiel klarzumachen. «Stellen Sie sich einen Maler vor, nehmen wir einen berühmten, sagen wir Picasso. Er hat ein Bild fertig. Glauben Sie, er hat schlecht geschlafen, bis das Bild in einer Ausstellung hing und vom Publikum bewundert wurde?»

«Aber wenn man noch nicht so berühmt ist?»

«Dann braucht man Erfolg, um Geld zu bekommen», gibt Krecker zu. «Aber das ist eine andere Sache.»

«Brauchen Sie kein Geld?»

«Und ob», lacht Krecker. «Ich bin richtig geldgierig. Hier krieg ich's auch. Ich verklage das Theater wegen Vertragsbruchs.»

«Wollen Sie das wirklich tun?»

«Und ob.»

Helma senkt die Lider und denkt nach. Dann blickt sie ihn wieder an und fragt: «Darf ich das meinem Mann sagen, Herr Krecker?»

«Wie Sie wollen. Freuen wird's ihn sicher nicht.»

Nach Ende des Tanzes begleitet er sie zur Bar und sieht dort, einige Meter entfernt, Junghans und Ira stehen. Er winkt kurz. Junghans winkt zurück, während Ira von irgendwas gefesselt zu sein scheint.

«Da sind Krecker und Frau Weinholtz», sagt Junghans. «Gehn wir hin?»

«Geh du», sagt Ira, ohne den Kopf abzuwenden. «Ich warte hier.»

Sie merkt gar nicht, daß Junghans sich entfernt. Seit dem Augenblick, als Bernd ihr unter den Tanzenden den Kulturdezernenten Dr. Weinholtz gezeigt hat, denkt sie nur noch daran, wie sie an ihn herankommt. Sie muß mit ihm sprechen, unbedingt. Sie ist ihm während des Tanzes mit den Augen gefolgt und wurde ganz unruhig, als sie ihn einmal in der Menge verlor. Aber er muß ihren Blick bemerkt haben und hat ihn erwidert. Einmal aus nächster Nähe, als er mit dieser Kuh vorbeitanzte. Er hat sogar gelächelt.

Weinholtz liefert Frau Umland bei ihrem Mann ab, bedankt sich und verschwindet eilig, bevor der Oberbürgermeister, der sich mit zwei Stadträten unterhält, ihn richtig wahrnehmen kann. Er muß um die halbe Tanzfläche herumgehen, um die Bar zu erreichen, wo die blonde Fee gestanden und ihm zugelächelt hat. Hoffentlich findet er sie wieder.

Ja, da steht sie noch, jung, hochgewachsen und wunderschön. Sie blickt ihm ruhig entgegen, als er näherkommt. Er erreicht sie, als grade das zweite Orchester mit einem langsamen Walzer einsetzt, und so kann er sie ohne Umstände ansprechen und auffordern.

Sie tanzen zunächst schweigend. Weinholtz schwitzt ein wenig, die vielen hundert Menschen strahlen so viel Wärme aus, die selbst dieser riesige Raum nicht reduzieren kann.

«Sehr warm hier, nicht?»

«Finden Sie? Für mich ist es grade richtig.»

Natürlich, sie ist ja halb ausgezogen. Weinholtz spürt mit seiner rechten Hand ihre nackte Haut, die sich kühl anfühlt. Auch ihre Stimme klingt kühl und ein bißchen herausfordernd.

«Ich bin erst zehn Minuten hier, vielleicht kommt's mir deshalb so warm vor. Habe ich was versäumt?»

«Natürlich. Die Rede unseres Intendanten.»

«Ah ja. War sie gut?»

«Die konnte man bis ganz hinten prima verstehn.»

«Sie sagen ‹unser› Intendant. Heißt das, es ist Ihr Intendant?»

«Ja.»

«Was tun Sie denn?»

«Ich bin Schauspielerin.»

«Aha.» Weinholtz überlegt angestrengt, wo und wann er sie auf der

Bühne gesehen hat. Er kann sich nicht erinnern, obgleich er in jeder Premiere war und ihm dieses attraktive Wesen gewiß aufgefallen wäre. «Darf ich Sie nach Ihrem Namen fragen?»

«Ira Kleinschmidt.» Sie lächelt. «Jetzt überlegen Sie wohl, wo Sie mich gesehn haben. Oder gehn Sie nicht ins Theater?»

«Doch, natürlich. Schon von Berufs wegen.»

«Sind Sie Kritiker?»

«Nein, Beamter. Ich bin Kulturdezernent.»

«Ach, heißen Sie etwa Weinholtz?»

Er nickt lächelnd. «Sie kennen mich?»

«Ja, Ihren Namen. Aber ich hab mir Sie ganz anders vorgestellt.» Sie lacht. «Ehrlich gesagt, ich hab immer gedacht, Sie seien klein und mickrig.»

Weinholtz richtet sich unwillkürlich auf und weiß nicht recht, ob er jetzt stolz oder gekränkt sein soll. Leicht gereizt fragt er: «Wie sind Sie denn darauf gekommen?»

«Man hat halt so seine Vorstellungen.»

«Dafür muß es doch einen Grund geben.»

«Ja, vielleicht.»

«Und der ist?»

«Ich weiß nicht. Da müßte ich drüber nachdenken.»

Ira senkt die Augenlider, und Weinholtz wartet, daß sie etwas sagt, aber sie schweigt.

«Nun verraten Sie mir bitte erst mal, warum ich Sie nicht von der Bühne her kenne.»

«Ganz einfach. Ich bin die Schauspielerin mit den verpatzten Gelegenheiten. Haben Sie das Musical ‹Mario Miracolo› gesehn?»

«Ja.»

«Die Flora, das war meine Rolle. Aber ich hab mir auf der Probe den Arm gebrochen.»

«Das ist Pech.»

«Und jetzt ist es wieder soweit. Diesmal liegt es aber nicht an mir, diesmal fällt das ganze Stück aus. Vielleicht haben Sie schon davon gehört, die Uraufführung ‹Das Fest der Wölfe›.»

«Ach ja, damit soll es gewisse Schwierigkeiten geben.»

«Überhaupt nicht. Wir sind so gut wie fertig. Ich spiele übrigens die Gudrun Ensslin und noch eine Terroristin. Aber unser Intendant spielt nicht mit. Er hat die Proben abgebrochen und will jetzt ein altes Stück bringen.»

«Ist das schon entschieden?»

«Ja, endgültig. Montag fangen sie an zu probieren mit dem alten Stück. Und ich bin wieder nicht dabei.»

Ira beobachtet Weinholtz, der jetzt an ihr vorbeisieht. Innerlich zittert sie. Lieber Gott, betet sie, laß ihn was tun, sorg dafür, daß er den Intendanten umstimmt. Ich bin sogar bereit, dafür mit ihm zu schlafen, wenn er es verlangt. Das tu ich für Bernd. Und sie denkt auch, etwas beschämt zwar, weil sie den lieben Gott nicht belügen will – für meine Rolle auch.

Die Musik endet. Sie bleiben stehen. Aber Weinholtz löst seine Hände noch nicht. Mit der rechten drückt er sie ein wenig an sich und sagt, ihr lächelnd in die Augen sehend: «Man darf nie die Hoffnung aufgeben. Außerdem möchte ich Sie wirklich gerne auf der Bühne sehen. Verraten Sie mir dann, warum Sie mich für klein und mickrig gehalten haben?»

Während der nächsten anderthalb Stunden tanzt Weinholtz fleißig, wenn auch meistens etwas abwesend. Er wechselt immer nur wenige Sätze mit seinen Partnerinnen, unter ihnen auch Mia Settler, die Frau des Intendanten. Zum Glück macht sie keinen Versuch, ihn in ein Gespräch zu verwickeln. Einige Male begegnet er Ira. Jedesmal lächelt sie, und er lächelt unauffällig zurück.

Endlich wagt er es, auch mit Camilla zu tanzen.

«Du läßt dir ja reichlich Zeit», sagt sie. Ihre grünen Augen blicken spöttisch.

«Das hat seinen Grund. Ich mußte warten, bis die Umlands weg sind. Weißt du nicht mehr, daß sie uns zusammen im ‹Waldhof› gesehn haben?»

«Ach so. Ich dachte schon, du hast dir eine neue Flamme erkoren.»

Weinholtz' Miene bekommt einen sanften Zug. «Du meinst wohl die Ira – wie heißt sie noch?»

«Kleinschmidt.»

«Sie ist bezaubernd. Findest du nicht?»

«Und in festen Händen.» Camillas Antwort kommt sehr rasch.

Nach einer Pause fügt sie hinzu: «Aber wenn du kommst, bedeutet das natürlich nichts.»
«Du bist doch wohl nicht eifersüchtig?»
«Ich? Wie kommst du darauf?»
«Das paßt auch nicht zu dir. Außerdem gefällt mir deine Wohnung viel zu gut. Besonders das Bett.»
«Dann kann ich ja beruhigt sein.»
«Übrigens, äh –»
«Ja?»
«Ach, nichts.» Weinholtz wollte fragen, was man im Theater von ihm hält, wie man über ihn spricht. Aber er läßt es lieber bleiben.

Nach einer Weile fragt Camilla: «Hast du eigentlich schon mit deiner Frau getanzt?»
«Nein. Wieso?»
«Das fällt auf.»
«Wem?»
«Mir. Vielleicht auch andern. Sie amüsiert sich ja gut, sie hat schon das ganze männliche Ensemble durch. Die reden alle von ihr.»

Weinholtz muß bis zum übernächsten Tanz auf Helma warten. Sie ist erhitzt und ausgelassen und sprudelt über von dem, was sie gehört hat, nennt einen Haufen Namen, die ihm alle nichts sagen. Erst als sie Horst Krecker erwähnt, den Autor vom «Fest der Wölfe», horcht er auf. Er verlange wahnsinnig viel Geld, erzählt Helma, deshalb wolle er einen Prozeß gegen das Theater führen.

«Prozeß?» fragt Weinholtz bestürzt. «Warum?»
«Er verlangt doch Schadenersatz, Schatz, wenn sein Stück nicht kommt. Und das Theater muß noch viel mehr bezahlen. Das weiß ich von Lilo. Der Intendant hat den Werbeleiter rausgeschmissen, wegen dem Zeitungsartikel, weißt du, und jetzt kriegt der eine tolle Abfindung, sagt Lilo.»

Weinholtz bereut jetzt nicht mehr, daß er doch zum Ball gekommen ist, und er ist auch nicht im geringsten böse darüber, daß Helma die Abmachung gebrochen hat, nicht über Theaterprobleme zu quatschen und sich von den Witkas fernzuhalten. Natürlich lobt er sie nicht, bloß das nicht, die Folgen wären unabsehbar. Aber was er jetzt zu tun hat, das weiß er ganz genau.

Zwanzig Minuten später, während die Aufmerksamkeit der Festteilnehmer auf die Tombola gerichtet ist, steht er mit Settler in einer ruhigen Ecke und fordert ihn zu einem Besuch am nächsten Vormittag auf. Er werde dafür sorgen, daß er trotz dienstfreien Wochenendes Einlaß im neuen Rathaus finde. Als Settler Einwände machen will, betont er nochmals die unaufschiebbare Dringlichkeit. Settler gibt nach und erklärt sich einverstanden.

Die Unterredung dauert eine knappe Stunde.

Settler hat sich gut vorbereitet. Er wußte, was auf ihn zukommt. Er vertritt nachdrücklich die Entscheidung, auf die Uraufführung zu verzichten, zitiert aus Ulmers «Urheber- und Verlagsrecht» und betont, daß er bei all dem nur danach trachte, das Theater vor materiellem Schaden zu bewahren.

Mit diesem Argument rennt er ahnungslos in das offene Messer, das Weinholtz unter freundlicher Maske bereithält. Weinholtz weiß, daß er Settler keine Weisungen erteilen kann. Er kann ihn nicht zwingen, das Absetzen der Uraufführung rückgängig zu machen. Der Intendant ist in seinen Entscheidungen frei. Aber zum Glück gibt es noch andere Methoden, die Selbstherrlichkeit eines Intendanten ins Wanken zu bringen. Eine solche Methode will er anwenden. Das ist zwar nicht sehr fein, aber wer einen Erfolg wünscht, darf in der Wahl seiner Mittel nicht zimperlich sein. Er fragt: «Wie hoch, schätzen Sie, wird der Schadenersatz sein, den der Autor verlangt?»

«Wofür Schadenersatz?»

«Für den Vertragsbruch. Oder haben Sie keinen Vertrag mit ihm geschlossen?»

«Selbstverständlich. Aber wenn der Autor sich weigert, berechtigte Forderungen zu erfüllen, bricht *er* den Vertrag, nicht wir.»

«Demnach war er von vorneherein mit einer Namensänderung der Personen in seinem Stück einverstanden?»

«Das habe ich zur Bedingung gemacht.»

«Und das steht auch schriftlich im Vertrag?»

Settler zögert mit der Bestätigung.

«Steht es im Vertrag?» wiederholt Weinholtz.

«Herr Junghans, unser Chefdramaturg, hat mit dem Autor verhandelt. Er hat mir versichert, daß Herr Krecker mit der Namensänderung einverstanden wäre.»

«Also ist es vertraglich *nicht* gesichert.»

«Der Vertrag mußte schnell rausgehn. Es bestand sonst die Gefahr, daß uns ein anderes Theater zuvorkommen würde. Sie werden das für unwahrscheinlich halten, aber es geht da manchmal wirklich nur um Stunden.»

«Glaub ich Ihnen. Aber dann hätten Sie doch eine Vertragsergänzung nachschieben können.»

«Dazu sah ich keine Veranlassung. Unser Chefdramaturg hatte mir versichert, daß alles geregelt wäre. Auch eine mündliche Abmachung gilt.»

«Verlassen Sie sich bei so wichtigen Dingen, wie es Verträge sind, auf Ihre Mitarbeiter?»

«Das war eine Ausnahme. Im übrigen, darauf möchte ich hinweisen, sind Änderungen dieser Art theaterüblich. Das weiß auch der Autor, er ist als Schauspieler theatererfahren genug.»

«Herr Settler, wir wissen beide genau, daß der Autor, trotz Erfahrung, nicht mit der Änderung einverstanden ist. Und daß sie den theaterüblichen Rahmen sprengt, beweisen Ihre eigenen Leute, die Schauspieler, die sich ebenfalls weigern, die anderen Namen zu verwenden. Das jedenfalls mußten wir alle – ich meine besonders den Herrn Oberbürgermeister und die Stadträte, vom Publikum ganz zu schweigen – das mußten wir dem Zeitungsartikel entnehmen, den Sie sicher auch gelesen haben. In dem Zusammenhang noch eine Frage. Wer hat eigentlich die Informationen für den Artikel geliefert? Haben Sie das selbst getan?»

«Als mich der Verfasser aufsuchte, war er bereits informiert.»

«Von wem?»

Settler hebt die Schultern. «Wie kann man das wissen bei einem so großen Haus?»

«Aber Sie haben Ihren Werbeleiter fristlos entlassen.»

Dieser Schuß aus der Hüfte trifft Settler voll. Die gelassene Überlegenheit ist wie weggeblasen, sein Gesicht wird rot. Er stottert sogar, als er antwortet. Er verstehe nicht, sagt Settler, das habe doch mit dieser Sache nichts zu tun, die Entlassung sei schon vor einem halben Jahr beschlossen worden, er habe bereits damals Anweisung gegeben, sich um Ersatz zu bemühen.

Klein und mickrig, denkt Weinholtz mitleidlos. «Eine fristlose Kündigung ist eine schwerwiegende Entscheidung», sagt er. «Im Hinblick auf die einschlägigen Arbeitsgerichtsurteile sollte man sich davor hüten wie der Teufel vorm Weihwasser. Ich kann nur hoffen, Sie haben sich hinreichend abgesichert.»

«Ausreichend», sagt Settler.

«Und wie, wenn ich fragen darf?»

«Die Kündigung ist angenommen worden.»

«Ach, hat der Werbeleiter etwa gestohlen?»

Settler richtet sich auf, seine Hände umkrampfen die Sessellehnen. Noch mehr Empörung verrät seine Stimme, die alles Verbindliche verloren hat. «Es tut mir leid, Herr Doktor Weinholtz, das aussprechen zu müssen, aber diese Art der Befragung weise ich entschieden zurück. Seit fünfzehn Jahren leite ich das Stadttheater auf meine Weise, und ich bin damit immer gut gefahren. Ihr Herr Vorgänger hatte jedenfalls nichts daran auszusetzen. Außerdem, darauf möchte ich Sie höflichst aufmerksam machen, bewege ich mich innerhalb der Kompetenzen, die mir mein Vertrag zugesteht.»

«Ich bitte Sie, Herr Settler. Ich bin weit davon entfernt, in Ihre Kompetenzen einzugreifen. Wenn Sie mir jedoch versichern, Sie trachteten nur danach, materiellen Schaden von Ihrem Haus abzuwenden, werden Sie mir erlauben müssen, in der Sache ein paar Fragen zu stellen. Wie ich gehört habe, erhält der Werbeleiter eine großzügige Abfindung. Das wäre erstens. Zweitens Schadenersatz an den Autor. Drittens Einnahmeausfall, wenn Sie die angekündigte Uraufführung durch ein Stück ersetzen, das Sie vor noch gar nicht langer Zeit im Spielplan hatten. Das heißt, ganz klar ausgedrückt, Schaden nicht abwenden, sondern Schaden zufügen. Und das wiegt doppelt schwer bei der angespannten Haushaltslage, die uns dazu zwingt, auch den Pfennig umzudrehen.»

Settler will etwas einwenden, aber Weinholtz läßt sich nicht unterbrechen.

«Sagen Sie mir bitte nicht, das bliebe alles innerhalb Ihres Etats, und Sie könnten diese unnötigen Ausgaben an andrer Stelle wieder einsparen. Das können Sie nämlich nicht, so viel Spielraum haben Sie gar nicht. Und was noch schlimmer ist, Sie gefährden damit die Zukunft unseres Theaters. Ich sage ausdrücklich unser Theater, auch wenn Sie der Chef sind und ich Ihnen keine Weisungen erteilen kann. Aber ich bin derjenige, der Ihren Etat im Stadtrat durchzubringen hat. Mich wird der Haushaltsausschuß in die Zange nehmen, wenn bei Ihnen Ausgaben auftauchen, die vernünftigerweise nicht zu vertreten sind. Man lauert doch nur auf Gründe, die Subvention kürzen zu können. Frau Witka wird glücklich sein über die Munition, die Sie ihr eigenhändig liefern, und ich versichere Ihnen, sie steht nicht mehr allein, sie besitzt inzwischen Anhänger in allen Parteien.»

Weinholtz macht eine kleine Pause und fährt, noch immer erregt, aber doch in versöhnlicherem Ton fort: «Das alles, Herr Settler, und nichts anderes hat mich dazu veranlaßt, mich heute mit Ihnen zusammenzusetzen und gemeinsam mit Ihnen einen Weg zu suchen, der uns aus dieser verfahrenen Situation herausführt.»

Weinholtz spürt, wie gut er ist, welchen Eindruck er macht. Ach ja, er hat viel dazugelernt in diesem ersten Jahr seines Amtes. Er weiß jetzt, wie er, um das schöne Bild des Oberbürgermeisters zu benutzen, störrische Lokomotivführer zu behandeln hat, die Rot sehen, wenn das Signal auf Grün steht. Auch für den Intendanten ist nun die Weiche gestellt und die Strecke frei. Er muß darauf abfahren.

Junghans steht neben dem Inspizienten, beide Hände tief in den Hosentaschen seines schwarzen Anzugs vergraben. Damit will er sich zur Ruhe zwingen, ein vergeblicher Versuch. Die Uhr zeigt schon vier Minuten nach.

«Was ist los?»

Udo Hemke zuckt mit den Schultern und erspart sich die Antwort. Er wartet auf den Anruf aus dem Foyer, auf die Mitteilung, daß der letzte Besucher auf seinem Platz sitzt. Er hat rechtzeitig das dritte Klingelzeichen gegeben, aber er wußte schon vorher, daß sie nicht pünktlich beginnen würden. Eine Premiere beginnt niemals pünktlich. Immer gibt es einige, die im Foyer Bekannte treffen und sich wortreich begrüßen, Freikartenbesitzer, die glauben, das Theater mit ihrer Anwesenheit besonders zu ehren, und die Wert darauf legen, vor den Augen des wartenden Publikums als letzte ihre Plätze einzunehmen.

Junghans weiß das natürlich auch, aber er ist nicht mehr imstande, klar zu denken. Seit vierundzwanzig Stunden leidet er an entsetzlichem Lampenfieber. Ira ist es zuerst aufgefallen, als er nervös in der Wohnung herumlief. Er rauchte Kette, bekleckerte sich beim Essen und wollte fortwährend Axel Westrup anrufen, der bei der Generalprobe zweimal einen Frosch im Hals hatte, aber bestritt, daß bei ihm eine Erkältung im Anzug sei. Als er ihn vor einer Stunde in der Garderobe begrüßte, war seine Stimme frei.

Wo bloß Hartmut bleibt. Er hat versprochen, sich im Foyer umzusehn und ihm zu berichten, wer drin ist: Kritiker, vielleicht Kollegen von auswärts, auch der Chef. Der Chef ist in der zweiten Hauptprobe gewesen und danach sofort verschwunden, ohne ein Wort zu sagen. Anscheinend will er sich um eine Erklärung für sein sonderbares Verhalten herumdrücken.

Junghans weiß bis heute nicht, was eigentlich passiert ist. Der denkwürdige Anruf kam am Sonntag nach dem Ball, morgens gegen zehn. Er saß mit Ira zusammen in der Badewanne, wollte zuerst nicht raus, bis Ira nach dem sechsten Klingeln die Brause in die Hand nahm und ihm mit einer kalten Dusche drohte.

Der Chef teilte mit, die Uraufführung werde wie vorgesehen am 6. Februar stattfinden, er solle das Notwendige veranlassen. Schluß, aus. Keine Erklärung, kein Kommentar. Als er nackt und triefend ins Bad zurückkehrte und Ira die unglaubliche Nachricht verkündete, war sie sonderbarerweise nicht sehr verwundert, nickte nur mehrmals und lachte vor sich hin. Noch im Bademantel hat er Gaby angerufen und sie gebeten, alle Beteiligten für den nächsten Tag zur Probe zu bestellen.

Das Telefon über dem Inspizientenpult summt. Udo Hemke nimmt ab, lauscht kurz, sagt danke und hängt auf.

«Wir fangen an.»

Die absterbenden Geräusche aus dem Zuschauerraum melden, daß dort die Beleuchtung langsam verlöscht. Hemke schaltet das

Arbeitslicht aus und wartet noch fünfzehn Sekunden, bis er das Zeichen für den Vorhang gibt. Der öffnet sich mit leisem Rasseln, ein Luftzug streicht über die dunkle Bühne. Der erste Scheinwerfer blendet auf, die andern folgen rasch und tauchen die Dekoration in schmerzende Helle.

Weinholtz sitzt mit Helma in der ersten Reihe und ist beunruhigt. Vier Sitze weiter gibt es zwei freie Plätze, die Umlands sind nicht gekommen. Er hat gestern noch mit dem Oberbürgermeister gesprochen, auch über die Uraufführung, und der OB hat sich zufrieden darüber geäußert, daß die Sache geregelt sei, aber kein Wort, daß er nicht kommen würde.

Der OB ist ein Fuchs. Nichts, was er tut oder läßt, ist zufällig. Daß er nicht gekommen ist, könnte heißen, daß er zwar nicht die Uraufführung, wohl aber die Thematik mißbilligt. Denkbar ist auch, daß er einen Wink bekommen hat, daß etwas im Busch ist, daß jemand gerichtlich gegen die Aufführung einschreiten könnte.

Diese Möglichkeit besteht, das weiß Weinholtz inzwischen. Erst mehrere Stunden nach der Unterredung mit dem Intendanten hat es angefangen, in seinem Kopf zu bohren. Die von Settler vorgebrachten Rechtsfragen ließen ihn nicht mehr los. Vorsorglich hat er einen ehemaligen Kollegen aus dem Ministerium angerufen, einen Verwaltungsjuristen, und ihn um Rat gebeten. Der Kollege rief am nächsten Tag zurück. Es bestehe keine Gefahr, sagte er, wenn es sich um echte Figuren der Zeitgeschichte handle und sie nicht abfällig und in ihrer Privatsphäre dargestellt würden. Problematisch sei es jedoch bei Figuren, die nur vorübergehend öffentliches Interesse erregt hätten.

Bevor das Licht ausging, hat Weinholtz im Programmheft das Personenverzeichnis durchgelesen und ist dabei über die Namen Waltrude Schleyer und Hanns Eberhard Schleyer gestolpert, Ehefrau und Sohn Schleyers. Trifft das nicht auf die beiden zu? Sind das nicht vorübergehende Figuren? Ein leichter Stoß gegen seinen Arm läßt ihn zu Helma sehen. Sie blickt verzückt zur Bühne hoch, wo Horst Krecker als Regierungssprecher Bölling den Bundeskanzler und seine Minister über den entführten Schleyer aufklärt.

Ganz hübsch, findet Weinholtz. So ungefähr wird sich das abgespielt haben. Aufregend, nein, aufregend ist es nicht. Das Bühnenbild könnte auf jeden Fall besser sein, dürftig diese nackten Wände. Und von Kostümen keine Spur, die tragen ja ganz normales Zeug. Wieso hat Camilla damit Arbeit gehabt? Das soll sie ihm aber mal verraten.

Wenige Minuten später hat Weinholtz solche Gedanken vergessen. Gebannt starrt er auf die Bühne und verfolgt das Spiel der Terroristen. Erst auf den zweiten Blick erkennt er, daß die so hart sprechende junge Frau mit strähnigem Haar Ira Kleinschmidt ist. Fasziniert beobachtet er jede ihrer Bewegungen und lauscht ihren Sätzen. Er versteht nicht viel vom Theater, aber so viel erkennt er doch, daß sie außergewöhnlich ist. Auch das Stück findet er jetzt aufregend und spannend. Deshalb ärgert er sich, als unerwartet das Licht angeht und die große Pause beginnt. Die brauchte wirklich nicht zu sein.

Auch Horst Krecker hat in seinem Stück keine Pause vorgesehen und sich deshalb mit Junghans angelegt. Der blieb hart und erklärte die Pause für unabdingbar. Die Pause, sagte er, sei für jedes Stück ein äußerst wichtiges Element, um den Erfolg zu sichern; nach der Pause erlebe das Publikum erholt und angeregt den Schluß, das wirke sich eindeutig beim Beifall aus. Junghans verschwieg, daß das Theater dem Kantinenpächter Würtz, der auch das Büffet in den Foyers bewirtschaftet, mindestens eine Pause in jeder Aufführung vertraglich zugesichert hat.

Joschi ist restlos begeistert, mit leuchtenden Augen klammert er sich an Hartmut Schiller, den einzigen, den er kennt unter all den Leuten, die im Foyer herumstehen oder sich am Büffet drängen. Joschi hat Horst Krecker noch nie auf der Bühne gesehen und ist zum ersten Mal im Leben im Theater.

«Wie macht er das bloß, Hartmut? Er ist ganz anders, ich kenne ihn gar nicht wieder. Bitte, Hartmut, du weißt es doch, wie macht er das?»

Schiller ist leicht verzweifelt, er möchte Joschi nicht kränken, aber er muß unbedingt mit andern Leuten sprechen, um etwas über ihren Eindruck zu erfahren.

«Du, willst du nicht erst mal was trinken?»

«Ich hab gar keinen Durst.»

«Ein Ponysekt, das tut dir gut. Hast du Geld?»

«Ja, hab ich. Soll ich wirklich?»

«Beeil dich, bevor ausverkauft ist.»
«Wartest du auf mich?»

Schiller verspricht ihm zu warten und atmet auf, als Joschi entschwindet. Der Stimmenlärm im Foyer ist groß, ein gutes Zeichen. Er hört gerade, wie eine alte Frau in weißer Seidenbluse mit großer Brosche zu ihrer jüngeren Begleiterin sagt: «Ein Glück, daß wir den Schmidt als Bundeskanzler hatten. Das habe ich schon damals gesagt. Weißt du noch, was ich damals immer gesagt habe?»

Ein jüngerer Mann in grauem Anzug tritt auf Schiller zu.

«Entschuldigen Sie, sind Sie Herr Schiller? Dramaturg hier?»

«Ja.»

«Mein Name ist Kotowski. Hätten Sie eine Minute Zeit für mich?»

Kotowski vertritt einen Bühnenverlag und möchte wissen, ob Schiller ihm ein Gespräch mit dem Autor vermitteln kann. Er will Krecker ein Angebot machen, möglichst noch an diesem Abend, damit ihm keiner zuvorkommt, wie er freimütig zugibt.

«Dann müßten Sie schon zu unsrer Premierenfeier kommen.»

«Hier im Haus?»

«Nein, wir gehn zu ‹Döhle›. Eine Kneipe.»

Kotowski läßt sich die Adresse geben und will hinkommen. Eine gute Nachricht für Horst, hoffentlich greift er zu. In diesem Augenblick sieht Schiller die Kritikerin Annette Jacobs von der «Tagespost» und begrüßt sie.

«Ach, Sie. Wie geht's?»

«Danke, gut.» Er hütet sich, sie zu fragen, wie es ihr gefällt. Betont fröhlich sagt er: «Viel Arbeit wie immer.»

«Haben Sie deshalb den Anruf vergessen?»

«Anruf?»

«Oder sind wir Ihnen nicht gut genug?»

«Ich verstehe nicht.»

«Sie verstehn sehr gut. Ich meine die Story, die Sie der ‹Süddeutschen› geliefert haben.»

«Damit hatte ich nichts zu tun, ehrlich. Ich war selbst ganz von den Socken.»

Frau Jacobs lächelt boshaft. «Aber von uns erwarten Sie Lobeshymnen, wie?»

Scheiße, denkt Schiller. Die hauen uns in die Pfanne. Aber er lächelt. «Man soll nur loben, was gefällt», sagt er und deutet auf die Menschen ringsum. «Denen gefällt es offenbar. Oder haben Sie nicht den Eindruck?»

Frau Jacobs' Antwort besteht darin, daß sie die Schultern hebt und die Mundwinkel verzieht. Das soll heißen, die Meinung des Publikums gehe sie nichts an; sie zu erforschen und zu berücksichtigen, ist nicht ihres Amtes. Zum Glück, weiß Schiller aus Erfahrung, schert sich andrerseits auch das Publikum nicht darum, was die Kritiker schreiben. So gleicht es sich wieder aus.

Der zweite Teil der Aufführung dauert noch einmal vierzig Minuten. Junghans hat recht gehabt, auf der Pause zu bestehen. Die Schauspieler auf der Bühne spüren fast körperlich, wie das Publikum mitgeht, obwohl kaum ein Laut von unten zu hören ist. Besonders eindrucksvoll verläuft der Auftritt von Sigrid Kammers als Waltrude Schleyer. Sie steht allein auf der abgedunkelten Bühne, nur ihr Gesicht wird von den Scheinwerfern erfaßt. Sie spricht den Text, den Frau Schleyer an «Bild» geschrieben hat. Sigrid Kammers ist die einzige, die nach ihrem Auftritt Szenenapplaus bekommt.

Als das Stück endet, bleibt es zunächst ganz still. Zu bedrückend war die letzte Szene, in der Ira als anonyme Terroristin die schreckliche Mitteilung vorträgt: «Wir haben nach dreiundvierzig Tagen Hanns Martin Schleyers klägliche und korrupte Existenz beendet...» und Horst Krecker als Regierungssprecher Bölling mit der Erklärung erwidert: «Erschütterung und Zorn erfüllen uns...»

Max Kneifel, Vorsitzender der Volksbühne, bricht den Bann. Demonstrativ hebt er die Hände und beginnt heftig zu klatschen. Andere folgen ihm zögernd, aber erst als sich der Vorhang wieder öffnet und sich die Schauspieler verbeugen, wird der Beifall stark und steigert sich noch. Sechsmal schließt und öffnet sich der Vorhang. Die Applausordnung auf der Bühne klappt vorzüglich, Junghans hat sie ausgiebig probiert. In immer anderen Gruppierungen treten die Schauspieler an die Rampe. Beim sechsten Vorhang bilden sie einen Halbkreis und blicken zur Seite. Es gibt eine erwartungsvolle Pause, dann erscheinen eine strahlende Kostümbildnerin Camilla Herbst, Ausstattungsleiter Roland Meyer, er grinst etwas verlegen, und

Regisseur Bernd Junghans, sehr ernst und sehr blaß. Sie treten in die Mitte und verbeugen sich, das Publikum dankt auch ihnen freundlich, obwohl die meisten Zuschauer gar nicht wissen, wer da vorne steht.

Überraschend, auch für das Ensemble, dreht sich Junghans um und zieht Horst Krecker aus dem Halbkreis nach vorn, während er selbst mit Camilla und Meyer zurücktritt.

Helma ruft, das Klatschen übertönend: «Bravo!», was Krecker zu einem Lächeln veranlaßt, während Weinholtz mißbilligend die Stirn runzelt.

Ganz hinten und völlig unbemerkt verläßt zu diesem Zeitpunkt Alfred Settler den Zuschauerraum. Er hat allein an der Premiere teilgenommen, ohne Mia, zum erstenmal während seiner ganzen Intendantenzeit.

Sie hat nicht protestiert.

Als er eine halbe Stunde später zu Hause das Wohnzimmer betritt, schaltet sie den Fernseher aus und fragt nur: «Wie war's?»

«Gut. Sehr gut.»

«Willst du noch zur Premierenfeier?»

«Nein.»

«Möchtest du einen Tee?»

«Ja, gern.»

Während sie hinausgeht, läßt er sich in seinem Sessel nieder. Er weiß, er hat an diesem Abend alles falsch gemacht. Natürlich wäre es richtig gewesen, Mia mitzunehmen und mit ihr, wie üblich im Kleinen Haus, in der zweiten Reihe zu sitzen. Während der Pause hätte er sich im Foyer zeigen müssen, um in Siegerpose aller Welt vorzuführen, daß dies seine Uraufführung ist. Die Kritiker, die Mitglieder des Kulturausschusses, nicht zuletzt Weinholtz hätte das beeindruckt. Der vorangegangene Wirbel wäre auf der Stelle vergessen gewesen, die Menschen sind doch so.

Warum hat er das nicht getan?

Er weiß es nicht. Es hängt aber mit der unglaublichen Szene im menschenleeren Rathaus zusammen, mit Dr. Weinholtz, der ihn auf so infame Weise genötigt hat. Sein Vorgänger hätte das nie gewagt. Auch wenn er nach dem energischen Protest sofort wieder begann, seinen üblichen Charme zu versprühen, war es Nötigung gewesen. Zuletzt hatte sich Weinholtz sogar zu der Bemerkung verstiegen, er hoffe, Settler noch lange als Intendanten zu behalten. Aber auf das Wort dieser Art Menschen zu vertrauen, wäre reine Dummheit. Wenn sein Vertrag nicht verlängert wird, ist er jetzt vorbereitet, das trifft ihn nicht aus heiterem Himmel. Er hat schon mit Mia darüber gesprochen. Etwas Neues zu finden ist aussichtslos, dazu ist er zu alt. Er wird sich pensionieren lassen, die Rente plus Bayerische Versicherung, davon können sie leben. Mia freut sich sogar darauf und schmiedet Pläne, die Gute.

Etwas anderes gilt es aber vorher zu erledigen. Junghans. Diesen Vertrauensbruch kann er nicht hinnehmen. Der ist auch nicht mehr zu kitten. Das wird wohl selbst Junghans einsehen. Es ist auch kein so großes Unglück für ihn, wenn er seinen Vertrag nicht verlängert. Junghans ist jung genug, sich was anderes zu suchen, vielleicht als Regisseur, darauf scheint ja sein Ehrgeiz seit neustem abzuzielen. Seine Arbeit an dem Stück war überzeugend; mit einigen Einschränkungen könnte man sogar sagen, sie war ausgezeichnet. Das wird er ihm nicht verschweigen. An seinem Entschluß ändert das jedoch nichts. Ende der nächsten Spielzeit muß er das Haus verlassen.

Als Mia das Tablett mit dem Teegeschirr hereinbringt, hat Settler den Kopf angelehnt und die Augen geschlossen. Sie stellt das Tablett ab, schenkt leise ein, hält die gefüllte Teetasse unter sein Kinn und schwenkt sie ein wenig hin und her. Der aufsteigende warme Duft läßt Settler schnuppern, er öffnet die Augen und sieht in Mias lächelndes Gesicht.

«Immer deine Scherze», sagt er. «Gut, daß uns niemand sieht.»

Ira sitzt mit glänzenden Augen an dem langen Tisch mit der Eichenplatte und kann es immer noch nicht ganz glauben. Aber es ist kein Traum, sie erlebt es wirklich: die Kollegen ringsum, den Lärm der Stimmen, das Lachen, die wohltuende Wärme. Sie war schon oft bei «Döhle», in dem Hinterzimmer mit der niedrigen Decke und den ungezählten Künstlerfotos an den verräucherten Wänden, aber früher hat sie nur als Gast teilgenommen, jetzt feiert sie ihre eigene Premiere.

Sie sitzt zwischen Bernd Junghans und Christian Lück. Gegenüber haben sich Camilla und Armin Lauken mit seiner Frau niedergelassen. Frau Lauken ist mollig und vergnügt und trinkt wie ein Loch. Bernd hat soeben Lauken und Christian das Du angeboten, was ohne großes Getue angenommen wird. Nun bietet Camilla Ira das Du an.

«Prost Camilla!» sagt Ira und trinkt aus. Ein bißchen argwöhnisch bleibt sie allerdings. Ihr sind die prüfenden Blicke aufgefallen, mit denen die Kostümbildnerin sie und Bernd manchmal mustert. Als ob Bernd und Camilla – nein, das kann nicht sein, in letzter Zeit war sie immer mit Bernd zusammen. Außerdem ist sie heute großzügig und bereit, die ganze Welt zu umarmen, einschließlich Camilla und den Intendanten. Wie kommt sie denn auf den?

«Wo bleibt eigentlich Herr Settler?» fragt sie. «Kommt der nicht?»
«Der schmollt», sagt Christian Lück. «Laß ihn schmollen.»
«War er überhaupt in der Vorstellung?» fragt Lauken.
«Das müßte Hartmut wissen», sagt Junghans und hebt den Kopf, um Schiller zu suchen.

Schiller sitzt hinten in einer Ecke mit Krecker und dem Verlagsvertreter Kotowski zusammen und gibt lautstark Auskunft. Der Chef sei drin gewesen, er habe ihn kurz vor Pausenbeginn aus dem Zuschauerraum kommen sehen.

Das erleichtert Lauken so sehr, daß er endlich sein Glas austrinkt, sich einen neuen Wein bestellt und redselig wird. Eine Runde Wodka, von irgendwem spendiert, bremst ihn glücklicherweise. Er will den Wodka nicht trinken, aber seine Frau greift sofort danach, und er bemüht sich wortreich, sie davon abzuhalten.

Ira beobachtet Bernd von der Seite. «Warum sagst du gar nichts?» fragt sie leise. «Freust du dich nicht?»

Junghans lächelt ihr zu. Natürlich freue er sich, sagt er, besonders darüber, daß sie neben ihm sitze und glücklich sei. Das ist auch wahr. Dennoch ist seine Stimmung gedämpft. Er spricht es nicht aus, obwohl er die Ursache kennt. Des Lampenfiebers zweiter Teil hat ihn ergriffen, das bange Warten auf das öffentliche Urteil. Es ist lächerlich, das weiß er. Die wenigsten Kritiker verstehen wirklich etwas von dem, worüber sie schreiben. Viele gehen erst gar nicht auf das ein, was sie sehen und hören, sie haben ihre Kritik schon fixfertig im Kopf, wenn sie zur Vorstellung kommen.

Junghans blickt zu Krecker hinüber. Den scheinen solche Gedanken nicht zu belasten. Oder spielt er ihm und den Kollegen nur was vor?

Horst Krecker hat andere Sorgen. Mit halbem Ohr hört er auf die Worte des Herrn Kotowski, der «Das Fest der Wölfe» in den Bühnenvertrieb seines Verlags aufnehmen möchte und sich bester Kontakte zu allen Theatern rühmt. Auch zum Fernsehen habe er sehr gute Beziehungen.

Die Fernsehrechte behalte er sich vor, sagt Krecker, die kriege er nicht.

«Selbstverständlich, die verbleiben Ihnen. Natürlich, wenn eine Bühnenfassung aufgezeichnet wird, sieht das etwas anders aus. In diesem Fall müßten wir – ich meine, dann könnten wir –»

Krecker hört nicht mehr zu. Er blickt an Kotowski vorbei zum Ende des langen Eichentischs. Dort sitzt der Inspizient Udo Hemke und hat vertraulich die Hand auf Joschis Schulter gelegt. Joschi gefällt das offenbar; wenn er lacht, jauchzt er regelrecht.

Krecker hat Hemkes Annäherungsversuche bereits während der Proben abgewimmelt, und von Joschi soll er gefälligst auch die Finger lassen.

«Tust du mir einen Gefallen, Hartmut?»

«Klar.»

«Kümmer dich bitte mal um Joschi.»

Schiller erkennt mit einem Blick, was Horst meint, nickt und steht auf. Als er an der Tür vorbeikommt, steckt gerade Franz Döhle, der Wirt, seinen Kopf herein.

«Wo sitzt Gaby, Herr Schiller?»

Schiller deutet auf das andere Ende des langen Tischs, wo sich Gaby mit Sigrid Kammers unterhält. «Soll ich sie rufen?»

«Ich wollte sie nur bitten, jemand rauszuschicken. Eine, die ich noch nicht kenne. Offenbar eine neue. Kleinschmidt oder so. Da wartet einer vorn auf sie.»

«Danke. Ich sag's ihr.»

Der vorn auf dem Barschemel hockt, trägt einen schwarzen

Vollbart, heißt Fleischer und ist Fernsehregisseur. Er gehört zu den wenigen Gewissenhaften, die sich nicht allein auf die Besetzungsbüros verlassen, sondern selbst in die Provinz reisen, um in den Theatern nach neuen Gesichtern auszuschauen. Auf Goldsuche gehn, nennt er das. Diesmal, glaubt er, ist er wieder fündig geworden.

Aufmerksam blickt er zur Tür, durch die sie gleich kommen wird. Das Eintreten und das Suchen, bis er sich zu erkennen gibt, werden ihm einen entscheidenden Eindruck vermitteln, denn das ist sie selbst, nicht in der verfremdenden Haut einer Rolle. Er hat den Wirt gebeten, ihr nicht zu helfen; der Wirt ist in die Küche gegangen.

Ira kommt herein und schließt die Tür. Sie zieht sie nicht einfach zu, sie drückt die Klinke und läßt sie erst los, nachdem die Tür anliegt. Das geschieht ohne Hast, aber auch ohne Nachdruck, eine ganz natürliche Handhabung. Ira geht einige Schritte in den Raum, bleibt stehen und sieht sich um. Die Kneipe ist voll besetzt, an die vierzig Personen sitzen an den Tischen und an der Bar. Ihr Blick ist wach, auch ein wenig neugierig und erwartungsvoll. Sie sieht ganz anders aus als auf der Bühne, abgeschminkt, kaum Make-up, die Haare straff zurückgekämmt mit Knoten, ein klares offenes Gesicht.

Jetzt lächelt sie, überlegt, ob sich jemand einen Scherz mit ihr erlaubt hat. Sie geht zur Bar und sucht den Wirt. Der ist nicht da, am Zapfhahn arbeitet die Wirtin. Ira will sie fragen und kommt dabei dicht an Fleischer vorbei. Er sieht sie ganz aus der Nähe, ihr Gesicht von vorn und im Profil. Nein, er hat sich nicht getäuscht, dafür hat er einen sicheren Blick, sie ist untrüglich fotogen.

«Ihr Mann hat mich rufen lassen, Frau Döhle. Jemand soll nach mir gefragt haben.»

«So? Davon weiß ich nichts.»

«Ist Ihr Mann nicht da?»

«Der kommt gleich wieder.»

Jetzt hält es Fleischer an der Zeit, sich vorzustellen.

Als Ira eine halbe Stunde später in den Lärm des Hinterzimmers zurückkehrt, ist sie still und nachdenklich. Eigentlich müßte sie in die Luft springen vor Freude und allen laut verkünden, daß sie wahrscheinlich eine Rolle im Fernsehen kriegt. Eine große Rolle, hat der

Regisseur gesagt, eine Hauptrolle. Der Film soll im Sommer gedreht werden, während der Theaterferien.

Sie wird nichts sagen. Natürlich, Papa und Mama müssen es erfahren, sie wird sie zu Hause gleich anrufen, oder besser morgen früh. O Gott, wenn der Film gesendet wird, kann man sie auch zu Hause sehen, nicht auszudenken.

Und was wird Bernd sagen? Sie findet ihn nicht mehr auf seinem Platz. Auch Camilla ist verschwunden. Einen Augenblick lang stockt ihr Herz. Dann sieht sie ihn.

Er sitzt bei Sigrid Kammers und Gaby und lacht.